Julia Hellmer

Schule und Betrieb

Studien zur Bildungsgangforschung
Band 11

Herausgegeben von
Arno Combe
Meinert A. Meyer
Barbara Schenk

Julia Hellmer

Schule und Betrieb

Lernen in der Kooperation

VS VERLAG FÜR SOZIALWISSENSCHAFTEN

Bibliografische Information Der Deutschen Nationalbibliothek
Die Deutsche Nationalbibliothek verzeichnet diese Publikation in der
Deutschen Nationalbibliografie; detaillierte bibliografische Daten sind im Internet über
<http://dnb.d-nb.de> abrufbar.

Zugl.: Dissertation, Universität Hamburg, 2006.

1. Auflage Februar 2007

Alle Rechte vorbehalten
© VS Verlag für Sozialwissenschaften | GWV Fachverlage GmbH, Wiesbaden 2007
Lektorat: Monika Mülhausen / Tanja Köhler

Der VS Verlag für Sozialwissenschaften ist ein Unternehmen von Springer Science+Business Media.
www.vs-verlag.de

Das Werk einschließlich aller seiner Teile ist urheberrechtlich geschützt. Jede Verwertung außerhalb der engen Grenzen des Urheberrechtsgesetzes ist ohne Zustimmung des Verlags unzulässig und strafbar. Das gilt insbesondere für Vervielfältigungen, Übersetzungen, Mikroverfilmungen und die Einspeicherung und Verarbeitung in elektronischen Systemen.

Die Wiedergabe von Gebrauchsnamen, Handelsnamen, Warenbezeichnungen usw. in diesem Werk berechtigt auch ohne besondere Kennzeichnung nicht zu der Annahme, dass solche Namen im Sinne der Warenzeichen- und Markenschutz-Gesetzgebung als frei zu betrachten wären und daher von jedermann benutzt werden dürften.

Umschlaggestaltung: KünkelLopka Medienentwicklung, Heidelberg
Druck und buchbinderische Verarbeitung: Krips b.v., Meppel
Gedruckt auf säurefreiem und chlorfrei gebleichtem Papier
Printed in the Netherlands

ISBN 978-3-531-15358-2

Inhaltsverzeichnis

Abbildungsverzeichnis 9
Einleitung 11
Teil I: Untersuchungsrahmen und Forschungsfrage 19
1 Modelle und Konzepte der Kooperation von Schule und Betrieb 21
2 Der Schulversuch „Arbeiten und Lernen in Schule und Betrieb" 35
   2.1 Ziele 36
   2.2 Merkmale 38
   2.3 Organisatorischer Rahmen 43
3 Entwicklung der Fragestellung 45

Teil II: Theoretische und methodische Grundlagen 49
4 Lernentwicklung in der Kooperation der Lernorte Schule und Betrieb – eine theoretische Verortung der Lernprozesse von Schülerinnen und Schülern 51
   4.1 Lernen in Biographie und Bildungsgang 52
      4.1.1 Lernen und biographische Kompetenz 56
      4.1.2 Lernen und Bildungsgang 61
   4.2 Lernen in der Kooperation von Schule und Betrieb 72
      4.2.1 Formelles und informelles Lernen 75
      4.2.2 Erfahrungslernen im Übergang von informellem und formellem Lernen 78
      4.2.3 Erfahrungskrisen in der Lernortkooperation 79
   4.3 Selbstreguliertes Lernen 84
      4.3.1 Begriffsklärung und Definition 86
         4.3.1.1 Problemaufriss 86
         4.3.1.2 Selbstreguliert, selbstständig oder selbstgesteuert? ... 87
         4.3.1.3 Definition 89

4.3.2	Prozesse und Strukturen der Selbstregulation des Lernens	91
4.3.2.1	Lernstrategien	91
4.3.2.2	Selbstreguliertes Lernen als Rahmenmodell der Selbstregulation von Lernstrategien	94
4.3.3	Entwicklung selbstregulativer Handlungskompetenzen	99
4.3.3.1	Direkte Förderung	101
4.3.3.2	Indirekte Förderung	102
4.3.3.3	Selbstreguliertes Lernen und Lernerfolg	105
4.4	Zwischenfazit: Das Verhältnis von Lernentwicklung und Lernumgebung – Thesen und Konkretisierung der Forschungsfrage	107

5 Das Forschungsdesign 111

5.1	Forschungsansatz	111
5.1.1	Das Konzept der Schulbegleitforschung	112
5.1.2	Bildungsgangforschung	114
5.1.3	Triangulation qualitativer und quantitativer Verfahren	116
5.2	Forschungsmethodisches Vorgehen	117
5.2.1	Entwicklungsportraits: Rekonstruktion von Entwicklungsverläufen	119
5.2.1.1	Erhebungsmethoden	120
5.2.1.2	Auswertungsmethoden	122
5.2.2	Standardisierte Vergleichsstudie zum Lernverhalten	126
5.2.2.1	Erhebungsmethode	128
5.2.2.2	Auswertungsmethoden	129

Teil III: Ergebnisse der Untersuchung 131

6 Erkenntnisse über den Schulversuch „Arbeiten und Lernen in Schule und Betrieb" – eine Auswahl von Untersuchungsergebnissen der wissenschaftlichen Begleitung 133

6.1	Die Lernleistungen der Schüler(innen) in den Kernfächern	133
6.2	Struktur und Qualität des Lernorts Schule	135
6.2.1	Grundformen der Bearbeitung betrieblicher Erfahrungen im Unterricht	137
6.2.2	Die Bearbeitung der besonderen Lernaufgabe	138
6.3	Struktur und Qualität des Lernorts Betrieb	141
6.4	Die Berufswahlreife der Schüler(innen) im Vergleich	144

6.5		Die Lernentwicklung der Schüler(innen) nach Abschluss des Schulversuchs	145
6.6		Zusammenfassung	147

7 Lernverhalten der Schülerinnen und Schüler im Schulversuch: Eine quantitative Vergleichsstudie zu Lernstrategien und Selbstständigkeit im Lernprozess ... 149

7.1		Ergebnisse der Vergleichsstudie	150
	7.1.1	Aussagen der Schüler(innen) des Schulversuchs	154
	7.1.2	Vergleich zu Schüler(inne)n, die nicht in der Lernortkooperation arbeiten	154
	7.1.3	Vergleich zu Schüler(inne)n des Projekts „Schule & Co."	156
7.2		Zusammenfassende Diskussion der Ergebnisse	159

8 Entwicklungsverläufe von Schülerinnen und Schülern im Schulversuch ... 163

8.1		Entwicklungsportrait des Schülers Kemal	167
	8.1.1	Ausgangslage	168
	8.1.2	Entwicklung des Bildungsgangs in der Zeit der Lernortkooperation	169
	8.1.3	Entwicklung der Selbstregulation des Lernens: Zur Ausdifferenzierung von Lernstrategien in Schule und Betrieb	173
	8.1.3.1	Entwicklung von Lernstrategien bei der Bewältigung der Anforderungen der Schule	174
	8.1.3.2	Entwicklung von Lernstrategien bei der Bewältigung der Anforderungen des Betriebs	180
	8.1.3.3	Entwicklung von Lernstrategien bei der Bewältigung der Lernaufgabe	185
	8.1.4	Das Erleben des Berufs	190
	8.1.5	Formen der Be- und Verarbeitung von Erfahrungen	191
8.2		Entwicklungsportrait des Schülers Bruno	199
	8.2.1	Ausgangslage	199
	8.2.2	Entwicklung des Bildungsgangs in der Zeit der Lernortkooperation	201
	8.2.3	Entwicklung der Selbstregulation des Lernens: Zur Ausdifferenzierung von Lernstrategien in Schule und Betrieb	207
	8.2.4	Das Erleben des Berufs	209

8.2.5	Formen der Be- und Verarbeitung von Erfahrungen	210
8.3	Übergreifende Erkenntnis aus den Fallstudien: Typisierung	217

9 Zusammenführende Betrachtung der Untersuchungsergebnisse ... 225

9.1	Verknüpfung der Entwicklungsportraits mit den quantitativen Studien zur Lernortkooperation	225
9.2	Verknüpfung der Entwicklungsportraits mit weiteren Erkenntnissen zur Lernortkooperation	227

Teil IV: Theorieentwicklung und Abschlussbetrachtung ... 231

10 Zur Entwicklung einer Lernorttheorie für die allgemeinbildende Schule ... 233

10.1	Erkenntnisse zum Lernen in der Lernortkooperation – ein Resümee	233
10.2	Elemente einer Lernorttheorie	235
10.2.1	Zum Konzept des biographisch bedeutsamen Lernens im Bildungsgang	236
10.2.2	Zur Lernortkooperation	241
10.2.3	Zum Rahmenmodell des selbstregulierten Lernens	246
10.2.4	Zusammenfassung: Zur Skizze einer Lernorttheorie	249

11 Die wissenschaftliche und praktische Relevanz der Ergebnisse – Ein Ausblick ... 253

Literaturverzeichnis ... 257

Anhang ... 269

Abbildungsverzeichnis

Abbildung 1: Schematische Darstellung der Organisationsstruktur des Schulversuchs 44
Abbildung 2: Differenzen im Lernverhalten: Schulversuchsschulen und Hamburger Vergleichsschulen 155
Abbildung 3: Differenzen im Lernverhalten: Schulversuchsschulen und Schulen der Studie „Schule & Co." 158
Abbildung 4: Typologie zur Nutzung der Lernorte 219

Tabellenverzeichnis

Tabelle 1: Schematische Darstellung des Modells der Selbstregulation von Lernprozessen nach SCHREIBER (1998) 97
Tabelle 2: Skalen des in der Vergleichsstudie eingesetzten Fragebogens 150
Tabelle 3: Ergebnisse der Befragung zum Lernverhalten: Schüler(innen) der Schulversuchsschulen und Hamburger Vergleichsschulen 153
Tabelle 4: Ergebnisse der Befragung zum Lernverhalten: Schüler(innen) der Schulversuchsschulen und des Projekts „Schule & Co." 157

Einleitung

„Schlagworte wie „Lernen lernen" lassen sich leicht und schnell aussprechen, sind aber ausgesprochen widerständig, wenn sie in die tatsächliche Lehr- und Lernpraxis umgesetzt werden sollen" (WEINERT 2000a).

Das Lernen lernen – Was steht dahinter?

Vor dem Hintergrund schneller Veränderungen in der Lebens- und Arbeitswelt und sich verändernder Berufsanforderungen wird vielfach die Verbesserung der Lernfähigkeit und Lernbereitschaft diskutiert (vgl. z.b. KLIEME/ARTELT/STANAT 2001; HUNGERLAND/OVERWIEN 2004a). Aufgrund eines tiefgreifenden Umbruchs in der Lebens- und Arbeitswelt wird den Individuen das Antizipieren zukünftiger Lebenslagen und Statuspassagen und der Umgang mit Diskontinuitäten abverlangt (vgl. BUNDESJUGENDKURATORIUM 2001). Die Schule muss insofern auf diese Lage reagieren, als sie nicht mehr „auf Vorrat" alle die Inhalte vermitteln kann, die ein Erwachsener in seinem Leben braucht. Vielmehr muss sie die Voraussetzungen schaffen, mit deren Hilfe der Einzelne im weiteren Leben Neues erwerben kann. Das Lernen lernen als Voraussetzung für das selbständige lebenslange Lernen wird von Franz E. WEINERT als ein besonders wichtiges Bildungsziel benannt (vgl. WEINERT 2000a; 2000b).

Diesem wird auch auf bildungspolitischer Ebene Rechnung getragen – sowohl auf nationaler als auch auf europäischer Ebene sind vielfältige Aktivitäten eingeleitet worden (vgl. OECD 1996; COMMISSION OF THE EUROPEAN COMMUNITIES 2000; BLK 2001; BMBF 2001; BLK 2004). All diese Programme folgen dem Grundsatz:

> „Lernen hört nach Schule, Ausbildung oder Studium nicht auf, denn Lernen ist das wesentliche Werkzeug zum Erlangen von Bildung und damit für die Gestaltung individueller Lebens- und Arbeitschancen" (BMBF 2005).

Um sich dem Bildungsziel der Bereitschaft und Befähigung zum lebenslangen Lernen zu nähern wird häufig die Forderung gestellt, die Schule solle die „Lernkompetenz" ihrer Schüler(innen) fördern (vgl. z.B. CZERWANSKI/

SOLZBACHER/VOLLSTÄDT 2002). Schüler(inne)n soll im Laufe der Schulzeit vermittelt werden, wie sie alleine und mit anderen erfolgreich lernen können – in und nach der Schule. Mit der Verwendung des Begriffes Lernkompetenz wird meist auf die Nachhaltigkeit des Lernens sowie die zusammenhängende Betrachtung von Lernaktivitäten und auf deren Voraussetzung zum Erwerb und zur Ergänzung weiterer Kompetenzen verwiesen. Als zentraler Bestandteil einer Kompetenz zum lebenslangen Lernen wird die Selbstständigkeit der Lernenden verstanden, also die Fähigkeit ihr Lernen selbst zu steuern oder zu regulieren (vgl. z.B. BRÖDEL 1998; DOHMEN 1999; WEINERT 2000b). Schulisches Lernen wird dabei als wichtige Voraussetzung angesehen; gleichzeitig wird die Verbindung von außerschulischem und schulischem Lernen als bedeutsam betrachtet (vgl. CZERWANSKI/SOLZBACHER/VOLLSTÄDT 2002).

Als weiterer bedeutender Aspekt einer Kompetenz zum lebenslangen Lernen wird die Verknüpfung des Lernens mit der eigenen Biographie benannt. Die Fähigkeit des Einzelnen, Möglichkeiten und Sinn zu erkennen, Wahlen und Entscheidungen zu treffen sowie den gewonnenen Sinn und das biographische Hintergrundwissen für eine bewusste Veränderung der Selbst- und Weltbeziehung zu nutzen, wird von ALHEIT mit „Biographizität" bezeichnet. Er versteht dies als eine Art Schlüsselqualifikation, eine Kompetenz, um biographisch ‚erfolgreich' lernen zu können (vgl. ALHEIT 1996).

Aber lässt sich in der Schule selbstständiges Lernen und die Verknüpfung des Lernens mit der Biographie, d.h. mit individuellen Interessen, Plänen und Perspektiven, überhaupt zum ‚Unterrichtsgegenstand' machen?

Das Lernen lernen - Wie kann dieses Ziel erreicht werden?

WEINERT weist darauf hin, dass die Förderung einer so verstandenen „Lernkompetenz" in der Schule nicht einfach ist (vgl. WEINERT 2000a; 2000b).

Der Hamburger Schulversuch „Arbeiten und Lernen in Schule und Betrieb" nimmt diese Herausforderung an. Im Zentrum steht die Verknüpfung von betrieblichen Lernorten mit dem Lernort Schule als Neuorganisation der Rahmenbedingungen des Lernens. Dieser Versuch bezieht sich dabei sowohl auf Schülerinnen und Schüler einer Hauptschule, als auch auf Schüler(innen) einer Integrierten Haupt- und Realschule und einer Gesamtschule.

Die Schüler(innen) des Schulversuchs arbeiten in ihren Abschlussklassen jede Woche zwei Tage in einem Praktikumsbetrieb und drei Tage in der Schule. Das kontinuierliche Arbeiten und Lernen in Betrieb und Schule stellt vielfältige Anforderungen an die beteiligten Schüler(innen). Hinter diesem neuen Lernarrangement steht dabei die Frage:

Fördert diese Umgestaltung der Schule zugunsten einer Lernortkooperation die Fähigkeit zum selbstregulierten Lernen im Hinblick auf eine Kompetenz zum lebenslangen, biographisch bedeutsamen Lernen?
Um einen kurzen Einblick in die Erfahrungen von Schüler(inne)n mit dieser Lernortkooperation zu geben, sei ihnen hier schon einmal das Wort gegeben:

> Bruno: „Also Lernen ist wichtiger, schon. Ja, weil ich jetzt (-) weiß, dass ich das machen muss" (B 3/1104).
> Kemal: „Später weiß ich dann mehr, ob ich selbständiger bin oder nicht. Aber ich glaub schon" (K 3/779).
> Ayse: „Ja, selbstständiges Arbeiten habe ich gelernt, aber sonst nicht so viel" (Ay 3/178).

In diesen einfachen Sätzen sind drei wichtige Aspekte eines lebenslangen Lernens angedeutet: die Entwicklung einer persönlichen Bedeutsamkeit des Lernens, ein Prozessverständnis des Lernens und eine Selbsteinschätzung zur Entwicklung des selbstregulierten Lernens.

Ziel der Arbeit

Die Rekonstruktion der Lernprozesse im Rahmen einer besonderen Lernortkooperation von Schule und Betrieb steht im Zentrum der vorliegenden Untersuchung. Analysiert wird die Entwicklung von selbstregulativen Handlungskompetenzen und biographisch bedeutsamen Lernschritten sowie die Möglichkeiten und Fähigkeiten der Schüler(innen), die speziellen Anforderungen der Lernortkooperation mit ihrem je individuellen Bildungsgang zu verknüpfen.
Damit knüpft diese Arbeit an drei Theorie-Felder an, die theoretische Ausgangspunkte für die Untersuchung markieren:
Herangezogen werden

1. Konzepte des Lernens in der Biographie- und der Bildungsgangforschung, die unter Rückgriff auf den Stand der Theoriediskussion zu einem *Konzept des biographisch bedeutsamen Lernen im Bildungsgang* zusammengeführt werden.
2. Konzepte des formellen und informellen Lernens sowie des Erfahrungslernens zur theoretischen Auseinandersetzung mit der Kooperation von Lernorten, auf deren Grundlage *Bausteine zu einer bisher noch nicht entwickelten Lernorttheorie* gelegt werden.

3. Konzepte und Modelle des selbstregulierten Lernens zur theoretischen Exploration von Prozessen der Selbstregulation, um ein tragfähiges *Rahmenmodell des selbstregulierten Lernens* für diese Arbeit auszuwählen

Ziel dieser Arbeit ist, empirisch fundierte Aufschlüsse über die Lernprozesse von Schüler(inne)n im Zusammenspiel von betrieblichen und schulischen Lernorten zu gewinnen. Darüber hinaus soll auf der Grundlage dieser empirisch gewonnenen Erkenntnisse ein Beitrag zur Theorieentwicklung im Rahmen einer Lernorttheorie geleistet werden.

Mit dieser Arbeit lässt sich zeigen, dass die Entwicklung einer Lernumgebung in der vorliegenden Form der Kooperation von Schule und Betrieb gewinnbringend ist, da sie von den Schülerinnen und Schülern für die eigenständige, biographisch bedeutsame Gestaltung ihrer Lernprozess genutzt werden kann.

Betrachtet man die Ergebnisse im Zusammenhang mit dem von HELSPER für den Forschungsbereich „Schülerbiographie und Schulkarriere" darstellten Forschungsbedarf, so tragen sie im weitesten Sinne zum Verständnis des Zusammenhangs zwischen Institution und Biographie bei. Denn dazu, so HELSPER,

„[...] ist das Verhältnis von Schülerbiographie, Schulkarriere und den institutionellen Bedingungen, den (einzel)schulspezifischen Rahmungen weiter zu klären" (HELSPER 2004: 916).

Im Rahmen der so genannten Bildungsgangtheorie wird diese Verhältnisbestimmung zwischen Schülerbiographie, Schulkarriere und institutionellen Bedingungen zum Gegenstand der Forschung gemacht. Das Lernen im Bildungsgang kann in dieser Arbeit als konstruktiver Verknüpfungsprozess von Subjekt und Struktur im Zuge des Erfahrungslernens bestimmt werden. Die Verknüpfung beider Seiten lässt sich dabei mit dem Konzept der „Erfahrungskrise" (COMBE 2004/ 2005a) fassen.

Darüber hinaus können Aussagen zur Bedeutung der Differenz der Lernorte im Rahmen der Lernortkooperation und zur Parallelität zweier Lernorte in einer gemeinsamen Lernumgebung gemacht werden. Außerdem können die bisherigen Erkenntnisse zum Verhältnis von Lernumgebung und der Entwicklung selbstregulierten Lernens ausdifferenziert werden.

Diese Weiterentwicklungen von Theoriefeldern können abschließend zur Skizze einer Lernorttheorie zusammengeführt werden.

Zum Hintergrund der Untersuchung

Der Hamburger Schulversuch konzipiert eine Lernumgebung, die auf vielerlei Ebenen Neuland betritt – sei es in der Zusammenarbeit von Schule und Betrieb, sei es in der Gestaltung des Unterrichts oder bei der Organisation der innerschulischen Arbeitsformen und nicht zuletzt bei der individuellen Förderung von Schüler(inne)n. Zur Evaluation und zur Unterstützung dieses Schulversuchs wurde durch die Hamburger Behörde für Bildung und Sport (BBS) eine wissenschaftliche Begleitung unter Leitung der Professoren Johannes Bastian und Arno Combe eingerichtet. Gemeinsam mit Elisabeth Wazinski habe ich drei Jahre als wissenschaftliche Mitarbeiterin in diesem Projekt gearbeitet. Nach dem im Mai 2005 fertig gestellten Abschlussbericht zur Evaluation des Schulversuchs (vgl. BASTIAN/COMBE/EMIG/HELLMER 2005) liegt nun mit dieser Dissertation eine weitere Studie zu diesem Schulversuch vor.

Ein Merkmal der hier vertretenen Form der Schulbegleitforschung ist die Kooperation mit den Beteiligten in der Schule. Ich möchte deshalb besonders den Lehrerinnen und Lehrern sowie den Schülerinnen und Schülern danken, mit denen ich im Laufe der Untersuchung zusammengearbeitet habe. Sie haben uns Vertrauen und Offenheit entgegengebracht und so tiefe Einblicke in ihre Arbeit und ihre Gedanken gewährt. Dies ist nicht selbstverständlich und ich hoffe, dass die vorliegende Arbeit dafür Erkenntnisse zurückgeben kann, die für die Entwicklung der Praxis hilfreich sind.

Für das Gelingen empirischer Forschungsprojekte ist die konstruktive Arbeit in Forschungsgemeinschaften eine wesentliche Voraussetzung. Die Arbeit in Teams, in denen verschiedene Perspektiven diskutiert und methodisch strukturiert zusammen gebracht werden, ist eine wichtige Grundlage für die Generierung von tragfähigen Erkenntnissen. Die vorliegende Arbeit konnte von solchen Forschungsgemeinschaften profitieren. Dies war zum einen die intensive Arbeit im Team der wissenschaftlichen Begleitung mit Johannes Bastian, Arno Combe und Elisabeth Wazinski. Ihnen möchte ich ganz besonders für den gewinnbringenden Austausch, die konstruktive Unterstützung und nicht zuletzt für die herzliche Zusammenarbeit danken. Zum anderen war dies die Einbindung in das Graduiertenkolleg Bildungsgangforschung, dessen Anforderungsstruktur einerseits und konstruktiven Unterstützungsformen andererseits für mich nahezu optimale Bedingungen für eine Promotion bedeutet haben. Für die produktive und freundschaftliche Unterstützung danke ich darüber hinaus Petra Merziger, Birte Rottman, Annika Kolb, Wilfried Kossen und Stefan Hahn.

Zur inhaltlichen Struktur der Arbeit

Die Arbeit gliedert sich in vier Teile: In *Teil I* wird in den Untersuchungsrahmen und die Forschungsfrage eingeführt. Dafür wird in *Kapitel 1* zunächst das Problemfeld „Kooperation von Schule und Betrieb" auf Ebene der allgemeinbildenden Schule umrissen und das Feld der dort existierenden Modelle und Projekte sondiert. Auf dieser Grundlage können erste Erkenntnisse über unterschiedliche Formen der Lernortkooperationen vorgestellt werden. In *Kapitel 2* wird die hier untersuchte Lernortkooperation, der Hamburger Schulversuch „Arbeiten und Lernen in Schule und Betrieb", mit ihren Zielen und konzeptionellen Merkmalen vorgestellt. Daran anschließend wird in *Kapitel 3* die Fragestellung der Arbeit aus den bis dahin dargestellten zentralen Dimensionen des aktuellen Diskussionsstandes zur Verknüpfung der Lernorte Schule und Betrieb hergeleitet. Damit ist das Ziel der Untersuchung festgelegt.

Der *Teil II* der Arbeit befasst sich mit den theoretischen und methodischen Grundlagen der Untersuchung. Zunächst werden in *Kapitel 4* die theoretischen Grundlagen dieser Arbeit diskutiert, indem die für die Bearbeitung der Fragestellung relevanten Konzepte zum Lernen in Biographie und Bildungsgang (4.1), zum Lernen in der Kooperation von Schule und Betrieb (4.2) und zum selbstregulierten Lernen (4.3) ausgewählt und zusammengeführt werden. In diesem Kapitel stehen also die zentralen theoretischen Begründungsmuster im Mittelpunkt der Betrachtung, die erste Ansätze für die Bearbeitung der Forschungsfrage ermöglichen, gleichwohl aber auch die spezifischen Forschungslücken in den jeweiligen Theoriekonzepten aufzeigen. Dieser Diskussionsstand wird abschließend resümierend an die empirische Untersuchung herangetragen (4.4) und darüber hinaus genutzt, um die Forschungsfrage weiter zu konkretisieren. In *Kapitel 5* werden im Anschluss daran der Forschungsansatz und das forschungsmethodische Vorgehen dieser Studie diskutiert. In diesem Zusammenhang werden das Forschungsverständnis und die Wahl der Forschungsmethoden vor dem Hintergrund des Forschungsinteresses und des Forschungsfeldes begründet.

Teil III dieser Arbeit beinhaltet die Ergebnisse der empirischen Untersuchung. Diese werden in vier Schritten vorgestellt. In *Kapitel 6* wird zunächst ein Überblick über die Forschungsergebnisse der wissenschaftlichen Begleitung gegeben. Dies ermöglicht Einsichten in empirisch schon überprüfte Zusammenhänge des Schulversuchs sowie ergänzende Informationen, die zu einem differenzierteren Verständnis der hier vorliegenden Untersuchungen beitragen. In *Kapitel 7* werden die Ergebnisse einer Vergleichstudie zum Lernverhalten der Schüler(innen) des Schulversuchs dargestellt und vor dem Hintergrund der Ergebnisse von Schüler(innen) zweier Vergleichspopulationen interpretiert. Damit können Unterschiede im Bereich der Selbstregulation des Lernens nachgewiesen werden. Ausgehend davon werden in *Kapitel 8* zum differenzierteren Verstehen der Prozesse, die hinter den Ergebnissen der Vergleichsuntersuchung liegen, die Erkenntnisse aus qualitativen Fallstudien vorgestellt. Dabei werden die Entwicklungsverläufe von zwei Schülern ausführlich rekonstruiert und Entwicklungsprozesse des Bildungsgangs und des selbstregulierten Lernens sowie Prozessstationen der Bearbeitung von Erfahrungen in der Lernortkooperation analysiert (8.1/8.2). Daran anschließend wird unter Hinzunahme von Erkenntnissen über Entwicklungsverläufe von vier weiteren Schüler(inne)n eine Typologie der Nutzung der Lernortkooperation im Verhältnis zur Schulleistung generiert (8.3). Abschließend werden in *Kapitel 9* die verschiedenen Ergebnisse zusammengeführt und im Zusammenhang interpretiert.

In *Teil IV* dieser Arbeit werden die Ergebnisse der Arbeit bezüglich ihres Beitrags zur Weiterentwicklung zentraler Theoriekonzepte interpretiert. In *Kapitel 10* wird deshalb die hier gewonnene empirische Basis zum Lernen in der Lernortkooperation auf ihre Bedeutung für die zugrunde gelegten Theorien überprüft. Dabei können Weiterentwicklungen sowohl für ein Konzept des biographisch bedeutsamen Lernens im Bildungsgang als auch zur Lernortkooperation und zum Rahmenmodell des selbstregulierten Lernens erarbeitet werden. Dieses Kapitel schließt mit der Entwicklung von Bausteinen einer übergreifenden Lernorttheorie. In *Kapitel 11* wird in einem Ausblick die wissenschaftlich und praktische Relevanz der Ergebnisse dieser Arbeit bilanziert.

Dabei kann bezogen auf die zentrale Fragestellung dieser Arbeit resümierend festgehalten werden, dass das Zusammenspiel von betrieblichen und schulischen Lernorten in dieser besonderen Lernortkooperation von den Schüler(inne)n genutzt werden kann, um selbstreguliertes Lernen zu lernen und ihren Bildungsgang biographisch bedeutsam zu gestalten.

Teil I:

Untersuchungsrahmen und Forschungsfrage

1 Modelle und Konzepte der Kooperation von Schule und Betrieb

In diesem Kapitel soll in das Problemfeld der Kooperation von Schule und Betrieb eingeführt werden. Dazu wird zunächst die Lernortkooperation im dualen System der Berufsausbildung vorgestellt. Anschließend wird auf die aktuelle Vielzahl von Modellen und Konzepten der Kooperation von Schule und außerschulischen, meist betrieblichen Lernorten im allgemeinbildenden Schulsystem eingegangen. Diese reagieren auf den derzeitigen Wandel des Arbeits- und Ausbildungsmarkts und versuchen, den veränderten Anforderungen dadurch gerecht zu werden, dass sie neue Erfahrungsräume für die Schüler(innen) erschließen. Dabei soll die Kooperation von schulischen und betrieblichen Lernorten die Schüler(innen) nicht nur zur Berufswahl befähigen, sondern ihnen auch umfassendere biographisch bedeutsame Kompetenzen vermitteln. Es können unterschiedliche Modelle der Lernortkooperation differenziert werden. Exemplarisch werden zwei Projekte vorgestellt, zu denen erste wissenschaftlich evaluierte Erkenntnisse vorliegen.

Lernortkooperation im dualen System der Berufsausbildung

Die Zusammenarbeit von Schule und Betrieb wird in Deutschland in der Regel mit dem „dualen System" der Berufsausbildung in Verbindung gebracht. Das „duale System" intendiert, dass die Lernorte Schule und Betrieb im Interesse eines übergeordneten Ganzen – der Berufsausbildung – zusammenwirken und kooperieren (EULER 2004: 12). Unter Lernorten werden Einrichtungen verstanden, die Lernangebote nicht nur zeitlich, sondern auch lokal organisieren (vgl. EULER 2004: 13).

„Als „Lernorte" seien die organisatorischen Einheiten bezeichnet, in denen – mit oder ohne Anleitung – Lernprozesse stattfinden" (ACHTENHAGEN/BENDORF/WEBER 2004: 77).

Eine qualifizierte Kooperation ist allerdings allein durch die Parallelisierung von zwei Lernorten in der Berufsausbildung noch nicht gegeben. Auch wenn seit Ende der 1960er Jahre der Zusammenhang der Lernorte im dualen System unter dem Begriff der Lernortkooperation diskutiert wird, ist die Ausgestaltung und die Praxis der Kooperation bis heute oftmals noch nicht befriedigend entwickelt und ist Teil kontinuierlicher Bemühungen (vgl. EULER 1999: 249f).

Immer wieder diskutiert wird die Funktion der Lernortkooperation. Steht dabei eine didaktische Perspektive im Vordergrund, dann wird die Lernortkooperation als ein Mittel zur effektiven Gestaltung von handlungs- und transferorientierten Lehr-/Lernprozessen in Schule und Betrieb verstanden (vgl. EULER 1999: 256). Unter Kooperation der Lernorte werden dabei meist zwei Bedeutungsdimensionen zusammengeführt: Zum einen bedeutet Kooperation eine in gemeinsamer Verantwortung getragene Arbeit, d.h. eine Zusammenarbeit im engeren Sinne. Zum anderen wird Kooperation als eine bewusste Abgrenzung der Funktionsbereiche der Lernorte verstanden, bei der spezifische Anteile der Ausbildung jeweils dem geeignetsten Lernort zugewiesen werden, d.h. eine Zusammenarbeit im Sinne von Arbeitsteilung und ‚Nebeneinander-Arbeiten' (vgl. DIEPOLD 1996; EULER 1999: 252; EULER 2004: 14). Als großes Hemmnis bei der Realisierung der Lernortkooperation beschreibt EULER die Systemunterschiede der beiden Lernorte, die sich in ihren Zielausrichtungen, Rechtsstellungen und Arbeitssituationen der Lehrenden maßgeblich von einander unterscheiden (vgl. EULER 1999: 258). So fasst EULER die empirischen Befunde zur Lernortkooperation in der beruflichen Bildung so zusammen:

> „Während die (formalen) Kooperationsbeziehungen auf der politischen und der administrativen Ebene des dualen Systems durchaus eingespielt sind, erscheinen Erfahrungen auf der didaktischen Ebene eher zufällig. Es ist dann die Aufgabe der Auszubildenden, die teilweise widersprüchlichen, teilweise unverbundenen Erfahrungen aus der betrieblichen und schulischen Ausbildung miteinander zu verbinden" (EULER 1999: 255).

Zur Weiterentwicklung der Lernortkooperation wird als eine Maßnahme die Entwicklung neuer Curricular bestimmt (vgl. EULER 2004: 21). Um die Verknüpfung des „situierten Lernens im Betrieb und systematischen Lernens in der Berufsschule" (TRAMM 2004: 99) auf didaktisch-curricularer Ebene zu verbessern, ist mit dem Lernfeldkonzept der Kultusministerkonferenz (KMK) ein Ansatz geschaffen worden, der ausgehend von dem Gedanken, dass die Berufsschule als tragende Säule einer veränderten Kooperation betrachtet wird, den berufsschulischen Unterricht an berufliche Anforderungen und Handlungsabläufe orientiert (vgl. TRAMM 1997; 2004). Mit der Orientierung an Lernfeldern wird eine neue Struktur von Lehr-Lern-Arrangements konzipiert, die den üblichen fachsystematischen Unterricht zugunsten eines fächerübergreifenden, handlungs- und problemorientierten Curriculums ablösen (vgl. TRAMM 2002; 2004).

„Der Bezug auf die beruflichen Tätigkeitsfelder wird damit zum zentralen Auswahl- und Strukturierungskriterium [für die Gestaltung der berufsschulischen Lernfelder; J.H.]" (TRAMM 2004).

Bezogen auf die berufliche Ausbildung bleibt demnach erst einmal grundsätzlich festzuhalten, dass die Kooperation von zwei Lernorten eine umfassende Gestaltungsaufgabe ist, die auch nach jahrzehntelanger Praxis noch immer Herausforderungen und Entwicklungspotentiale in Bezug auf eine konstruktive Lernortkooperation bietet.

Kooperation von Schule und Betrieb im allgemeinbildenden Schulsystem

In den letzen Jahren ist in der bundesdeutschen Schullandschaft ein starker Zuwachs an Kooperationsprojekten von Schulen und Betrieben bzw. außerschulischen Lernorten auch auf Ebene der allgemeinbildenden Schulen zu beobachten. Es gibt eine Vielzahl von Initiativen und Projekten, die in verschiedenen Formen die Kooperation von Schule mit außerschulischen, betrieblichen Partnern zum Inhalt hat. Übergreifendes Ziel aller Projekte ist in der Regel die Vorbereitung von Jugendlichen auf die Arbeitswelt[1].

Dabei sind neue Impulse für eine verbesserte schulische Berufsorientierung in diesen verschiedenen aktuellen Programmen und Projekten zu entdecken (vgl. auch RADEMACKER 2002: 54). Hintergrund dieser Projekte ist zum einen die als defizitär empfundene Wirkung des herkömmlichen Betriebspraktikums, was auch von den in diesem Kontext nur singulär zu findenden Forschungsarbeiten bestätigt wird (vgl. SCHUDY 2002b: 192/195); so begründet sich die Kritik am Betriebspraktikum darin, dass die Schüler(innen) in der Regel nur Hilfsarbeiten und Tätigkeiten am Rande von Berufen kennen lernen, dass sie Entscheidungsgänge im Arbeitsprozess nicht nachvollziehen können, da sie nicht über das

---

1 Berufliche Orientierung ist allerdings schon seit Mitte der 1950er Jahre ein Ziel der allgemeinbildenden Schulen; der Eingang dieses Themas in das Curriculum der Schulen hat sich jedoch schulformspezifisch unterschiedlich intensiv entwickelt. So ist die Berufsorientierung an der Haupt- und Gesamtschule, sowie zu einem gewissen Grad auch an der Realschule recht gut integriert, wohingegen das Thema im Gymnasium bislang kaum aufgegriffen wird (vgl. DAMMER 2002: 48f). RADEMACKER verweist allerdings trotz dieser Entwicklung auf eine verbreitete Abschottung der Schule gegenüber der Arbeitswelt und entsprechenden Qualitätsanforderungen. Indikatoren sind für ihn beispielsweise eine Ablehnung der schulformübergreifenden Einführung eines Fachs Arbeitslehre, die unzureichende Integration des Themas in Schulbüchern und die „didaktisch dilettantische" Handhabung der Betriebspraktika (vgl. RADEMACKER 2002: 52).

nötige Theoriewissen verfügen, und dass sie aufgrund der nur begrenzten Erfahrungsmöglichkeiten keine Möglichkeit haben, Neigungen oder Eignungen für einen Beruf festzustellen (vgl. FELDHOFF ET AL. 1985: 31). BEINKE und FELDHOFF ET AL. kommen deshalb zu der Auffassung, dass das Betriebspraktikum prinzipiell nur begrenzte Möglichkeiten im Prozess der individuellen Berufsfindung öffnet (vgl. FELDHOFF ET AL. 1985; BEINKE 1995).

Hintergrund für die Entwicklung neuer Konzepte sind zum anderen die veränderten Bedingungen für die Berufswahl von Schüler(innen) aufgrund des technischen, ökonomischen und gesellschaftlichen Wandels; so entwickeln sich beispielsweise immer neue Berufe, Qualifikationsprofile verändern sich durch wandelnde Anforderungen und Unternehmen erwarten vielfältige Kompetenzen und Zusatzqualifikationen (vgl. KILLUS 2004: 396).

„Der Übergang von der Schule in den Beruf ist dadurch unübersichtlicher, anspruchsvoller und auch risikoreicher geworden" (KILLUS 2004: 396).

Angesichts hoher Jugendarbeitslosigkeit[2], eines rückläufigen Angebots an Ausbildungsplätzen und insbesondere der problematischen Übergangsquoten von Hauptschüler(inne)n in eine berufliche Ausbildung rücken vor allem die Jugendliche in den Mittelpunkt der Fördermaßnahmen, die aufgrund von Lernschwierigkeiten oder sozialer Benachteiligung besondere Probleme beim Übergang in eine berufliche Ausbildung haben (vgl. RADEMACKER 2002: 53; BMGS 2005: 91f). So wechseln immer weniger Hauptschüler(innen) direkt in eine berufliche Ausbildung[3] und in der Gruppe der 20- bis 29-Jährigen erreichten 2003 1,36 Millionen bzw. 14,9 % keinen beruflichen Bildungsabschluss; dabei waren überproportional (ca. 36 %) und mit steigender Tendenz Jugendliche ausländischer Herkunft vertreten (vgl. BMGS 2005: 91/93). Das INSTITUT FÜR ARBEITSMARKT- UND BERUFSFORSCHUNG der Bundesagentur für Arbeit stellt dazu in einer Analyse der langjährigen Entwicklung qualifikationsspezifischer Arbeitslosenquoten fest, dass die alte Faustformel weiterhin Bestand hat, dass je niedriger die formale Qualifikation desto schlechter die Position auf dem Arbeitsmarkt ist und Personen ohne Berufsabschluss mit Abstand das höchste Risiko auf dem Arbeitsmarkt tragen (vgl. INSTITUT FÜR ARBEITSMARKT- UND BERUFSFORSCHUNG 2005).

Die Modelle und Projekte zur Kooperation von Schule und Betrieb im Bereich der allgemeinbildenden Schulen verfolgen somit den Ansatz, diesem negativen Trend entgegenzuwirken und schon frühzeitig Jugendliche zu fördern, um

---

2 504.000 Jugendliche unter 25 Jahren waren im Jahr 2004 arbeitslos (vgl. BMGS 2005: 114).
3 1998 gingen 12,5 % der Hauptschulabgänger(innen) direkt in die Arbeitslosigkeit über, 1975 waren es nur 2,2 % (vgl. Schmidt 2002: 6).

ihnen den Übergang in Ausbildung und Erwerbsarbeit zu ermöglichen. Im Mittelpunkt der Maßnahmen stehen dabei häufig benachteiligte oder leistungsschwache Schüler(innen); jedoch arbeiten nicht nur Hauptschulen mit neuen Konzepten, auch an Gymnasien gibt es Impulse zur Veränderung der Berufsorientierung (vgl. RADEMACKER 2002: 54).

Eine der führenden Initiativen auf dem Gebiet der Entwicklung innovativer Maßnahmen zur Förderung und Verbesserung der Berufsorientierung von Jugendlichen ist das BMBF-Programm „Schule – Wirtschaft/Arbeitsleben", das allein ab dem Herbst 1999 bislang 36 verschiedene Projekte in allen Bundesländern gefördert hat (vgl. FAMULLA ET AL. 2004). Ebenso listet das Deutsche Jugendinstitut in ihrem Forschungsschwerpunkt „Übergänge in Arbeit" an die 30 Projekte der innovativen Praxismodelle zur Verbindung von Schule und Arbeit auf (vgl. SCHMIDT 2002). Ziel all dieser Initiativen ist die verbesserte Vorbereitung von Schüler(inne)n auf die veränderten, höheren Anforderungen der Ausbildung aufgrund des strukturellen Wandels des Arbeits- und Ausbildungsmarkts (vgl. RADEMACKER 2002: 67; HORSTKEMPER/KILLUS 2003: 3).

Dieses Ziel der Berufsvorbereitung konkretisiert sich allerdings nicht nur in der Förderung einer direkten Berufswahlfähigkeit, sondern impliziert durchaus auch die Förderung von umfassenden Kompetenzen, im Sinne so genannter Schlüsselqualifikationen, Lernmotivation und Selbstverantwortung. SCHUDY stellt die Notwendigkeit einer schulischen Berufsorientierung dar, bei der neben der Frage der Schüler(innen) nach dem „Was will ich werden?" auch die Frage nach dem „Wie will ich leben?", d.h. der Zusammenhang von Berufsorientierung sowie Identitätsbildung und individueller Lebensgestaltung, berücksichtigt werden muss (vgl. SCHUDY 2002a: 12). Darüber hinaus wird es angesichts der vermuteten Zunahme diskontinuierlicher Berufsbiographien notwendig, Selbstbestimmungsfähigkeit und -bereitschaft sowie Eigenverantwortung im Sinne von Fähigkeiten und Bereitschaft zum lebenslangen Weiterlernen bei den Schüler(innen) zu fördern (vgl. SCHUDY 2002a: 13). Im Zuge der vielfältigen aktuellen Schulmodelle und Initiativen, die Schüler(innen) auf den Übergang in das Erwerbsleben verbessert vorbereiten wollen und dabei Konzepte einer Öffnung von Schule und eine Kooperation mit außerschulischen, betrieblichen Akteuren umsetzen, öffnet sich das Konzept der Berufsorientierung also hin zu einer Lebens- und Berufswegeplanung, die die individuelle Entwicklung der Gesamtpersönlichkeit einer Schülerin oder eines Schülers in den Blick nimmt (vgl. SCHMIDT 2002: 7f).

Darüber hinaus wird mit der Integration von außerschulischen Lernorten und betrieblichen Erfahrungen in die Schule die Strategie der Erschließung von Erfahrungsräumen der real geltenden Bezugssysteme der Gesellschaft verfolgt. Diese ist geprägt von der Vorstellung, dass die Erfahrungsmöglichkeiten von

Schüler(inne)n in einer handlungsärmer gewordenen Gesellschaft begrenzt sind und Angebote zur verantwortlichen und produktiven Tätigkeit abgenommen haben (vgl. KONRAD/TRAUB 1999: 20). Unter dem Stichwort „Scholarisierung" und „erweitertes Bildungsmoratorium" wird das internationale Phänomen entwickelter Industriegesellschaften des 20. Jahrhunderts diskutiert, welches die Jugendphase als Moratorium vor der Arbeitsgesellschaft konstituiert, das entpflichtet ist gegenüber dem System der Erwerbsarbeit (vgl. ZINNECKER/STECHER 1996: 165f). Allerdings weisen ZINNECKER und STECHER nach, dass große Teile von Jugendlichen durchaus mit Elementen von Arbeitstätigkeit konfrontiert werden und dies zu einer neuartigen Doppelbelastung durch die Gleichzeitigkeit von Arbeit und Schule führt, die von der Schule in der Regel nicht berücksichtigt wird. Dies bedeutet auch, dass die Jugendlichen mit der Bearbeitung dieser arbeitsweltlichen Erfahrungen weitgehend allein gelassen werden (vgl. EMIG/HELLMER 2005: 108f).

Mit der Kooperation von Schule und Betrieb im allgemeinbildenden Schulsystem, die nun vielfach erprobt wird, ist also intendiert, Erfahrungsräume zu erschließen, die die Schüler(innen) nicht nur zur Berufswahl befähigen, sondern ihnen auch umfassendere biographisch bedeutsame Kompetenzen vermitteln.

Modelle der Lernortkooperation

Um einen Überblick über die Vielzahl der unterschiedlichen Projekte, Modelle und Maßnahmen der Kooperation von Schule und Betrieb im allgemeinbildenden Schulsystem geben zu können, greife ich die vom Deutschen Jugendinstitut erstellte Systematik zur inhaltlichen Gliederung der Projekte auf. Demnach können Projekte entsprechend ihren Handlungsansätzen unterschieden werden. Diese werden nach folgenden Kategorien geordnet:

1. Praktikum: der Betrieb als Lernort
2. Schlüsselqualifikationen und Lebenskompetenzen
3. Curriculare Berufs(wahl)vorbereitung und Lebensplanung (vgl. SCHMIDT 2002: 9f).

Gemeinsam ist dem Ansatz „*Praktikum: der Betrieb als Lernort*" das Ziel, durch einen erweiterten Praxisanteil in Betrieben über das übliche Schüler(innen)praktikum hinaus den Schüler(inne)n einen vielseitigeren Einblick in Arbeitswelt und Berufsalltag zu vermitteln sowie benachteiligten Jugendlichen den Zugang zu Ausbildung und Arbeitsmark zu ermöglichen (vgl. SCHMIDT 2002: 9). Dazu führen viele der in dieser Kategorie zusammengeführten Schulen in dem oder den letzten Schuljahr(en) einen oder zwei Praxislerntage pro Woche im Betrieb ein oder integrieren mehrere Blockpraktika in einem Schuljahr (vgl. SCHMIDT 2002: 14f).

Ziel des Ansatzes „*Schlüsselqualifikationen und Lebenskompetenzen*" ist das Erlernen von fachübergreifenden Kompetenzen, zu denen das Denken in übergreifenden Zusammenhängen ebenso zählt wie das Kommunikationsvermögen und die Fähigkeit zur Problemlösung, Teamarbeit und solidarischem Handeln. Erreicht werden soll dies durch die Gestaltung von interdisziplinären, projekt- und handlungsbezogenen Lernsituationen, die zum Erwerb einer breiten Erfahrungs- und Wissensbasis anregen sollen (vgl. SCHMIDT 2002: 10). Betriebe und außerschulische Lernorte spielen dabei in unterschiedlicher Form eine Rolle: so werden beispielsweise außerschulische, betriebliche Experten in die Schule eingeladen, Hospitationen organisiert, betriebliche Partner für Ausbildungsplätze gewonnen, wenn Schüler fachliche und soziale Kompetenzen anhand von speziellen mit den Betrieben vereinbarten Beobachtungsbögen nachweisen, und Betriebe bei Konzeptgestaltungen beteiligt (vgl. SCHMIDT 2002: 70f).

Der Ansatz „*Curriculare Berufs(wahl)vorbereitung und Lebensplanung*" integriert Projekte, die Handlungsspielräume des regulären Lehrplans der Schulen nutzen, um neue curriculare Bausteine zur Arbeit an persönlichen Entwicklungsmöglichkeiten und individueller Lebensplanung der Schüler(innen) zu entwerfen und in enger Kooperation mit außerschulischen Institutionen, Trägern und Betrieben zu gestalten und durchzuführen. Wichtiger Ansatzpunkt ist die Förderung der Reflexion von Entscheidungsfindungs- und Berufswahlprozessen bei den Schüler(inne)n, beispielsweise durch Lerneinheiten im Wahlpflichtbereich, fächerübergreifendes Training oder ein baukastenartiges Lehrprogramm (vgl. SCHMIDT 2002: 10f).

Unterschieden werden können über diese Systematik hinaus Projekte anhand der Trägerschaft, d.h. Projekte, bei denen die Schule der Träger ist, und Projekte, bei denen außerschulische Institutionen, wie Gewerkschaften, berufliche Stiftungen oder Beratungsstellen, als Träger fungieren. Damit gehen in der Regel andere Rahmenbedingungen einher – Schulen haben andere Möglichkeiten in der Arbeit mit Schüler(inne)n und folgen anderen Richtlinien als außerschulische Träger (vgl. SCHMIDT 2002: 11; FAMULLA ET AL. 2004: 23).

Insgesamt steht die Fülle der angebotenen Programme zur Entwicklung und Verbesserung der Berufsorientierung derzeit in keinem Verhältnis zum Stand der empirischen Forschung. Nur wenigen Modellen steht eine wissenschaftliche Begleitung zur Seite, die die Projekte evaluiert; ist eine wissenschaftliche Begleitung vorgesehen, wie im Falle des Programms „Schule – Wirtschaft/Arbeitsleben", so besteht die zentrale Aufgabe meist in der Dokumentation und systematischen Bestandsaufnahme von Projektarbeitsprozessen (vgl.

FAMULLA ET AL. 2004). Über die Veränderung des Lernens in den vielen Projekten, die die Kooperation der Lernorte Schule und Betrieb gestalten, liegen über Erfahrungsberichte hinaus kaum systematische empirische Untersuchungen vor (vgl. KILLUS 2004: 397; EMIG/HELLMER 2005: 109). Gleiches gilt für das Gebiet der Betriebspraktika (vgl. SCHUDY 2004).

Dieses Fehlen von empirisch gesicherten Erkenntnissen zur Kooperation von Schule und Betrieb bringt die Gefahr von vereinfachten Lesarten in der Beurteilung der Projekte mit sich. So wird die Zusammenarbeit von Schule und Betrieb von Außenstehenden oftmals verengt unter funktionalen Verwertungsinteressen betrachtet: Es besteht die Gefahr, dass Projekte ausschließlich dann als erfolgreich angesehen werden, wenn sie eine ‚reibungslose' Vermittlung von Schüler(inne)n ins Arbeitsleben gewährleisten. Diese eingeengte Sichtweise auf Berufsvorbereitung und die Relevanz von Betriebkontakten vernachlässigt vermutlich die Auseinandersetzung mit der Wirkung des Lernorts Betrieb auf übergreifende Lernprozesse und die Planung von Lebensentwürfen der Schüler(innen), über die bisher wenig bekannt ist. Eine systematische, diesbezügliche Forschung darf dabei weder den Lernort Betrieb allgemein mit Begriffen wie „Ernstsituation" oder „Ernstcharakter" beschreiben als auch von vornherein die Lernwirksamkeit des Lernorts Betrieb postulieren; vielmehr hätte sie die Aufgabe, das Zusammenwirken der Lernorte Schule und Betrieb qualifizierend zu beschreiben, dabei Gelegenheitsstrukturen des Lernens in unterschiedlichen Systeme heraus zu arbeiten und die Wirkung der Kooperation dahingehend zu analysieren, in welcher Weise und mit welchem Ergebnis Schüler(innen) diese nutzen (vgl. EMIG/HELLMER 2005: 109f). Dies ist ein Anliegen dieser Arbeit.

Zunächst werden nun aber zwei Modelle aus dem Programm „Schule-Wirtschaft/Arbeitsleben" genauer vorgestellt, um einen ersten Einblick in mögliche Kooperationsformen zwischen Schule und Betrieb zu bekommen.

Diese Modelle wurden aus folgenden Gründen gewählt:

- Sie sind dem in dieser Arbeit untersuchten Schulversuch ähnlich.
- Sie wurden extern wissenschaftlich evaluiert, und diese Untersuchungen zählen zu den wenigen Forschungsarbeiten auf diesem Gebiet.
- Die Ergebnisse sind für die vorliegende Arbeit relevant, da Aussagen in Bezug auf die Entwicklungen der Schüler(innen), die Struktur der Lernorte und die Schulentwicklungsprozesse beinhalten.

Damit können die Erkenntnisse dieser Untersuchung später in ein Verhältnis zu den Ergebnissen jener Projekte gesetzt werden.

Der oben dargestellten Systematik folgend sind die beiden Projekte dem Ansatz „Praktikum: der Betrieb als Lernort" zuzuordnen, da beide Projekte regelmäßige Praxislerntage im Betrieb für Schüler(innen) organisieren. Es handelt sich zum einen um den Modellversuch „Flexibilisierung der Übergangsphase und Berufswahlpass/Praxislernen" in Brandenburg, der von der Universität Potsdam unter der Leitung von Marianne Horstkemper evaluiert wurde, und zum anderen um das Projekt „Förderpraktika im letzten Pflichtschuljahr an Haupt-, Gesamt- und Sonderschulen" aus dem Programm „Betrieb und Schule (BUS)" in Nordrhein-Westfalen, das vom Institut für Schulentwicklungsforschung (IFS) der Universität Dortmund wissenschaftlich ausgewertet wurde.

Der Modellversuch „Flexibilisierung der Übergangsphase und Berufswahlpass" in Brandenburg im Rahmen des Förderprogramms „Schule – Wirtschaft/Arbeitsleben"

Der Modellversuch ist ein Verbundprojekt der Bundesländer Berlin, Brandenburg, Bremen, Hamburg, Mecklenburg-Vorpommern, Niedersachen und Schleswig-Holstein. In diesem Versuch ist die Flexibilisierung der Übergangsphase dadurch gekennzeichnet, dass herkömmliche Stundentafeln aufgelöst, Schüler(inne)n individuelle Orientierungen durch Begegnungen mit der Arbeitswelt ermöglicht und dieser Prozess mit einem Berufswahlpass dokumentiert werden. Durch diese Maßnahmen soll zum einen die Berufsorientierung an allgemeinbildenden Schulen verändert und qualitativ verbessert werden und zum anderen Fähigkeiten der Schüler(innen) gestärkt werden (vgl. HORSTKEMPER/KILLUS 2003: 4). Dazu zählen:

„Förderung der individuellen Potenziale und Stärken, Entwicklung eines realistischen Fähigkeitskonzepts als Voraussetzung für eine tragfähige Berufswahlentscheidung, Abbau individueller Leistungsdefizite, Stabilisierung des Lernverhaltens und der Lernmotivation, Stärkung der Eigenaktivität und der Selbstverantwortung" (HORSTKEMPER/KILLUS 2003: 5).

Darüber hinaus werden Erwartungen an eine Entwicklung der Lern- und Unterrichtskultur der teilnehmenden Schulen formuliert.
Diese Ziele werden für das Teilprojekt in Brandenburg in folgenden Maßnahmen seit dem Schuljahr 2000/01 konkretisiert: An fünf Gesamtschulen werden in der 8. oder 9. Klasse Lerngruppen aus ungefähr zwölf eher leistungsschwachen und schulmüden Schüler(inne)n gebildet, die einen oder zwei Praxislerntage in der Woche in wechselnden außerschulischen Lernorten absolvieren. Das außerschulische Lernen soll in einzelne Unterrichtsfächer eingebunden sein. Zu diesem Zweck formulieren die jeweiligen Fachlehrer(innen) für jede(n) Schüler(in) Praxislernaufgaben, die die Besonderheiten des Praxislernorts und die

geltenden Lehrpläne berücksichtigen. Die Praxislernaufgaben sollen von den Schüler(innen) eigenständig bearbeitet werden. Da im Unterricht geltende Lehrpläne berücksichtigt werden, können die Schüler(innen) die gleichen Schulabschlüsse erreichen wie in den parallelen Regelklassen der Schulen (vgl. KILLUS 2004: 400). Die curricularen und didaktischen Neuerungen werden durch Fortbildungen und Koordinierungstreffen der beteiligten Lehrer(innen) unterstützt. Die allgemeinen Ziele des Modellversuchs differenzieren die Schulen noch einmal auf die Aspekte: Abbau von Leistungsdefiziten durch Begegnung mit der Arbeitswelt, Stabilisierung und Weiterentwicklung von Lernmotivation und Selbstverantwortung sowie Unterstützung der individuellen Berufsfindung (HORSTKEMPER/KILLUS 2003: 5/16f; KILLUS 2004: 399).

Dieses Modellprojekt wurde durch die Universität Potsdam evaluiert. Untersucht wurden zum einen der Prozess der Entwicklung an den beteiligten Schulen und im Unterricht sowie zum anderen die Wirkung der Veränderungen auf die Schüler(innen) (vgl. HORTSKEMPER/KILLUS 2003: 6). Die Ergebnisse basieren auf Befragungen von Lehrer(inne)n und Schüler(inne)n sowie auf den Ermittlungen von Leistungen aus Zeugnisnoten im Vergleich zu Regelklassen der beteiligten Schulen (vgl. KILLUS 2004: 400/407).

Die Ergebnisse lauten:

- Die Form des Unterrichts in den neu eingerichteten Klassen ergänzt die äußere Differenzierung um innovative innere Differenzierungsmaßnahmen; dies wird von den Schüler(innen) positiv erlebt, entspricht aus Sicht der Lehrer(innen) aber noch nicht dem Idealbild eines guten (offenen) Unterrichts. Das Klassenklima und die Beziehung der Schüler(innen) untereinander ist dagegen deutlich positiver als in den Regelklassen (vgl. KILLUS 2004: 402f).

- Die Schüler(innen) bewerten das betriebliche Lernen an beruflichen Inhalten positiv und stufen die Auseinandersetzung mit der Praxislernaufgabe – trotz unterschiedlicher Praxis in den Schulen und unterschiedlich starker Relevanz für die Schüler(innen) – mehrheitlich als nützlich ein. Lehrer(innen) die keine Erfahrung mit der Kooperation mit Betrieben und betriebliche Abläufen haben, empfinden die Gestaltung von Praxislernaufgaben als schwierig (vgl. HORSTKEMPER/KILLUS 2003: 38f; KILLUS 2004: 405f).

- Konnte die Einrichtung von Praxislernklassen an allen beteiligten Schulen problemlos umgesetzt werden, so ist die ausstrahlende Wirkung auf die Entwicklung der ganzen Schule und auf Innovationen auch in den Regelklassen gering geblieben (vgl. KILLUS 2004: 406).
- Die Leistungen der Schüler(innen) in den Praxislernklassen haben sich auf niedrigem aber ausreichendem Niveau stabilisiert; die meisten Schüler(innen) schaffen den von ihnen angestrebten Schulabschluss. Die Schüler(innen) haben eine positive Selbstwahrnehmung und unterscheiden sich dabei nicht von Schüler(inne)n der Regelklassen, vielmehr werden sie in ihrer Selbstakzeptanz und ihrem Selbstbewusstsein im Laufe des Projekts zusätzlich gestärkt. Durch die Begegnung mit der Arbeitswelt konnten sie ihre beruflichen Zukunftsvorstellungen zielgerichtet weiterentwickeln (vgl. KILLUS 2004: 407f).
- Den insgesamt positiven Entwicklungen setzt die wissenschaftliche Evaluation einige problematische Ergebnisse entgegen: Die Umsetzung von offenen Unterrichtsformen und der Verschränkung von schulischem und betrieblichem Lernen mit Hilfe der Praxislernaufgaben gelingt noch nicht ausreichend. Die Einrichtung von speziellen Praxislernklassen bewirkt eine Abschottung gegenüber dem übrigen Schulgeschehen und verhindert den Transfer innovativer Unterrichtsansätze und Synergieeffekte in der Bearbeitung komplexer Anforderungen. Ebenso ist fraglich, ob die Praxislernklassen mit ihrer „negativ" ausgelesenen Schülerschaft den Schüler(inne)n langfristig Möglichkeiten der positiven Entwicklung von Leistung und realitätsangemessenen Selbsteinschätzungen bieten können, da insgesamt das Anregungspotential in der Klasse herabgesetzt ist und die positive Selbstwahrnehmung auch auf einen gewissen „Schonraumeffekt" zurückgeführt werden kann (vgl. KILLUS 2004: 410f).

Das Projekt „Förderpraktika im letzten Pflichtschuljahr an Haupt-, Gesamt- und Sonderschulen" in Nordrhein-Westfalen im Rahmen des Förderprogramms „Schule – Wirtschaft/Arbeitsleben"

Im Rahmen des vom Land Nordrhein-Westfalen geförderten Programms „Betrieb und Schule (BUS)" werden seit dem Schuljahr 2000/01 spezielle Förderpraktika an Haupt- und Gesamtschulen sowie ab 2002 auch an Sonderschulen erprobt. Im Schuljahr 2001/02 nahmen 131 Schulen mit insgesamt ca. 1600 Schüler(innen) am BUS-Programm teil (vgl. BUHREN ET AL. 2004: 6).

Das Projekt ist ausgerichtet auf leistungsschwache Schüler(innen), die keine Aussicht haben, in ihrem letzten Pflichtschuljahr einen Schulabschluss zu erwerben. Ziel des Projektes ist, diesen Schüler(inne)n zu einem Übergang in Ausbildung oder Beschäftigung auch ohne Hauptschulabschluss zu verhelfen. Dazu soll ihnen berufliche Orientierung vermittelt werden und eine persönliche und soziale Stabilisierung erreicht werden.

Erreicht werden soll dies durch einjährige betriebliche Praktika und ein speziell auf diese Schüler(innen) ausgerichtetes Curriculum (vgl. BUHREN ET AL. 2004: 3). Die Schüler(innen) lernen in extra gebildeten, kleinen Klassen an drei Tagen in der Schule, deren Unterricht an beruflichen Anforderungen ausgerichtet ist, und an zwei Tagen lernen sie an betrieblichen Praktikumsplätzen, die durch die Lehrer(innen) erschlossen werden. Es ist kein ausgewiesenes Ziel, dass die Schüler(innen) in diesem Rahmen einen Schulabschluss erreichen; wird dies von den Schüler(inne)n gewünscht, so ist es in Ausnahmefällen möglich (vgl. MINISTERIUM FÜR SCHULE UND WEITERBILDUNG DES LANDES NORDRHEIN-WESTFALEN 2005).

Die Untersuchung des Projekts stützt sich zentral auf die Einschätzungen der Maßnahme aus Sicht der beteiligten Schüler(innen) und macht Aussagen zur Akzeptanz der Förderpraktika seitens der Schüler(innen), deren Lern- und Leistungsmotivation, Selbstkonzept und Unterstützung durch Familie und Freunde. Ergänzt werden diese Erkenntnisse um Einschätzungen der beteiligten Lehrer(innen) (vgl. BUHREN ET AL. 2004: 44).

Die Ergebnisse lauten:

- Die Förderpraktika finden eine breite Akzeptanz bei den beteiligten Schüler(inne)n, die zum Ende der Maßnahme leicht abnimmt, jedoch auf hohem Niveau bleibt. Unter Akzeptanz wird dabei sowohl die Zustimmung zum Projekt als auch die Zufriedenheit mit dem Verlauf verstanden, was als wichtige Erfolgsbedingung derartiger Programme gilt (vgl. BUHREN ET AL. 2004: 10/16).
- Stärkstes Motiv zur Beteiligung an diesem Projekt ist für die Schüler(innen) die Erwartung, eine Ausbildungsstelle zu finden. Auch wenn diese Erwartungen und Hoffnungen zum Ende der Maßnahme geringer werden, bleibt der Stellenwert von Ausbildung und Arbeit bei den meisten Teilnehmern hoch. Die teilnehmenden Schüler(innen) schätzen ihr Engagement und ihre Leistungsbereitschaft hoch ein (vgl. BUHREN ET AL. 2004: 23).

- Selbstwirksamkeit und Selbstwertgefühl der Schüler(innen) sind bereits zu Beginn der Maßnahme sehr positiv ausgeprägt und werden durch die Teilnahme weiter gestärkt. Im Vergleich zu Schüler(inne)n in Regelklassen gibt es keine Unterschiede bezüglich des Selbstbilds (vgl. BUHREN ET AL. 2004: 30).
- Die teilnehmenden Schüler(innen) werden in den meisten Fällen durchgehend von ihren Familien und Freund(inn)en unterstützt (vgl. BUHREN ET AL. 2004: 35).
- Die beteiligten Lehrer(innen) beurteilen die Förderpraktika als sehr erfolgreich. Als begünstigende Faktoren benennen sie aus ihrer Sicht die kleinen Lerngruppen und die Arbeit in den Betrieben (vgl. BUHREN ET AL. 2004: 43).
- Den von der wissenschaftlichen Begleitung konstatierten deutlichen Erfolg schränken sie in zweierlei Hinsicht ein: Zum einen kann mit ihrer Untersuchung keine Aussage über die Erfolgsquote bezüglich des Übergangs und dem Verbleib in Ausbildung und Erwerbsarbeit getroffen werden. Zum anderen werden die positiven Aussagen durch eine relativ hohe Abbrecherquote von ca. einem Fünftel der Schüler(innen) relativiert. Allerdings darf dies unter Berücksichtigung der besonderen Problemgruppe nicht überbewertet werden, vielmehr haben vier Fünftel einer ausgewiesenen Risikogruppe die Maßnahme zu Ende geführt (vgl. BUHREN ET AL. 2004: 45f).

Zusammenfassung: Offene Fragen und Forschungslücke

Aufgrund dieser Studien kann zur Entwicklung der Schüler(innen), zur Struktur der Lernorte und zu Schulentwicklungsprozessen Folgendes festgehalten werden: Benachteiligte und schulabschlussgefährdete Schüler(innen) stabilisieren sich in der Regel – sowohl emotional als auch leistungsmäßig – in diesem Projekt und festigen ihre berufliche Perspektive, obwohl es auch Fälle gibt, in denen die Schüler(innen) die Kooperation nicht nutzen können. Genaue Studien zur Gestalt und Dynamik dieser Prozesse, z.B. in Form von Einzelfallstudien, liegen jedoch nicht vor.
Die Arbeit in den Betrieben wird als gewinnbringend für die Schüler(innen) beschrieben. Die Zusammenarbeit zwischen Schule und Betrieb gelingt, vor allem aber in der Anbindung der betrieblichen Erfahrungen an schulische Inhalte gibt es noch Schwierigkeiten und Entwicklungsbedarf. In welcher Form der Lernort Betrieb lernwirksames Anregungspotential bietet und wie Schüler(innen) dieses gegebenenfalls auch mit Hilfe von schulischen Instrumenten bearbeiten, ist noch nicht genau beschrieben.

Die Einrichtung von separaten Lerngruppen oder Klassen neben den Regelklassen schafft für die beteiligten Schüler(innen) neue, auch mit innovativen Unterrichtsformen gestaltete Lerngelegenheiten, deren langfristiger Erfolg für die positive Entwicklung von Leistung und realitätsangemessenen Selbsteinschätzungen allerdings aufgrund des herabgesetzten Anregungspotentials fraglich ist. Im Gesamtsystem der Schule bleiben diese Klassen eher separate „Inseln", die wenig in das übrige Schulgeschehen eingebunden sind. Die weitere Entwicklung der schulischen Gestaltung bietet in diesem Sinne bisher noch nicht untersuchte Möglichkeiten und Potentiale.

Im nächsten Kapitel schließt sich nun die Darstellung des Hamburger Schulversuchs „Arbeiten und Lernen in Schule und Betrieb" an, der Gegenstand dieser Forschungsarbeit ist. Der Schulversuch reiht sich ein in die aktuellen Modelle und Projekte zur Kooperation der Lernorte Schule und Betrieb, bei denen die Schüler(innen) kontinuierlich an Praxislerntagen im Betrieb arbeiten. Bezogen auf die oben beschriebene Systematik der Projekte ist der Schulversuch deshalb schwerpunktmäßig dem Handlungsansatz „Praktikum: der Betrieb als Lernort" zuzuordnen. Zugleich wird jedoch auch das Ziel einer umfassenden Förderung von selbstregulativen, biographisch bedeutsamen Kompetenzen verfolgt. Somit stellt der Versuch „Arbeiten und Lernen in Schule und Betrieb" auch dem Ansatz „Schlüsselqualifikationen und Lebenskompetenzen" nahe, wie nachfolgend gezeigt wird.

2 Der Schulversuch „Arbeiten und Lernen in Schule und Betrieb"

Im Folgenden wird die Lernortkooperation im Hamburger Schulversuch „Arbeiten und Lernen in Schule und Betrieb" vorgestellt. Dazu werden Ziele und Merkmale des Schulversuchs benannt und die Organisation des Schulversuchs sowie die Aufgaben der beteiligten wissenschaftlichen Begleitung, der Steuergruppe und der Netzwerkkoordination dargestellt.

Im Schuljahr 2000/01 begann mit einer einjährigen Pilotphase der Hamburger Schulversuch „Arbeiten und Lernen in Schule und Betrieb". Dieses Projekt wurde auf Wunsch der Stadt Hamburg und den beteiligten Schulen eingerichtet, um die Nutzung von außerschulischen Lernorten zur Weiterentwicklung des Übergangs von der Schule in die Berufswelt und zur Förderung von Lernfähigkeiten bei den Schüler(inne)n zu erproben. Zunächst waren zwei Hamburger Schulen beteiligt: die Ganztagsschule St. Pauli (StP[4]) (ehemals Ganztagsschule Friedrichstraße) und die Haupt- und Realschule Richard-Linde-Weg (RLW). Dieser Pilotphase folgte ab dem Schuljahr 2001/02 die dreijährige Hauptphase des Schulversuchs, mit deren Beginn eine dritte Schule, die Gesamtschule Eidelstedt (GSE), in den Schulversuch aufgenommen wurde.

Eckpfeiler dieses Konzepts der Lernortkooperation sind:

- Die Schüler(innen) der Abschlussjahrgänge lernen an 2 Tagen in der Woche in einem Betrieb und an 3 Tagen in der Schule.
- Die Schüler(innen) erwerben weiterhin am Ende der Schulzeit einen allgemeinbildenden Schulabschluss (Haupt- oder Realschulabschluss).
- Die Schulen gestalten die verkürzte Wochenstundenzahl in der Schule durch curriculare Veränderungen und greifen die Erfahrungen der Schüler(innen) im außerschulischen Lernort konstruktiv auf.

Unter dem gemeinsamen Dach des Schulversuchs haben sich in allen drei Schulen individuelle Projekteigenschaften und Profile herausgebildet. Nicht zuletzt hat jede Schule dem Schulversuch einen eigenen Namen gegeben. Die

---

4 Im nachfolgenden Text werden auch diese Abkürzungen für die Schulnamen verwendet.

Gesamtschule Eidelstedt nennt das Projekt „LiSt" (Lernen im Stadtteil) die Ganztagsschule St. Pauli hat den Namen „PEILUNG" gewählt und die Schule Richard-Linde-Weg bezeichnet ihr Projekt „>>>anSCHuB zum Erfolg". Die Spezifika der jeweiligen Konzepte und die unterschiedlichen Bedingungskonstellationen wurden bei der wissenschaftlichen Begleitung berücksichtigt.

2.1 Ziele

Im vorliegenden Schulversuch ist eine Lernortkooperation konzipiert, die auf ganz unterschiedliche Strukturmomente und Ebenen der Entwicklung abzielt. Die Umsetzung eines komplexen Konzepts der Veränderung von Schule greift umfassend in die Gesamtstruktur der jeweiligen Einzelschule ein, d.h. die Schule muss Überlegungen anstellen, wie sie diesen Entwicklungsprozess systematisch gestaltet. Zur schulentwicklungstheoretischen Einordnung des Entwicklungsprozesses der Schulen des untersuchten Schulversuchs sollen an dieser Stelle einige Vorbemerkungen gemacht werden:

Schulentwicklungskonzepte basieren heute auf der Einsicht, dass Schulentwicklung sich entscheidend auf der Ebene der Einzelschule vollzieht (vgl. HOLTAPPELS 2003) und so auch als „Motor der Einzelschule" (BASTIAN 1998) verstanden wird. Dabei wird die Entwicklungsdynamik der Einzelschule als Teil eines Gesamtsystems im Spannungsfeld von Initiativen der Selbstentwicklung und Steuerungsversuchen von außen verortet. Auch das hier zur Diskussion stehende Innovationsprojekt befindet sich in einem Spannungsfeld von „Zug und Druck". Das Konzept des Schulversuchs ist zunächst als ein mit den beteiligten Einzelschulen abgestimmtes Rahmenkonzept der Bildungsbehörde entstanden, das Erlaubnis-, Anregungs- und Aufforderungscharakter besitzt. HOLTAPPELS verweist darauf, dass solche Formen von Innovationssteuerung – oftmals an ausgewählten Pilot- oder Modellschulen – pädagogische Innovationen bewirken, die auf die Erneuerung der Schule bzw. eines Teilsystems als Ganzes zielen (vgl. HOLTAPPELS 2003: 146f.).

Die Innovationsstrategie dieses Schulversuchs lässt sich schulentwicklungstheoretisch charakterisieren als Versuch, innerhalb eines Rahmenkonzepts Entwicklungen in Gang zu setzen, die auf die Dynamik eines Wechselspiels von strukturellen Veränderungen und Veränderungen auf der Ebene des Unterrichts und der Lernprozesse von Schüler(inne)n setzen. Dieses Wechselspiel von Unterrichtsentwicklung und Organisationsentwicklung gilt als einerseits relativ neue, aber andererseits auch bereits erprobte Strategie von Schulentwicklungsprozessen. In der Regel wird dieses Zusammenspiel ergänzt durch Aktivitäten der Personalentwicklung – also beispielsweise der unterrichtsbezogenen Fortbildungen, der systematischen Entwicklung einer kooperativen Arbeitskultur und der Ausbildung von Fähigkeiten zum Schulentwicklungsmanagement (vgl. EI-KENBUSCH 1998: 43; FULLAN 2000: 13; BASTIAN/ROLFF 2002).

Die Konzeption des Schulversuchs orientiert sich an einer Expertise zur „Nutzung von außerschulischen Lernorten und Realsituationen für Lernprozesse" von Dorit GRIESER (1999), die auf Grundlage der Erfahrungen mit verschiedenen Schulmodellen[5] für die Stadt Hamburg erstellt wurde. Der Schulversuch greift die darin formulierten Zielsetzungen für eine Lernortkooperation im Rahmen des allgemeinbildenden Schulsystems auf (vgl. LUMPE/MÜLLER 2000).

Die Ziele, die in der behördlichen Beschlussfassung dargestellt sind, können auf drei Ebenen angesiedelt werden:

Erstens richten sie sich auf die Verbesserung des Übergangs von der Schule in den Beruf bzw. die Berufsausbildung. Der Schulversuch zielt insbesondere auf

- die Anschlussfähigkeit der Bildungsgänge,
- eine praxisnahe, altersgemäße, umfassende berufliche Orientierung der Schüler(innen),
- die Erhöhung der Quote an Schüler(inne)n, die einen Ausbildungsplatz erhalten, und die Senkung der Quote von Schüler(inne)n ohne Abschluss.

Zweitens soll der Schulversuch Kompetenzen der Schüler(innen) im Hinblick auf ein lebenslanges Lernen fördern. D.h. der Schulversuch zielt auf

- die Förderung von selbstgesteuertem Lernen, Lernfähigkeit und sozialen Kompetenzen,
- die Unterstützung von Eigenverantwortung und Persönlichkeitsentwicklung der Schüler(innen),
- die Balance von individualisiertem und gemeinsamem Lernen.

Drittens ist aus der Schulentwicklungsperspektive Ziel des Schulversuchs

- die Öffnung der Schule gegenüber Anforderungen und Arbeitsformen der Berufs- und Arbeitswelt,
- die Gestaltung von fächerübergreifenden projektorientierten Arbeits- und Lernformen,

---

5 Dies beinhaltet die Modelle „Stadt-als-Schule Berlin" (Praxislernen an außerschulischen Lernorten in der Stadt), Hauptschule Am Stoppenberg, Essen (Schülerpraktika in mehreren Jahrgängen der Sekundarstufe I) und Städtische Hauptschule II, Hückelhoven (Wöchentlicher Praxistag für Schüler der Jahrgangsstufe 10).

- die Entwicklung verbindlicher Kooperationsformen und Vernetzungen zwischen Schule und Betrieben.

Zu Beginn des Schuljahrs 2002/03 wurde der Schulversuch durch das ESF-geförderte Teilprojekt „Aufbau eines Netzwerkes zur Stärkung der Ausbildungsfähigkeit und Vorbereitung auf eine duale Ausbildung" erweitert und so der letzte Zielaspekt weiter betont; Ziel des Teilprojekts ist die Stärkung des systematischen Bezugs von Schule und Betrieb. Dazu soll ein Netzwerk aufgebaut und ausgestaltet werden, dass die schulübergreifende Kooperationen zwischen Lehrkräften, betrieblichen Betreuern und Eltern sowie die Anbindung des Lernens im Betrieb an das Lernen in der Schule entwickelt und sichert (vgl. BBS 2003).

Insgesamt richtet sich der Schulversuch nicht – wie andere Projekte der Zusammenarbeit von Schule und Betrieb – in erster Linie auf die Entwicklung leistungsschwacher oder „schulmüder" Jugendlicher; er fragt vielmehr explizit nach der Eignung einer solchen Lernortkooperation für das Spektrum von leistungsstarken Realschülern bis zu leistungsschwachen Hauptschülern.

2.2   Merkmale

Grundlegende Merkmale des Schulversuchs sind die systematische Nutzung außerschulischer, betrieblicher Lernorte und deren Verknüpfung mit dem Lernort Schule. Die Schüler(innen) sollen die Gelegenheit erhalten, Betriebsstrukturen und Beschäftigungsverhältnisse kennen zu lernen und sich individuell – unter Einbezug ihres Bildungsgangs – und gemeinsam in der Lerngruppe mit ihnen auseinander zu setzen. Dabei soll das Arbeiten und Lernen im Verbund von Schule und Betrieb in gemeinsamer, arbeitsteiliger Verantwortung von Schüler(inne)n, Lehrer(inne)n und interessierten Erwachsenen aus verschiedenen beruflichen Arbeitsfeldern gestaltet werden (vgl. LUMPE/MÜLLER 2000).

Konkret bedeutet das: Die Schüler(innen) lernen und arbeiten jeweils für ein Schulhalbjahr an zwei Tagen in der Woche in einem Betrieb. Diese spezifische Organisationsform ist der Rahmen für das Lernen in einem bzw. zwei der abschließenden Schuljahre[6]. Zur curricularen Weiterentwicklung des Lernens im Betrieb und in der Schule sind die in den folgenden Abschnitten beschriebenen Merkmale zur Ausgestaltung der Lernortkooperation festgelegt (vgl. LUMPE/MÜLLER 2000):

---

6 Je nach beteiligter Schule ist dies der 8. und 9. Jahrgang oder der 9. und 10. Jahrgang.

- die Einführung der „besonderen betrieblichen Lernaufgabe",
- die Entwicklung der Verbindung von außerschulischem und schulischem Lernen,
- die Ausgestaltung der besonderen Anforderungen an den betrieblichen Lernort,
- die Zusammenlegung von Fächern zu Lernbereichen,
- Regelungen zur Veränderung der Stundentafel und zur Leistungsbewertung.

Die „besondere betriebliche Lernaufgabe"

Die besondere Lernaufgabe ist neben den schulversuchsspezifischen Unterrichtsstunden das zentrale Instrument, an dem sich die Verknüpfung der Lernorte Schule und Betrieb manifestiert. In die besondere Lernaufgabe gehen sowohl die individuellen betrieblichen Erfahrungen und Fertigkeiten als auch die reflexive Bearbeitung und verallgemeinernde Auswertung dieser Erfahrungen ein.

Die Schulen haben die Anforderungen an die besondere Lernaufgabe schulspezifisch ausdifferenziert und miteinander abgestimmt (vgl. BBS 2005). Der gemeinsame Kern der Anforderungen lässt sich in den folgenden Punkten zusammenfassen:

- Die Lernaufgabe ist eine eigenständige Schüler(innen)aufgabe, deren Thema sich aus der Tätigkeit am betrieblichen Lernort ergibt und von den Schüler(inne)n selbst gewählt wird. Dazu sollen die Schüler(innen) ihre betrieblichen Erfahrungen und Kenntnisse heranziehen. Das Thema wird in einer schriftlichen Vereinbarung zwischen Schüler(in), Schule und Betrieb festgehalten.
- Die Themenwahl und die Erstellung der Lernaufgabe werden von schulischer und betrieblicher Seite beratend unterstützt.
- Für jeden besuchten Praxislernort wird von den Schüler(inne)n eine Lernaufgabe im Umfang von zehn Seiten am Computer geschrieben. Den Schüler(inne)n werden dafür in der Schule Zeit und Computer zur Verfügung gestellt.
- Bewertet wird die Lernaufgabe mit einer im Zeugnis ausgewiesenen Note; zur Bewertung werden zum einen schulische Kriterien zur Erstellung eines schriftlichen Berichts herangezogen (z.B. Gliederung, Spannungselemente, Rechtschreibung, folgerichtige Logik), zum anderen aber auch aus den betrieblichen Tätigkeiten folgende Bewertungskriterien herangezogen (z.B. fachlich korrekte Darstellung, Eigenständigkeit und Genauigkeit bei der Erstellung eines Werkstücks, Funktionstüchtigkeit eines Werkstücks).

- Die Schüler(innen) präsentieren ihre Lernaufgabe vor Publikum. In der Regel organisieren die Schulen eine Veranstaltung, zu der eine interessierte Öffentlichkeit eingeladen wird: u.a. betriebliche Anleiter(innen), Eltern, andere Schüler(innen) und Lehrer(innen) und weitere Personen aus dem Umfeld der Schule. Präsentationsverfahren können ein Präsentationsstand, eine Videopräsentation oder ein Powerpoint-Vortrag sein. Die Qualität der Präsentation geht in die Benotung der Lernaufgabe ein.

Diese Kriterien für die Bearbeitung der besonderen Lernaufgabe repräsentieren die allgemeinen Zielsetzungen des Schulversuchs, insbesondere die Anschlussfähigkeit der Bildungsgänge, die Sicherung einer beruflichen Orientierung, die Individualisierung und Selbstorganisation der Lernprozesse, die Balance zwischen individualisierten und gemeinsamen Lernprozessen sowie die Entwicklung verbindlicher Kooperationsformen zwischen Schule und Betrieb.

Die besondere Qualität dieser Herausforderungen und das entwicklungsfördernde Moment der Lernortkooperation ist vergleichbar mit der besonderen Qualität von Produkten im Rahmen des Projektlernens. Auch hier geht es nicht einfach um materiale Vergegenständlichung oder irgendwie „Handgemachtes". Das eigentliche Produkt von Projekten ist ebenso wie die der besonderen betrieblichen Lernaufgaben eine komplexe Einheit von Planung, Durchführung und Auswertung einer eigenverantwortlich zu bewältigenden Aufgabe. Materialisiert sich eine solche Aufgabe in einem selbst hergestellten Fernsehregal oder der Arbeit in einem Rechtsanwaltsbüro und wird die Aufgabe gleichzeitig schriftlich dokumentiert, so heißt „handeln" – wie in Projekten auch – hier immer auch „lesen, vergleichen, diskutieren, aufschreiben, gegenlesen, Formulierungen erproben, auswerten usf." (OTTO 1997: 197). Ähnlich wie bei der Produktorientierung des Lernens in Projekten folgt die besondere Lernaufgabe in der Lernortkooperation von Schule und Betrieb also nicht dem simplen Ruf nach „mehr Lebensnähe", „mehr Praxis" oder höheren Anteilen von „handelndem Lernen". Die besondere Herausforderung der Lernortkooperation liegt vielmehr darin – und auch das ist mit dem inszenierten Erfahrungsbezug des Projektlernens zu vergleichen –, „die Spannung zwischen Theorie und Praxis oder zwischen Reflexion und Handeln didaktisch klein zu arbeiten" (A.A.O.: 190). Letztlich kann hier auf den Leitbegriff der Erfahrung verwiesen werden, wie er von John DEWEY bereits 1915 formuliert wurde (DEWEY 1964: 193), um das Projektlernen als „bildende Methode der Erfahrung" (EBD.) von Aktionismus und Handarbeit abzusetzen (vgl. dazu ausführlich SPETH 1997: 22f).

Die Verbindung von außerschulischem und schulischem Lernen

Eine zentrale Aufgabe in diesem Schulversuch ist, in der Schule die Verbindung der Lernorte Schule und Betrieb herzustellen, um die Verarbeitung der betrieblichen Erfahrungen zu sichern. Dafür stehen neben dem dargestellten Instrument „besondere Lernaufgabe" zwei bzw. drei Projektstunden in der Woche zur Verfügung[7], die der direkten Vor- und Nachbereitung der Praxiserfahrungen dienen. Dazu haben die Schulen verschiedene unterrichtliche Formen und Arrangements entworfen, um die betrieblichen Erfahrungen der Schüler(innen) im Unterricht zur Sprache zu bringen und individuelle Beratungen zu ermöglichen. Entwickelt wurden Konzepte unter den Stichworten „Verarbeitung im Gruppenprozess", „Verallgemeinerung über den Begriff", „Evaluation der Individualerfahrungen" und „Kollegiale Beratung" (vgl. BASTIAN/COMBE/EMIG/HELLMER 2005: 161f).

Darüber hinaus sollen die betrieblichen Erfahrungen der Schüler(innen) auch in den regulären Fachunterricht hinein wirken und dort aufgegriffen werden.

Von allen Schulen wird die mit der Bearbeitung der betrieblichen Erfahrungen verbundene Notwendigkeit der Individualisierung auch in der Schule zur Entwicklung differenzierender Unterrichtsarrangements genutzt. In vielen Fällen hat dies die Form einer individualisierten Vertragsstruktur des Lernens angenommen, mit der eine angemessene Förderung sowohl der Haupt- als auch der Realschüler(innen) gewährleistet wird.

Ebenso haben die Schulen vielfältige Formen der Vorbereitung auf die Lernortkooperation vor Beginn des Schulversuchs entwickelt. Diese Veränderungen umfassen sowohl strukturelle als auch inhaltliche Veränderungen. Beispiele sind: Training von grundlegenden Fähigkeiten und Arbeitsformen des eigenständigen Lernens sowie Auseinandersetzungen mit der Arbeitswelt und eigenen Interessen.

Besondere Anforderungen an den betrieblichen Lernort

Im Schulversuch „Arbeiten und Lernen in Schule und Betrieb" soll eine sinnvolle Nutzung der Arbeits- und Lernzeit am Praxislernort durch vier formale Vorgaben gewährleistet werden, die von den betrieblichen Lernorten erfüllt werden sollen: (1) Die Benennung einer Betreuungsperson, (2) die Verpflichtung zur Beratung der Schüler(innen) am Praxislernort, (3) die Bereitschaft zur Kooperation mit der Schule sowie (4) die Mitwirkung bei der Leistungsbewertung (vgl.

---

[7] Die Anzahl der Stunden ist bei den Schulen verschieden.

LUMPE/MÜLLER 2000). Damit ist ein formaler Rahmen für die Gewährleistung der Qualität bei der Betreuung der Schüler(innen) am Praxislernort umrissen. Die Schulen haben diesen Rahmen durch vielfältige Kooperationsformen mit den beteiligten Betrieben ausgestaltet.

Die Zusammenlegung von Fächern zu Lernbereichen

Die Schulen haben auf der Grundlage der Stundentafeln und der nach dem Hamburger Schulgesetz möglichen flexiblen Gestaltung schulinterne Curricular entwickelt, die auch die Zusammenlegung von Fächern zu Lernbereichen beinhalten. Die Lernbereiche entstehen jeweils aus den naturwissenschaftlichen oder den gesellschafts-wissenschaftlichen Fächern.

Die Veränderung der Stundentafel und der Leistungsbewertung

Mit dem Einbezug von außerschulischen Lernorten in die Wochenschulzeit wird die Stundenzahl insgesamt nicht erhöht, sondern das Stundenkontingent zwischen den Lernorten neu aufgeteilt. Dabei werden trotz Umschichtungen weiterhin die KMK-Vorgaben erfüllt – die Grenzen der Flexibilisierungsmöglichkeiten der Hamburger Stundentafeln jedoch zum Teil überschritten. Die Veränderung sind bei den beteiligten Schulen aufgrund der unterschiedlichen Schulformen und gewachsenen Traditionen leicht unterschiedlich; grundlegende Merkmale zur Ermöglichung des zweitägigen Lernens in der Praxis sind die beschriebenen Bündelungen von Lernbereichen, Aufstockung von Wochenstunden in den der Lernortkooperation vorangehenden Schuljahren und Umwidmung der Wochenstunden von thematisch ‚nahen' Unterrichtsfächern wie Arbeitslehre/ Berufsorientierung, Technik, Hauswirtschaft und Gesellschaftslehre.

Die Leistungen werden entsprechend den Vorgaben der „Zeugnis- und Versetzungsordnung" bewertet. Auch bei Lernbereichsbündelungen werden die Regelungen der KMK nicht verletzt, so dass die im Schulversuch zu erwerbenden Abschlüsse alle KMK-Auflagen erfüllen.

Ergänzend wird eine eigenständige Note für die „besondere Lernaufgabe" vergeben.

Alle Schulen achten darauf, dass jeder Betrieb dem Schüler oder der Schülerin ein Betriebszeugnis ausstellt, das die Schüler(innen) ihrem schulischen Zeugnis beiheften können. Dafür stellen die Schulen den Betrieben Vorlagen zur Verfügung.

2.3 Organisatorischer Rahmen

Zur Organisation der Lernortkooperation sind verschiedene Handlungsebenen aktiv: Die Einzelschule, die schul- und akteursübergreifende Steuergruppe und die Vernetzung aller beteiligten Schulen.

An allen beteiligten Schulen sind jeweils Arbeitsstrukturen so entwickelt worden, dass der Schulversuch im Laufe des Entwicklungsprozesses in die Organisationsstrukturen der gesamten Schule eingebunden wurde. Gleichzeitig wurden Kooperationsformen aufgebaut, die einen Austausch sowohl innerhalb des Schulversuchs als auch eine Abstimmung der Besonderheiten mit den Interessen der gesamten Schule sicherstellen. Zusätzlich ist die Einrichtung eines Beirats an jeder Schule im Laufe der Projektlaufzeit verbindlich beschlossen, bis zum Ende der Erhebungszeit aber nur an zwei Schulen eingerichtet worden.

Zum Austausch über die Entwicklung des Schulversuchs und zur Unterstützung aller beteiligten Schulen wurde eine Steuergruppe gebildet. Sie setzte sich im Zeitraum von Januar 2002 bis Juni 2003 aus der Projektleitung, der wissenschaftliche Begleitung, einem Mitarbeiter des Hamburger Landesinstitut für Lehrerbildung und Schulentwicklung sowie den Grundsatzreferenten und Schulrät(inn)en der beteiligten Schulen zusammen. Ab August 2003 nehmen auch die Schulleitungen der beteiligten Schulen an den Sitzungen der Steuergruppe teil. Die Zusammensetzung der Steuergruppe ermöglicht in dieser Form einen mehrperspektivischen Blick auf die Prozesse und Problemlagen des Schulversuchs. Sie fördert den Austausch der Beteiligten über die verschiedenen Belange und Bedarfe im Schulversuch und diskutiert die Positionierung des Schulversuchs im Schulsystem.

Zentrales Element zur Umsetzung der Ziele des mit Mitteln des Europäischen Sozialfonds (ESF) geförderten Teilprojekts „Aufbau eines Netzwerkes zur Stärkung der Ausbildungsfähigkeit und Vorbereitung auf eine duale Ausbildung" ist der Aufbau einer schulübergreifenden Arbeitsgruppe von Lehrer(inne)n, die aus je einer Koordinationsperson der beteiligten Schulen und einer Person für die Gesamtkoordination besteht; diese Koordinationsgruppe arbeitet gemeinsam an zentralen Elementen des Schulversuchs und koordiniert diese Arbeit mit der Entwicklungsarbeit der einzelnen Schulen. Die Netzwerk-Koordinator(inn)en der Schulen und der Gesamtkoordinator tagen gemeinsam mit der Projektleitung in monatlichen Sitzungen.

Außerdem ermöglicht die ESF-Finanzierung die Planung und Durchführung eines versuchsspezifischen Fortbildungsangebots; dafür steht den Schulen ein Fortbildungskoordinator im Landesinstitut für Lehrerbildung und Schulentwicklung zur Seite.

Das folgende Schema gibt einen Überblick über die Organisationsstruktur des Schulversuchs, Stand Ende 2004.

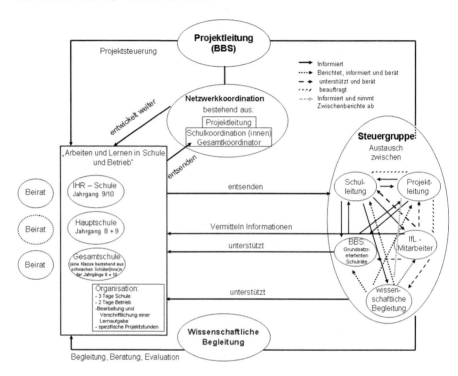

Abbildung 1: Schematische Darstellung der Organisationsstruktur des Schulversuchs

3 Entwicklung der Fragestellung

In den voran gegangenen Kapiteln ist aufgezeigt, welchen aktuellen Entwicklungen der Schulversuch in der Diskussion um eine Kooperation von Lernorten auf Ebene der allgemeinbildenden Schulen folgt und in welcher Form er gestaltet ist. Es können nun sechs zentrale Dimensionen resultierend aus dem Diskussionsstand und der Konzeption des Schulversuchs festgehalten werden, die konstituierend für die Entwicklung der Fragestellung dieser Arbeit sind.

I. *Die schulpädagogische und gesellschaftliche Aktualität der Anschlussfähigkeit von Schule und Betrieb*: Die Öffnung von Schulen hin zu einer Kooperation mit außerschulischen, betrieblichen Lernorten stellt einen aktuellen Trend in der allgemeinbildenden Schullandschaft dar. Angesichts veränderter Bedingungen für die Berufswahl, rückläufiger Ausbildungsbereitschaft von Betrieben und hoher Jugendarbeitslosenzahl entwickelt sich die frühzeitige Förderung und Unterstützung von Jugendlichen in der Phase des Übergangs zwischen Schule und Arbeitswelt als eine relevante Aufgabe von Schule (vgl. dazu z.B. RADEMACKER 2002).
II. *Die erweiterte Bedeutung der schulischen Berufsorientierung*: Der Bedeutungsumfang von schulischer Berufsorientierung verändert sich. Eine Unterstützung des Übergangs in die Arbeitswelt nur in Form von direktem Berufswahltraining reicht vor dem Hintergrund der schnellen Veränderungen heutiger Lebensverhältnisse nicht mehr aus; vielmehr ist die Förderung biographischer Kompetenzen der Lebensführung wie die Fähigkeit zum selbstregulierten Lernen, Lernbereitschaft und Motivation relevant. Die Schule muss die Grundlage für die Fähigkeit zum ständigen Weiterlernen und zur selbstständigen Gestaltung von Lebens- und Berufswegen legen (vgl. dazu z.B. SCHUDY 2002a).
III. *Der Mangel an Forschung*: Die Vielzahl an Projekten und Initiativen, die neue Ansätze der Öffnung von Schule und der Lernortkooperation zur Unterstützung einer entscheidenden Orientierungsphase von Jugendlichen erproben, greifen diese neue Herausforderung an Schule auf. Mit großem Engagement arbeiten Lehrer(innen) an Möglichkeiten der Bewältigung dieser Aufgabe – ob oder inwieweit diese Veränderungen der pädagogischen Praxis erkennbaren Nutzen und Verbesserungen für die Schüler(innen)

bringen, kann allerdings noch kaum beantwortet werden. Bisher gibt es nur wenige empirische Forschungsarbeiten, die die Wirkung der Maßnahmen untersuchen; es überwiegen detaillierte Beschreibungen von Projekten (vgl. dazu z.B. KILLUS 2004).

IV. *Das Fehlen einer Lernorttheorie*: Über die Qualität der Lernorte Schule und Betrieb und deren Zusammenspiel im allgemeinbildenden Schulsystem ist sehr wenig bekannt. Es fehlt eine so genannte „Lernorttheorie", die eine Erklärung der Gelegenheitsstruktur der Lernorte Schule und Betrieb ermöglicht. Unter Gelegenheitsstruktur verstehe ich – unter Rückgriff auf Diskussionen im Graduiertenkolleg Bildungsgangforschung – die Qualifizierung eines Settings im Hinblick auf die Lernmöglichkeiten. Der Begriff ist als Analysebegriff zu verstehen: Indem die Rahmung des Lernens in den Blick genommen wird, wird gefragt, welche Erfahrungs- und Lernprozesse in einem entsprechenden Arrangement sinnlogisch ermöglicht werden (vgl. zum Begriff der Gelegenheitsstrukturen HAHN 2005).

V. *Die Frage nach der Gestaltung von Lernortkooperation*: Der hier untersuchte Schulversuch nimmt die bislang genannten Merkmale bzw. Fragestellungen der aktuellen Diskussion auf und konzipiert diese dementsprechend in einem umfassenden Konzept einer neuen Rahmung des Lernens. Entscheidendes Strukturmerkmal der Gestaltung ist, dass die Schüler(innen) anteilig in den Lernorten Schule und Betrieb arbeiten und lernen und ihre Erfahrungen in schulischen Unterrichtsangeboten aufgegriffen werden. Damit einher geht die Frage nach einer produktiven Verbindung von systematischem (schulisch-formellem) und situiertem (informellem und subjektnahem) Lernen in außerschulischen Bewährungssituationen zur Entwicklung von Berufswahlreife und Kompetenzen des selbstregulierten, ständigen Weiterlernens. Offen ist, ob diese besondere Lernortkooperation ein durch intensive betriebliche Erfahrungen der Schüler(innen) inspiriertes und mit deren Lebensplanung verbundenes schulisches Lernen initiieren kann und dadurch die Entwicklung der Schüler(innen) unterstützt.

VI. *Die bildungsbiographische Orientierung*: Ein weiteres Strukturmerkmal des untersuchten Schulversuchs ist die bildungsbiografische Ausrichtung. Es sind einzelne Individuen, die im betrieblichen Kontext Arbeitswelterfahrungen machen und deren Orientierungen, Interessen und bisherige Bildungswege zur Disposition stehen. Eine solche individuumszentrierte Sicht und die Berücksichtigung biografischer Fragen und Besonderheiten ist für schulische Lernprozesse in Deutschland immer noch ungewöhnlich (vgl. COMBE 2005a; 2005, in Vorbereitung).

Davon ausgehend fasse ich zusammen und leite die Fragestellung für die Untersuchung her:
Mit dem Hamburger Schulversuch bietet sich die Möglichkeit, einen aktuellen Trend im allgemeinbildenden Schulsystem zu untersuchen, bei dem Kooperationsformen mit außerschulischen Partnern – insbesondere Betrieben – mit dem Ziel erprobt werden, umfassende Kompetenzen zur Berufsorientierung und zum biographischen Lernen für eine individuellen Lebensgestaltung zu fördern. Da es kaum empirische Forschung zu diesen Schulentwicklungsprozessen gibt, stellt sich grundsätzlich die Frage nach dem Nutzen, den der pädagogisch „neue" Lernort Betrieb in der Kooperation mit dem Lernort Schule für die Schüler(innen) und ihre Kompetenzentwicklung hat und welche Rolle die Schule in dieser Kooperation übernimmt.

Wie dargestellt, ist das Ziel der Kompetenzförderung in einem weiten Bedeutungsspektrum angesiedelt: Zum einen umfasst Kompetenzförderung den Bereich der speziellen Berufsorientierung. Zum anderen kann Kompetenzförderung als allgemeine Förderung von Fähigkeiten zum lebenslangen Lernen verstanden werden. Ich ziele mit dieser Untersuchung auf die zweite Bedeutungsebene und somit auch auf den zweiten Zielbereich des Schulversuchs, der sich vornehmlich auf die die Entwicklung von Eigenverantwortung und Selbststeuerungskompetenz und die Entwicklung eines motivationalen Fundaments zum Weiterlernen bezieht.

Diese Zielorientierung mündet in der Frage: Welche entwicklungsfördernden Momente bietet die im Schulversuch gestaltete Lernortkooperation zwischen Schule und Betrieb aus Sicht der Schüler(innen) für die Entwicklung von Lernkompetenzen im Sinne von Fähigkeiten zum selbstregulierten und gegebenenfalls biographisch bedeutsamen Lernen?

Der Ansatz dieses Forschungsvorhabens ist damit als bildungsgangtheoretische Fragestellung im Zusammenhang mit einer schulentwicklungstheoretischen und einer lerntheoretischen Fragestellung zu verstehen.

Die *bildungsgangtheoretische Frage* nimmt die Prozesse des biographisch bedeutsamen Lernens in den Blick.

Die *schulentwicklungstheoretische Frage* nimmt das Lernarrangement, d.h. die Veränderungen des institutionellen, schulischen Rahmens durch die Hinzunahme eines neuen Lernorts und ihr Potential für das Lernen der Schüler(innen) in den Blick.

Die *lerntheoretische Frage* nimmt den Erwerb von Fähigkeiten zum selbstregulierten Lernen vor dem Hintergrund der Lernortkooperation in den Blick.

Bevor diese recht allgemeine Fragestellung in Kapitel 4.4 weiter konkretisiert wird, komme ich nun im nächsten Kapitel zu den theoretischen Grundlagen dieses Forschungsvorhabens. Ziel ist, mit den nachfolgend dargestellten Theoriebausteinen die zentralen Konzepte zum Bildungsgang, zu den Lernorten und zum Lernen darzustellen und zusammenzuführen, die den Hintergrund der Lernprozesse von Schüler(inne)n in der Kooperation der Lernorte Schule und Betrieb klären.

Teil II:

Theoretische und methodische Grundlagen

4 Lernentwicklung in der Kooperation der Lernorte Schule und Betrieb – eine theoretische Verortung der Lernprozesse von Schülerinnen und Schülern

Die Erwartungen an die Entwicklung des Lernens in einer Lernortkooperation von Schule und Betrieb, wie sie in dem untersuchten Schulversuch konzipiert ist, sind hoch. Zentrales Ziel des Schulversuchs ist, dass die Schüler(innen) ihre Lernprozesse selbstgesteuert regulieren, d.h. dass sie sich als Akteure ihrer eigenen Bildungs- und Lerngeschichte begreifen lernen. Erwartet wird ferner, dass sich ein emotionales und motivationales Fundament für das Weiterlernen legen lässt und die Schüler(innen) ein Qualifikationsniveau erreichen, das die Chancen des Übergangs in eine berufliche Erstausbildung oder eine weitere schulische Ausbildung optimiert.

Es wird im Schulversuch davon ausgegangen, dass die Schüler(innen) die Fähigkeiten und Kompetenzen zur Erreichung dieser Ziele in der Regel nicht in die Arbeit in der Lernortkooperation mitbringen. Vielmehr ist mit der Lernortkooperation von Schule und Betrieb erst eine Lernumgebung zu schaffen, die durch ihre spezielle Struktur die Gelegenheit bieten soll, selbstständig biographisch bedeutsame Erfahrungen zu machen und durch Reflexion aus ihnen zu lernen, um so eine umfassende biographische Lernkompetenz – von ALHEIT als „Biographizität" (ALHEIT 1996: 292) bezeichnet (vgl. Kapitel 4.1) – aufzubauen.

In diesem Kapitel sollen die Grundlagen des Konzepts der Entwicklung von Lernkompetenz im Bildungsgang unter den Bedingungen der Lernortkooperation erläutert und verknüpft werden. Dazu werden drei theoretische Säulen gebildet, die das Spektrum des Lernens und der Entwicklung von Lernkompetenz in der Zusammenführung der Lernorte Schule und Betrieb theoretisch stützen und die nachfolgend jeweils in einem Unterkapitel dargestellt werden. Ausgegangen wird dabei grundsätzlich in Anlehnung an PIAGET von einem Lernverständnis, das Lernen als konstruktiven Prozess der Erfahrungsverarbeitung fasst, der handelnde und denkende Aktivität erfordert (vgl. OERTER/MONTADA 2002: 440).

Das erste Unterkapitel *„Lernen in Biographie und Bildungsgang"* diskutiert den Sachverhalt, dass die Schüler(innen) des Schulversuchs sich an einer biographisch bedeutsamen Stelle ihres Lebens befinden, in der sie rückbezogen auf ihre bisherigen Erfahrungen und Wissenskontexte eine Entscheidung für ihr zukünftiges Leben treffen müssen. Dabei gilt es für sie, neben den eigenen Vorstellungen und Wünschen auch die gesellschaftlichen Bedingungen im Kontext von Schulabschluss und Berufsausbildung einzubeziehen. Diese Prozesse werden theoretisch aus der Perspektive der Bildungsgangforschung diskutiert, die den Bildungsgang als Auseinander-setzungsprozess zwischen gesellschaftlichen Anforderungen (dem objektiven Bildungsgang) und subjektiven, biographisch bedingten Deutungen (subjektiver Bildungsgang) versteht. Das Konzept des Lernens im Bildungsgang wird in Auseinandersetzung mit dem Konzept des Lernens in der Biographieforschung theoretisch aufgeschlüsselt und entwickelt.

Im zweiten Unterkapitel „*Lernen in der Kooperation von Schule und Betrieb*" wird diskutiert, dass die untersuchte Lernortkooperation Unterricht und Lehr-/Lernprozesse in einer besonderen Form entwickelt; das Wechselspiel der Lernorte, denen je unterschiedliche Lernformen zuzuordnen sind, und die Unterrichtsangebote in der Schule bilden den Rahmen für lernrelevante Erfahrungen. Zur theoretischen Betrachtung des erfahrungsbasierten Lernens in der Kooperation der Lernorte Schule und Betrieb wird das Konzept des formellen und informellen Lernens herangezogen und mit einem Konzept von Erfahrungslernen verknüpft. Dies bildet die Grundlage für die Genese einer Lernorttheorie im allgemeinbildenden Schulsystem.

Das dritte Unterkapitel „*Selbstreguliertes Lernen*" greift den Umstand auf, dass die Schüler(innen) in eine Lernumgebung versetzt werden, in der sie aktiv und selbstständig Wissen aneignen und konstruieren müssen. Aktive, selbstgesteuerte Lernprozesse werden theoretisch vor allem im Zusammenhang mit dem Konzept der Selbstregulation bzw. des selbstregulierten Lernens diskutiert. Welche Fähigkeiten und Prozesse selbstreguliertes Lernen beinhaltet und wie diese gefördert werden können, ist Teil dieser theoretischen Erörterung.

Abschließend wird in einem Zwischenfazit der theoretische Stand des Zusammenspiels von personaler Lernentwicklung und besonderer Lernumgebung bilanziert, zur Konkretisierung der Forschungsfragen genutzt und damit die Basis für die anschließend folgende empirische Untersuchung gelegt.

4.1 Lernen in Biographie und Bildungsgang

Die Schülerinnen und Schüler des hier untersuchten Schulversuchs stehen am Ende der Sekundarstufe I vor wichtigen Entscheidungen: Sie stehen entweder vor dem klassischen Übergang von Schule in Ausbildung und Beruf oder vor der Frage, ob sie eine weiterführenden schulischen Bildungsgang einschlagen. Dies fordert von ihnen in umfassendem Maße die Zusammenführung von subjektiven

Einstellungen bzw. Wünschen und objektiven Anforderungen, um aktiv ihren Lebensentwurf zu entwickeln. Die damit verbundenen Anforderungen für die individuellen Biographieträger stellt KÖRBER pointiert dar. Trifft nach KÖRBER diese Diagnose auch für die gesamte Lebensspanne zu, so greift sie doch für die Phase des Übergangs besonders. Die Individuen

„müssen bei Strafe des persönlichen Zusammenbruchs oder permanenter sozialer Benachteiligung lernen, selbständig verschiedene Erfahrungs- und Handlungsfelder miteinander zu verknüpfen [...]. [S]ie müssen sogar unvereinbar erscheinende Zumutungen und Anforderungen verschiedener institutionell ausdifferenzierter Teilsysteme, Lebens- und Lernbereiche selbständig gegeneinander ausbalancieren, um sie überhaupt alltäglich aushalten zu können" (KÖRBER 1989: 139).

Die Schüler(innen) stehen also an einer biographisch bedeutsamen Stelle ihres Lebens, zugleich befinden sie sich jedoch noch (und fortwährend) in einem Lernprozess zum Erwerb von Kompetenzen zur aktiven Planung und Gestaltung ihrer Entwicklung.

Kennzeichnend für den Übergang im derzeitigen gesellschaftlichen Kontext ist dabei jedoch, dass die erwartbaren Phasen des Lebens, d.h. traditionelle Lebensentwürfe, ihre selbstverständliche Geltung verloren haben; KEUPP ET AL. sprechen von

„einer radikalen Enttraditionalisierung, dem Verlust von unstrittig akzeptierten Lebenskonzepten, übernehmbaren Identitätsmustern und normativen Koordinaten" (KEUPP ET AL. 2002: 53).

Dies macht sich zum einen an einer Verschiebung von Lebensphasen fest, zum anderen aber auch an der Veränderung des Bauplans einer „Normalbiographie". Unter den Begriffen „Normalbiographie" oder „Normalarbeitsverhältnis" hatte sich von Mitte der 1950er bis Ende der 1970er Jahre eine Vorstellung etabliert, die gestützt auf ein Arbeitsverhältnis in Form einer arbeits- und sozialrechtlich abgesicherten, kontinuierlichen, auf Dauer angelegte Vollzeitbeschäftigung einen solch verlässlichen, erwartbaren Lebenslauf als Standard erhob. Die Stabilität der Erwerbsverhältnisse in der Nachkriegszeit dürfte dafür die entscheidende Voraussetzung gewesen sein. Der individuelle Lebensentwurf konnte auf solchen Voraussetzungen aufbauen und das normierte Lebenslaufmuster wurde in der zeitlichen Abfolge der Biographie durch typische Statuspassagen strukturiert (vgl. OSTERLAND 1990). Die traditionelle Abfolge im Lebenslauf, wie Lern- und Vorbereitungsphase, Arbeits-/Aktivitätsphase und Ruhephase trifft nun aber auf die Mehrheit der Gesellschaft immer weniger zu. Kontinuierliche Erwerbsarbeit als Basis identitätsbildender Lebensentwürfe erweist sich zunehmend als brüchig (vgl. KEUPP ET AL. 2002: 47). So zeigt das STATISTISCHE BUNDESAMT in diesem Zusammenhang auf, dass der Anteil der Erwerbslosen sich kontinuierlich erhöht (auf 11 %, Stand März 2004)[8], dass 23 % aller abhängig Beschäftigen in Teilzeitbeschäftigung arbeitet (vgl. STATISTISCHES BUNDESAMT 2005: 44/71) und dass traditionelle Erwerbsbiographien, die sich durch die Ausübung des erlernten Berufes innerhalb ein- und derselben Firma von der Ausbildung bis zum Ruhestand auszeichnen, heute für viele Erwerbstätige nicht mehr zutreffen: Im Zeitraum von April 2002 bis Mai 2003 wechselte jeder zehnte Erwerbstätige (10 %) in Deutschland den Betrieb oder den Beruf (vgl. STATISTISCHES BUNDESAMT 2004: 54).

Kollektive biographische Muster werden von individuellen Lebensläufen und Risikolagen verdrängt. Dabei ist vor allem die Veränderung der Arbeitsphase gewichtig: Die Bedeutung im Lebenslauf sinkt, die Struktur verändert sich, da sie immer wieder von neuen Vorbereitungs- oder Weiterentwicklungsphasen unterbrochen und überlagert wird (vgl. ALHEIT 1996: 277). Den Individuen wird das Antizipieren zukünftiger Lebenslagen und Statuspassagen und der Umgang mit Diskontinuitäten aufgrund eines tiefgreifenden Umbruchs in der Lebens- und Arbeitswelt abverlangt. Das BUNDESJUGENDKURATORIUM skizziert die Gesellschaft der Zukunft mehrdimensional als Wissensgesellschaft, Risikogesellschaft, Arbeitsgesellschaft, demokratische Gesellschaft, Zivilgesellschaft und Einwanderungsgesellschaft, die von den Bürgerinnen und Bürgern komplexe Kompetenzen der individuellen Lebensführung und des sozialen Zusammenlebens verlangt und Bildung und Gebildetsein voraussetzt (vgl. BUNDESJUGENDKURATORIUM 2001).

Die traditionelle Arbeits- und Berufskarriere scheint von Bildungs- und Selbstverwirklichungsbiographien abgelöst zu werden, in denen von den Individuen ganz neue biographische Handlungs- und Lernkompetenzen gefordert werden. Nach AHLHEIT scheint es schwieriger zu werden „sein Leben zu leben" – die Biographie ist selbst zum Lernfeld geworden (vgl. ALHEIT 1996: 278). Diese Veränderung von Biographieverläufen möchte ALHEIT jedoch nicht ausschließlich negativ verstanden wissen. Er fragt:

„Welche Chance gibt es, die Träger zeitgenössischer Biographien nicht nur als Opfer von Modernisierungsprozessen, sondern auch als lernende, neue biographische Möglichkeitsräume entdeckende Individuen zu verstehen" (ALHEIT 1996: 290)?

---

8 Dabei sind jüngere und ältere Menschen am häufigsten von Arbeitslosigkeit betroffen: sowohl in der Altergruppe der 20-24jährigen als auch in der Gruppe der 55-59jährigen lag die Quote im März 2004 bei 14,1 % (vgl. STATISTISCHES BUNDESAMT 2005: 71).

Ein Ziel des Schulversuchs ist in diesem Sinne, dass den Schüler(inne)n die biographischen Handlungs- und Lernkompetenzen vermittelt werden, die sie für eine moderne Biographie des lebenslangen Lernens benötigen. COMBE spricht in diesem Zusammenhang von der Kompetenz, die eigene Biographie als Lernbiographie konstruieren und rekonstruieren zu können:

> „Anstelle von fraglos gültigen Mustern und Modellen gehört die Kompetenz, die eigene Biographie als Lernbiographie konstruieren und rekonstruieren zu können, angesichts der Enttraditionalisierung des gesellschaftlichen Lebens zum bedeutsamen Teil der Lebensführung des Einzelnen" (COMBE 2004: 48).

Traditionell beschäftigt sich die Biographieforschung mit individuellen Lebensläufen, mit subjektiven Prozessen und Verläufen von Lebensgeschichten. Innerhalb der erziehungswissenschaftlichen Biographieforschung wird ein Forschungsansatz unterschieden, der bildungs- und lerntheoretische Ansatz, bei dem es vorrangig um die Frage geht, „wie das lernende Subjekt im biographischen Bildungsprozeß sein Leben entwirft und gestaltet" (SCHULZE 1996: 21).

Ein vergleichsweise junger Forschungsansatz, der aus dem Reformprojekt der Kollegschule ab den 1970er Jahren in Nordrhein-Westfalen entstand, ist der Ansatz der Bildungsgangforschung, der ebenso die Untersuchung von Bildungs- und Lernprozessen von Individuen umfasst. Ausgehend von einer Begriffsbestimmung, die den Bildungsgang zunächst als einen in verschiedenen Schulformen curricular fixierten Rahmen kennzeichnet, der den Bildungsweg der einzelnen Lernenden in diesem Rahmen determiniert, hat sich dass Konzept gerade in den letzten Jahren weiter entwickelt.

In dem seit 2002 von der DFG geförderten Graduiertenkolleg „Bildungsgangforschung" wird dieser Forschungsansatz wieder aufgegriffen und an einer genaueren Bestimmung einer Bildungsgangtheorie gearbeitet, in der der Bildungsgang als Auseinandersetzungsprozess zwischen gesellschaftlichen Anforderungen (dem objektiven Bildungsgang) und subjektiven, biographisch bedingten Deutungen (subjektiver Bildungsgang) diskutiert wird (vgl. z.B. TRAUTMANN 2004a; BASTIAN ET AL. 2001).

Im Folgenden soll der Stellenwert des Lernens in den Konzepten von Biographie und Bildungsgang fokussiert werden. Ziel ist es dabei, zu einer weiteren Klärung des Verhältnisses von Biographie und Bildungsgang zu kommen und den Stellenwert von Lernprozessen im jeweiligen Konzept zu präzisieren, um so die Bildungsgangtheorie weiter auszuschärfen und für die vorliegende Arbeit fruchtbar zu machen.

4.1.1 Lernen und biographische Kompetenz

Zentrales Interesse der erziehungswissenschaftlichen Biographieforschung ist nach SCHULZE, den Vorgängen und Bedingungen des Lernens sowie der Entfaltung einer Biographie als Lerngeschichte und Bildungsprozess auf die Spur zu kommen (vgl. SCHULZE 1996: 28). In welcher Weise dieses Interesse theoretisch verortet wird, wird im Folgenden aufgezeigt.

SCHULZE expliziert die grundsätzliche Affinität zwischen Erziehungswissenschaft und Biographieforschung: Die Ausrichtung auf die Biographie von Menschen zeigt sich in den elementaren Themen der Pädagogik: „Leben lernen", „Bildung des Menschen", „Entwicklung der persönlichen Eigentümlichkeit" und „Selbstbestimmung". Die Untersuchung von Biographien und die theoretische Erkenntnisgewinnung hat sich jedoch einigen Herausforderungen zu stellen. Zu nennen ist das Problem der Erkenntnis des Allgemeinen im Besonderen (im Einzelfall), das schwierige Verhältnis vom Streben nach Objektivität und den subjektiven Daten, des Erfassens der gesellschaftlichen Bedingtheit und Bedeutung des Individuums und der nur zögerlichen Hinwendung vom Objekt der Erziehung zu einem Subjekt des Lernens (vgl. SCHULZE 1996: 12).

Die Biographieforschung erfuhr seit den 1970er Jahren einen Aufschwung durch mehrere Wissenschaftsdisziplinen: durch die Industriesoziologie, die Alltagssoziologie, die Lebenslaufforschung, die Psychologie, die Geschichtswissenschaft und die Erziehungswissenschaft (vgl. KRÜGER 1996: 34). Sie hat bis heute ihr methodisches Repertoire soweit entwickelt, dass den oben benannten Herausforderungen nun begegnet werden kann (vgl. z.B. im Überblick MAROTZKI 1996; KOKEMOHR/KOLLER 1996; zum Ansatz des narrativen Verfahrens vgl. z.B. SCHÜTZE 1983). MAROTZKI charakterisiert den Gegenstand der erziehungswissenschaftlichen Biographieforschung – verstanden als Bildungsforschung – als die Untersuchung von Voraussetzungen und Möglichkeiten von Bildungs- und Erziehungsprozessen, d.h. zum einen als die Erfassung von Lehr- und Lernprozessen in Schule und Unterricht und zum anderen – in einem weiteren Verständnis – von Lernprozessen aller Altersstufen in allen außerschulischen und nichtinstiutionalisierten Sozialisationsbereichen. Genauer positioniert sich die erziehungswissenschaftliche Biographieforschung in diesem heterogenen Spektrum „im Mikrobereich sozialer Analysen und konzentriert sich auf die Aufhellung interpersonaler und personaler Prozesse" (MAROTZKI 1996: 55). Zusammenfassend bedeutet dies:

"Erziehungswissenschaftliche Biographieforschung als qualitative Bildungsforschung gewinnt ihren Ort, indem sie sich auf individuelle Lebens-, Bildungs- und Lernprozesse bezieht und versucht, den verschlungenen Pfaden biographischer Ordnungsbildung unter den Bedingungen einer sich rasant entwickelnden Moderne (bzw. Postmoderne) zu folgen" (MAROTZKI 1996: 58).

Doch was bedeutet Biographie? Der Begriff Biographie integriert verschiedene Verständnisebenen, die SCHULZE auffächert. Biographie ist zum einen der „Lebenszusammenhang" (das Leben), der sowohl eine äußere Seite (die Bedingungen der Gesellschaft) als auch eine innere Seite (die subjektiven Erfahrungen) umfasst. Biographie ist aber zum anderen auch der „Text", d.h. die Erzählung über das Leben, so genannte Lebensbeschreibungen (vgl. SCHULZE 1996: 14f). Zwischen diesen beiden Ebenen befindet sich das biographische Subjekt, also das „Selbst", das sich reflektierend an seine Lebensgeschichte erinnert, aber auch fortwährend Erfahrungen macht und sich selbst, sein Leben, entwickelt:

„Dieses biographische Subjekt ist also nicht nur Produzent einer Autobiographie, sondern zugleich sowohl Produkt wie auch Produzent seines Lebens und immer ein Teil desselben" (SCHULZE 1996: 16).

Auch KOHLI versteht schon in den Anfängen seiner Theorie zur Soziologie des Lebenslaufs im Einbezug von Subjektivität in den Lebenslauf die Besonderheit eines Konzepts der Biographie: Nur vor dem Hintergrund ihrer besonderen lebensgeschichtlichen Entstehung wird Subjektivität verständlich. Aus handlungstheoretischer Sicht ist das Subjekt selbst an der Gestaltung seiner Lebensverhältnisse beteiligt (vgl. KOHLI 1978: 24).
Diese Ansätze machen deutlich, dass das biographische Subjekt nicht nur reaktiv Bedingungen verarbeitet und sich an Vorgänge anpasst, sondern aktiv Interessen entwickelt, Pläne und Perspektiven entwirft und verfolgt (vgl. KOHLI: 1978: 24; SCHULZE 1996: 28).
Interessant ist nun für diese Arbeit insbesondere, wie sich nach Ansicht der erziehungswissenschaftlichen Biographieforschung Lernen in der Spannung von Subjekt und sozialer Struktur in der Biographie vollzieht. Dazu gibt es Ansätze, die Biographie grundsätzlich als Lerngeschichte, also die Lebensgeschichte des Einzelnen als die Geschichte des eigenen, ‚lebenslangen' Lernens verstehen (vgl. z.B. SCHULZ 1996a; SCHULZE 1996). Lernen wird dabei von SCHULZE als Aufbau von Lebenssinn und Ich-Erfahrung gefasst. ECARIUS stellt die Besonderheit dieser Lernform dar:

"Lebensgeschichtliches Lernen ist somit eine ganz besondere Form des Lernens. Es ist nicht auf eine Lernsituation ausgerichtet, sondern steht in Bezug zur Gesamtheit des erfahrenen Lebens und des biographischen Selbstkonzeptes. Das Erzählen von biographischen Lernprozessen verweist auf das Herstellen von Sinnbezügen, es enthält das Aufzeigen des Selbst, wie es geworden ist, was es erfahren hat, welche Orientierungen ausgebildet wurden und wie andere am Prozeß der Entstehung des Selbstbildes beteiligt waren" (ECARIUS 1999: 101).

ECARIUS verweist auf eine weitere Dimension der Bestimmung von Lernprozessen in der Biographie: die Darstellung von Lerngeschichten in erzählten Lebensgeschichten. Biographische Erzählungen versuchen den Prozess des Werdens, d.h. die für die Konstituierung des Selbst zentralen biographischen Lernprozesse wiederzugeben (vgl. ECARIUS 1999: 96f). Diesen Gedanken der Manifestation von Lernprozessen in lebensgeschichtlichen Erzählungen führt KOLLER in einer Theorie der Konstruktion von Lebensgeschichte und damit auch von Prozessen des Lernens im Medium rhetorisch-figurativer Akte. Lern- und Bildungsprozesse sind, so KOLLER, nicht unabhängig von der Form ihrer sprachlichen Präsentation zu sehen. Vielmehr versichert sich das Individuum durch das Erzählen seines Lernens und konstruiert es in gewisser Weise erst dadurch. Lernen vollzieht sich in diesem Sinne erst reflektierend durch den Niederschlag des Lebensgeschehens in der Explizitheit eines Textes (vgl. KOLLER 1994).

Der Gedanke des aktiv konstruierenden biographischen Subjekts, das seine Lebensgeschichte als Lerngeschichte ausbildet, manifestiert sich in der Lernform des biographischen Lernens. Nehmen wir nochmals die Frage von SCHULZ und ECARIUS auf: Was heißt biographisches Lernen? Kann es so einfach, wie MAAßEN dies tut, mit „Ich lerne etwas über mich selbst mit Hilfe meiner Biographie" übersetzt werden (vgl. MAAßEN 1996: 24)? Oder ist eine Unterscheidung sinnvoll, die VOGT vornimmt, biographisches *Lernen* als Oberbegriff für alle Lernprozesse zu bezeichnen, die lebensgeschichtliche Aspekte und Fragestellungen in den jeweiligen Lernvorgang einbeziehen, und biographische *Arbeit* als Ansatz einer gezielten Arbeit an der persönlichen Entwicklung zu betrachten (VOGT 1996: 38)?

Meines Erachtens muss bei der Betrachtung von biographischem Lernen die grundsätzliche Gestalt von Biographie berücksichtigt werden. So sagt auch MAAßEN:

„Das Subjekt ist nicht weltlos. Es geht im Kern um die subjektive Verarbeitung vorgegebener objektiver Strukturen" (MAAßEN 1996: 27).

In diesem Verständnis werden die beiden Aspekte von Biographie deutlich: Biographie setzt sich zum einen aus der „sozialen Hülle des Individuums", der umgebenden äußeren Struktur, und zum anderen aus der spezifischen und „intimen Binnenansicht des Subjekts" zusammen (vgl. ALHEIT 1996: 293). Für das biographische Lernen bedeutet dies:

> „Biographische Lernprozesse sind [...] sensible Synchronisationsversuche des Außen- und Innenaspekts. Sie finden gleichsam am „Schnittpunkt" zwischen Subjekt und Struktur statt" (ALHEIT 1996: 293).

Biographisches Lernen kann demnach als Verknüpfungsanstrengung von Subjektivität und äußerer Struktur verstanden werden. Struktur umfasst dabei sowohl institutionalisierte Muster und soziale Abläufe, wie Schule, Familie oder Berufsausbildung, als auch andere Einflüsse, die in komplexen Relationen das jeweilige Leben ausmachen, wie zum Beispiel die spezifische Zeit, in der man lebt, das sozial geprägte Geschlecht oder die Herkunftsmilieus. Obgleich die Menschen in der Regel das Gefühl haben, ihr Leben eigenständig planen und organisieren zu können, ist der Rahmen, der Spielraum, in dem die Biographie entfaltet werden kann, demnach nicht unbegrenzt. Die Gestaltung der Subjektivität bewegt sich in eben diesen strukturellen Grenzen (vgl. Alheit 1996: 293f). Auf die Schlüsselstellung dieses Wechselverhältnisses von Subjektivität und objektiven, gesellschaftlichen Gegebenheiten in Bezug auf biographische Lernprozesse verweisen auch andere Autoren wie z.B. KOHLI (1978), FISCHER (1978), KRÜGER (1996) oder ECARIUS (1999). So diskutieren FISCHER und KOHLI biographisches Handeln und biographische Entwicklung im Spannungsfeld von gesellschaftlicher Heteronomie und individuellen Optionen sowie vorgegebenen institutionalisierten Programmen und einer Individualisierung der Lebensführung (FISCHER/KOHLI 1987: 34f).

Die Lernprozesse zwischen Struktur und Subjektivität können vielfältig sein. In der Verbindung der beiden Pole entstehen biographische Erfahrungen und Sinn und somit je individuelle „Lebenskonstruktionen" (vgl. ALHEIT 1996: 298). Schulz weist in diesem Zusammenhang auf den Prozesscharakter von biographischem Lernen hin:

> „In diesem Sinne ist die Lebensgeschichte des Einzelnen zu verstehen als die Geschichte des eigenen Lernens, als das Bemühen, sich im Oszillieren zwischen Gegenwärtigem und Erinnertem permanent seiner Identität zu versichern, die eigene Entwicklung und den eigenen Lernproß zu interpretieren und zu reinterpretieren, sich auf eine Suche zu begeben, die dennoch nie an ein Ende gelangen wird" (SCHULZ 1996b: 61).

Weiteres Merkmal von biographischem Lernen ist die Diskontinuität. Die Lernprozesse bauen nicht unbedingt systematisch aufeinander auf, vielmehr ist die

Abfolge und Verknüpfung sehr verschiedenartig und oft sprunghaft. Lernprozesse können über Jahre hinweg dauern oder unterschiedliche, zeitlich weit entfernte Situationen miteinander verbinden. Biographisches Lernen greift dabei jeweils auf vorherige Erfahrungen zurück und fügt diese in Erfahrungsaufschichtungen zu neuen, quasi überarbeiteten biographischen Orientierungen zusammen (vgl. ECARIUS 1999: 101).

In welcher Weise und in welcher Qualität biographische Lernprozesse gelingen, hängt von der Fähigkeit des Einzelnen ab, Möglichkeiten und Sinn zu erkennen, Wahlen und Entscheidungen zu treffen sowie den gewonnenen Sinn und das biographische Hintergrundwissen für eine bewusste Veränderung der Selbst- und Weltreferenz zu nutzen. ALHEIT spricht bei diesen Lernprozessen von dem Übergang in eine neue Qualität des Selbst- und Weltbezugs, von einem transitorischen Bildungsprozess (vgl. ALHEIT 1996: 299). Diese Fähigkeit – von ALHEIT „Biographizität" genannt – versteht er als eine Art Schlüsselqualifikation, eine Kompetenz, um biographisch ‚erfolgreich' lernen zu können (vgl. ALHEIT 1996: 292/300). Auch SCHULZE und SCHULZ greifen diesen Ansatz auf und bezeichnen diese Fähigkeit als „biographische Kompetenz" (vgl. SCHULZ 1996a: 2; SCHULZE 1996: 16). Diese Kompetenz beinhaltet, Wissensbestände und -angebote individuell zu deuten und an biographische Sinnressourcen anzuschließen sowie sich mit diesem Wissen neu zu assoziieren (vgl. ALHEIT 1996: 292).

„Biographizität bedeutet, daß wir unser Leben in den Kontexten, in denen wir es verbringen (müssen), immer wieder neu auslegen können, und daß wir diese Kontexte ihrerseits als „bildbar" und gestaltbar erfahren. Wir haben in unserer Biographie nicht alle denkbaren Chancen, aber im Rahmen der uns strukturell gesetzten Grenzen stehen uns beträchtliche Möglichkeitsräume offen. Es kommt darauf an, die „Sinnüberschüsse" unseres biographischen Wissens zu entziffern und das heißt: die Potentialität unseres *ungelebten Lebens* wahrzunehmen" (vgl. ALHEIT 1996: 300).

Abschließend ergibt sich daraus zusammenfassend meines Erachtens folgendes Verständnis von biographischem Lernen: Biographisches Lernen

- vollzieht sich im Wechselspiel der subjektiven Deutung von sozialen Bedingungen und Strukturen sowie der strukturellen Begrenzung von Subjektivität,
- manifestiert sich durch Erzählungen oder den Niederschlag in Text,
- konstituiert sich dabei durch Reflexivität,
- ist prozesshaft und schichtet biographische Erfahrungen und Sinn auf,
- baut so neue, biographisch bedeutsame Wissensformen zur Weiterentwicklung der Selbstsicht und zur Gestaltung sozialer Kontexte auf,
- hat die individuelle Lebenskonstruktion zum Ziel.

4.1.2 Lernen und Bildungsgang

Biographie und Bildungsgang sind Konzepte, die einander nahe sind, manchmal sogar begrifflich synonym gebraucht werden (vgl. z.B. die Verwendung des Begriffs Bildungsgang zur Beschreibung der Biographie eines Fallbeispiels bei SCHÜTZE 1994: 56). Versteht die erziehungswissenschaftliche Biographieforschung individuelle Lebens-, Bildungs- und Lernprozesse als ihre zentralen Untersuchungsgegenstände, so begreift auch die derzeitige Bildungsgangforschung, wie sie im aktuellen DFG-geförderten Graduiertenkolleg „Bildungsgangforschung" diskutiert wird, die Lern- und Bildungsbiographie eines Menschen als ihr Hauptinteresse (vgl. COMBE 2004: 48). Diese Nähe scheint problematisch, fragt sich doch, wozu es überhaupt einer Bildungsgangforschung bedarf. Eine präzise Klärung des Verhältnisses steht noch aus, jedoch bietet die Nähe der Konzepte gerade auch Vorteile für die genauere Bestimmung der jeweiligen Konzepte (vgl. KOLLER 2005: 62f). Hier soll ein weiterer Schritt zur Konkretisierung einer Bildungsgangtheorie vorgenommen werden, indem das sich entwickelnde Konzept des Bildungsgangs in Abgrenzung zur Biographieforschung bestimmt wird. Dabei steht vor allem das Verständnis von Lernprozessen in der Spannung von Lernorten und unterschiedlichen institutionellen Kontexten im Mittelpunkt der Betrachtung. COMBE macht auf die „Spannung zwischen Biographie und Institutionen" aufmerksam, die schon in der doppelten Verweisstruktur des Begriffs „Bildungsgang" angelegt ist (vgl. COMBE 2004: 49).

Das Konzept des Bildungsgangs hat seinen Ausgangspunkt in der institutionellen Ausgestaltung einer besonderen Schulform, der Kollegstufe in Nordrhein-Westfalen, und somit einen ganz eigenen Begründungshorizont. Im Rahmen der Evaluation des Kollegschulversuchs hat sich in der Forschergruppe um BLANKERTZ ein Begriffssystem mit dem exponiert herausragenden Begriff des Bildungsgangs entwickelt (vgl. zu den Ergebnissen der Evaluation BLANKERTZ 1986a; 1986b). Aus dem zunächst pragmatisch-funktionalen Begriff, der zum einen den speziellen curricular vorgegebenen Rahmen der Kollegschule bezeichnete, der zum anderen aber auch die individuellen Bildungswege der Schüler(innen) integriert hat, hat sich in den nachfolgenden Jahren eine theoretische Auseinandersetzung um eine Ausdifferenzierung des Konzepts „Bildungsgang" entwickelt (vgl. u.a. SCHENK 1998: 261f; HERICKS/KEUFFER/KRÄFT/KUNZE 2001: 9f; SCHENK 2004: 41f; TRAUTMANN 2004b: 7f).

Fest zu halten bleibt, dass der Bildungsgang konzeptionell seinen Ansatz mit schulischen, institutionell curricular bestimmten Bildungsangeboten verknüpft hat. So sagt GRUSCHKA:

„Mit dem Begriff Bildungsgang bezeichnen wir das strukturierte Lehr-Lern-Programm, das durch die Schulen angeboten wird und das sich die Jugendlichen zu eigen machen" (GRUSCHKA 1985: 12).

Bedeutsam für die theoretische Auseinandersetzung ist im Weiteren das schon hier von GRUSCHKA angedeutete komplexer werdende Verständnis des Bildungsgangs. So werden zwei Ebenen des Bildungsgangs unterschieden: die objektive Seite (das „Lehr-Lern-Programm") und die subjektive Seite (das „Zu-Eigen-Machen") eines Bildungsgangs. Es muss davon ausgegangen werden, dass die individuelle Aneignung und Entwicklung von Wissen und Kompetenzen innerhalb eines Bildungsgangs nicht strukturidentisch zu den sachlogisch konstruierten institutionalisierten Bildungsgängen geschieht. Dieses Verständnis berücksichtigt den aktiven und individuellen Vorgang der Aneignung des inhaltlich Objektiven durch die Lernenden, d.h. die Aneignung von gesellschaftlich gewünschtem Wissen, Fertigkeiten und Einstellungen, kristalliert im Curriculum der Schule (vgl. GRUSCHKA 1985: 39; SCHENK 2004: 41). Bildungsgänge verlaufen also, trotz beispielsweise gleicher curricularer schulischer Unterrichtsinhalte und Vermittlungsformen, individuell verschieden; der Bildungsgang wird durch zwei Seiten bestimmt – durch die objektive Seite der institutionalisierten Anforderungen der Bildungswege und die subjektive Seite der Auseinandersetzung und Aneignung der Anforderungen.

Dieses Wechselverhältnis von Struktur und Subjektivität finden wir, wie oben gezeigt, auch im Konzept der Biographie. Bildungsgangforschung interessiert sich dabei aber für einen bestimmten Aspekt von Biographieverläufen, für ein bestimmtes ‚Terrain', in dem sich der Lebensweg und -entwurf des einzelnen Menschen vollzieht: In Unterscheidung zum Konzept der Biographie fokussiert der Bildungsgang auf individuelle Lernwege im institutionellen Kontext, also institutionalisierte Bildungsprozesse. Von Interesse sind spezielle äußere Strukturen, die Bildungsangebote institutionalisiert und organisiert systematisch bündeln und an das Individuum heran tragen (vgl. z.B. GRUSCHKA 1985: 37f; HERICKS 1998: 173f; MEYER/REINARTZ 1998: 12; LECHTE/TRAUTMANN 2004: 64). Dies ist zuallererst und traditionell die Schule.

„Dabei interessiert uns im besonderen die Schule. Insofern ist Bildungsgangforschung eine Variation und zugleich eine Eingrenzung der Erforschung schulischer Sozialisationsprozesse" (MEYER/REINARTZ 1998: 9).

Vor allem HERICKS hat den Bildungsgangbegriff für den schulischen Bereich eingegrenzt und differenziert. Er verweist insbesondere auf die Bedeutung der Bildungsgangtheorie für eine neue bildungsgangbezogene Didaktik, die die Grundannahme des handelnden Subjekts als Gestalter seines Bildungsgangs für schulische Lehr-/Lernprozesse aufgreift (vgl. HERICKS 1998: 173). MEYER und REINARTZ fassen den Gedanken der Bildungsgangdidaktik folgendermaßen zusammen:

„Bildungsgangdidaktik entwirft [...] einen didaktischen Rahmen für die Beschreibung der subjektiven Aneignung objektiver Lernangebote und untersucht dementsprechend das dialektische Verhältnis von pädagogischer Führung und Selbsttätigkeit der Lernenden" (MEYER/REINARTZ 1998: 10).

Diesem Grundgedanken folgend wäre für die Bestimmung von Bildungsgängen auch das Verhältnis des Individuums zu anderen organisierten Lernorten relevant: z.B. Kindergarten, Ausbildungsverhältnisse, Betriebe und Weiterbildungs-Institutionen; von Bedeutung ist das spezifische Wechselverhältnis von Subjekt und organisierten Lernumwelten und die daraus sich entwickelnde Lernbiographie. COMBE weist in diesem Zusammenhang darauf hin, dass das Zusammenwirken von Lernorten – auch und gerade unterschiedlich stark institutionell gefestigten Lernumwelten – ein zentrales Thema der Bildungsgangforschung sein könnte (vgl. COMBE 2004: 49).

Die Bestimmung einer Theorie des Bildungsgangs ist jedoch noch nicht einheitlich und wird unterschiedlich eng vorgenommen. So plädiert beispielsweise KOSSEN dafür, den Bildungsgang als individuelle Lernbiographie, d.h. als den auf Lernsituationen und -erlebnisse bezogenen Lebenslauf zu verstehen, der die gesamte Lebenswelt der Individuen beinhaltet (vgl. KOSSEN 2004: 162). Ebenso widmet sich ein Teil des Herausgeberbandes von MEYER/REINARTZ der Rekonstruktion von Bildungsgängen ausgewählter Persönlichkeiten und stellt deren Lernbiographie in einem weiten Bildungsgangverständnis als den das ganze Leben umfassenden Bildungsgang dar (vgl. REINARTZ/MEYER 1998). Fokussiert man jedoch allgemein auf Lernprozesse in der Biographie, unterscheidet sich dieses Verständnis vom Bildungsgang unter Berücksichtigung der oben dargestellten Aspekte der Konzeption von Biographie allerdings m.E. nicht mehr von dieser. Die Besonderheit des Konzepts des Bildungsgangs als Lernbiographie vollzieht sich in meinem Verständnis gerade in der Verortung der Lernbiographie zwischen individuellen Fähigkeiten, Bedürfnissen und biographischen Erfahrungsaufschichtungen und *institutionell* geformten, gesellschaftlich bedingten Anforderungen und Angeboten in *organisierten Lernumwelten*.

In welcher Weise diese Verortung von den Individuen vorgenommen wird, d.h. wie ihre Lernprozesse im Spannungsfeld von Subjekt und institutionell gebündelten gesellschaftlichen Anforderungen verlaufen und wie Individuen ihren Bildungsgang so konstruieren oder auch rekonstruieren, ist ausgewiesenes Thema der Bildungsgangforschung:

„Wie der Zusammenprall der Welten - hier die durch die Lehrer und ihre Fachkonzepte repräsentierte „objektiv" vorgegebene Erwachsenenwelt und da die neue Generation, die Schülerinnen und Schüler mit ihren tastenden Suchbewegungen, ihrem Drang nach Selbständigkeit und gleichzeitigem Anlehnungsbedürfnis, ihrem Eigenrecht - zu verstehen ist, stellt das eigentliche Forschungsobjekt des Graduiertenkollegs [Bildungsgangforschung; J.H.] dar" (BASTIAN ET AL. 2004).

Der Stand der Forschung und Theoriebildung zu Lernprozessen im Bildungsgang wird nun folgend erörtert.

Entwicklungsaufgaben

Eine zentrale Annahme zur Gestalt der Lernprozesse im Bildungsgang, die ich bisher beim Vergleich von Biographie und Bildungsgang ausgeklammert habe, ist das Modell der „Entwicklungsaufgaben". Entwicklungsaufgaben werden als Bindeglied zwischen objektiven Anforderungen und subjektiven Deutungen diskutiert; dabei wird angenommen, dass sich Lernprozesse im Lösen dieser Aufgaben vollziehen (vgl. z.B. HERICKS 1998: 180f; SCHENK 2004: 43). Doch was genau ist eine Entwicklungsaufgabe?

Bildungsgang und Entwicklungsaufgaben sind seit dem Kollegschulversuch ein Begriffspaar, das theoretisch eng miteinander verwoben ist. TRAUTMANN führt die Begriffsgenese im Zusammenhang der Bildungsgangforschung auf GRUSCHKA zurück (vgl. TRAUTMANN 2004b: 10). Dieser beschreibt Entwicklungsaufgaben folgendermaßen:

„Das curriculum vitae eines Menschen ist beschreibbar als Abfolge von Entwicklungsaufgaben. Der Einzelne erlebt unabweisbare gesellschaftliche Anforderungen, die er aufgrund seiner bisher entwickelten Identität deutet und aufgrund seiner bisher entwickelten Kompetenz bearbeitet. Die Kollegschule vermittelt objektive Anforderungen [...]. Die Jugendlichen strukturieren diese Anforderungen als eigene Entwicklungsaufgaben, in deren Lösung sie ihre fachliche Identität und Kompetenz weiterentwickeln" (GRUSCHKA 1985: 12).

Dieses Begriffsverständnis greift den in der ersten Hälfte des 20. Jahrhunderts in den USA aufgekommenen Begriff ‚developmental task' auf, der maßgeblich durch den Erziehungswissenschaftler und Soziologen HAVIGHURST geprägt wurde (vgl. TRAUTMANN 2004c: 19f). HAVIGHURST konzipiert ein Modell von Entwicklungsaufgaben als über die Lebenszeit gestufte Aufgaben, die aus dem Zusammenspiel von physischer Reife, gesellschaftlich-kulturellem Druck und individuellen Werten und Zielsetzungen entstehen und deren Lösung (‚learn') die

Individuen zu einer glücklichen und erfolgreichen Entwicklung in der Gesellschaft führt (vgl. HAVIGHURST 1972: 2/4).

„A developmental task is a task which arises at or about a certain period in the life of the individual, successful achievement of which leads to his happiness and to success, with later tasks, while failure leads to unhappiness in the individual, disapproval by the society, and difficulty with later tasks[9]" (a.a.O.: 2).

Die meisten Entwicklungsaufgaben sind für eine bestimmte Zeitspanne im Leben typisch, in denen sie bearbeitet werden müssen (von HAVIGHURST auch als ‚teachable moments' benannt), einige stellen sich allerdings in Variationen das gesamte Leben über neu (vgl. a.a.O.: 31). HAVIGHURST bestimmt in einem Katalog die für die jeweiligen Lebensphasen typischen Entwicklungsaufgaben, legt also die genauen Aufgaben fest, wobei er nicht davon ausgeht, dass dieser Katalog nicht auch veränderbar ist, je nach Kultur oder Schichten einer Gesellschaft, in der sie definiert werden, sowie den Werten der Person, die sie konstatiert (vgl. TRAUTMANN 2004c: 26).

Unklar ist bis heute, ob Entwicklungsaufgaben eher gesellschaftliche Anforderungen darstellen oder eher subjektive Bedürfnisse und Entwicklungsziele abbilden. HAVIGHURST selbst bleibt dazu vage:

„A developmental task is midway between an individual need and a societal demand. It partakes of the nature of both" (HAVIGHURST 1972: VI).

In der Weiterentwicklung des Modells im Rahmen der Bildungsgangforschung[10] wird dieses Verhältnis unterschiedlich gewichtet. KORDES beispielsweise betont das subjektive Gewicht von Entwicklungsaufgaben und verabschiedet sich in diesem Sinne auch von einem feststehenden Kanon von Entwicklungsaufgaben. So spricht er davon, dass die Vorstellung von „vornormierten" Aufgaben abgelöst werden sollte von selbst zu entwerfenden und gestaltenden Entwicklungsaufgaben (vgl. KORDES 1996: 45). Diese subjektiv geprägten Entwicklungsaufgaben entstehen in seinem Verständnis durch „Such- und Probebewegungen" der Individuen, die „im Idealfall Setzungen eigener lebens- und lerngeschichtlicher Aufgaben eigener Entwicklung erlauben" (KORDES 1996: 58). Dagegen entwickeln HERICKS und SPÖRLEIN unter stärkerer Berücksichtigung der objektiven Seite das von HAVIGHURST konzipierte Kanonmodell weiter (vgl. HE-

---

9 Die kursive Hervorhebung ist dem Original entnommen.
10 Neben der Integration der Entwicklungsaufgaben in ein Konzept des Bildungsgangs ist dieses Modell von Entwicklungsaufgaben vor allem von der deutschsprachigen Entwicklungspsychologie adaptiert worden (vgl. z.B. DREHER/ DREHER 1985; FEND 2000; OERTER/ MONTADA 2002).

RICKS/SPÖRLEIN 2001: 35f). Darin gehen sie von einem beschränkten Kanon von Aufgaben aus, „die in einer gegebenen Gesellschaft für alle Heranwachsenden als mehr oder weniger verbindlich angenommen werden können" (HE-RICKS/SPÖRLEIN 2001: 36) und die wiederum vom Einzelnen subjektiv zu deuten sind und für die Lösungen gefunden werden müssen.

Entwicklungsaufgaben sind in der bisherigen Bildungsgangforschung zu einem zentralen Konzept erhoben worden. So verstehen die Antragsteller(innen) des Hamburger Graduiertenkollegs „Bildungsgangforschung" in ihrem Antragstext den Bildungsgang als die „Bearbeitung von Entwicklungsaufgaben" (vgl. BASTIAN ET AL. 2001). Dieses Verständnis greift die eingangs gestellte Frage nach den Lernprozessen im Bildungsgang auf. Die bisherig dargestellte Position der Bildungsgangforschung verweist darauf, dass die Bearbeitung von Entwicklungsaufgaben als zentraler Modus von Lernprozessen im Bildungsgang zu verstehen ist.

Was genau jedoch die Bearbeitung von Entwicklungsaufgaben im Spannungsfeld der Deutung und Bearbeitung des Objektiven und des Subjektiven bedeutet, wird in der Bildungsgangforschung uneinheitlich gewichtet, wie TRAUTMANN und LECHTE analysieren:

„Während die Münchner Entwicklungspsychologen und –psychologinnen einerseits von (Entwicklungs-)Normen (gesellschaftlichen Anforderungen) und andererseits von persönlichen Zielen (bzw. Entwicklungsaufgaben) sprechen, verwenden die Didaktiker uneinheitlich das Vokabular von:
- Anforderungen (Entwicklungsaufgaben) vs. deren Deutung/Bearbeitung
- Anforderungen vs. Entwicklungsaufgaben (Deutung und Bearbeitung der wahrgenommenen Anforderung)" (LECHTE/TRAUTMANN 2004: 76).

Es wird in der bisherigen Diskussion z.T. kontrovers diskutiert, ob Entwicklungsaufgaben eher der subjektiven Seite oder eher der objektiven Seite zugerechnet werden. Ebenso ist die zugewiesene zentrale Position der Entwicklungsaufgaben in der Bildungsgangtheorie umstritten. Wesentliche Fragen zum Modell der Entwicklungsaufgaben sind noch nicht geklärt und werden derzeit in verschiedene Richtungen weiter diskutiert (vgl. dazu TRAUTMANN 2004a). Vor allem das Benennen von Aufgaben in einem Allgemeingültigkeit beanspruchenden Katalog ist umstritten. Ebenso ist das zur Vereinfachung tendierende Modell von Aufgaben und Lösungen problematisch, denn die Begrifflichkeiten vermitteln eine ‚rezeptartige' Vorstellung des Heranwachsens und des Lernens von

Individuen sowie die Vorstellung von normativ ‚richtigen' Lösungen[11] (vgl. TRAUTMANN 2004c: 37; LECHTE/TRAUTMANN 2004: 82).
In diesem Sinne plädiert COMBE für die Abkehr von normativen Aufgaben-Katalogen:

„In Bezug auf das für die Bildungsgangforschung reklamierte Konzept von Entwicklungsaufgaben ist allerdings die Zeit von einheitlich aufgespannten Normenhorizonten vorbei" (COMBE 2004: 48).

„Das Entwicklungsaufgaben-Konzept, wie es noch von HAVIGHURST entfaltet wurde, ist jedenfalls angesichts der [...] geschilderten Kontingenz moderner Biographien neu zu bestimmen. [...] Es [ein ‚modernisiertes' Entwicklungsaufgabenkonzept; J.H.] befasst sich meines Erachtens mit der Frage der Aneignung und Umarbeitung von Entwicklungszielen der eigenen Lernbiographie" (COMBE 2004: 49).

Unter Entwicklungszielen können dabei, um diesen Gedanken weiter zu führen, Entwicklungsbemühungen und Orientierungsbewegungen zum Lebensentwurf verstanden werden.

Die Bestimmung, aber auch Um- und Neuinterpretierung von Entwicklungszielen sind nach COMBE Resultate eines Prozesses von Abstimmung und Passung, Kompatibilitätsprüfungen, Explorationsprozessen und vor allem auch Erfahrungsbewegungen in gesellschaftlichen Strukturen und Lernumwelten (vgl. COMBE 2004: 52). In welcher Weise diese Prozesse der Bearbeitung gelingen, hängt dabei von den Fähigkeiten der Individuen ab, ihre Erfahrungen und Erfahrungskrisen zu verarbeiten und in konstruierenden und rekonstruierenden Prozessen zu einer biographisch bedeutsamen Lerngeschichte aufzuschichten (vgl. COMBE 2004: 50).

Lernen im Bildungsgang wird hier in der Erweiterung und Modernisierung des Entwicklungsaufgabenkonzepts als Verbindung zwischen der Konstruktion von subjektiven Entwicklungszielen und den Ansprüchen und Zumutungen, die von außen an das Individuum herangeführt werden, entworfen (vgl. COMBE 2004: 56). So stellt COMBE dar:

„Der im Zusammenhang mit der Aus- und Umarbeitung von Entwicklungszielen der eigenen Biographie verbundene Lernprozess muss also als Erfahrungsprozess bzw. als Erfahrungsbewegung konzipiert werden" (COMBE 2004: 55).

Lernen wird als Prozess der Verarbeitung von Erfahrungen oder auch als Wechselspiel von Erfahrung und Sinnarbeit charakterisiert.

---

11 LECHTE und TRAUTMANN schlagen deshalb vor, statt von Aufgaben von Entwicklungs*themen* zu sprechen.

Lernen als Prozess der Be- und Verarbeitung von Erfahrungen

COMBE beschreibt ausgehend von einer Stufung unterschiedlicher Organisations- und Artikulationsformen der Erfahrung vier Ebenen des Erfahrungsprozesses (vgl. im Folgenden dazu COMBE 2004: 50, 56f; 2005a: 83f; 2005b). Handlungsleitender Ausgangspunkt von Lernprozessen ist die Erfahrungskrise oder auch die Störerfahrung. Dies kann das Erfahren einer lebensweltlichen Krise, eines erwartungswidrigen Umstandes oder eine Diskrepanzerfahrung sein, die Irritation und Aufmerksamkeit weckt. Bei der Reaktion auf die Krisensituation können und müssen Lernende oft „intuitiv", ohne im ausreichend empfundenen Besitz von Begründungen zu sein, handeln. Dabei gründet sich dieses Handeln zunächst auf emotionale, leibnahe und habituelle Überzeugungen, die sprachlich schwer zu explizieren sind. Die affektive Resonanz macht die Problembearbeitung allerdings unumgänglich.

Eine Auseinandersetzung erfolgt dann mithilfe eines lebensweltlichen Erfahrungswissens, indem sich ein inneres Bild spontan aufgrund von Erinnerungen und Vorstellungen bildet, das der Situationswahrnehmung und möglichen Wahrnehmung von Handlungsoptionen dient. Dieses Erfahrungswissen ist an die konkrete Handlungssituation und an das handelnde Subjekt gebunden und bietet die Möglichkeit der spontanen Bewertung der Erfahrungskrise und der Einleitung einer Handlung. Es ist nicht ohne weiteres auf andere Situationen oder Personen übertragbar, gleichwohl es grundsätzlich durch „Übersetzung" in eine begriffliche Form einer gemeinsamen intrasubjektiven „Welt" zugänglich gemacht werden kann.

Um jedoch über den situativen Handlungskontext hinaus Erfahrungen verallgemeinern zu können, d.h. Erfahrungen sinnkonstruierend zu transformieren und Erfahrungskrisen zu lösen, ist ein reflexiver Umgang mit der Erfahrung, eine Rekonstruktion der Erfahrung bedeutsam. Durch Reflexion wird die Erfahrung „rückbezüglich", d.h. sie wird durch sprachlichen Ausdruck und begriffliche Fassung in eine verallgemeinerbare Form überführt und so anderen zur Verfügung gestellt – sie wird zu einer „gemachten" Erfahrung.

„Erfahrung wird also überführt in Wissen, das zeitlich stabil, verstetigt und vom konkreten Subjekt abgelöst ist" (COMBE 2004: 58).

In dieser verallgemeinerten Form können sich Subjekte auch Erfahrungen aneignen, die sie nicht selbst gemacht haben. Verallgemeinerte Erfahrung wird zu Wissen, das ein eigenlogisches System entwickeln kann und im wissenschaftlichen Wissen seinen höchsten Abstraktions- und methodisch überprüften Geltungsgrad erreicht.

Lernen als Transformation von Erfahrung vollzieht sich somit in dem Spannungsfeld der verschiedenen Wissens- und Erfahrungsformen. Damit ist eine Prozessvorstellung der Bildung und Aneignung von Entwicklungsaufgaben entworfen, die die Erfahrung einerseits als je individuelle des konkreten Erfahrungssubjekts und andererseitszugleich als allgemeinen, kollektiven Wissens- und Anforderungsbestand zu fassen vermag. Bei der Be- und Verarbeitung der Erfahrungskrise durchmisst das Subjekt diese Spannweite und hat subjektive und objektive, d.h. die gegenständliche Seite und Anspruch zu vermitteln. Es gehen also mögliche Widersprüche von objektiven Anforderung und subjektiven Interessen in die Erfahrungskrise ein; dabei manifestiert sich die Entwicklungsaufgabe. In der Dynamik der Erfahrungskrisenbewältigung vollzieht sich die Vermittlung zwischen objektiver und subjektiver Seite einer Entwicklungsaufgabe. Diese kann mikrologisch über die Prozessstrukturen der Be- und Verarbeitung einer Erfahrungskrise durch einen Protagonisten fallnah erschlossen werden (vgl. Kap. 8).

Es ergibt sich nun in der Verknüpfung dieses Lernverständnisses im Bildungsgang mit der Vorstellung von Lernen in der Biographie eine Konkretisierung des Modus von Lernprozessen: In der Biographieforschung wird Lernen als Verknüpfungsanstrengung zwischen Subjekt und Struktur als rekonstruktive, eher ‚nachträgliche' Handlung verstanden. Zentral ist dabei das Finden von Selbst- und Weltbezug durch die Deutung von Kontexten und Möglichkeitsräumen, um so zu einer individuellen Lebenskonstruktion zu gelangen. Bleibt die Biographieforschung dabei noch weitgehend vage, wie sich genau biographisch bedeutsame Lernprozesse vollziehen, so kann nun für die Bildungsgangforschung ein konkreteres Bild gezeichnet werden.

Die Bildungsgangforschung versucht in Ergänzung eines ähnlichen Verständnisses von Lernen als Verknüpfungsanstrengung zwischen Subjekt und Struktur die genauen Abläufe und Vorgänge in diesem Wechselverhältnis zu fassen. Dazu wird das Modell der Bearbeitung von Entwicklungsaufgaben genutzt. Trotz eines noch nicht abschließend geklärten Begriffsverständnisses bringt das Entwicklungsaufgabenmodell den Vorteil gegenüber der Biographieforschung, dass die gesellschaftlichen Anforderungen evident und lesbar werden und damit vor allem für Lernende aber auch für Lehrende und Forscher(innen) bearbeitbar werden. Das konstruktive Element der handelnden Bearbeitung und Gestaltung von Lernbiographien wird gestärkt. Dabei ist m.E. im Sinne der Darstellung von COMBE zentral, Entwicklungsaufgaben nicht als normierten Anforderungskatalog zu begreifen, sondern die Aufgaben als Entwicklungsziele der eigenen Lernbiographie im Prozess von Erfahrungskrise und Erfahrungsbewegungen (d.h. Konstruktion, Rekonstruktion und Transformation von Erfahrungen) in organisierten Lernumwelten, die gesellschaftliche Anforderungen und Normen enthalten, zu verstehen.

Die Lernprozesse im Bildungsgang zielen darüber hinaus – sehr viel fokussierter als in der Biographieforschung, deren Augenmerk umfassend auf der individuellen Lebenskonstruktion zur Gestaltung von Selbst- und Weltreferenz liegt – auf die Kompetenz- und Identitätsentwicklung (vgl. GRUSCHKA 1985: 52f; BREMER 1988: 19f; SPÖRLEIN 2003: 16/57f; TRAUTMANN 2004b: 7f).

„In der Lösung von Entwicklungsaufgaben wird Kompetenz entwickelt, eine generative geistige Struktur, ein Potential von Fähigkeiten, das subjektiv sinnvolles, objektiv angemessenes Handeln auch in relativ neuartigen Situationen zu bewältigen ermöglicht" (GRUSCHKA 1985: 12).

„Identität bildet sich in den Lernprozessen, in denen der Lernende Kompetenz entwickelt, die ihm objektiv angemessenes Handeln im Einklang mit seiner Person, seinen Zielen, seinen Werten, seiner Weltanschauung, ermöglicht" (GRUSCHKA 1985: 13).

Daraus ergibt sich zusammenfassend und in Analogie zum biographischen Lernen meines Erachtens folgendes Verständnis von Lernen im Bildungsgang. Lernen im Bildungsgang

- vollzieht sich im Wechselspiel zwischen objektiven Anforderungen organisierter Lernumwelten und der Genese von Entwicklungszielen der eigenen Lernbiographie,
- wird durch Erfahrungskrisen initiiert und durch Erfahrungsbewegungen der Konstruktion, Rekonstruktion und Transformation von Erfahrungen vollzogen,
- orientiert sich an den so in Erfahrungskrisen sich manifestierenden Entwicklungs-"Aufgaben",
- beinhaltet aktive und reflexive Lernhandlungen,
- ist prozesshaft und konstituiert die eigene Lernbiographie,
- hat die individuelle Entwicklung von Kompetenzen und Identität zum Ziel.

Abschließend soll nun ein bisher nur am Rande thematisierter Aspekt ergänzt werden: Spricht man von Lernprozessen in Biographie und Bildungsgang, so beinhaltet dieses Verständnis von Lernen neben allen anderen Bedeutungsdimensionen vor allem auch eine zeitliche Dimension des Lernens. Lernen ‚dauert' – in diesem Sinne – über die gesamte Lebensspanne.

Lebenslanges Lernen

In diesem Zusammenhang wird seit längerem ein Konzept von Lernen diskutiert, welches das Lernen über die Lebenszeit in den Fokus nimmt, das so genannte ‚lebenslange Lernen' (vgl. z.b. WIESNER/WOLTER 2005; DOHMEN 1999; BRÖDEL 1998). Diese international geführte bildungspolitische Diskussion um ein Konzept des lebenslangen Lernens war in Deutschland vor allem ausschlaggebend für bildungsreformerische Begründungen für den Bereich Weiterbildung (vgl. BRÖDEL 1998: 6; KNOLL 1998: 38f; DOHMEN 1999). Lebenslanges Lernen jedoch konzeptionell nur für Weiterbildungskontexte zu denken greift zu kurz, denn es existieren verschiedenen Lesarten zum Konzept des lebenslangen Lernens.

„Lebenslanges Lernen konzentriert sich auch nicht mehr nur auf Weiterbildung, sondern hat den Systemzusammenhang aller Bildungsinstitutionen im Blick wie den Umstand, dass schulische und berufliche Erstausbildung zu den nachhaltig prägenden Erfahrungsfeldern für die Ausformung späterer Lern- und Weiterbildungsmotivationen gehören" (WIESNER/WOLTER 2005: 7).

Die Ausrichtung auf das Lernen in Bildungsinstitutionen verweist auf eine Nähe zum Bildungsgangkonzept. Wird das Konzept des lebenslangen Lernens nun im Zusammenhang mit biographisch bedeutsamem Lernen diskutiert, ist vor allem das konzeptimmanente Verständnis der individuellen biographischen Ausrichtung von lebenslangen Lernprozessen von Bedeutung. So stellt BRÖDEL die Suche nach Orientierung in der Welt als bedeutendes Motiv für *individuelle* Bildungsbemühungen dar und konzipiert das Konzept des lebenslangen Lernens als Handlungsform zur Nutzung von Bildungsangeboten für die *individuelle* Lebensführung und somit zur je eigenen, verstehenden Orientierung in der Welt (vgl. BRÖDEL 1998: 8f). Er verweist auf die zunehmende Biographieabhängigkeit des Lernens im Erwachsenenalter (vgl. BRÖDEL 1998: 20). Zur Begründung zieht er ebenfalls die in Biographie und Bildungsgang ausführlich beschriebene Struktur des Spannungsfeldes zwischen „transsubjektivem und soziokulturellem Referenzrahmen" – der objektiven Seite – und dem „biographisch artikulierten vorhandenen Erfahrungs- und Wissensbestand des Bildungssubjekts" – der subjektiven Seite – heran und betont die vom Subjekt zu leistenden Vernetzungsanstrengungen (vgl. BRÖDEL 1998: 9f). LOCH formuliert sogar – ähnlich dem Entwicklungsaufgabenkonzept – eine Vorstellung vom lebenslangen Lernen als Auseinandersetzung mit einer Abfolge von Lernaufgaben und erforderlichen Kompetenzen (vgl. LOCH 1998).

Es ist jedoch nicht grundsätzlich davon auszugehen, dass jedes Individuum an sich die Fähigkeit hat, selbstständig lebenslang zu lernen.

„[...] die Unterstellung einer generellen Selbstlernfähigkeit, die von Sachstrukturen oder einzelnen Persönlichkeitsvariablen abstrahiert, erscheint kaum haltbar" (BRÖDEL 1998: 20).

Die antizipierte aktive Rolle des Subjekts in Bildungsprozessen verweist auf die Bedeutung des selbstgesteuerten Lernens, insbesondere auf die Komponenten der Selbsttätigkeit und der Selbstverantwortlichkeit beim Lernen (BRÖDEL 1998: 23). Lernen unter dem Aspekt der lebenslangen Entwicklung bedarf also Kompetenzen zum lebenslangen Lernen, wie der Fähigkeit selbstständig lernen zu können. Diese Kompetenzen sind m.E. in der Fortführung des Ansatzes der „Biographizität" und der Konzeption zum Erfahrungslernen im Bildungsgang verortet. Erfahrungslernen oder biographisch ertragreiches Lernen im Bildungsgang ist abhängig von der Kompetenz, Erfahrungskrisen zu bearbeiten und reflexiv mit den objektiven Anforderungen der Gesellschaft verknüpfen zu können, um so die eigene Biographie als Lernbiographie konstruieren und rekonstruieren zu können. Diese Kompetenz möchte ich „Lernkompetenz im Bildungsgang" nennen.

Zu fragen bleibt, wie diese Kompetenz ausgebildet und gefördert werden kann, und ob die Schule dies leisten kann. Dies wird im folgenden Kapitel weiter ausgeführt.

4.2 Lernen in der Kooperation von Schule und Betrieb

Inwieweit kann biographisch bedeutsames Lernen in der Schule stattfinden und Lernkompetenz im Bildungsgang gefördert werden? Diesen Fragen werde ich nun im folgenden Kapitel nachgehen.

Ausgehen möchte ich nicht von einer allgemeinen Analyse der Potentiale von Schule; stattdessen stelle ich das Setting der hier untersuchten Lernortkooperation in den Mittelpunkt der theoretischen Betrachtung. Die Schülerinnen und Schüler arbeiten und lernen in dieser Lernortkooperation an zwei Tagen pro Woche in einem Betrieb und an drei Tagen in der Schule, deren Unterricht mit entsprechenden Arrangements an die Erfahrungen im Betrieb anzuknüpfen versucht (vgl. Kap. 2). Institutionalisiert wird hier also eine neue Rahmung von Lernen in einer besonderen Kooperation der Lernorte Betrieb und Schule. Zentrale theoretische Perspektive ist dabei im Anschluss an die oben dargestellten Kennzeichen von Lernen im Bildungsgang, ob und wie es der Schule in dieser Form der Lernortkooperation gelingen kann, Erfahrungskrisen zu initiieren, die den Schüler(inne)n biographisch bedeutsame Lernprozesse ermöglichen.

Über das Zusammenspiel der Lernorte Schule und Betrieb im allgemeinbildenden Schulsystem ist sehr wenig bekannt[12]. Die vorliegenden Konzepte und Untersuchungen beziehen sich vor allem auf den Bereich der dualen Berufsausbildung. Die darin gewonnenen Erkenntnisse sind für diese Arbeit nicht direkt anschlussfähig; dies ist wie folgt begründet:

- Konzepte des betrieblichen Lernens für Jugendliche, die einen Beruf erlernen, sind auf Grund ihrer Funktionsdifferenz zwischen dem allgemeinbildenden und dem berufsbildenden System für diese Untersuchung nicht nutzbar. Grundgedanke ist, dass die Lernorte ausgehend von dem Ziel „Ausbildung in einem bestimmten Beruf" verschiedene inhaltliche Aufgaben übernehmen – eher praktische Unterweisungen in den beruflichen Inhalten im Betrieb und eher begrifflich-strukturierende in der Schule (vgl. z.B. EULER 2004: 20; SCHMIDT 2004: 42).
- Die Ansätze im Rahmen von Konzepten eines lernenden Unternehmens sind ebenfalls auf Grund der Funktionsdifferenz nicht nutzbar. Sie gehen von dem Grundgedanken aus, den Arbeitsplatz um Lernmöglichkeiten für Mitarbeiter(innen) zu erweitern (vgl. MÜNCH 1995; DEHNBOSTEL/ HOLZ/NOVAK 1996; DEHNBOSTEL 2004).
- Die Diskussion der Lernortkooperation in der Berufsbildung befasst sich überwiegend mit Fragen der politischen, administrativen, organisatorischen und didaktischen Zusammenarbeit zwischen Ausbilder(inne)n und Berufsschullehrer(inne)n bzw. zwischen Betrieben und Berufsschulen (vgl. SCHMIDT 2004: 58). Welche Gestalt individuelle Lernprozesse allerdings im Spannungsfeld der Lernorte annehmen, wird in der Regel nicht thematisiert.
- Auf der Ebene der allgemeinbildenden Schulen gibt es zur Kooperation von Schule und Betrieb kaum empirische Forschungsarbeiten und noch keine theoretische Modellentwicklung. Auch die bekannten allgemein- bzw. fachdidaktischen Modelle und Konzepte zur Verbindung von schulischem und außerschulischem Lernen sind zur Klärung des Zusammenspiels von Schule und Betrieb nicht ergiebig, da sie erfahrungsgeleitete Lernprozesse in außerschulischen, betrieblichen Arbeitszusammenhängen nur programmatisch thematisieren.
- Ansätze zur theoretischen Auseinandersetzung mit dieser speziellen Rahmung des Lernens in allgemeinbildenden Schulen lassen sich in dem ab den 1980er Jahren diskutierten Konzept des ‚Praktischen Lernens' finden, das

---

12 Die wissenschaftliche Begleitung des Schulversuchs hat aus diesem Grund in Abstimmung mit der Projektleitung ein Expertengespräch mit Vertretern aus Berufsbildung und dem Bereich beruflichen Lernens organisiert, bei dem die Beteiligten Hypothesen und Vermutungen zu diesem Bereich diskutierten. Teilgenommen haben Peter DEHNBOSTEL, Herrmann RADEMACKER und Jörg SCHUDY.

den konstruktiv-praktischen Aspekt des Lernens – das eigene Handeln, Probieren, Erkunden und Gestalten – betont (vgl. z.b. FAUSER/FINTELMANN/ FLITNER 1983; FAUSER/KONRAD/WÖPPEL 1989). Auch dieser Ansatz der Auseinandersetzung mit Lernprozessen in der Kooperation von Lernorten kann für diese Arbeit nicht genutzt werden, da der Begriff des Praktischen Lernens hauptsächlich durch Erfahrungsberichte über verschiedenartige Projekte und Aktivitäten an Schulen definiert bzw. aus verschiedenen reformpädagogischen Überlegungen zur Weiterentwicklung von schulischem Unterricht vor allem programmatisch diskutiert wurde.

Zur theoretischen Fundierung des Lernens in der Kooperation der Lernorte Schule und Betrieb möchte ich nun Diskussionen zum Lernen und Kompetenzerwerb im Rahmen einer neuen Lernkultur aufgreifen, die die Möglichkeiten des Lernens und der Verknüpfung des Lernens in verschiedenen Lernumgebungen in den Blick nehmen (vgl. HUNGERLAND/OVERWIEN 2004a; WIESNER/WOLTER 2005). Das Besondere dieses Ansatzes besteht darin, dass davon ausgegangen wird, dass in den verschiedenen Lernumgebungen je unterschiedliche Lernformen charakteristisch sind: Strukturierten, didaktisch aufbereiteten Lernsituationen, wie sie in der Schule vorherrschen, wird das formelle Lernen zugerechnet, wohingegen im unter Lernaspekten unstrukturierten und ungeregelten täglichen Leben situatives informelles Lernen stattfindet. Dies können betriebliche, soziale oder familiale Situationen sein.

Auch wenn diese Ansätze hauptsächlich aus der betrieblichen Bildung kommen, so können die theoretischen Überlegungen zu spezifischen Lernformen an verschiedenen Lernorten auch für eine Grundlegung veränderter Konzepte der allgemeinbildenden Schule nutzbar gemacht werden. Zentrale Idee für das Lernen in der Schule ist dabei, dass der Erwerb von Kompetenzen durch die Öffnung der Schule hin zu verschiedenen Lernfeldern, Lernformen und zu individuellen Biographieverläufen befördert wird (vgl. HUNGERLAND/OVERWIEN 2004b: 10). Im Folgenden wird dabei allerdings auch zu klären sein, ob der Einbezug von betrieblichen Erfahrungen in die Schule tatsächlich andere Lernformen, etwa das informelle Lernen, initiieren kann, oder nicht vielmehr auch an diesem Lernort pädagogisiertes, „stellvertretendes Lernen" hervor bringt (vgl. BAUMERT 2003: 214).

Die theoretische Auseinandersetzung mit formellen und informellen Lernprozessen und deren Verhältnis zueinander ziehe ich im Folgenden als Rahmung für eine Beschreibung biographisch bedeutsamen Lernens in der Lernortkooperation heran.

4.2.1 Formelles und informelles Lernen

Diskussionen um formelles und informelles Lernen haben ihren Ursprung in der US-amerikanischen Bildungsdebatte zu Beginn des 20. Jahrhunderts und fanden ihre Fortführung in den 1950er Jahren in der Erwachsenenbildung (vgl. MOLZBERGER 2004: 86; MOLZBERGER/OVERWIEN 2004: 70f). Auch in Deutschland konzentriert sich die Diskussion um formelle und informelle Lernprozesse bisher hauptsächlich auf die berufliche Weiterbildung und auf das betriebliche Lernen (vgl. DEHNBOSTEL 2004). Ein Hintergrund der aktuellen Diskussion über formelles und informelles Lernen ist die Auseinandersetzung über die Notwendigkeit des lebenslangen Lernens. Wird der gesamte Lebenslauf als Bezugsrahmen für das Lernen gewählt, kommen unterschiedliche Rahmungen und Formen von Lernen schärfer in den Blick, als wenn nur Lernorte betrachtet werden, die Lernen systematisch planen und organisieren.

Was bedeutet nun formelles und informelles Lernen?

Formelle und informelle Lernprozesse stellen verschiedene Organisationsformen des Lernens dar, die wiederum spezifischen Lernumgebungen zugeordnet werden können. Diese trennende Betrachtung von Lernprozessen ist analytisch zu verstehen – in realen Lebenszusammenhängen gibt es in der Regel Überschneidungen und Vermischungen. Begrifflich wird zum Teil auch von formalem statt formellem Lernen und vom non-formalen statt vom informellen Lernen gesprochen – allerdings scheint diese unterschiedliche Begriffswahl keine Bedeutungsdifferenzen auszudrücken, vielmehr wird eine Abkehr von dem üblichen Begriffspaar „formell – informell" nur äußerst selten begründet (vgl. MOLZBERGER/OVERWIEN 2004: 71).

Trotz einiger Differenzen in der Begriffsbestimmung wird informelles Lernen überwiegend als Gegenfolie zum formellen Lernen verstanden. Dabei ist dieses Begriffspaar als Bezeichnung für ein Kontinuum mit zwei Polen zu verstehen und nicht als dichotome Gegenüberstellung. Als Hauptkriterium zur Unterscheidung der Lernformen informell und formell wird der Organisationsgrad des Lernkontextes herangezogen (vgl. MOLZBERGER 2004: 87f).

Unter formellem Lernen wird Lernen verstanden, das in einem organisierten, institutionellen Rahmen, meist in einer Bildungs- oder Ausbildungseinrichtung stattfindet. Es ist bezogen auf Lerninhalte, Lernziele und Lernzeit strukturiert, didaktisch ‚aufbereitet' und strebt ein vorher bestimmtes Lernergebnis an. In der Regel ist eine pädagogische Anleitung gegeben (vgl. DEHNBOSTEL: 2004: 54; DEHNBOSTEL/PÄTZOLD 2004: 27; MOLZBERGER/OVERWIEN 2004: 72). Formelles Lernen strebt systematisches Wissen, z.B. über Regeln und Gesetzmäßigkeiten eines Gegenstandes an (vgl. MOLZBERGER 2004: 88).

Informelles Lernen ist dagegen nicht institutionell organisiert. Der Begriff steht für ein Lernen, dass sich im Alltag, am Arbeitsplatz, in der Familie oder in der Freizeit vollzieht bzw. ereignet, ohne dass dies pädagogisch angestrebt oder begleitet wird. Informelles Lernen ist bezogen auf Lerninhalte, Lernziel und Lernzeit nicht strukturiert, sondern ergibt sich aus der Handlungssituation und den Handlungserfordernissen. Das Lernergebnis folgt der Situations- oder Problembewältigung (vgl. DEHNBOSTEL: 2004: 54; DEHNBOSTEL/PÄTZOLD 2004: 27; MOLZBERGER/OVERWIEN 2004: 72f). Informelles Lernen kann wiederum noch einmal in zwei Bereiche aufgeteilt werden: In das informelle Erfahrungslernen und in das implizite Lernen.

„Zur groben Unterscheidung der – ohnehin nur analytisch zu trennenden – Begriffe lässt sich anführen, dass Erfahrungslernen über die reflektierende Verarbeitung von Erfahrungen erfolgt, während implizites Lernen eher unreflektiert und unbewusst stattfindet" (MOLZBERGER/OVERWIEN 2004: 73f).

Erfahrungslernen wird damit über die Prozessabfolge von Handlung – Erfahrung – Reflexion bestimmt, ist also aktiv konstruierend, während implizites Lernen unbewusst, quasi ‚nebenbei' stattfindet. Implizites Lernen wird nicht in Regeln oder Gesetzmäßigkeiten überführt und bildet so keine Basis für strukturierte Lernprozesse (vgl. DEHNBOSTEL/PÄTZOLD 2004: 27). In welchem Verhältnis beide Anteile des informellen Lernens zu einander stehen, bleibt unklar und ist in der aktuellen Diskussion um diese Lernformen nicht thematisiert worden.

Dagegen sind Verhältnis und Wechselwirkungen des informellen und des formellen Lernen zentrales Thema in theoretischen Diskussionen zu diesen Lernformen. Zweifellos hat formelles Lernen mit dem Übergang zur (massenhaften) Volksbildung historisch zunächst die Oberhand gewonnen. Die Dominanz von formellen gegenüber informellen Lernmodi nahm in den letzten zwei Jahrzehnten jedoch ab, nicht zuletzt deshalb, weil die traditionellen Lernumgebungen der Vermittlung von komplexen Handlungskompetenzen nicht gerecht werden und so neue Formen zur Entwicklung von komplexen Kompetenzen erprobt werden (vgl. ALHEIT ET AL. 2000; COMMISSION OF THE EUROPEAN COMMUNITIES 2000, OVERWIEN 2002, OVERWIEN 2004). Als Ziel der Verknüpfung von formellem und informellem Lernen wird die Verbesserung des Kompetenzerwerbs von Lernenden benannt, was in Abgrenzung und Erweiterung zur Qualifizierung als eine darüber hinausgehende Bildungsarbeit verstanden wird (vgl. DEHNBOSTEL 2004: 57).

„Die Herausbildung von Kompetenzen als lebensbegleitender Prozess erfolgt in der Arbeits- und Lebenswelt durch individuelle Lern- und Entwicklungsprozesse in unterschiedlichen Lernarten und Lernformen" (EBD.).

Aktuell diskutiert wird diese Verknüpfung der Lernformen „informelles und formelles Lernen" vor allem für den Bereich des betrieblichen Lernens Erwachsener.

„Der Trend zur Bewältigung zunehmender Komplexität geht zu einer Dezentralisierung von Lernformen, die dem Erfahrungslernen und informellen Lernen im Prozess der Arbeit entscheidende Bedeutung zumisst" (HUNGERLAND/OVERWIEN 2004b: 10).

HUNGERLAND und OVERWIEN sprechen dabei jedoch auch für die Schule von der Gestaltung einer neuen Lernkultur, die veränderte schulische Lernformen und Lernen außerhalb etablierter Lernstrukturen und damit informelle Lernprozesse in Bildungsinstitutionen einbezieht (vgl. HUNGERLAND/OVERWIEN 2004b: 13f). In diesem Zusammenhang wird postuliert, dass die als unproduktiv bezeichnete Kluft zwischen inner- und außerschulischem Lernen zu überbrücken sei.

In welchem Verhältnis formelles und informelles Lernen genau zueinander stehen und in welcher Weise Wechselwirkungen sich vollziehen, ist jedoch noch nicht geklärt und bedarf umfassender Untersuchungen. Grundsätzlich wird davon ausgegangen, dass beide Lernarten einander bedingen:

„[I]nformelles Lernen [ist; J.H.] einerseits Fortsetzung, andererseits aber auch Voraussetzung formaler Lernprozesse. Innerhalb dieses Lernens werden Erkenntnisse generiert, Verknüpfungen und Vertiefungen realisiert und Fragen in Richtung formalerer Lernweisen aufgeworfen. Formale Lernprozesse beeinflussen hingegen auch informelle Lernweisen" (HUNGERLAND/OVERWIEN 2004b: 12).

Angenommen wird weiter, dass die Integration von informellem Lernen in formelle Lernprozesse eine Voraussetzung zur Entwicklung von Handlungskompetenz ist (vgl. MOLZBERGER 2004: 88). Handlungskompetenz wird als Fähigkeit zum selbstständigen Handeln und somit als komplexes Verhaltensmuster verstanden, das im Zusammenhang mit dem Wissen und den verarbeiteten Vorerfahrungen des Subjekts steht. Handlungskompetenz umfasst Teilkompetenzen wie Lernkompetenz, soziale Kompetenz, kommunikative Kompetenz, Mitbestimmungskompetenz und Methodenkompetenz. Zum Kompetenzerwerb bedarf es einer aktiven, konstruktiven Rolle der Lernenden (vgl. HUNGERLAND/ OVERWIEN 2004b: 10).

Die Diskussion zum Verhältnis von informellem und formellem Lernen und dessen Beitrag zum Wissens- Kompetenzerwerb soll nachfolgend weiter dargelegt werden.

4.2.2 Erfahrungslernen im Übergang von informellem und formellem Lernen

Es ist wenig über einen möglichen Beitrag und über das Verhältnis von informellem Lernen zu formellem Lernen und den Modus des Verhältnisses bekannt (vgl. MOLZBERGER 2004: 94). DEHNBOSTEL formuliert dazu aus Sicht der betrieblichen Weiterbildung zentrale Problemstellungen, und insbesondere auch die Frage, ob das unorganisierte, informelle Lernen in der Arbeit einen Beitrag für die subjektive Bildungsentwicklung leisten kann (vgl. DEHNBOSTEL 2004: 52). Ebenso ist nach DEHNBOSTEL zu klären,

„[i]nwieweit [...] das informelle Lernen der Ergänzung durch organisiertes Lernen innerhalb und außerhalb des Betriebes [bedarf; J.H.], um von einer hinreichenden Kompetenzentwicklung sprechen zu können" (DEHNBOSTEL 2004: 52).

Um diese Fragen grundlegend zu diskutieren, sollen zunächst die Prozesse des informellen Lernens genauer betrachtet werden. Ausgehend von einem Verständnis, dass informelles Lernen „beiläufig", d.h. nicht geplant verläuft, bedeutet dies, dass es grundsätzlich in Handlungen eingebettet ist (vgl. DEHNBOSTEL 2004: 54). Wie oben dargestellt, wird das informelle Lernen analytisch noch einmal in zwei Dimensionen unterteilt: das implizite und das reflexive Lernen bzw. Erfahrungslernen (vgl. DEHNBOSTEL 2004; 2003; HUNGERLAND/OVERWIEN 2004).

DEHNBOSTEL führt das Erfahrungslernen als Prozess des Aufbaus von Erfahrungswissen durch die Verarbeitung von Erfahrungen aus (vgl. DEHNBOSTEL 2004: 55). Seine Argumentationskette zum Erfahrungslernen ist in Anlehnung an John DEWEYS Konzept zur Verbindung von „experience and education" (vgl. DEWEY 1993) konzipiert: Handlungen führen zu Erfahrungen, die in Reflexionen eingebunden dann zu Erkenntnissen leiten, so dass die Wirklichkeit über Lern- und Erfahrungsprozesse individuell erschlossen wird. MOLZBERGER und OVERWIEN weisen darauf hin, dass Erfahrungen, die auf das Handeln einwirken und zum Lernen führen, Probleme, Herausforderungen und Ungewissheiten enthalten müssen (vgl. MOLZBERGER/OVERWIEN 2004: 74).

Im Gegensatz zu COMBE gliedert DEHNBOSTEL das so genannte implizite Lernen aus dem Erfahrungslernen aus, da sich dies unbewusst und unreflektiert vollzieht und nicht in Regeln und Gesetzmäßigkeiten überführt werden kann (vgl. DEHNBOSTEL 2004: 55). COMBE dagegen begreift auch leibhafte Überzeugungen, affektive Resonanzen und den Aufbau eines sinnlichen Erfahrungsfeldes als eine Ebene des Erfahrungsprozesses in der Stufung unterschiedlicher Organisations- und Artikulationsformen der Erfahrung (vgl. COMBE 2004: 56f).

DEHNBOSTEL weist – das Verhältnis von informellem Erfahrungslernen und formellem Lernen in den Blick nehmend – auf das gegenseitige Bedingen der Lernform hin. Er beschreibt die Zufälligkeit und Situiertheit des informellen Lernens, das erst durch Organisation und Zielorientierung sowie die Integration in pädagogische Arrangements den Anforderungen einer umfassenden Kompetenzentwicklung gerecht wird (vgl. DEHNBOSTEL 2004: 56).

„Das Erfahrungslernen wird durch die Integration mit organisiertem Lernen von einem informellen, ungeplanten Lernen zu einem stärker selbstgesteuerten und aktivkonstruktiven Lernen entwickelt, ohne dass dabei seine charakteristischen Merkmale als situatives und authentisches Lernen verloren gehen" (DEHNBOSTEL/MEISTER 2002: 17).

Damit sprechen DEHNBOSTEL und MEISTER den Modus des Verhältnisses zwischen formellem und informellem Lernen zur Entwicklung von Kompetenz an: Informelles Lernen wird in formelle, strukturierte Lernformen integriert und Lernprozesse zur Kompetenzentwicklung dadurch weiter gefördert: so sollen individuelle Erfahrungen reflexiv durchdrungen und der Aufbau von verallgemeinerungsfähigem Wissen unterstützt werden. Auf einer praktisch-didaktischen Ebene führen z.B. DEHNBOSTEL und MEISTER für den Bereich der beruflichen Weiterbildung verschiedene Möglichkeiten der Verbindung auf (EBD.).

Was bedeutet dies jedoch im Einzelnen? In einem nächsten Schritt werden diese Überlegungen zum Erfahrungslernen im Übergang vom informellen zum formellen Lernen auf die in dieser Arbeit betrachtete Lernortkooperation übertragen. Zentral ist die analytische Zuordnung des informellen Lernens zum Lernort Betrieb und des formellen Lernens zum Lernort Schule und die grundlagentheoretische Weiterentwicklung des Modus der aus dem Wechselverhältnis entstehenden Prozessstruktur des Erfahrungslernens (vgl. COMBE 2004; 2005a). Insbesondere die Erfahrungskrise – als das entscheidende, das Lernen auslösende Moment in der von COMBE konzipierten Stufung der Erfahrungsebenen – bietet dabei eine Möglichkeit, die Bedeutung des informellen Lernens, aber auch das Verhältnis zum formellen Lernen näher zu bestimmen.

4.2.3 Erfahrungskrisen in der Lernortkooperation

Lernen erfolgt in der hier untersuchten Lernortkooperation in zwei Lernumgebungen: in der Schule und im Betrieb. Damit werden zwei unterschiedlich strukturierte Orte mit ihren je eigenen Funktionslogiken verknüpft, wobei der Schule die Rolle des organisierenden Rahmens zukommt. Das Lernen in der Lernortkooperation folgt immer unter der Prämisse eines allgemeinbildenden Schullernens mit pädagogischen Zielsetzungen. Damit stellt sich zunächst die Frage, in welcher Weise der Betrieb als etwas anderes betrachtet werden kann, als ein pädagogisch präpariertes Feld, das das „wirkliche Leben praktizieren will" (BAUMERT 2003: 214). BAUMERT betont entschieden, dass das Lernen in der Schule – auch Erfahrungen in Exkursionen und Projekten – immer stellvertretendes Lernen ist, da alle schulischen Lerngegenstände zum Zwecke des Lernens pädagogisiert sind (EBD.). Dieser Ansatz würde für die Lernortkooperation ausschließen, dass im Betrieb informelle Lernprozesse, d.h. „Lernen im Nachvollzug der täglichen Praxis" (EBD.), stattfinden, die neben dem schulischen, formellen Lernen eine eigene Logik und Funktion haben. Gleichzeitig spricht er jedoch auch davon, dass verständnisvolles Lernen auch immer situiert und kontextuiert in sozialen Situationen erworben wird – also immer auch lebensweltlich verankert ist (vgl. BAUMERT/KÖLLER 2000: 232).

Überträgt man diese Gedanken auf die hier untersuchte Lernortkooperation und das Modell des formellen und informellen Lernens, so muss der Ansatz von BAUMERT dazu nicht im Widerspruch stehen, obwohl das Lernortarrangement von der Schule initiiert ist und die pädagogische Zielsetzung der Entwicklung und Förderung von Lernkompetenz im Bildungsgang für beide Lernorte übergreifend gilt. Wichtige Ausgangsbedingung dazu ist allerdings, dass beide Lernorte trotz ihrer wechselseitigen Verbundenheit in ihrer je eigenen Funktionalität bestehen bleiben und ihre Grenzen nicht verschliffen werden. Insbesondere die Schule muss auf die nachfolgend erläuterte ‚arbeitsteilige' Ergänzung der beiden Lernorte und auf die potentielle Gefahr der „Entgrenzung" der Pädagogik achten (vgl. zum Begriff der Entgrenzung: GEIßLER 1998). Denn auch wenn die Schule in der untersuchten Lernortkooperation durch ihre organisatorische ‚Hoheit' z.B. mit dem Instrument der Lernaufgabe auch Zugriff auf den Betrieb hat und der/die betriebliche Betreuer(in) die Vermittlung von betrieblichen Handlungsabläufen ebenfalls didaktisch aufbereitet, so ist der Lernort Betrieb immer noch ein real existierendes Unternehmen, was neben der Schüler(innen)betreuung seinen eigenen, nicht pädagogisch strukturierten Mechanismen folgt. Aus dieser Logik heraus ist das Lernen der Schüler(innen) im Betrieb dem informellen Lernen zuzurechnen. Die Verknüpfung verschiedener Lernformen ist dabei zentrales Moment der untersuchten Lernortkooperation, bei der das informelle und das formelle Lernen als graduelle Strukturbestandteile dazu beitragen, biographisch bedeutsames Lernen zu initiieren.

Wie ergänzen sich nun aber formelle und informelle Lernprozesse in der Lernortkooperation von Schule und Betrieb?

Für den Aufbau eines individuellen Erfahrungswissens öffnet die vorliegende Lernortkooperation zunächst einmal Erfahrungsräume. Unstrukturierte, pädagogisch nicht angeleitete Lernumgebungen geben die Gelegenheit dazu, dass

Lernende sich Irritationen – also ungewohnten, nicht durch Routinen zu bewältigenden Situationen – aussetzen, auf die sie selbstständig handelnd reagieren müssen. Diese Bearbeitung von Erfahrungskrisen ist unhintergehbar und bietet die Grundlage für individuelle Lernprozesse.

In diesem Sinne können im Rahmen von informellen Lernprozessen situativ, individuelle Erfahrungen gemacht werden und es kann über Erfahrungskrisen zum Aufbau von individuellem Erfahrungswissen kommen. Um diese Erfahrungen ertragreich zu machen, ist es notwendig, sie aus ihrer je eigenen, individuellen Positioniertheit herauszulösen, d.h. in reflexives Erfahrungswissen zu überführen. Die Überführung spricht m.E. nun im Konzept des formellen und informellen Lernens das Wechselverhältnis der beiden Lernformen an.

Genau das ist die in der Lernortkooperation angelegte Funktions- und Arbeitsteilung: Im Betrieb sollen betriebliche Erfahrungen ermöglicht und informelle Lernprozesse angestoßen werden; in die Zuständigkeit der Schule fallen die Reflexion und Aufarbeitung dieser Erfahrungen, das formelle Lernen. Aufgabe der Schule ist, das individuelle Erfahrungswissen in reflexives Erfahrungswissen und intersubjektiv geteiltes Wissen und verallgemeinerbare Feststellungen zu übersetzen.

Diese Funktionsteilung ist, wie schon beim formellen und informellen Lernen, analytisch zu verstehen. Sowohl im Betrieb als auch in der Schule beinhalten die Lernprozesse Erfahrungs- und Reflexionsanteile. Insofern sind im Betrieb, ja gerade in angeleiteten Ausbildungssituationen auch formelle Lernprozesse angelegt, ebenso wie in der Schule auch informelles Lernen – gleichsam ‚neben' dem strukturierten Unterrichtsgeschehen – stattfindet.

Diese Trennung der Erfahrungs- und Reflexionsorte analytisch zu vollziehen, ist auf zwei Ebenen sinnvoll: Auf der Ebene der Analyse von Lernprozessen und auf der Ebene der Förderung von Lernkompetenz. Bei der Betrachtung von Lernprozessen kann so die Wechseldynamik von verschiedenen Lernorten und den zugehörigen Lernformen entschlüsselt werden. Zur Entwicklung von Lernkompetenz im Bildungsgang kann durch die Trennung von Erfahrungs- und Reflexionsorten von den Schüler(inne)n der Prozess des Lernens als Transformation von Erfahrungen in diesem Setting modellhaft nachvollzogen und so umfassende biographische Lernkompetenz erworben werden.

In welcher Weise sind diese Prozesse im Setting der Lernortkooperation angelegt?

Der Betrieb kann als nicht pädagogisch strukturierter Erfahrungsraum beschrieben werden. In diesem werden die Schülerinnen und Schüler durch die für sie neuen lebenspraktischen Anforderungen und insbesondere durch die spannungsreiche Qualität der Akteursrollen herausgefordert. Die Schüler(innen) sind einer alltagsweltlichen Praxis ausgesetzt, die eine besondere Bedeutung für ihr zukünftiges Leben hat und so zur Positionierung auffordert. Das Agieren in einer für sie fremden, aber zukünftig bedeutsamen Berufswelt, in die sich gewohnte Handlungsformen und Rollenbeziehungen nicht übertragen lassen, erzeugt einen lebenspraktischen Handlungsdruck, fordert Aufmerksamkeit und vermittelt irritierende „Störerfahrungen" (COMBE 2005a: 84). Diese Erfahrungskrise stellt eine existentielle Lernanforderung dar, die Widerstand herausfordert und Ansprüche an die Schüler(innen) richtet; diese Bewährungssituation ‚verlangt' von den Schüler(inne)n Reflexionen darüber, welche Erfahrungen sie eigentlich gemacht haben, d.h. was sie können, was sie nicht bewältigen und warum dies so ist.

Anders als in den üblichen Betriebspraktika oder nur eintägigen Betriebskontakten machen die Schüler(innen) in der untersuchten Lernortkooperation deutliche intensivere Arbeitswelterfahrungen. Von dieser Intensität, die vor allem in der Übertragung und Erfahrung von Verantwortung liegt, kann im Sinne einer biografisch tieferen Sozialisationserfahrung erwartet werden, dass die bisherigen, insbesondere von der Familie geprägten Berufsbilder, Einstellungen und Lebenspläne durch die neuen Erfahrungen in Frage gestellt und erweitert werden. Durch Probehandlungen in diesem noch geschützten Raum der Lernortkooperation kann eine Auflösung der geschlossenen Statusrolle als Schüler(in) und eine eigenständige Positionierung erfolgen. Die Schülerinnen und Schüler erlangen in diesem Prozess ein intensives und gleichzeitig individuelles Erfahrungswissen, d.h. ein Wissen, das noch an das konkrete Erfahrungssubjekt gebunden ist.

Bezogen auf die von COMBE beschriebene Stufung der Erfahrungsebenen, vollzieht sich an dieser Stelle der Übergang von individuellem Erfahrungswissen „in die eigenlogischen Systeme des fachlich geordneten Wissens" (COMBE 2004: 58). Dieser Vorgang wird für das Individuum ein produktiver Lernprozess, wenn die reflexive Durchdringung der Erfahrung gelingt. Organisierte Lernumgebungen können diesen Prozess fördern: Subjektive Erfahrungen, die zunächst auf konkreten Handlungen und Situationen basieren, werden in organisierten Lernumgebungen vom Individuum abgelöst und in verallgemeinertes Wissen überführt, das auch anderen zugänglich ist, sowie mit bestehendem Theoriewissen in Beziehung gebracht. Dafür stellt die organisierte Lernumgebung didaktisch aufbereitete Angebote zur Verfügung, die diese – trotz allem individuelle – Überführungsleistung bei den Individuen unterstützen.

Die Schule übernimmt in diesem Sinne die Aufgabe, auf die Besonderheiten der Situation im Betrieb hinzuweisen. Sie bietet Strukturen an, in denen die Erfahrungen der Schüler im Zentrum stehen, in denen die betrieblichen Situationen gemeinsam mit den Lehrer(inne)n entschlüsselt werden können. So kann die Übersetzung des noch individuell und subjektiv gebundenen Erfahrungswissens durch Reflexion des Erlebten in ein gemeinsames, intersubjektiv bedeutsames Wissenssystem erfolgen. Gleichzeitig lernen die Schüler(innen) durch die Reflexion biographisch „irritierender" Erfahrungen, sich als Akteure ihrer eigenen Bildungsgeschichte zu erfahren. Der schulische Part bei der Verarbeitung der Erfahrungen besteht darin, eine „Brücke" zum generalisierten Theoriewissen und zu einem System der verallgemeinerten Erfahrung zu konstruieren (vgl. COMBE 2004: 58f). Die Schülerin oder der Schüler erfährt sich so – um mit MEAD zu sprechen – als individueller Besonderer und zugleich auf der Ebene des verallgemeinerten Anderen. Dies ist sozusagen der „Clou" des Zusammenspiels von betrieblicher Erfahrung und dem schulischen „Zurückkommen auf" (vgl. MEAD 1975).

All dies hat Rückwirkungen auf die schulische Konzeption von Lernen und Unterricht; es hat vor allem zur Folge, dass besondere Modi der schulischen Bearbeitung entwickelt werden müssen. In der vorliegenden Lernortkooperation werden dafür im Wesentlichen zwei Unterrichtsangebote gemacht: spezielle, den betrieblichen Erfahrungen gewidmete Unterrichtsstunden und die besondere Lernaufgabe (vgl. Kap. 2).

Zum einen werden die Erfahrungen der Schülerinnen und Schüler in speziell dafür vorgesehenen Unterrichtsstunden aufgegriffen. Zentral in diesen Unterrichtsstunden ist, dass die Erfahrungen zur Sprache kommen. Sie werden von den Schüler(inne)n jeweils für die gesamte Gruppe formuliert und gemeinsam diskutiert (vgl. Kap. 6.2.1). Für die Schülerinnen und Schüler bedeuten diese Stunden, dass neben der Verarbeitung der eigenen Erfahrungen gleichermaßen die Erfahrungen der Mitschüler thematisiert werden. Es wird eine Erfahrungsgemeinschaft hergestellt, in der immer auch im Vergleich zu anderen eine Selbstvergewisserung stattfinden kann. Der Kontext der Lerngruppe, die jeweils in unterschiedlichen Arbeitsbezügen steht, stellt demzufolge ebenso einen Erfahrungsraum dar wie die eigenen betrieblichen Erfahrungen.

Zum anderen bearbeiten die Schülerinnen und Schüler im Rahmen einer besonderen Lernaufgabe je individuelle betriebliche Themen zu einem 10-seitigen Text. Die besondere Lernaufgabe kann als eine für die Lernortkooperation besonders bedeutsame Bearbeitungsstruktur verstanden werden, da diese die Transformation von Erfahrungen zu ‚Wissen über die Erfahrung' anleitet und so den Prozess des Lernens im Sinne des „Wechselspiels von Erfahrung und Sinnarbeit" (COMBE 2004: 56) nachvollzieht: Erfahrungen werden im Betrieb gemacht und anschließend durch die Lernaufgabe verarbeitet. Durch die Arbeit an der besonderen Lernaufgabe wird die Prozessstruktur des Erfahrungslernens – von der Erfahrung zur Reflexion und Verarbeitung – für die Schülerinnen und Schüler deutlich und „einübbar". Die Lernaufgabe fordert darüber hinaus zur genauen Beobachtung der Erfahrungen heraus. Beim Schreiben der Lernaufgabe erhalten die Erfahrungen für die Schülerinnen und Schüler Ausdrucksgestalt: Sie schlagen sich im „Text" nieder, d.h. sie materialisieren sich.

Bezogen auf das oben dargestellte biographisch bedeutsame Lernen im Bildungsgang (vgl. Kap. 4.1.2), bedeutet dies nun, dass die Verknüpfung von informellen mit formellen Lernprozessen in der vorliegenden Form der Lernortkooperation die Gelegenheiten bietet, biographisch relevante Erfahrungen zu machen, Erfahrungskrisen zu bearbeiten und reflexiv mit den objektiven Anforderungen der Gesellschaft zu verknüpfen. In der Konstellation der Lernorte ist also die Möglichkeit der Entwicklung von Lernkompetenz zur (Re-)Konstruktion der eigenen Biographie als Lernbiographie angelegt.

Als weiteren wichtigen Baustein zur Analyse von Lernprozessen in der Kooperation zweier Lernorte soll im folgenden Kapitel ein Aspekt aufgegriffen werden, der sich auf ein weiteres Merkmal von biographisch bedeutsamem Lernen in der Verknüpfung von verschiedenen Lernformen in der Kooperation von Schule und Betrieb bezieht. Erfahrungslernen im Kontext von informellem und formellem Lernen beruht darauf, dass Lernende selbstständig und selbstreguliert lernen können (vgl. DEHNBOSTEL 2003: 178; MOLZBERGER/OVERWIEN 2004: 71). DEHNBOSTEL und PÄTZOLD sprechen sogar von der Selbststeuerung als Basis des Lernens:

„Auf der Basis von Selbsttätigkeit und Selbststeuerung wird die Wirklichkeit über Lern- und Erfahrungsprozesse individuell erschlossen" (DEHNBOSTELT/PÄTZOLD 2004: 27).

MOLZBERGER und OVERWIEN führen dies für das informelle Lernen aus: Gute Bedingungen für das informelle Lernen sind dann gegeben, wenn die Lernenden über einen hohen Grad an Autonomie und die Kontrolle über das eigene Lernen verfügen (vgl. MOLZBERGER/OVERWIEN 2004: 70).

Dies aufgreifend stelle ich im Folgenden Merkmale, Prozesse und Bedingungen des selbstregulierten Lernens dar.

4.3 Selbstreguliertes Lernen

Die bisher dargestellten theoretischen Ausführungen zu Lernprozessen von Schüler(inn)n haben die besondere biographische Lernsituation und die besonderen Lernformen im Wechselspiel der Lernorte charakterisiert. Diesem wird nun der dritte Stützpfeiler der theoretischen Auseinandersetzungen mit Lernprozessen hinzugefügt. Wie oben bereits angedeutet, beinhaltet sowohl biographisch bedeutsames Lernen als auch Erfahrungslernen im Kontext von formellem und informellem Lernen bedeutende Anteile selbstständigen Handelns. Selbstregulative Fähigkeiten, die kognitive, metakognitive und motivationale Aspekte umfassen, sind demnach von entscheidender Bedeutung für das biographisch bedeutsame Lernen in der Lernortkooperation. Entsprechend ist also ein zentrales Ziel der hier untersuchten Lernumgebung, das selbstregulierte Lernen zu entwickeln; gleichzeitig ist aber davon auszugehen, dass bestimmte Fähigkeiten und Kompetenzen zur Selbstregulation des Lernens nötig sind, um die Chancen und Perspektiven dieser Lernortkooperation nutzen zu können.

Aktive, selbstgesteuerte Lernprozesse werden in der Literatur vor allem im Zusammenhang mit dem Konzept der Selbstregulation bzw. des selbstregulierten Lernens diskutiert. Im Folgenden soll deshalb diese im Rahmen der Lernortkooperation relevante Lernform des selbstregulierten Lernens mit Bezügen zu wesentlichen Konzepten vorgestellt und diskutiert werden. Ziel ist, die wesentlichen Strukturelemente des selbstregulierten Lernens im Sinne eines Rahmenmodells zu identifizieren, um Anknüpfungspunkte für die Diskussion der Förderungs- und Umsetzungsangebote in der Schule zu finden.

Dazu gliedert sich das Kapitel wie folgt:

Im ersten Unterkapitel *„Begriffsklärung und Definition"* wird zunächst eingeordnet, in welchem Zusammenhang selbstreguliertes Lernen thematisiert wird. Selbstreguliertes Lernen wird vorgestellt als zentrale Handlungskompetenz, um den Anforderungen des lebenslangen Lernens und der Verstetigung des Lernens gerecht zu werden. Die Entwicklung von Grundlagen zur Befähigung zum selbstregulierten Lernen wird als eine Aufgabe von Schule verstanden. Daran anschließend wird die Begriffs- und Konzeptvielfalt innerhalb der Theoriebildung zum selbstregulierten Lernen beschrieben. Zum Konzept des selbstregulierten Lernens gibt es einen facettenreichen Forschungsgegenstand, der in der deutschsprachigen Literatur im Gegensatz zur angloamerikanischen Forschung keine eindeutige Zuordnung von Forschungsrichtung zu Begriffen erkennen lässt. Unter Einbezug der verschiedenen Bezeichnungen – wie zum Beispiel selbstgesteuertes oder selbstorganisiertes Lernen – wird die Festlegung auf die Bezeichnung selbstreguliertes Lernen in dieser Arbeit begründet. Selbstreguliertes Lernen wird nun als umfassende Handlungskompetenz vor dem Hintergrund eines Kontinuums zwischen Selbststeuerung und Fremdsteuerung definiert. Es werden zwei wesentliche Forschungsperspektiven zum selbstregulierten Lernen identifiziert, die in den folgenden Unterkapiteln nachgezeichnet werden.

Das zweite Unterkapitel *„Wie können Lernende ihr Lernen selbst regulieren?"* geht der ersten Forschungsperspektive, der kognitionspsychologischen Sichtweise nach, die die Frage nach Fähigkeiten zur Selbstregulation und Prozessen des selbstregulierten Lernens diskutiert. Ausgangspunkt dazu ist, dass Lernstrategien als zentrales Merkmal und konstituierendes Moment der selbstregulativen Handlungskompetenz verstanden werden; dazu werden Definition und Forschungsstand zu Lernstrategien dargestellt. Aufbauend darauf wird ein für diese Arbeit genutztes Rahmenmodell zum selbstregulierten Lernen von LEUTNER, LEOPOLD und SCHREIBER vorgestellt, das selbstreguliertes Lernen als Regulation von Lernstrategien konzipiert und kognitive, metakognitive und motivationale Aspekte beinhaltet.

Im dritten Unterkapitel *„Fördernde Bedingungen zur Entwicklung von selbstregulativen Handlungskompetenzen und ihre Bedeutung für den Lernerfolg"* wird die zweite Forschungsperspektive auf selbstreguliertes Lernen, die didaktische Sichtweise aufgegriffen, die Formen und Möglichkeiten für förderliche Bedingungen nachgeht. Dazu werden zunächst der Forschungsstand zum Entwicklungsprozess von selbstreguliertem Lernen und Lernstrategien sowie anschließend zwei verschiedene Möglichkeiten der Förderung des selbstregulierten Lernens vorgestellt: die direkte und die indirekte Förderung. Geschlossen wird dieses Kapitel mit Erkenntnissen zur Bedeutung des selbstregulierten Lernens für den Lernerfolg.

4.3.1 Begriffsklärung und Definition

4.3.1.1 Problemaufriss

In der hier untersuchten Lernortkooperation ist die Lernform des selbstregulierten Lernens zur Bewältigung der Anforderungen, die das Lernsetting an die Schüler(innen) stellt, von Bedeutung. Generell gehören selbstregulative Handlungskompetenzen angesichts der Enttraditionalisierung des gesellschaftlichen Lebens zum bedeutsamen Teil der Lebensführung des Einzelnen (vgl. COMBE/KOLBE 2004). Der Erwerb selbstregulativer Handlungskompetenzen wird dabei in Zusammenhang mit dem Konzept des lebenslangen Lernens gebracht (vgl. DOHMEN 1999). Die Anforderung zur Konstruktion der eigenen Biographie als Lernbiographie und zur Verfügung über selbstregulative Handlungskompetenzen erreicht den Einzelnen heute lebensgeschichtlich früh. Die Anforderungen der heutigen Gesellschaft an ihre Mitglieder sind – resultierend aus technischen, ökonomischen und sozialen Veränderungen – komplex und einer ständigen Veränderung unterworfen. Dies bedeutet u.a., dass der Wert einmal erworbener Qualifikationen begrenzt ist und Lebenswege nur noch zu einem kleinen Teil geplant werden können. Vielmehr ist es bedeutsam geworden, sich auf eine unsichere Zukunft einzustellen, bei der auf veränderte Anforderungen und Gegebenheiten zeitlebens reagiert werden muss (vgl. z.B. WILD 2003; BAUMERT 1993). Dabei wird vor allem die Fähigkeit zur Selbststeuerung bzw. Selbstregulation von Lernprozessen als zentral erachtet, um den Anforderungen des ‚lebenslangen Lernens' gerecht werden zu können (vgl. z.B. KLIEME/ARTELT/STANAT 2001:

204; BAUMERT 1993: 327; KRAPP 1993: 291). Solche selbstregulativen Handlungskompetenzen gelten als entwicklungsfähig und gleichzeitig als eine der zentralen Grundlagen für eine lebensgeschichtliche Verstetigung des Lernens (vgl. BAUMERT 2003).
So macht z.b. SCHREIBER deutlich:

> „Die Fähigkeit zum selbstregulierten Lernen kann als ein wesentliches Bildungsziel angesehen werden und gilt als Voraussetzung dafür, daß Berufstätige in Zeiten beschleunigten Wandels und reduzierter Budgets für die institutionalisierte Aus- und Weiterbildung den Anforderungen des ‚lebenlangen Lernens' gerecht werden können" (SCHREIBER 1998: 7).

Aber nicht nur für erwachsene Erwerbstätige ist die Selbstregulation von Lernprozessen relevant, da sie – wie es zweifellos auf der Hand liegt – nicht mehr oder nur selten in institutionelle Lehr-Lernumgebungen eingebunden sind, sondern auch für Schüler(innen), die sich in ihrem Unterrichtsalltag mit den Lerngegenständen auseinandersetzen müssen und dabei – neben aller didaktischen Anleitung – selbst für ihr Lernen verantwortlich sind (vgl. WILD 2003: 2). Darüber hinaus wird vor allem an die Schule die Forderung gestellt, die Grundlagen zur Befähigung zum selbstregulierten, lebenslangen Lernen zu legen (vgl. z.B. CZERWANSKI/SOLZBACHER/VOLLSTÄDT 2002: 9). Für Jugendliche wird die Fähigkeit zur Selbstregulation in der Phase des Übergangs zwischen Schule und Berufsausbildung besonders bedeutsam, da es um die Planung und Realisierung ihrer Lebensentwürfe geht (vgl. WILD 2003: 2). Von LUMPE werden deshalb zwei wichtige Aspekte des „Lernens in der Perspektive der Anschlussfähigkeit" skizziert: Zum einen ist dies die Selbststeuerung des Anschlusses der vor dem Ende stehenden schulischen Laufbahn an einen erfolgreichen Einstieg und die Bewährung in Ausbildung und Beruf oder auch an eine adäquate schulische Weiterbildung und zum anderen das Ausbilden der Fähigkeit zum selbstgesteuerten Weiterlernen (vgl. LUMPE 2002: 110).

4.3.1.2 Selbstreguliert, selbstständig oder selbstgesteuert?

Es existiert zur Bezeichnung der Selbstregulation von Lernprozessen eine Vielzahl von Begriffen, die ähnlich oder synonym verwendet werden. In der Literatur finden sich u.a. die Begriffe selbstgesteuertes Lernen, selbstständiges Lernen, selbstreguliertes Lernen, selbstorganisiertes Lernen oder auch selbstbestimmtes oder autonomes Lernen. Die Konzepte und Definitionen zu diesen Begriffen sind oftmals wenig trennscharf oder enthalten große Überschneidungen, z.T. werden die Begriffe auch synonym verwendet (siehe z.B. SCHIEFELE/PEKRUN 1996). Die Ursachen für die Begriffsvielfalt sind unterschiedlich, zum einen liegen sie darin

„dass sich nahezu alle Teildisziplinen der Psychologie und der Pädagogik mit der Selbststeuerung oder einzelnen Aspekten der Selbststeuerung befassen, allerdings unter jeweils anderem Blickwinkel" (KONRAD/TRAUB 1999: 9).

Zum anderen erfahren die Begriffe Selbststeuerung oder Selbstregulation nicht zuletzt im Umfeld der PISA-Studie in verschiedenartigsten Veröffentlichungen geradezu eine inflationäre Verbreitung. Vom selbstregulierten Lernen zu sprechen, ist in pädagogischen Diskussionen ohne weiteres ein Trend geworden. Dazu existieren eine fast unüberschaubare Anzahl von Definitionsansätzen oder aber auch Begriffsverwendungen ohne theoretische Fundierung (vgl. SCHREIBER 1998: 9f).

Diese Feststellung bezieht sich darüber hinaus nicht nur auf den deutschen Sprachgebrauch, auch im englischsprachigen Raum setzt sich die Begriffs- und Konzeptvielfalt fort (vgl. PINTRICH 2000: 451; ZEIDNER/BOEKAERTS/PINTRICH 2000: 750). In der angloamerikanischen Forschung können jedoch anhand dreier Bezeichnungen unterschiedliche Forschungsrichtungen ausgemacht werden: Das selbstregulierte Lernen von Erwachsenen wird in der Literatur meist unter dem Begriff ‚self-directed learning' behandelt, das selbstregulierte Lernen von Kindern und Jugendlichen dagegen unter dem Begriff ‚self-regulated learning'. Eine dritte Forschungsrichtung befasst sich unter dem Begriff ‚learner control' mit instruktionalen Aspekten der Selbststeuerung (vgl. SCHREIBER 1998: 12f). Diese klare begriffliche Zuordnung zu einem Forschungsansatz gibt des im deutschsprachigen Raum nicht, vielmehr gibt es kleinere Autorengruppen, die je einzelne Aspekte der Selbstregulation von Lernprozesse diskutieren und dabei nicht auf klare Begrifflichkeiten festgelegt werden können (vgl. SCHREIBER 1998: 36). Es kann jedoch darauf verwiesen werden, dass durch die Verwendung des Begriffs selbstreguliertes Lernen in der PISA-Studie (vgl. ARTELT/DEMMRICH/ BAUMERT 2001: 271) dieser in der aktuellen Diskussion befördert wurde.

Die vorliegende Arbeit verwendet die Bezeichnung selbstreguliertes Lernen aus folgenden Gründen:

- Selbstreguliertes Lernen wird als umfangreiche Handlungskompetenz verstanden, bei der kognitive, motivationale, soziale und verhaltensbezogene Aspekte zusammenwirken (vgl. z.B. PINTRICH 2000). Damit wird eine Vielschichtigkeit des Lernens als aktive selbstregulierte Handlung betont – ein Verständnis das dieser Arbeit zu Grunde liegt.

- Es können Bezüge zum vielfältig untersuchten self-regulated learning-Ansatzes in der englischsprachigen Forschung hergestellt werden, wodurch dieser Begriff auf eine breite internationale Literatur- und Forschungsbasis gestellt werden kann.

  "The vast majority of work in this field has occurred over the past 15 years or so, with self-regulation now the subject of intense professional interest and scrutiny. Research in the area of self-regulation has proliferated in the past few years" (ZEIDNER/BOEKAERTS/PINTRICH 2000: 749).

- Im Anschluss an LEUTNER/LEOPOLD (2003b) und SCHREIBER (1998) kann eine für die vorliegende Untersuchung handhabbare, aber gleichwohl theoretisch abgesicherte Dimensionierung des selbstregulierten Lernens in der Verknüpfung mit unterschiedlichen Lernstrategien im Sinne eines entsprechenden Kategoriensystems eingeführt werden.

4.3.1.3 Definition

Trotz der Vielfalt von Begrifflichkeiten und unterschiedlichen Forschungsansätzen können zentrale Gemeinsamkeiten in der Definition von selbstreguliertem Lernen festgehalten werden:

Übereinstimmend wird von der Annahme ausgegangen, dass Lernen ein aktiver Prozess ist, der durch den Lerner selbst beeinflusst werden kann (vgl. z.B. SIMONS 1992: 251; FRIEDRICH/MANDL 1997: 238; SCHREIBER 1998: 10). Selbstreguliertes Lernen wird als eine Lernform definiert, bei der

„die Person in Abhängigkeit von der Art ihrer Lernmotivation selbstbestimmt eine oder mehrere Selbststeuerungsmaßnahmen (kognitiver, metakognitiver, volitionaler oder verhaltensmäßiger Art) ergreift und den Fortgang des Lernprozesses selbst überwacht" (SCHIEFELE/PEKRUN 1996: 258).

Die Selbstregulation des Lernens gründet sich also auf eine Handlungskompetenz, die verschiedene kognitive, motivationale und soziale Prozesse, Strategien und Handlungen für die erfolgreiche, selbstgesteuerte Bewältigung von Lernanforderungen integrieren kann (vgl. WEINERT 1999, zit. nach ARTELT/ DEMMRICH/BAUMERT 2001: 271).

Nach SIMONS gehören zu den wichtigsten Fähigkeiten eines selbstreguliert Lernenden, dass (1) das Lernen selbst vorbereitet werden kann, d.h. sich über Ziel und Handlungen auseinanderzusetzen und Aufmerksamkeit aktivieren zu können, (2) die Lernhandlungen ausgeführt werden können, d.h. das Gelernte zu verstehen, behalten, integrieren und anwenden zu können, (3) die Lernhandlungen reguliert werden können, d.h. das Lernen überwachen, auswerten und Alternativen zu finden, (4) die Leistung bewerten zu können, d.h. Lernprozesse realistisch einschätzen zu können und sich selbst Rückmeldung zu geben, und (5) die Motivation und Konzentration erhalten zu können (vgl. SIMONS 1992: 254f und ebenso: SCHIEFELE/PEKRUN 1996: 258; KONRAD/TRAUB 1999: 13; LEUTNER/LEOPOLD 2003b: 46).

Sprechen wir vom selbstregulierten Lernen, so muss beachtet werden, dass Lernen nie völlig selbstgesteuert und autonom sein kann, sondern immer auch Anteile von Fremdsteuerung beinhaltet. Kann also nicht von einer reinen Selbststeuerung der Lernprozesse gesprochen werden, so ist ebenfalls eine reine Fremdsteuerung nicht möglich. Sowohl KONRAD/TRAUB (1999) als auch SCHIEFELE/PEKRUN (1996) nutzen die Gegenüberstellung von Selbst- und Fremdsteuerung, um den Begriff weiter zu klären:

- interne (Selbst-)Steuerung = vom lernenden Individuum selbst ausgehend,
- externe (Fremd-)Steuerung = Einflüsse, die von außen auf den Lernenden und die Gestaltung des Lernens einwirken (vgl. KONRAD/TRAUB 1999: 11).

Ebenso argumentiert SIMONS:

„Nahezu bei allen Spielarten des Lernens sind Elemente der Selbststeuerung und der Fremdsteuerung miteinander vermischt. [...] Jedes Lernen ist in gewissem Ausmaß zugleich selbständig und unselbständig. Beim Lernen interagiert der Lernende immer mit einer zweiten Instanz, handle es sich bei dieser um einen Lehrer, ein Buch, einen Computer oder um eine verinnerlichte Repräsentation einer anderen Person. Im Falle des mehr fremdgesteuerten Lernens liegt der Schwerpunkt der Einflußnahme auf den Lehr-Lernprozeß eher bei der externen Instanz, im Falle des selbständigen Lernens eher bei den Lernenden selbst" (SIMONS 1992: 251).

Selbstreguliertes Lernen kann demnach – bildhaft gesprochen – auf einem Kontinuum verortet werden, dessen Pole einerseits durch ‚absolute Autonomie' und andererseits durch ‚vollkommene Fremdsteuerung' bestimmt sind, und umfasst beständig einen hohen Selbststeuerungsanteil (vgl. REINMANN-ROTHMEIER 2003: 11; KONRAD/TRAUB 1999: 12).

SCHIEFELE und PEKRUN stellen die Unterschiede des fremd- und selbstgesteuerten Lernens umfangreich dar. Dabei betonen sie, dass sich die Forschung um die Selbststeuerung bzw. Selbstregulierung von Lernprozessen aus dem seit langem etablierten Bereich der Fremdsteuerung von Lernprozessen entwickelt hat (vgl. SCHIEFELE/PEKRUN 1996: 251/256). Der Ansatz des fremdgesteuerten Lernens ist in den Lerntheorien des klassischen Konditionierens (Reiz löst Reaktion aus) und des operanten Konditionierens (Handlung wird durch Verstärker ‚belohnt') zu sehen. Insbesondere aus dem operanten Konditionieren sind eine Vielzahl von Lehr- und Unterrichtsmethoden hervorgegangen, die die externe Steuerung von Lernprozessen zum Ziel haben (vgl. SCHIEFELE/PEKRUN 1996: 252). Der Ansatz zum selbstregulierten Lernen beruht wesentlich darauf, dass sich das Menschenbild in der Psychologie im Rahmen der sogenannten „kognitiven Wende" vom passiv-rezeptiven, extern zu steuernden Wesen hin zu einem aktiv-reflexiven, intern gesteuerten Menschen verändert hat, was sich insbesondere auch in der Lernforschung wiederspiegelt (vgl. FRIEDRICH/MANDL 1997: 237; SCHIEFELE/PEKRUN 1996: 256).

> „Die Forschung zum selbstregulierten Lernen muß also auf dem Hintergrund allgemeiner Ansätze in der Psychologie gesehen werden, die sich mit verschiedenen Aspekten der Selbstregulation menschlichen Verhaltens (z.B. Zielsetzung, Selbstverstärkung, Selbstbeobachtung, Selbstinstruktion) beschäftigt haben [...]. Damit verbunden ist auch, daß nicht mehr nur relativ stabile Fähigkeiten von Schülern oder stabile Umweltfaktoren in Schule und Elternhaus als Bedingungen des Lernerfolgs im Vordergrund stehen. Vielmehr betont die Forschung zum selbstgesteuerten Lernen die Beeinflussbarkeit des Lernergebnisses durch selbstinitiierte Aktivitäten des lernenden Individuums" (SCHIEFELE/PEKRUN 1996: 256).

Nach einer umfassenden Analyse der Forschungsrichtungen in der Literatur zum selbstregulierten Lernen von SCHREIBER (1998) kann davon ausgegangen werden, dass grob zwei Forschungs-Perspektiven zum Bereich des selbstregulierten Lernens unterschieden werden können: eine kognitionspsychologische Sichtweise, bei der die Frage nach den Fähigkeiten eines Lerners zur Selbstregulation sowie den Prozessen der Selbstregulation des Lernens zentral ist, und eine didaktische Sichtweise, bei der die Formen des selbstgesteuerten Lernens und die Möglichkeiten der förderlichen Bedingungen untersucht werden (vgl. SCHREIBER 1998: 37).
Diese beiden Aspekte werden im Folgenden weiter ausgeführt.

4.3.2 Prozesse und Strukturen der Selbstregulation des Lernens

4.3.2.1 Lernstrategien

Zahlreiche Autoren verweisen auf die Bedeutung von Lernstrategien im Zusammenhang mit dem selbstregulierten Lernen; sie werden als Grundlage einer selbstregulativen Handlungskompetenz verstanden (vgl. z.B. LEUTNER/LEOPOLD 2003a; WILD 2003; ARTELT/DEMMRICH/BAUMERT 2001; ARTELT 2000; WEIN-

STEIN/HUSMAN/DIERKING: 2000; SCHREIBER 1998; BAUMERT 1993; KRAPP 1993). Die Kenntnisse und die Verfügbarkeit von Lernstrategien werden als konstituierende Elemente des selbstregulierten Lernens dargestellt (vgl. z.B. ARTELT 2000: 16f; Baumert 1993: 379f). So formuliert zum Beispiel ARTELT:

„Kenntnisse von Strategien versetzen Lerner erst in die Lage ihr Lernen zu regulieren […]. Anders formuliert: Von Lernern, die ihr Lernen selbst regulieren, wird angenommen, dass sie wissen, wie sie durch den Einsatz von Strategien Veränderungen in ihrer Umwelt erzielen können. [...] Im Gegensatz dazu wird weniger fähigen, kompetenten bzw. selbstregulierten Schülern entweder die Verfügbarkeit von effektiven Strategien abgesprochen, oder aber ihr Scheitern wird als ein Problem der Auswahl der jeweils adäquaten Strategie beschrieben […]" (ARTELT 2000: 17).

Zu beachten ist also, dass zu einer selbstregulativen Handlungskompetenz nicht nur die Kenntnis über Lernstrategien entscheidend ist, sondern auch die Fähigkeit Strategien aufgaben- und situationsangemessenen auszuwählen, zu kombinieren und zu koordinieren (vgl. PISA-KONSORTIUM o. J.). Den Lernstrategien kommt die Bedeutung zu, das Lernen zu planen, auszuführen, zu kontrollieren und die Lernhandlungen zu regulieren sowie die Lernmotivation aufrecht zu erhalten (vgl. BAUMERT 1993: 379f; WUTTKE 2000; SCHREIBER 1998; LEUTNER/LEOPOLD 2003a: 39). KRAPP bezeichnet Lernstrategien als Komponenten der informationsbasierten Handlungssteuerung (vgl. KRAPP 1993). Ebenso formuliert BAUMERT:

„Die Selbstregulation des Lernens beruht auf einem flexibel einsetzbaren Repertoire von Strategien zur Wissensaufnahme und Wissensverarbeitung sowie zur Überwachung der am Lernen beteiligten Prozesse" (BAUMERT 2003: 217).

Aufgrund dieser zentralen Stellung von Lernstrategien in einem Konzept von selbstreguliertem Lernen soll nun im Folgenden ein Überblick über den Forschungsstand zu Lernstrategien gegeben werden.

Über die Definition und die Dimensionierung von Lernstrategien gibt es in der Literatur eine breite Diskussion (vgl. ARTELT 2000). Bestimmen Weinstein und Mayer Lernstrategien noch relativ weit als alles innere und äußere Verhalten, mit denen Lernende verschiedene Aspekte des eigenen Lernens wie Motivation, Aufmerksamkeit, Informationsauswahl und -verarbeitung zu beeinflussen versuchen (vgl. WEINSTEIN/MAYER 1986), so können aus verschiedenen Begriffsbestimmungen doch übereinstimmende Merkmale zur Definition von Lernstrategien zusammengefasst werden. Lernstrategien werden zumeist als Handlungssequenz verstanden, die durch einen planvollen Zusammenhang der einzelnen Operationen dem Erreichen eines bestimmten (Lern-)Ziels dient (vgl.

ARTELT 2000; SCHIEFELE/PEKRUN 1996; BAUMERT 1993; FRIEDRICH/MANDL 1992; KLAUER 1988).
Darüber hinaus bestehen allerdings innerhalb der verschiedenen Lernstrategiekonzeptionen hinsichtlich der Komplexität von Lernstrategien Unterschiede. Zur Differenzierung werden drei Kategorien genutzt: Lerntechniken bzw. Lerntaktiken, Lernstrategien und Lernstile (vgl. z.B. FRIEDRICH/MANDL 1992: 6f; KRAPP 1993: 292; ARTELT 2000: 25; PISA-KONSORTIUM o.J.: 10).

- Als *Technik* wird eine Teilhandlung bezeichnet, die ein relativ situationsinvariantes und aufgabenspezifisches Handlungsmuster darstellt (vgl. FRIEDRICH/MANDL 1992: 6).
- Als *Strategie* wird eine Sequenz von Handlungen, d.h. eine Kombination solcher Techniken bezeichnet, die zusammen einen Plan zur Bewältigung eines bestimmten Problems ergeben (vgl. KRAPP 1993: 292; FRIEDRICH/MANDL 1992: 6).
- Als *Lernstil* wird eine mehr oder weniger verfestigte, für einen spezifischen Lerner charakteristische Vorgehensweise bezeichnet, die oft mit einem generalisierten Merkmal oder einer Persönlichkeitseigenschaft gleichgesetzt wird (vgl. KRAPP 1993: 292; PISA-KONSORTIUM o.J.: 10).

Diese Unterscheidung wird jedoch nicht von allen Forscher(innen) und Autor(inn)en vertreten.
Ebenfalls umstritten ist, ob Lernstrategien prinzipiell bewusstseinspflichtig oder potentiell bewusstseinsfähig sind (vgl. z.B. ARTELT 2000: 19ff; BAUMERT 1993: 329). Dazu erklärt BAUMERT:

„Es zeichnet sich allerdings eine Vermittlung zwischen beiden Positionen ab, indem Strategien als zielführende Verfahrensweisen aufgefaßt werden, die zunächst bewußt angewandt, aber allmählich automatisiert werden, jedoch gleichwohl bewußtseinsfähig bleiben" (Baumert 1993: 329).

ARTELT stellt drei verschiedene Sichtweisen zu dieser Frage vor: eine konservative (Strategien = explizit bewusstes Entscheidungsverhalten), eine traditionelle (Strategien sind potentiell bewusstseinsfähig) und eine liberale Sicht (lernstrategisch ist alles innere und äußere Verhalten zur Beeinflussung verschiedener Aspekte des Lernens). Dabei kommt auch sie zum Schluss, dass sowohl Fertigkeiten im Sinne automatisierter Handlungen als auch Strategien im Sinne bewusster Handlungen bei der Lösung einer Aufgabe von Bedeutung sind. Daraus folgert sie, dass es sinnvoll sei, Strategien als potentiell bewusstseinfähig zu betrachten und ihre Entwicklung im Sinne von BAUMERT als eine schrittweise Automatisierung zu beschreiben.

Zur taxonomischen Ordnung und Dimensionierung der unterschiedlichen Strategien wurde vielfach versucht, Lernstrategien systematisch zu klassifizieren. Eine sehr frühe Einteilung stammt von DANSEREAU (1978), der Lernstrategien in Primär- und Stützstrategien unterteilt hat. Primärstrategien wirken direkt auf die zu erwerbende oder verarbeitende Information ein, um sie besser zu verstehen und in die bestehende kognitive Struktur zu integrieren. Stützstrategien dagegen leiten den Prozess der Informationsverarbeitung ein, halten ihn aufrecht und steuern ihn (vgl. FRIEDRICH/MANDL 1992: 8). Weitere Klassifikationen teilen Lernstrategien zum Beispiel ein in Mikro-, Meso- und Makrostrategien (vgl. KRAPP 1993: 293) oder Tiefenverarbeitungsstrategien und Wiederholungs- oder Oberflächenstrategien (vgl. BAUMERT 1993: 334).

Viele Autoren berufen sich auf das Modell von WEINSTEIN & MAYER (1986). Diese unterteilen die Lernstrategien in drei Gruppen: kognitive Strategien, metakognitive Strategien und Strategien des Ressourcenmanagments. Zur Gruppe der kognitiven Strategien zählen sie Memorier-, Elaborations- und Transformationsstrategien. Die metakognitiven Strategien umfassen Strategien der Planung, der Überwachung und Regulation des Lernprozesses. Zu den Strategien des Ressourcenmanagements werden Strategien der Organisation und Nutzung der Lernzeit sowie Strategien zur optimalen Ausgestaltung der personalen und sächlichen Lernumwelt gezählt. Dieses Modell einer Klassifikation erlaubt die Integration und Systematisierung verschiedener Ansätze (vgl. BAUMERT 1993: 332f).

4.3.2.2 Selbstreguliertes Lernen als Rahmenmodell der Selbstregulation von Lernstrategien

Unstrittig ist, dass das Konzept der Selbstregulation kein einheitliches theoretisches System ist, sondern sich vielmehr aus verschiedenen theoretischen Ansätzen und Modellen zusammensetzt, die ausgehend von unterschiedlichen Forschungsrichtungen unterschiedliche Schwerpunkte setzen:

"In the 1990s, the concept was broadened to include various aspects and application of self-regulation constructs [...]. Publications began to appear in educational, organizational, clinical and health psychology journals that used a number of related but different self-regulation constructs and labels" (BOEKAERTS/PINTRICH/ZEIDNER 2000: 1). "This has resulted in large bodies of domain-specific knowledge about self-regulation, each covering specific aspects of self-regulation and using their own scientific terminology" (BOEKAERTS/PINTRICH/ZEIDNER 2000: 2).

Ausgehend von der Definition des selbstregulierten Lernens und der darin enthaltenen Aspekte stellen z.B. SCHIEFELE/PEKRUN die unterschiedlichem lerntheoretischen, kognitionspsychologischen, volitionspsychologischen und motivationalen Ansätze vor (vgl. SCHIEFELE/PEKRUN 1996). Wie gezeigt nehmen Lernstrategien eine zentrale Position im Konzept des selbstregulierten Lernens ein. BOEKAERTS warnt jedoch vor einer Überbetonung der kognitiven Aspekte des selbstregulierten Lernens (vgl. BOEKAERTS 1999). Von Interesse sind deshalb Rahmenmodelle, die verschiedene Konzepte und Ansätze integrieren und vor allem der Frage nachgehen, wie die einzelnen Komponenten mit einander in Beziehung stehen (vgl. SCHIEFELE/PEKRUN 1996: 270; ZEIDNER/BOEKAERTS/PINTRICH 2000: 755f).

„Self-regulated and strategic learning involve integrated processes. The invocation and use of cognitive learning strategies is connected to other aspects of self-regulation such as motivation and metacognition" (WEINSTEIN/HUSMAN/DIERKING 2000: 732).

Ein bekanntes Rahmenmodell zum selbstregulierten Lernen hat BOEKAERTS vorgelegt (vgl. BOEKAERTS 1999). Sie unterscheidet drei Regulationsebenen, die eng miteinander in Beziehung stehen: die Regulation der Informationsverarbeitung (Wahl der kognitiven Strategien), die metakognitive Steuerung des Lernens (Gebrauch metakognitiven Wissens zur Steuerung des Lernprozesses) und die Regulation der Motivation (Wahl von Zielen und Ressourcen) (vgl. BOEKAERTS 1999; ARTELT/DEMMRICH/BAUMERT 2001; PISA-KONSORTIUM o.J.). Die einzelnen Ebenen dieses Rahmenmodells verdeutlichen die jeweiligen Prozesse des selbstregulierten Lernens und stehen in einem wechselseitigen Abhängigkeitsverhältnis. Die Kenntnis von Strategien der Informationsverarbeitung versetzt Lernende ganz grundsätzlich in die Lage, ihr eigenes Lernen aktiv zu gestalten. Die Strategien höherer Ordnung, die metakognitiven Strategien, stellen den Kernbereich des selbstregulierten Lernens dar und befähigen die Lerner, Lernstrategien auszuwählen, zu kombinieren und zu koordinieren. Zentrale Prozesse dabei sind die Planung, Überwachung, Steuerung und Evaluation der Lernprozesse. Der motivationale Bereich umfasst die Fähigkeit und Bereitschaft zur selbstständigen Zielsetzung, Selbstaktivierung und zur angemessenen Verarbeitung von Erfolgen und Misserfolgen (vgl. BOEKAERTS 1999: 448f).

LEUTNER/LEOPOLT (2003a; 2003b) und SCHREIBER (1998) haben bei der Entwicklung eines Konzepts der Selbstregulation von Lernprozessen eine weitere Differenzierung und Gruppierung von Lernstrategien vorgenommen. Zentraler Grundgedanke bei diesem Modell ist, dass der Qualität des Einsatzes von Lernstrategien – im Sinne einer Regulation des zielführenden Einsatzes – eine größere Bedeutung zukommt als dem quantitativen Wissen um möglichst viele Lernstrategien (vgl. LEUTNER/LEOPOLD 2003b: 62). Dabei benutzen sie in der konkreten Ausgestaltung dieses Modells mit den Begriffen der über- und untergeordneten Strategien ein anderes Begriffssystem als das von WEINSTEIN und MAYER oder BOEKAERTS – bei genauer Betrachtung lassen sich aber alle Komponenten der Lernstrategie-Taxonomie von WEINSTEIN/MAYER und die Ebenen des selbstregulierten Lernens von BOEKERTS wieder finden. Zur theoretischen Begründung wird zum einen auf KLAUERS kognitive Lehrtheorie und zum anderen auf BANDURAS sozial-kognitive Lerntheorie Bezug genommen (vgl. LEUTNER/LEOPOLD 2003b: 59f). In dem von SCHREIBER ausführlich dargestellten Konzept wird der Aspekt der Selbstregulation (entspricht dem Konzept der metakognitiven Strategien bei WEINSTEIN/MAYER und der Ebene der Regulation des Lernprozesse bei BOEKAERTS) gestärkt und in Schritten ausdifferenziert, aber gleichwohl auch kognitive Strategien und Strategien des Ressourcenmanagements integriert. Eine wichtige Ergänzung ist der Aspekt der Motivation (vgl. SCHREIBER 1998). Der Aspekt der Motivation ist eine der drei Ebenen im Modell des selbstregulierten Lernens bei BOEKAERTS. In anderen Taxonomien von Lernstrategien werden Strategien der Motivierung jedoch nicht benannt, obwohl der Zusammenhang von Motivation, Lernstrategieeinsatz und Lernerfolg immer wieder betont wird (vgl. z.B. FRIEDRICH/MANDL 1992; BAUMERT 1993; KRAPP 1993; ARTELT 2000; PISA-KONSORTIUM o.J).

In der vorliegenden Arbeit nutze ich das Modell des selbstregulierten Lernens von LEUTNER/LEOPOLD und SCHREIBER (vgl. im einzelnen: SCHREIBER 1998) aus folgenden Gründen:

- Alle wesentlichen Komponenten des selbstregulierten Lernens, die in verschiedenen Konzepten benannt werden, sind in diesem Modell enthalten: Kognitive und metakognitive Lernstrategien, motivationale Komponenten, Regulation von Zielen und Ressourcen.
- Im System der über- und untergeordneten Lernstrategien werden die Komponenten des selbstregulierten Lernens in ein beschreibbares Wechselverhältnis gesetzt.
- Das Modell differenziert die Selbstregulation von Lernprozessen in Strategien und Prozesse und bietet vor allem durch die genaue Gliederung der übergeordneten Strategien in vier wesentliche Teilstrategien der Selbstregulation (in Anlehnung an BANDURA 1986) operationalisierbare Komponenten für die Untersuchung.
- Selbstreguliertes Lernen wird als Regulation von Lernstrategien konzipiert, d.h. es wird also nicht nur das deklarative und prozessuale Wissen über Lernstrategien als bedeutsam für das selbstregulierte Lernen angenommen, sondern auch die Fähigkeit den Einsatz von Lernstrategien zu regulieren.

Vor diesem Hintergrund stelle ich das Konzept der Selbstregulation von Lernprozessen in Anlehnung an LEUTNER/LEOPOLD und SCHREIBER überblickartig vor:

Tabelle 1: Schematische Darstellung des Modells der Selbstregulation von Lernprozessen nach SCHREIBER (1998)[13]

	Art der Lernstrategie	Beispiele
Übergeordnete Lernstrategien *metakognitive Strategien* **[Regulation des Lernprozesses]**	1. Ziele setzen **[Regulation des Selbst]**	• Lernziel formulieren • Anzahl der Lernziele bestimmen • Kriterien für die Zielerreichung und deren Ausprägungsgrad konkretisieren
	2. Selbstbeobachten	• Erfassen des aktuellen Vorgehens oder der Lernresultate • Orientierung an Zielsetzungen
	3. Selbsteinschätzen	• Informationen über das Lernergebnis in Relation zu den Zielkriterien setzen • Ausmaß der Zielerreichung (Fortschritt) einschätzen • Identifikation von Ursachen für das Erreichen oder Nichterreichen von Zielen
	4. Reagieren	• Einleiten von Handlungen aufgrund von Beobachtung und Einschätzung • Aufrechterhalten, modifizieren oder abbrechen der Lernhandlung
Untergeordnete Lernstrategien	Planung und Organisation (Strategien, die der Lerner in der Regel vor dem Lernen, aber auch während des Lernens, ausführen muss) *Strategien des Ressourcen-managements*	• Gestaltung der Lernsituation (z.B. Einrichten des Arbeitsplatzes, Wahl der Lernpartner) • Zeitmanagement (z.B. Zeitpläne erstellen, Pausen planen und nutzen, Ablenkungen bewusst machen und fernhalten) • Informationsbeschaffung (z.B. Schwierigkeiten des Lerngegenstandes einschätzen, Informationsmenge bewerten, Lernstoff organisieren)
	Kognitive Verarbeitung (Strategien, die das eigentliche Lernen des Lernstoffs unterstützten)	Dienen der Auswahl und Aufnahme von Informationen, dem Abspeichern, der Elaboration, der Organisation, der Wiederholung und dem Abruf des Lernstoffes. Dazu gehören:

---

13 kursiv dargestellte Begriffe = Begriffssystem von WEINSTEIN/ MAYER, fett dargestellte Begriffe = Begriffssystem/ Ebenen bei BOEKAERTS

kognitive Strategien **[Regulation des Verarbeitungsmodus]**	• Mnemonische Strategien (z.B. Bilder machen, Reime bilden) • Organisationsstrategien (z.B. Anfertigen von Schaubildern, Zusammenfassungen und Gliederungen) • Enkodierungsstrategien (z.B. Paraphrasieren, Fragen stellen und beantworten, Analysieren von Zusammenhängen, Strukturieren, Reorganisieren, Kritisieren, Integrieren in bereits gespeicherte Informationen, Netzwerke, visuelle Vorstellungen und Analogien bilden) • Wiederholungsstrategien (z.B. Abfragen, Zusammenfassungen anfertigen, Beispiele überlegen, Karteikartentechnik) • Abrufstrategien (z.B. systematischer Abruf durch Fragen, Erinnern, wann und wie der Inhalt gelernt wurde)
Motivierung (Strategien, von denen es abhängt, wie lange sich ein Lerner mit dem Lernen beschäftigt) **[Regulation des Selbst]**	• Ziele bewusst machen • den persönlichen Nutzen und die Bedeutung des Lerngegenstandes bewusst machen • Erfolge bewusst machen • Anstrengung investieren • sich selbst ermuntern • Motive bewusst machen

Die übergeordneten Lernstrategien – an anderer Stelle auch metakognitive Lernstrategien genannte Regulationen des Lernprozesses – erfassen allgemeine Planungs-, Überwachungs-, Vergleichs- und Korrekturprozesse. Damit wird ein Entwicklungsstand grundlegender Fähigkeiten zur reflexiven Vergegenwärtigung des eigenen Lernprozesses und des Einsatzes von Lernstrategien beschreibbar. Zusammenfassend können die übergeordneten Lernstrategien als Urteilsfähigkeit der Lernerin/des Lerners über Ziele, Prozess, Produkt, Erfolg bzw. Misserfolg und sich daraus ergebende Handlungskonsequenzen gefasst werden. Oder anders ausgedrückt: Erfasst wird hier, wie zielführend der Einsatz der so genannten untergeordneten Lernstrategien gesteuert werden kann. So geht es unter 1. um die Fähigkeit der Formulierung von Zielen und Kriterien zu deren Erreichung („Ziele setzen"). Bei der 2. Kategorie „Selbstbeobachten" steht ein Prozessbewusstsein und die Frage: ‚Wie bin ich vorgegangen?', im Zentrum. Bei 3. (Selbsteinschätzen) steht die Frage im Vordergrund: Wie weit bin ich gekommen und was habe ich gekonnt bzw. nicht gekonnt? Mit dem Stichwort „Reagieren" ist folgerichtig die Frage verbunden, welche Konsequenzen ich angesichts meiner Selbstbeobachtung und Selbsteinschätzung ziehen muss. Diese übergeordneten Lernstrategien sind in einem Modell des dynamischen Wechselspiels mit den untergeordneten Lernstrategien konzipiert. Untergeordnete Lernstrategien sind dabei Modi der zum Einsatz und zur Anwendung kommenden kognitiven und motivationalen Aspekte eines flexibel einsetzbaren Repertoires zur Wissensaufnahme und Wissensverarbeitung. Gegenüber den Strategien höherer Ordnung, die darauf hinaus laufen, zu wissen, was effektive Lernprozesse kennzeichnet und was die eigenen Stärken und Schwächen beim Lernen sind, geht es hier um Formen der Informationsverarbeitung. So werden etwa unter dem Stichwort „kognitive Verarbeitung" grob Memorierstrategien (Einprägen durch wiederholtes lautes Vorlesen, Auswendiglernen von Schlüsselbegriffen) und Elaborationsstrategien (Konstruktion, Integration, Transfer) unterschieden. Neben den vom Protagonisten bevorzugten Formen der Informationsverarbeitung wird unter dem Stichwort „Planung und Organisation" die zeitliche und organisatorische Gestaltung der Lernsituation durch den jeweiligen Protagonisten überprüft. Eine solche zeitliche und organisatorische Gestaltung der Lernsituation ist vor allem Ausdruck der Fähigkeit zur Beurteilung der Besonderheit des jeweiligen Lerngegenstandes. Ohne die Planung und Organisation und die Formen und Strategien der Informationsverarbeitung (Stichwort „kognitive Strategien"), die den Lernenden in die Lage versetzen, sein eigenes Lernen aktiv zu gestalten, aber vor allem ohne einen bestimmten motivationalen Hintergrund (Stichwort „Motivierung") ist selbstreguliertes Lernen nicht denkbar. In diesem motivationalen Bereich zeichnen sich selbstregulierte Lernende durch ihre Bereitschaft zur selbstständigen Zielsetzung, zur Selbstaktivierung und zur angemessenen Verarbeitung von Erfolgen und Misserfolgen sowie durch willensgesteuerte Regulationstechniken aus. Die Frage, ob ein persönlicher Sinnbezug zu den Lernanforderungen hergestellt werden kann, ist für das Person-Gegenstands-Verhältnis beim Lernen, also für die Entwicklung von Interessen, jeweils entscheidend.

4.3.3 Entwicklung selbstregulativer Handlungskompetenzen

Die Entwicklung der Selbstregulation des Lernens vollzieht sich grundsätzlich in einer zunehmenden Differenzierung und flexibleren Anwendbarkeit der am selbstregulierten Lernen beteiligten Komponenten (vgl. PISA-KONSORTIUM o.J.: 6).

„Mit zunehmender (Lern-)Erfahrung differenziert sich allmählich das Strategiewissen (aufgefasst als spezifisches, relationales und generelles Strategiewissen) aus, was – besonders über die Zunahme an Wissen über die Nützlichkeit des Strategiegebrauchs – zu einer differenzierteren Verwendung von Lernstrategien führt" (PISA-KONSORTIUM o.J.: 7).

Die Entwicklung von Lernstrategien lässt sich verallgemeinerbar so beschreiben, dass der Lernende zunächst aufgabenspezifische Strategien erwirbt, die zu Beginn wenig flexibel sind. Der Einsatz der Lernstrategien ist an die Situation gebunden, in der sie erworben wurden. Im Laufe der Entwicklung differenziert sich das Repertoire an verfügbaren Strategien aus, die Variabilität des Einsatzes steigt, und es gelingt immer besser, diese Strategien flexibel und situationsgerecht einzusetzen (vgl. KRAPP 1993: 304). LEOPOLD/LEUTNER weisen nach, dass es einen klaren altersabhängigen Verlauf von Lernstrategienutzung gibt:

„Für den Einsatz von tiefenorientierten und metakognitiven Strategien konnten statistisch signifikante positive Trends und für den Einsatz von oberflächenorientierten Strategien konnte ein statistisch signifikanter negativer Trend festgestellt werden: Mit zunehmendem Altern berichten Schüler eine häufigere Verwendung von metakognitiven und kognitiven Strategien und eine seltenere Verwendung von Oberflächenstrategien [...]"(LEOPOLD/LEUTNER 2002: 254).

Dies bestätigt Untersuchungen von BAUMERT, der darüber hinaus für Gymnasiasten darlegt, dass sich jüngere, 13jährige Schüler(innen) nur in der Häufigkeit von Strategienutzung unterscheiden, während Schüler(innen) im Altern von 15 bis 16 bereits über ein differenziertes Repertoire an Lernstrategien verfügen (vgl. BAUMERT 1993: 347).

Zur Frage, wie Strategien erworben werden bzw. wie sich eine strategische Kompetenz entwickelt, verweist ARTELT auf einige Konzepte und Modellannahmen: WYGOTSKI und BROWN sprechen von sozialen Interaktionen, die den Strategieerwerb prägen; SODIAN stellt dar, dass sich der Strategieerwerb bei Kindern entlang ihres Verständnisses vom Erwerb von Wissen entwickelt; ebenso lassen sich Entwicklungen im Strategieerwerb aus der Stufentheorie der kognitiven Entwicklung von PIAGET ableiten (vgl. ARTELT 2000: 62f). SIEGLER beschreibt das Entdecken und Kennenlernen einer Strategie als ersten Schritt für deren Verständnis. Zur Anwendung der Strategie sind notwendigerweise das Erleben und Beobachten der Konsequenzen der Handlung Voraussetzung, da so ein wichtiges Verständnis für die Funktion der Strategie und verschiedenen Anwendungsbedingungen entsteht (vgl. ARTELT 2000: 64).

Obwohl also eine altersbedingte Entwicklung von Lernstrategien angenommen wird, ist die Entwicklung selbstregulativer Handlungskompetenzen beim Lernen kein Selbstläufer. Grundsätzlich wird davon ausgegangen, dass die Selbstregulation des Lernens erlernt bzw. gefördert werden kann (vgl. LEUTNER/LEOPOLD 2003a: 39; 2003b: 57f). Die Förderung der Selbstregulation des Lernens wird prinzipiell in Bezug auf zwei Ansatzpunkte diskutiert: die direkte Förderung (meist in Form von Strategietraining) oder die indirekte Förderung (Gestaltung von Lernumgebungen) des selbstregulierten Lernens (vgl. FRIEDRICH/MANDL 1997: 253f).

4.3.3.1 Direkte Förderung

Die direkte Förderung von selbstreguliertem Lernen zeichnet sich dadurch aus, dass sie die direkte Vermittlung von Strategien an Lernende und deren Training zur Entwicklung des selbstregulativen Lernens zum Ziel hat. Es ist deshalb eine Vielzahl von Trainingsprogrammen entwickelt worden, die sich auf die Förderung des Einsatzes von Lernstrategien bei unterschiedlichen Lernergruppen richtet. Dabei gehen die meisten Autoren davon aus, dass Strategien lehr- und damit trainierbar sind (vgl. ARTELT 2000: 165).

FRIEDRICH und MANDL verweisen unter Rückgriff auf umfangreiche Literatur zur kognitiven Trainingsforschung auf übergreifende Prinzipien des direkten Strategietrainings. Zwar unterliegt nicht jedes Trainingsprogramm allen genannten Prinzipien, doch bilden sie die Grundlage für eine große Anzahl von Strategietrainings (vgl. FRIEDRICH/MANDL 1997: 254f). Die Trainingsprinzipien folgen im Kern der Idee, die angestrebten Strategien explizit zu machen und die Trainingsmaßnahmen effektiv zu gestalten. Das erfolgreiche Trainieren von Lernstrategien folgt demnach folgenden Prinzipien:

- Modell-gestütztes Explizitmachen der motivationalen und kognitiven Komponenten selbstgesteuerten Lernens (Kognitives Modellieren),
- Vermittlung des erforderlichen Aufgaben- und Strategiewissens (Informiertes Training),
- Vermittlung von Kontroll- und Selbstreflexionsstrategien,
- Erlernen der Strategien in einem bzw. Abstimmen der Strategien auf einen authentischen Nutzungs- bzw. Anwendungskontext,
- Üben unter variierten Aufgabenbedingungen,
- Zunehmender Abbau anfänglicher externer Unterstützung,
- Veränderung motivationaler Lernvoraussetzung,
- Lernen im sozialen Kontext (vgl. FRIEDRICH/MANDL 1997: 254f).

Die experimentelle Trainingsforschung hat insgesamt gezeigt, dass es durch das Trainieren von Lernstrategien möglich ist, Komponenten des selbstregulierten Lernens zu fördern (vgl. FRIEDRICH/MANDL 1997: 257f); allerdings ist das Ausmaß und die Geltung dieser positiven Effekte des direkten Lernstrategietrainings differenziert zu betrachten.

So ist der Erfolg von Lernstrategietrainingsmaßnahmen personenabhängig unterschiedlich. Die Wirkung von Strategietraining auf Lernende ist abhängig von den kognitiven Fähigkeiten bzw. dem persönlichen Entwicklungsstand bezüglich der Strategien:

> „Personen mit ungünstigen Lernvoraussetzung [erreichen; J.H.] selten das Niveau von Personen mit guten Lernvoraussetzungen und die trainierten Strategien werden häufig nicht aufrechterhalten, wenn die stützenden Trainingsbedingungen entfallen" (FRIEDRICH/MANDL 1997: 257f).

Insbesondere die Stabilität und Nachhaltigkeit des trainierten Strategiewissens ist strittig (vgl. KRAPP 1993: 304). ARTELT betont dabei, dass die Vermittlung von Strategiewissen allein nicht ausreicht und vielmehr das Erleben der Effekte der Strategiehandlungen sowie langfristige Veränderungen von Attributionsmustern und motivationalen Überzeugungen zentral ist (vgl. ARTELT 2000: 177).

Darüber hinaus stellen FRIEDRICH und MANDL dar, dass die Fähigkeit zum selbstregulierten Lernen, verstanden als umfassende „Disposition für selbstgesteuertes Lernen und Denken in verschiedenen Gegenstandbereichen und in verschiedenen Lernkontexten" (FRIEDRICH/MANDL 1997: 258), nicht allein durch das Training von Einzelkomponenten (Lernstrategien) erreicht werden kann.

> „Das Ganze ist bisher noch mehr als die Summe seiner Teile" (FRIEDRICH/MANDL 1997: 258)

4.3.3.2 Indirekte Förderung

Der Ansatz der indirekten Förderung des selbstreguliertem Lernens zielt auf eine Gestaltung der Lernumgebung, so dass diese von den Lernenden die Entwicklung von Selbstregulation fordert und fördert.

Die hier untersuchte Lernortkooperation von Schule und Betrieb kann als eine solche Lernumgebung verstanden werden, in der die indirekte Förderung des selbstregulierten Lernens im Mittelpunkt steht. Trainingsmaßnahmen spielen im Konzept des Schulversuchs keine Rolle.

Die Lernumgebung wird – in Anlehnung an FRIEDRICH und MANDL – verstanden als Gefüge von einerseits äußeren Lernbedingungen wie Personen und Institutionen, Geräte und Objekte, Symbole und Medien, Informationsmittel und Werkzeuge sowie andererseits Instruktionsmaßnahmen wie Lernaufgaben, Sequenzen, Lernschritte und Methoden (vgl. FRIEDRICH/MANDL 1997: 258). In diesem Sinne weist beispielsweise das PISA-KONSORTIUM darauf hin, dass es einen adäquaten Spielraum für autonome Entscheidungen geben muss, damit Lerner Elaborations- und Kontrollstrategien überhaupt einsetzen. Hochstrukturierte Lernumgebungen können diesbezüglich hinderlich sein (vgl. PISA-KONSORTIUM o.J.: 6).

BOEKAERTS und NIEMIVIRTA weisen ebenso auf die förderliche Struktur einer Lernumgebung hin, damit Schüler(innen) Selbstregulation effektiv entwickeln können.

„Students should be allowed to work in a learning context in which they can create their own learning episodes according to their own goals" (BOEKAERTS/NIEMIVIRTA 2000: 445).

Allerdings ist die Frage, wie eine entwicklungsfördernde Anforderungsstruktur von Lernumgebungen aussehen müsste, insgesamt noch kaum geklärt (vgl. KRAPP 1993: 307; ARTELT 2000: 177).

Prinzipiell wird von FRIEDRICH und MANDL davon ausgegangen, dass Lernumgebungen dem selbstregulierten Lernen einen hohen Stellenwert einräumen, wenn sie nach folgenden kognitivistisch-konstruktivistischen Prinzipien gestaltet sind:

- Die Eigenaktivität der Lernenden hat Vorrang gegenüber der Bedeutung der Stimulusseite,
- die Situiertheit des Wissens ist betont,
- der sozialen Interaktion wird eine hohe Bedeutung für das Lernen eingeräumt,
- es werden authentische, komplexe und realitätsnahe Lernprobleme gestellt,
- der Aufbau multipler Perspektiven und kognitiver Flexibilität wird gefordert,
- die Verknüpfung von Wissen und Handlung wird unterstützt,
- der Transfer von Gelerntem wird gefördert,
- und der zielgerichtete, problemlösende Umgang mit Medien wird gefördert (vgl. FRIEDRICH/MANDL 1997: 259)

Ausgehend davon können verschiedene Formen von Lernumgebungen gestaltet werden, die die Förderung des selbstregulierten Lernens zum Ziel haben, jedoch jeweils unterschiedliche Schwerpunkte setzen: Die Förderung individualisierten selbstgesteuerten Lernens oder die Förderung kooperativen selbstgesteuerten Lernens (vgl. FRIEDRICH/MANDL 1997: 261f).

Allen Ansätzen gemeinsam ist, dass den Lernenden eine aktive konstruktive Rolle beim Lernen und Wissenserwerb zugewiesen wird. Allerdings stellen so konstruierte Lernumgebungen allein ein Angebot an die Lernenden dar. Inwieweit dieses genutzt werden kann, hängt in hohem Maße von den lernenden Individuen ab, d.h. von ihrem Wollen und Können. Die Aktivierung von selbstreguliertem Lernen kann nicht garantiert werden (vgl. FRIEDRICH/MANDL 1997: 261; BÜSER 2003). Vielmehr deuten die bislang vorliegenden Befunde für spezielle Lernumgebungen, die neue Informations- und Kommunikationsmedien in komplexen Inhaltsbereichen nutzen, darauf hin,

„daß bei solchen Lernumgebungen der Grat zwischen der Aktivierung von Selbststeuerung und der Überforderung der Lernenden bislang noch recht schmal ist" (vgl. FRIEDRICH/MANDL 1997: 276).

BOEKAERTS macht darüber hinaus das reziproke Verhältnis zwischen Lernumgebung und selbstreguliertem Lernen deutlich. Nicht nur die Lernumgebung kann den Erwerb von Fähigkeiten zum selbstregulierten Lernen vermitteln und befördern, vielmehr wird die Lernumgebung ebenso auch durch die selbstregulativen Fähigkeiten der Schüler(innen) geformt und bestimmt:

„To put it differently, having or not having access to an adaptive profile of regulatory skills shapes the learning environment and determines whether one considers that environment as instrumental to achieve the learning goals that one has set for oneself" (BOEKAERTS 1999: 454).

Erkennbar ist hier ein Forschungsdefizit sowohl zum Verständnis von Prozessen des Kompetenzerwerbs zum selbstregulierten Lernen als auch zum Verhältnis von Lernumgebungen und Entwicklung von selbstreguliertem Lernen (vgl. FRIEDRICH/MANDL 1997: 275; BOEKAERTS 1999: 453).

Die vorliegende Untersuchung der Lernortkooperation von Schule und Betrieb ist in diesem Forschungsbereich angesiedelt, und stellt einen Beitrag zum tieferen Verständnis des Prozesses und des Zusammenhangs von selbstreguliertem Lernen und einer spezifischen Lernumgebung dar. Es liegt nahe, davon auszugehen, dass die hier untersuchte Lernortkooperation selbstreguliertes Lernen durch das ihrem Setting inhärente Anregungspotential indirekt fördern kann

– gleichzeitig aber auch durch ihre Anforderungsstruktur den Schüler(inne)n große Anstrengungen abverlangt.

Abschließend soll noch ein weiterer Aspekt des Forschungsinteresses am selbstregulierten Lernen ergänzt werden, der auf den so genannten „Output" des Lernens gerichtet ist, d.h. also den Zusammenhang von selbstreguliertem Lernen und Lernerfolg in den Blick nimmt.

4.3.3.3 Selbstreguliertes Lernen und Lernerfolg

Hinter dem Forschungsinteresse zum Zusammenhang von selbstreguliertem Lernen und dem Lernerfolg steht die These, dass ein(e) Lerner(in) aktiv werden kann, also erfolgreich Lernstrategien einsetzen kann, um seinen Lernerfolg positiv zu beeinflussen (vgl. LEUTNER/LEOPOLD 2003b: 50). Über dies hinaus betonen SCHIEFELE und PEKRUN auch den pädagogischen Wert der Selbstregulation des Lernens, die schon in der Forderung von Reformpädagogen der 20er Jahre große Bedeutung hatte, die aber auch in heutigen Versuchs- oder Laborschulen zentral sei. Die Selbstregulation des Lernens bietet:

1. die Möglichkeit der unmittelbaren positiven Auswirkungen auf die Lerneffektivität,
2. die Grundvoraussetzung für erfolgreiche Lernprozesse außerhalb organisierten Unterrichts (z.B. Studium oder Berufsleben) (vgl. SCHIEFELE/PEKRUN 1996).

Dazu stellt allerdings KRAPP dar:

„Aber es gibt kaum eindeutige Befunde in Bezug auf die Frage, welche Art von Strategien erforderlich ist, um eine bestimmte Art von Lernleistung zu erzielen. Selbst die sehr plausible Vermutung, daß Tiefenverarbeitungsstrategien in jedem Fall zu besseren Leistungen führen als Oberflächenstrategien hat sich empirisch nicht bestätigen lassen" (KRAPP 1993: 301).

LEOPOLD/LEUTNER verweisen auf Forschungsliteratur, die von negativen über keine bis hin zu nur schwach positiven Zusammenhängen zwischen der Verwendung von tiefenorientierten kognitiven Strategien und besseren Leistungen berichtet (vgl. LEOPOLD/LEUTNER 2002: 241). So weist z.B. BAUMERT einen nur sehr schwachen Einfluss auf den Schulerfolg – gemessen anhand von Noten der drei Hauptfächer – nach (vgl. BAUMERT 1993: 348). Auf der anderen Seite gibt es aber auch Studien, die sehr positive Ergebnisse im Zusammenhang von

Selbstregulationsstrategien und Lernerfolg nachweisen (vgl. LEUTNER/LEOPOLD 2003b: 51f). So wird in der PISA Untersuchung (2000) der Zusammenhang von Lernstrategiewissen, Strategienutzung und Lesekompetenz analysiert. ARTELT, DEMMRICH und BAUMERT kommen dabei zu dem Ergebnis, dass Personen mit hohem Lernstrategiewissen und häufiger Anwendung von Elaborationsstrategien die besten Leistungen im Lesetest erreichen. Das Kompetenzniveau der Schüler(innen) nimmt kontinuierlich signifikant ab bei der Gruppe von Schüler(inne)n, die über hohes Strategiewissen verfügen, dieses aber nur selten anwenden, über die Gruppe die über niedriges Strategiewissen verfügen, dieses jedoch häufig anwenden, bis zu der Gruppe von Schüler(inne)n, die nur über ein niedriges Lernstrategiewissen verfügen und dieses auch nur selten anwenden (vgl. ARTELT/DEMMRICH/BAUMERT 2001: 288f).

Gründe für erwartungswidrige Ergebnisse beziehen LEOPOLD/LEUTNER auf zwei Faktoren der Untersuchung. Zum einen richtet sich Kritik auf die Operationalisierung des Lernstrategieeinsatzes. So werden meist wenig konkrete, handlungsferne Strategiemessungen anhand von Fragebögen vorgenommen. Diese erfordern von den Untersuchungsteilnehmern oft einen hohen Abstraktions- und Reflexionsgrad, der für jüngere Schüler(innen) meist schwierig ist und es so zu Verzerrungen zwischen Angaben im Fragebogen und in der tatsächlichen Anwendung von Strategien kommt. Ebenso erfassen die Fragebögen oft nicht die Qualität der Strategieausführung, d.h. wie gut eine Person eine Strategie anwendet, die sie im Fragebogen als bekannt angibt, kann nicht festgestellt werden (vgl. LEOPOLD/LEUTNER 2002: 241f). Auch ARTELT verweist auf die Untersuchungsmethodik:

„In jenen empirischen Studien, die Informationen über Lernstrategien nicht über Fragebögen, sondern über Handlungsanalysen gewonnen haben, zeigen sich tendenziell höhere Beziehungen zwischen dem Einsatz von Lernstrategien und dem erzielten Lernerfolg" (ARTELT 2000: 159).

Zum anderen trifft die Kritik die Operationalisierung des Lernerfolgs. So wird meist nicht beachtet, inwieweit der Einsatz von tiefenorientierten anspruchsvollen Strategien für Prüfungs- oder Schulleistungen überhaupt erforderlich ist, d.h. ob es nicht ausreicht, nur mit oberflächenorientierten Strategien den geforderten Lernerfolg zu erreichen (vgl. LEOPOLD/LEUTNER 2002: 241f). So weist auch das PISA-Konsortium darauf hin, dass der Einsatz von Lernstrategien nur dann sinnvoll ist, wenn diese in Bezug auf die jeweiligen Anforderungen adäquat sind (vgl. PISA-KONSORTIUM o.J.: 6).

In der Konsequenz folgern LEOPOLD/LEUTNER für weitere Untersuchungen, die Zusammenhänge zwischen Lernstrategieeinsatz und Lernerfolg zeigen wollen, dass

„(1) der Lernstrategieeinsatz in einer konkreten Situation erhoben wird, (2) die Qualität des Strategieeinsatzes beachtet wird und (3) der Strategieeinsatz in Relation zu einem spezifischen Lernerfolgsmaß erfasst wird" (vgl. LEOPOLD/LEUTNER 2002: 243).

LEUTNER/LEOPOLD weisen über den Zusammenhang von Lernstrategien und Lernerfolg hinaus auch darauf hin, dass die motivationalen Komponenten des selbstregulierten Lernens ebenfalls substanzielle Effekte auf den Lernerfolg haben. Dabei wird zum einen untersucht, in welchem Wechselverhältnis motivationale Aspekte mit dem Einsatz von kognitiven und metakognitiven Strategien stehen und zum anderen, ob motivationale Komponenten indirekt über bestimmte kognitive Prozesse auf den Lernerfolg wirken.

„Zusammenfassend zeigen diese Befunde, dass es mittelstarke Zusammenhänge zwischen motivationalen Variablen und dem Lernerfolg gibt. Wie bzw. wodurch die Zusammenhänge zustande kommen, bleibt jedoch noch weitgehend unklar. Dies kann als Hinweis auf die Grenzen von Korrelationsstudien gewertet werden" (LEUTNER/LEOPOLD 2003b: 57).

Insgesamt stellt sich nun mit diesem Theoriefeld und den vorherig in Kapitel 4.1 und 4.2 beschriebenen Theoriekonzepten ein facettenreiches Bild zu Struktur und Begründungsmustern von Lernprozessen dar, die in der Kooperation von Lernorten initiiert werden können. Diese theoretische Basis der Untersuchung soll nun abschließend in einem Zwischenfazit zusammengefasst und zur Konkretisierung der Forschungsfrage fruchtbar gemacht werden.

4.4 Zwischenfazit: Das Verhältnis von Lernentwicklung und Lernumgebung – Thesen und Konkretisierung der Forschungsfrage

„Lernen als konstruktiver Prozess der Erfahrungsbearbeitung" – dies ist die eingangs gegebene Beschreibung des dieser Arbeit zu Grunde liegenden grundsätzlichen Verständnisses von Lernen. Dieses Lernverständnis ist für die Lernprozesse der Schülerinnen und Schüler der untersuchten Lernortkooperation differenziert und theoretisch ausgearbeitet. Berücksichtigt werden dabei drei Aspekte, die sich aus der speziellen Situation der Schüler(innen) und der Lernumgebung ergeben und zu denen jeweils der theoretische Stand der wissenschaftlichen Diskussion dargestellt ist. Dies wird noch einmal kurz zusammengefasst:

Die Schüler(innen) befinden sich in einer Phase des Übergangs, in der sie individuelle Interessen und Wünsche zur Gestaltung ihres weiteren Lebens mit objektiven Anforderungen zusammenführen müssen; zur theoretischen Diskussion dieser Prozesse der (Re-)Konstruktion der eigenen Lernbiographie ziehe ich Konzepte des Lernens in der Biographie- und der Bildungsgangforschung heran und entwickle unter Rückgriff auf den Stand der Theoriediskussion ein *Konzept des biographisch bedeutsamen Lernens im Bildungsgang* (vgl. Kap. 4.1).

Die Schule hat eine neue Form von Lernumgebung konzipiert, die durch das Zusammenspiel von schulischem und außerschulischem Lernort der Entwicklung von Fähigkeiten zur (Re-)Konstruktion der eigenen Lernbiographie dienlich sein soll; zur theoretischen Auseinandersetzung mit der Kooperation von Lernorten lege ich mit den Konzepten des formellen und informellen Lernen sowie dem Erfahrungslernen einen *Grundstein zu einer bisher noch nicht entwickelten Lernorttheorie* (vgl. Kap. 4.2).

Die Arbeit in der Lernortkooperation beinhaltet für die Schüler(innen) Gelegenheit zur selbstständigen Be- und Verarbeitung von Erfahrungen, d.h. es werden selbstregulative Fähigkeiten benötigt aber auch gefördert; zur theoretischen Exploration dieser Prozesse führe ich den Stand der Forschung zu Konzepten und Modellen des selbstregulierten Lernens aus, um ein tragfähiges *Rahmenmodell des selbstregulierten Lernens* für meine Arbeit auszuwählen (vgl. Kap. 4.3).

Zusammenfassend kann festgehalten werden: Lernprozesse der Schüler(innen) in der Lernortkooperation integrieren

1. biographisch bedeutsames Lernen im Bildungsgang, speziell in der Phase des Übergangs von Schule in Berufsausbildung oder weiterführende Bildungsangebote,
2. Erfahrungslernen in der besonderen Lernumgebung der Kooperation von zwei Lernorten, und
3. selbstreguliertes Lernen, verstanden als Selbstregulation von über- und untergeordneten Lernstrategien.

Der dargestellte Stand in diesen drei Theoriefeldern führt zu folgenden, forschungsleitenden Thesen, die den Zusammenhang von personeller Lernentwicklung und Lernumgebung aufgreifen:

Biographisch bedeutsames Lernen im Bildungsgang ist von der Kompetenz abhängig, Erfahrungskrisen zu bearbeiten und reflexiv mit den objektiven Anforderungen der Gesellschaft verknüpfen zu können. So kann die eigene Biographie als Lernbiographie konstruiert und rekonstruiert werden. Diese Kompetenz nenne ich Lernkompetenz im Bildungsgang.

Zu klären ist allgemein, wie diese Kompetenz gefördert werden kann, und ob die Schule dies leisten kann. Die Vermutung ist, dass diese neue Lernumgebung der Lernortkooperation, die den Übergang von Schule zur Arbeitswelt und damit die Phase der biographisch bedeutsamen Entscheidungssituation für die Schüler(innen) in besonderer Form strukturiert, zur Entwicklung von Lernkompetenz im Bildungsgang förderlich ist. Entscheidender Faktor dabei sind die in der Lernortkooperation angelegten Lernformen des formellen und informellen Lernens, die als graduelle Strukturbestandteile durch Ergänzung und Integration dazu beitragen, Erfahrungslernen und somit biographisch bedeutsames Lernen zu initiieren.

Sowohl biographisch bedeutsames Lernen als auch Erfahrungslernen im Kontext von formellem und informellem Lernen beinhaltet große selbstständige Handlungsanteile. D.h. selbstregulative Fähigkeiten, die kognitive, metakognitive und motivationale Aspekte umfassen, sind von großer Bedeutung für das biographisch bedeutsame Lernen in der Lernortkooperation. Nach eingehender Analyse von Modellen und Fördermöglichkeiten zum selbstregulierten Lernen soll davon ausgegangen werden, dass mit der Lernortkooperation eine Lernumgebung konzipiert ist, die die Schüler(innen) für die Entwicklung von Fähigkeiten zum selbstreguliertem Lernen nutzen können.

Die in Kapitel 3 formulierte grundlegende Fragestellung zur Untersuchung der Lernortkooperation lautet: Welche entwicklungsfördernden Momente bietet die im Schulversuch gestaltete Lernortkooperation zwischen Schule und Betrieb aus Sicht der Schüler(innen) für die Entwicklung von Lernkompetenzen im Sinne von Fähigkeiten zum selbstregulierten und gegebenenfalls biographisch bedeutsamen Lernen?

Unter der Prämisse, dass die Möglichkeiten der Lernumgebung des Schulversuchs für die Lernkompetenzentwicklung der Schülerinnen und Schülern bedeutsam sind, wird hier untersucht, wie dieser Konstruktionsprozess zur eigenen Lernbiographie gestaltet ist und welche Entwicklung die Schüler(innen) dabei durchlaufen.

In diesem Sinne kann die Forschungsfrage unter Berücksichtigung der drei zentralen theoretischen Ansätze konkretisiert werden.

Ich frage:

- Wie nutzen die Schüler(innen) die Erfahrungen der Lernortkooperation zur Entwicklung von biographisch bedeutsamem Lernen? Wie verläuft dabei die Entwicklung des Bildungsgangs?

- Wie nutzen die Schüler(innen) die Erfahrungen in der Lernortkooperation zur Entwicklung des selbstregulierten Lernens? Wie verläuft dabei die Lernstrategieentwicklung?
- Wie nutzen die Schüler(innen) die Optionen und Möglichkeiten des Erfahrungsprozesses in der Lernortkooperation? Wie verläuft dabei der Prozess der Be- und Verarbeitung von Erfahrungen?

Diese Fragestellungen schließen nun den theoretischen Teil meiner Arbeit und bilden gleichzeitig den Ausgangspunkt für den empirischen Teil der Untersuchung. Dafür soll zunächst das Forschungsdesign vorgestellt werden, das den Forschungsansatz und das methodische Vorgehen zur Bearbeitung der Forschungsfragen umfasst. Dies ist Inhalt des nächsten 5. Kapitels.

5 Das Forschungsdesign

Im Folgenden wird das Forschungsdesign dieser Untersuchung dargestellt. Die Untersuchung konzentriert sich auf die Frage nach dem Bildungsgang und den selbstregulierten, biographisch bedeutsamen Lernprozessen im Rahmen der Lernortkooperation. Dabei wird der Stand der theoretischen Erkenntnisse zum Thema der Arbeit und zur Evaluationsstrategie einbezogen.

Das forschungsmethodische Konzept basiert, zusammenfassend betrachtet, auf drei Mustern, mit denen das Vorgehen der Untersuchung zu beschreiben ist: auf der Zusammenarbeit mit den beteiligten Lehrer(inne)n im Rahmen der Schulbegleitforschung, auf dem Interesse an der Rekonstruktion von Lernerbiographien und auf der Methodentriangulation von quantitativen und qualitativen Zugängen.

Zunächst werden nun dieser Forschungsansatz und anschließend das forschungsmethodische Vorgehen beschrieben.

5.1 Forschungsansatz

Wichtiger Grundsatz bei der Konzeption des Forschungsdesigns und der Wahl der Methoden ist die Gegenstandsangemessenheit. Die Entscheidungen sind zu begründen mit dem Forschungsansatz, der theoretische Hintergrundannahmen und Untersuchungs-programm bündelt. Die konkrete Gestaltung des Forschungsvorhabens folgt, je nach Forschungsansatz, den diesen inhärenten Grundsätzen.

Die vorliegende Untersuchung begründet sich zentral auf den Prinzipien „Verstehen" und „Vergleichen". Das Erkenntnisinteresse „Verstehen" gilt den subjektiven Sichtweisen und Sinnzuschreibungen, die die Schüler(innen) vornehmen, sowie der Entdeckung von Strukturtypen und Strukturerkenntnissen in dem noch unbekannten Terrain der Lernortkooperation (vgl. COMBE 2002: 34; FLICK 2002: 48). Das Erkenntnisinteresse „Vergleichen" gilt dem standardisierten Erfassen von Merkmalsausprägungen der Schulversuchsschüler(innen) und anderen, nicht in der Lernortkooperation arbeitenden Schüler(innen), um so Unterschiede zwischen den Populationen festzustellen (vgl. BORTZ/DÖRING 2002: 5f/137f). Verknüpft werden also qualitative und quantitative Zugänge.

Damit wird ein methodischer Triangulationsanspruch maßgeblich berücksichtigt, der inzwischen als Standard der Schulforschung gilt. Ein multimethodisches Vorgehen wird demnach dann als sinnvoll und ertragreich erachtet, wenn das Forschungsfeld komplex ist und empirisches Neuland betreten wird, d.h. „ein Gegenstand erst für die wissenschaftliche Beobachtung modelliert werden soll" (KRÜGER/PFAFF 2004: 176).

Die Untersuchung wird auf der Grundlage der Ansätze „Schulbegleitforschung" und „Bildungsgangforschung" konzipiert. Diese widmen sich – je in ergänzender Weise – dem Forschungsinteresse, Lernprozesse von Schüler(inne)n unter den Bedingungen der veränderten Gestaltung der Lernumgebung zu untersuchen.

Im Folgenden werden die Ansätze vorgestellt.

5.1.1 Das Konzept der Schulbegleitforschung

Gegenstand der Untersuchung ist der Schulversuch „Arbeiten und Lernen in Schule und Betrieb". In der Schule zu forschen, beinhaltet immer, sich mit dem System Schule und mit seinen Beteiligten auseinander zu setzen. Das Verhältnis von Wissenschaft und Praxis ist dabei nicht immer einfach, da beide Systeme verschiedene Handlungssysteme, Bereichslogiken und auch Interessen vertreten. Um sowohl dem System der Schule als auch dem Wissenschaftssystem gerecht zu werden und von einer gemeinsamen Zusammenarbeit zu profitieren, gilt es, dieses Verhältnis konstruktiv zu gestalten

Vor diesem Hintergrund wählt die vorliegende Untersuchung die interpretative Schulbegleit- bzw. Schulentwicklungsforschung als handlungsleitendes Forschungsverständnis (vgl. u.a. COMBE/REH 2000; BASTIAN/COMBE 2001; COMBE 2002).

Charakteristisch für den Forschungsansatz der Schulbegleitforschung ist die begleitende Rekonstruktion und Evaluation von Schulentwicklungsprozessen, die Evaluation und Entwicklungsberatung miteinander verknüpft. Ein besonderes Merkmal stellt dabei die arbeitsteilige Kooperation mit dem Praxisfeld dar, z.B. bei der Aushandlung von Fragestellungen, zu der die Lehrer(innen) ihre Interessen und ihr Expertenwissen einbringen, und in speziellen datengestützten Rückmeldeverfahren (vgl. COMBE 2002: 31f). Datenbezogene Rückmeldungen und integrierte Entwicklungsgespräche öffnen dabei einen Raum für Bezugnahmen aus der jeweiligen zeit- und ortsgebundenen Perspektive der für die Entwicklungspraxis Verantwortlichen. Dabei werden Wege sichtbar, die Praktiker(innen) erfinden und verantworten müssen und deren Wirkungen dann wieder von der Wissenschaft evaluiert und ins Gespräch gebracht werden können.

Von großer Bedeutung ist insofern das konstruktive Aufeinanderbeziehen der unterschiedlichen Handlungssysteme und Bereichslogiken von Schule und Wissenschaft (vgl. COMBE/REH 2000: 25; BASTIAN/COMBE 2001: 182). Mit dem Anspruch sowohl zur Weiterentwicklung der Praxis als auch zur Entwicklung im Bezugsystem Wissenschaft beizutragen, ist eine wichtige Aufgabe der Schulbegleitforschung, den Umgang mit der Differenz der am Forschungsprozess Beteiligten produktiv zu nutzen (vgl. COMBE/REH 2000: 26; MARITZEN 2002: 160f).

Deutlich wird dieser Nutzen vor allem in den besonderen Phasen der „Rückmeldungen": Die erhobenen Daten werden an die Schule zurück gemeldet und dienen den dort Beteiligten als Impulse zur Reflexion, Interpretation und Weiterentwicklung. Aus den bisherigen Erfahrungen in Schulbegleitforschungsprozessen ist es notwendig, die Ergebnisse in Formen zu bringen, die für die Akteure der Schulentwicklungspraxis lesbar sind und zur Erarbeitung von Konsequenzen anregen; bewährt haben sich dabei Rückmeldungen von klassen- und schulbezogenen Informationen, Referenzbeispielen, Fällen und Entwicklungsprofilen. Die Forschenden gewinnen in diesen Phasen mehrperspektivische und kontrastreiche Lesarten zu ihren Fragestellungen und Ergebnissen (vgl. COMBE/REH 2000: 26; BASTIAN/COMBE 2001: 181). Wichtig im Sinne der oben genannten Arbeitsteilung zwischen Wissenschaft und Praxis ist an dieser Stelle, dass bei der Rückmeldung seitens der Wissenschaft keine direkten Konsequenzen für die Lösung von Problemen oder für die Weiterentwicklung der Praxis angeboten werden. Es sind vielmehr die Beteiligten im Entwicklungsfeld, die als Experten bei der Diskussion um Möglichkeiten der Weiterentwicklung die Führung und Verantwortung für konkrete Maßnahmen übernehmen.

Forschungsmethodologisch ist diese Art der Schulbegleitforschung „als fallorientierte hermeneutische Rekonstruktionsmethodologie zu bezeichnen" (BASTIAN/COMBE 2001: 182), die sich zunächst am Fall der Einzelschule orientiert, jedoch durch Entwicklung von typologischen Bildern und Vergleichsmodellen zu „Strukturerkenntnissen" kommt, die dann wiederum auch über den Einzelfall hinaus relevant und übertragbar sind (vgl. COMBE/REH 2000: 26f ; BASTIAN/COMBE 2001: 184f; COMBE 2002: 34).

Diese Form der Schulbegleitforschung hat in der Regel Schulentwicklungsprozesse zum Gegenstand ihrer Untersuchung. In der vorliegenden Untersuchung wird dieser Forschungsansatz dahingehend weiterentwickelt, dass nicht nur Schulentwicklungsprozesse im engeren Sinne, d.h. die Entwicklung von Unterricht, Organisation und Profession im Mittelpunkt von Analysen stehen, sondern auch das Lernen von Schüler(inne)n einbezogen wird.

Damit wird der Forschungsgegenstand der Schulbegleitforschung ergänzt um den Bereich der Rekonstruktionen zum Lernprozess von Schüler(inne)n unter der Bedingung einer veränderten Schulstruktur. Dass dieser Bereich für Schulentwicklungsprozesse relevant ist, beschreibt COMBE im Zusammenhang von Professionalisierung und Schulentwicklung:

„Die Orientierung des Unterrichts an Entwicklungsprozessen von Einzelnen [...] rückt ins Zentrum der Berufskompetenz – auch deshalb, weil auf Pluralität als einer Grundverfassung der Gesellschaft reagiert werden muss. [...] Dies verlangt [...] profundes Wissen darüber, auf welche Weise Menschen lernen und wie man, dies wissend, Gelegenheitsstrukturen für Lernen schaffen kann" (COMBE 2005a: 86).

Der Forschungsansatz der Schulbegleitforschung entspricht den Zielsetzungen dieser Untersuchung aus dem Grund, da die Untersuchung einen Beitrag sowohl auf der Ebene der Wissenschaft zur Grundlagenforschung in der Entwicklung einer Lernorttheorie im Rahmen der Bildungsgangtheorie als auch auf der Ebene der Schule zur Unterstützung des Schulentwicklungsprozesses leisten soll.

In diesem Sinne ist die Zusammenarbeit mit den beteiligten Lehrer(inne)n in der Schule ein wichtiger Teil des Forschungsvorgehens. Kooperiert wurde in diesem Fall bei der Konkretisierung der Fragestellung, der Konzeption der Datenerhebung und in Rückmeldephasen.

5.1.2 Bildungsgangforschung

Ergänzend zur Konzeption der Untersuchung als Schulbegleitforschung folgt die Untersuchung dem Ansatz der Bildungsgangforschung. Bildungsgangforschung versteht sich zunächst als Lehr-Lernforschung (vgl. BASTIAN ET AL. 2004), bewegt sich damit aber auch im Feld der Schul- und Unterrichtsforschung, so sie zentral ihr Interesse an den subjektiven Bildungsgängen von Schüler(inne)n unter Berücksichtigung der objektiven Gegebenheiten der Schule beschreibt (vgl. SCHENK 2001: 263). Damit fokussiert die Bildungsgangforschung exakt den Gegenstand dieser Untersuchung – die Rekonstruktion von Lernprozessen der Schüler(innen) im Schulversuch.

„Das Ziel der Bildungsgangforschung ist die Rekonstruktion von Lern- und Bildungsprozessen unter den gesellschaftlich gesetzten Rahmenbedingungen von Schule, Lebens- und Arbeitswelt" (Schenk 2005: 9).

Maßgeblich für die Bildungsgangforschung ist, dass sie zum einen das Spannungsfeld zwischen Individuum und gesellschaftlich gesetzten Rahmenbedingungen zu erforschen sucht und zum anderen den Prozessen des Lernens auf der Ebene des Subjekts und seines individuellen Bildungsgangs folgt (vgl. SPÖRLEIN

2003: 15f; SCHENK 2005: 9). HERICKS formuliert diesen Anspruch folgendermaßen:

„Um zu verstehen, wie und was Schüler lernen, reicht es nicht aus, zu untersuchen, was sie lernen sollten [...] oder was sie lernen könnten [...], man muß vielmehr zu verstehen suchen, was die Jugendlichen selbst lernen wollen, und den in Bildungsgängen tatsächlich ablaufenden Lern- und Verstehensprozessen nachspüren" (HERICKS 1993: 49).

Bildungsgangforschung blickt auf eine vergleichsweise junge Tradition zurück (vgl. dazu auch Kap. 4.1), konstituiert allerdings mit dem Forschungsprogramm des DFG-Graduiertenkollegs „Bildungsgangforschung", das ab Oktober 2005 mit der zweiten Förderperiode beginnt, einen umfassenden mehrperspektivischen Forschungsansatz. Es werden Problemstellungen der Fachdidaktiken mit den Problemstellungen der Bildungstheorie, der Schulentwicklungsforschung, der Allgemeinen Didaktik und der Pädagogischen Psychologie zusammengeführt und entsprechend mit vielfältigen Methoden gearbeitet:

„Diesem mehr-perspektivischen Zugriff auf Schüleraktivitäten, auf Bildungsprozesse, auf Unterricht und Schulentwicklung entspricht ein vielfältiges Methodenrepertoire: Einstellungsforschung (auf der Basis von standardisierten Befragungen, narrativen und fokussierten Interviews), Unterrichtsforschung (mit Videodokumentationen, Schüler- und Lehrerinterviews etc.), Kompetenzforschung (als Beschreibung von Entwicklungsabläufen und als Bestimmung von Lernertheorien) und Methoden der experimentellen Psychologie" (BASTIAN ET AL. 2004).

Die hier vorliegende Untersuchung kann nun entsprechend dieser Teilbereiche der Bildungsgangforschung als Kompetenzforschung charakterisiert werden. SPÖRLEIN empfiehlt die (Re-)Konstruktion von Kompetenzentwicklung in der Bildungsgangforschung anhand von Einzelfallstudien und die Darstellung in Lernerbiographien (vgl. SPÖRLEIN 2003: 19/231). In den Lernerbiographien können typische Merkmale für gelingende oder misslingende Bildungsprozesse im Spannungsfeld von Bildungsangebot der Schule und Bearbeitungsformen der Lernenden aufgezeigt werden (vgl. SPÖRLEIN 2003: 19).

Im Rahmen des Graduiertenkollegs „Bildungsgangforschung" ist die Frage nach einer Methodologie der Bildungsgangforschung offen – zum einen, weil die Theoriebildung diesbezüglich noch voranzutreiben ist, zum anderen, weil die Integration mehrperspektivischer Zugänge, d.h. quantitativ-hypothesenprüfender und qualitativ-explorativer Verfahren gewünscht ist (vgl. BASTIAN ET AL. 2004).

Diese Untersuchung greift diese Überlegungen auf, wie nachfolgend dargestellt wird.

5.1.3 Triangulation qualitativer und quantitativer Verfahren

Die Bezeichnung Triangulation als Begriff für die Kombination verschiedener Verfahren zur Betrachtung eines Forschungsgegenstandes wurde von CAMPBELL und FISKE (1959) zunächst im Kontext einer Theorie psychologischer Tests als Begriff für die Aufeinanderfolge mehrerer quantitativer Messungen mit verschiedenen Messinstrumenten eingeführt. DENZIN machte den Triangulationsbegriff vor allem für die qualitative Sozialforschung nutzbar (1978) und öffnete ihn in methodischer Hinsicht auch für die Form der Kombination von qualitativen und quantitativen Verfahren[14].

Quantitative und qualitative Forschungszugänge galten in der empirischen Sozialforschung lange als unterschiedliche, weitgehend nicht zu überbrückende Methodenparadigmen. Erst in den 1980er und 1990er Jahren kam es zu einer Annäherung der Positionen, die derzeit darin gipfelt, dass Diskussionen zur Triangulation von qualitativen und quantitativen Methoden Hochkonjunktur z.b. in der Schulforschung haben (zur Geschichte und Theorie der Triangulation vgl. z.B. ERZBERGER 1998; KELLE/ERZBERGER 1999; FLICK 2004; KRÜGER/PFAFF 2004).

Will man die Charakteristik der zugrunde liegenden qualitativen („interpretativen") bzw. quantitativen („standardisierten") Zugänge beschreiben, so lässt sich ihre Differenz wie folgt skizzieren: Interpretative Zugänge orientieren sich an einer möglichst gegenstandsnahen, fallorientierten Erfassung und Analyse sozialer Phänomene. Ausgehend von Erfahrungen der Handelnden werden Deskriptionen, Rekonstruktionen und Typisierungen vorgenommen. Im Zentrum quantitativ-standardisierter Zugänge steht die Prüfung von Hypothesen über die möglichst exakte Bestimmung von Zusammenhängen zwischen sozialen Phänomenen. Dazu werden forschungsleitende Hypothesen in Messvorgänge übersetzt und Gegebenheiten und Relationen der sozialen Welt in symbolischen Repräsentationen abgebildet.

Schon diese knappe Skizzierung der beiden Zugänge und ihrer jeweiligen Funktionen lässt es angeraten erscheinen, eine Art Arbeitsteilung zwischen den Methoden zu vertreten, bei der die Schwäche der einen durch die Stärke der jeweils anderen ausgeglichen wird (vgl. ERZBERGER 1998: 137). In der methodologischen Diskussion um die Möglichkeiten einer Verknüpfung qualitativer und quantitativer Zugänge wird die Aufmerksamkeit dabei zentral auf den Umgang mit den je unterschiedlichen Forschungslogiken gelenkt, da die Gefahr einer

---

14 Unter Triangulation wird allerdings nicht nur die Verknüpfung von Methoden (insbesondere von qualitativen und quantitativen) verstanden, sondern auch die Verknüpfung von verschiednen Perspektiven, Theorien oder Daten (vgl. FLICK 2004: 11f).

unzulässigen Vermischung besteht. Sinnvoll erscheint demgegenüber eine komplementäre Ergänzung:

„Nicht in der Vermischung beider Forschungslogiken, sondern nur in der gegenstandsangemessenen komplementären Ergänzung vor dem Hintergrund einer beide Ansätze einbeziehenden theoretischen Modellierung des Gegenstandes ist der Einsatz quantitativer und qualitativer Methoden in empirischen Untersuchungen sinnvoll und können die Erkenntnischancen beider Forschungsstrategien optimal genutzt werden" (KRÜGER/PFAFF 2004: 177).

Damit benennen KRÜGER und PFAFF ein zentrales Modell der Triangulation von quantitativen und qualitativen Methoden, das Komplementaritätsmodell. Dieses basiert auf der Annahme, dass verschiedene Methoden einen Forschungsgegenstand je spezifisch konstituieren und die so gewonnenen Forschungsergebnisse sich gegenseitig ergänzen (vgl. ERZBERGER 1998; KELLE/ERZBERGER 1999; KRÜGER/PFAFF 2004). Dies beinhaltet außerdem, dass die verschiedenen methodischen Zugänge nicht zur Validierung des jeweils anderen heran gezogen werden, sondern je eigenen Gütekriterien entsprechen.

Diese Untersuchung folgt einer solchen Komplementaritätsthese, wobei der Einsatz der jeweiligen Forschungsmethode vor allem durch den Gegenstand selbst bestimmt wird, wie nachfolgend gezeigt wird.

5.2 Forschungsmethodisches Vorgehen

Bevor nun das methodische Sampling der Studie vorgestellt wird, seien noch einige forschungsmethodische Anmerkungen vorweg genommen. Der Stand der Forschung in den drei theoretischen Feldern der Untersuchungsfragen führt zu spezifischen Hinweisen für die Gestaltung des Forschungsdesigns. Ausgehend von den Forschungsfragen werden diese benannt:

Wie nutzen die Schüler(innen) die Erfahrungen der Lernortkooperation zur Entwicklung von biographisch bedeutsamem Lernen? Wie verläuft die Entwicklung des Bildungsgangs?

Die Bildungsgangforschung muss sich mit dem Problem auseinandersetzen, dass die situationsspezifische Analyse von Bildungsgängen Methoden erfordert, die erkennen lassen, was ‚im Lerner' vorgeht. Nahe liegend ist, die Lernenden selbst zu Wort kommen zu lassen. Diese Daten beruhen in der Regel auf Retrospektiven der Schüler(innen) (vgl. BASTIAN ET AL. 2004), d.h. sie sind rückblickend

konstruiert und bedürfen zur Analyse eines hermeneutisch-interpretatives Verfahrens. Dieses Verfahren zielt auf die Erforschung von Deutungen und Sinnzusammenhängen (vgl. COMBE 2002: 29).
Zu beachten ist darüber hinaus, dass die Erforschung von Bildungsgängen ein Untersuchungsdesign erfordert, das eine Langzeitperspektive einnimmt, d.h. über einen Erhebungszeitpunkt hinaus die Lernenden eine längere Phase begleitet und ihre Entwicklung verfolgt (vgl. BASTIAN ET AL. 2004).

Wie nutzen die Schüler(innen) die Erfahrungen in der Lernortkooperation zur Entwicklung des selbstregulierten Lernens? Wie verläuft dabei die Lernstrategieentwicklung?

Selbstreguliertes Lernen wird hier vorgestellt als ein Rahmenmodell der Selbstregulation von Lernstrategien. Ein Großteil der bisherigen Forschung zu Lernstrategien bezieht sich auf die Untersuchung des Entwicklungsverlaufs einzelner oder weniger kognitiver Strategien, meist in experimentellen Studien oder quantitativen Fragebogenuntersuchungen (vgl. KRAPP 1993: 300; SCHREIBER 1998; ARTELT 2000: 53). Es liegen eine Reihe von standardisierten Fragebögen vor, so genannte Lernstrategieinventare, die sehr verbreitet sind (vgl. ARTELT 2000: 86). Schwierig ist es aber, Fragebögen zu finden, die für Schüler(innen) der Sekundarstufe I geeignet sind.

Forschung zum selbstregulierten Lernen muss aber auch Verfahren finden, die das komplexe Zusammenwirken der Strategien und der motivationalen Komponenten in realen Lernsituationen aufgreifen (vgl. ARTELT 2000: 75). Dabei ist insbesondere der Einfluss der Anforderungsstruktur der Lernumgebung auf das selbstregulierte Lernen zu klären, d.h. inwiefern die Lernumgebung das selbstregulierte Lernen (indirekt) fördern kann. Um die Entwicklung von selbstreguliertem Lernen mittel- bzw. langfristig zu verfolgen, sollten Längsschnittuntersuchungen konzipiert werden (vgl. KRAPP 1993: 307; FRIEDRICH/MANDL 1997: 275).

Wie nutzen die Schüler(innen) die Optionen und Möglichkeiten des Erfahrungsprozesses in der Lernortkooperation? Wie verläuft der Prozess der Be- und Verarbeitung von Erfahrungen?

Die Erforschung des Erfahrungsprozesses des Lernens im Übergang vom informellen Lernen zum formellen Lernen bedarf Erhebungsverfahren, die offen sind und so die Erforschung individueller, häufig beiläufiger Lernprozesse ermöglichen. MOLZBERGER und OVERWIEN empfehlen deshalb, dass

> „die Lernenden als Experten für ihre Lernprozesse selbst zu Wort kommen, damit Erscheinungsformen und Varianten des Lernens sichtbar und beschreibbar gemacht werden" (MOLZBERGER/OVERWIEN 2004: 75).

Dies entspricht dem Vorgehen der Bildungsgangforschung, wie es oben dargestellt ist.

Vor diesem Hintergrund erfolgt die konkrete methodische Umsetzung in zwei Untersuchungsteilen: in der Rekonstruktion von Entwicklungsverläufen einzelner Schüler(innen) zu ihrem Lernprozess im Schulversuch (hermeneutische Fallanalyse) und in der standardisierten Vergleichsstudie zum Merkmal Lernverhalten (hypothesenprüfende Fragebogenuntersuchung).

5.2.1 Entwicklungsportraits: Rekonstruktion von Entwicklungsverläufen

Dieser Untersuchungsteil greift das Interesse der Untersuchung am Verstehen der Entwicklungsprozesse der Schüler(innen) auf. Anhand von Einzelfallstudien sollen die Entwicklungen des Lernprozesses unter den Bedingungen der Lernortkooperation bei Schüler(inne)n in Entwicklungsportraits rekonstruiert werden.

Fallstudien können als „Exploration eines komplexen Erkenntnisgegenstandes auf noch unbekanntem Terrain" (COMBE 2002: 31) genutzt werden. Zu Fragen der Lernentwicklung in der Lernortkooperation ist wegen des wenig elaborierten Forschungsstandes und der Komplexität des Gegenstands eine explorierende Strategie unverzichtbar, wenn differenzierte Aussagen über Entwicklungsprozesse im Rahmen der Kooperation der Lernorte Schule und Betrieb gemacht werden sollen. Wie oben gezeigt, bedarf es einer Herangehensweise, die offen, die Schüler(innen) zu Wort kommen lassend das Interesse am Verstehen der Entwicklung zulässt. Die Orientierung an Fallstudien stellt dabei nach COMBE eine eigene Erkenntnisform dar, in der

> „die Rekonstruktion einer Fallstruktur nicht in der Sammlung und Systematisierung von Merkmalen einer Praxis [besteht; J.H.], sondern eben darin, die Lebenspraxis in der Selektivität der Ablaufstruktur ihrer fallspezifischen Entscheidungen auszuformulieren" (COMBE 2002: 30).

Die konzipierten Entwicklungsportraits entsprechen diesen Merkmalen und werden darüber hinaus der Forderung gerecht, Entwicklungen im Bildungsgang und zum selbstregulierten Lernen in längerfristig angelegten Studien zu untersuchen.

5.2.1.1 Erhebungsmethoden

Wie in Kapitel 2 beschrieben, nehmen unterschiedliche Schulformen an dem Schulversuch teil. Diese entwickeln unter dem gemeinsamen Dach mit ähnlichen Rahmenbedingungen je schulspezifische Besonderheiten in der Lernortkooperation. Davon ausgehend, dass die jeweilige schulspezifische Gestaltung der Kooperation einen je eigenen Rahmen festlegt, der auf die Lernentwicklung der Schüler(innen) Einfluss hat, werden zur Rekonstruktion von Entwicklungsverläufen nur Schüler(innen) einer Schule in das Design aufgenommen. Die Berücksichtigung von Schüler(innen) aus allen Schulen würde die Vergleichbarkeit der Fälle aufgrund der verschiedenen Rahmenbedingungen erschweren und die Kapazitäten dieser Untersuchung übersteigen.

Durch die Arbeit der wissenschaftlichen Begleitung konnte eine differenzierte Kenntnis über die am Schulversuch beteiligten Schulen gewonnen werden, was zur Auswahl der für diese Untersuchung geeigneten Schule dienlich war. Die Wahl fiel auf die beteiligte Integrierte Haupt- und Realschule. Dies hat folgende Gründe:

- In dieser Schule arbeiten und lernen sowohl Hauptschüler(innen) als auch Realschüler(innen) in der Lernortkooperation. Damit kann das gesamte Leistungsspektrum der an der Lernortkooperation beteiligten Schüler(innen) im Design berücksichtigt werden.
- Die Schüler(innen) dieser Schule durchlaufen ein Jahr in der Lernortkooperation, dies entsprich dem zeitlichen Rahmen der möglichen Datenerhebungsphase. Darüber hinaus liegt der Beginn der Lernortkooperation an dieser Schule – anders als in den übrigen beteiligten Schulen[15] – parallel zum möglichen Beginn der Datenerhebungsphase. So können die Schüler(innen) vom Anfang bis zum Ende der Lernortkooperation begleitet werden.

Im Januar 2003 begann die Datenerhebung: Nach einer Phase der Hospitation in der Klasse, in der mithilfe der Methode der teilnehmenden Beobachtung[16] erste Eindrücke zu den Schüler(inne)n gesammelt wurden, erfolgte die Wahl der Schüler(innen), die den folgenden Fallanalysen zugrunde liegen.

Die Auswahl der Schüler(innen) wurde nach den Gesichtspunkten der so genannten maximalen Kontrastierung getroffen. Differenzierende Kriterien sind der schulische Leistungsstand sowie die Einstellungen zum schulischen Lernen und zum Schulversuch. Zur Einschätzung der Schüler(innen) nach diesen Krite-

---

15 An dieser Schule beginnt die Lernortkooperation zum Halbjahr eines Schuljahres, an den übrigen Schulen immer zum Schuljahresbeginn.
16 Zur Methode der teilnehmenden Beobachtung vgl. z.B. FRIEBERTSHÄUSER 1997

rien wurden die Urteile der Lehrerinnen und Lehrer herangezogen. Daraus ergibt sich die Wahl folgender Schüler(innen):

- *Ayse* – leistungsstarke Realschülerin mit positiver Einstellung zum Lernen und Skepsis gegenüber der Lernortkooperation
- *Kemal* – durchschnittlicher Realschüler mit familiär bestimmter Einstellung zum Lernen und ablehnender Haltung gegenüber der Lernortkooperation
- *Maja* – durchschnittliche Realschülerin mit ambivalenter Einstellung zum Lernen und positiver Haltung gegenüber der Lernortkooperation
- *Asli* – durchschnittliche Hauptschülerin mit positiver Einstellung zum Lernen und abwartender Haltung gegenüber der Lernortkooperation
- *Bruno* – leistungsschwacher Hauptschüler mit negativer Einstellung zum Lernen und abwartender bis positiver Haltung gegenüber der Lernortkooperation
- *Chris* – sehr leistungsschwacher Hauptschüler mit ambivalenter Einstellung zum Lernen und positiver Einstellung gegenüber der Lernortkooperation

Die Entwicklung dieser 6 Schüler(innen) wurde über ein Jahr begleitet.

Um den Prozess der Entwicklung von Lernkompetenz zu erheben, wurden über das Jahr der Begleitung hinweg zu drei Zeitpunkten Interviews mit den Schüler(inne)n geführt: zu Beginn des ersten Praktikums, zum Anfang des zweiten Praktikums und zum Ende des zweiten Praktikums. Die Interviews greifen die Dimensionen des in Kapitel 4 vorgestellten Konzepts der Lernkompetenz auf und zielen insbesondere auf die eigenen Beschreibungen der Erfahrungen in der Lernortkooperation und die Sicht der Schüler(innen) auf ihr Lernen. Nachgegangen wird dabei der Darstellung der Schüler(innen) dazu, welche Tätigkeiten sie ausgeübt haben, was sie ihrer Meinung nach gelernt haben, was sie weitergebracht hat und wo sie die Gründe dafür sehen. Ein Schwerpunkt liegt auf der Befragung zur Anwendung von Lernstrategien insbesondere im Kontext der Lernaufgabe.

Um dies zu gewährleisten, wird eine Form des Interviews gewählt, die die Schüler(innen) „zum Sprechen bringen" soll, d.h. die Fragen stellen weitestgehend Impulse zum szenischen Erzählen dar. Die Interviews werden mittels eines Leitfadens geführt, der Fragen und Erzählanreize beinhaltet, die den Schüler(inne)n die Möglichkeit geben, offen und innerhalb der Erzählanreize auch selbst strukturiert ihre Sicht darzustellen (vgl. dazu z.B. HOPF 2000: 349f; BORTZ/DÖRING 2002: 308f; FLICK 2002: 117f; BOHNSACK 2003: 92f).

Der Leitfaden wird über die drei Interviews hinweg weitgehend konstant gehalten, um spezifische Entwicklungen rekonstruieren zu können. Dabei liegen die Schwerpunkte des Erkenntnisinteresses folgendermaßen:

1. Interview: den bisherigen Bildungsgang der Schüler(innen) aufnehmen, die Einschätzungen zu den Anfängen des Projekts erfassen,
2. Interview: Bezug zur aktuellen Situation aufnehmen,
3. Interview: Bezug zur aktuellen Situation aufnehmen, die Einschätzungen zur Reflexion des gesamten erlebten Projekts erfassen.

Die Interviews dauern im Durchschnitt ca. 50-60 Minuten und werden audiographiert.

5.2.1.2 Auswertungsmethoden

Die zentrale Datenquelle für die Entwicklungsportraits sind die Interviews mit den Schüler(innen). Deren Auswertungsverfahren wird im Folgenden dargestellt:
Zur Auswertung und Interpretation der Interviewdaten werden die Tonbandaufnahmen transkribiert, d.h. in Text überführt. Diese Transkription wird nach der Maxime „nur so viel und so genau zu transkribieren, wie die Fragestellung erfordert" (FLICK 2000: 253) durchgeführt. Dies bedeutet für die vorliegende Untersuchung, die gesamten gesprochenen Aufzeichnungen wortgetreu zu verschriftlichen und deutliche Pausen beim Sprechen zu notieren, auf die Darstellung von Betonungen, Lauten und Mundart jedoch zu verzichten, da keine linguistische Analyse angestrebt ist. Für die weitere Auswertung dieser Daten gilt zu berücksichtigen:

> „Die Texte, die auf diesem Weg entstehen, konstruieren die untersuchte Wirklichkeit auf besondere Weise und machen sie als empirisches Material interpretativen Prozeduren zugänglich" (FLICK 2000: 256).

Den Entwicklungsporträts liegen nun umfangreiche Transkripte von etwa 80 bis 100 Seiten pro Einzelfall, insgesamt also ca. 520 Seiten Material zugrunde.
Zur Auswertung dieser Daten werden eine themenbezogene Querschnittsanalyse mit Hilfe kategorisierender Verfahren und extensive hermeneutische Rekonstruktionen einzelner Sequenzen miteinander verbunden. Um sowohl das Potenzial abkürzender und eine Übersicht schaffender Interpretationen als auch den Sinnreichtum einzelner Sequenzen auslotender Interpretationen zu nutzen, werden verschiedene Verfahren kombiniert: In einem ersten Schritt sind dies die dokumentarische Methode (BOHNSACK 2003) sowie die objektive Hermeneutik (OEVERMANN 2000). Diese Auswertungsansätze, die bei der Rekonstruktion der Daten eingesetzt werden, sollen im Folgenden kurz beschrieben werden.

Die dokumentarische Methode ist ein mehrstufiges Interpretationsverfahren. In einem ersten Schritt wird eine formulierende Interpretation vorgenommen, d. h., hier werden der Verlauf des jeweiligen Protokolls (im vorliegenden Fall der Interviews) und seine thematische Gliederung reformuliert. Seine Explikation erfolgt in einem zweiten Schritt durch eine reflektierende Interpretation, in der die Forscher(innen) durch komparative Analysen die Gemeinsamkeiten und Unterschiede zwischen Gruppen oder Protagonisten bei der Behandlung eines Themas sichtbar machen. Im Unterschied zur objektiven Hermeneutik (s. u.) hat damit der Einbezug von Vergleichshorizonten während des gesamten Interpretationsprozesses einen zentralen Stellenwert. Wichtig ist dabei für die vorliegende konkrete Thematik, dass die Rekonstruktion der Interviews mit der dokumentarischen Methode auf eine Art Orientierungswissen zielt, über das die Protagonisten verfügen (vgl. BOHNSACK 2003: 31f). Abgeschlossen wird das Verfahren durch die Generierung von Typen innerhalb einer Typologie (vgl. BOHNSACK 2003: 51).

Anders als bei der dokumentarischen Methode wird beim Verfahren der objektiven Hermeneutik nicht der Gesamttext, sondern eine bestimmte Sequenz eines Protokolltextes ins Zentrum gestellt. Außerdem folgt man dem Prinzip der Sequenzialität, verbleibt also in der Textchronologie. Ziel der objektiven Hermeneutik ist die Rekonstruktion latenter Sinn- oder Bedeutungsstrukturen, die in dem Text jenseits von subjektiven Motiven, Perspektiven oder Intentionen generiert werden (vgl. OEVERMANN 2000). Die einzelnen Sequenzen werden auf Grund des dem Interpreten zur Verfügung stehenden Regelwissens auf mögliche Lesarten hin ausformuliert, um schließlich in der sequenziellen Analyse der realisierten Optionswahl zu verfolgen, welche typischen Lesartenvarianten sich systematisch durchsetzen. Besonderes Merkmal bei der Rekonstruktion der Sequenzen in der objektiven Hermeneutik ist die Entwicklung einer Struktur- oder Fallhypothese (vgl. RABENSTEIN 2003: 94, WERNET 2000: 39). Insbesondere die Anfangssequenz eines Textes ist dafür gut geeignet, in dieser Form die latenten Sinnstrukturen heraus zu arbeiten. Mit RABENSTEIN gehe ich davon aus, dass nicht der gesamte Text mit Hilfe der objektiven Hermeneutik interpretiert werden muss, vielmehr die Rekonstruktion eines Textausschnittes im Sinne eines abgekürzten Verfahrens gerechtfertigt ist, um die Strukturproblematik, in der die Handlungspraxis des Falles greifbar wird, zu rekonstruieren:

„Der Interpret kann sich auf die mikrologische Rekonstruktion von Materialausschnitten beschränken, insofern die gewonnene Strukturhypothese sorgfältig an anderen Passagen überprüft wird" (Rabenstein 2003: 94).

Eine solche sequenzielle Interpretation im Sinne der objektiven Hermeneutik ist für die Rekonstruktion von Entwicklungsportraits gut geeignet, um besondere Ausgangsbedingungen in der Lebenspraxis und der Entwicklung der jeweiligen Akteure aufzuzeigen. Deshalb wird jeweils die Anfangssequenz der Interviews, d.h. der erste Satz der/des interviewten Schülerin/s, objektiv hermeneutisch interpretiert und rekonstruiert. Die sich daraus ergebende Strukturhypothese wird durch weitere Interpretationen von bedeutsamen Sequenzen zur Strukturproblematik des Falles verdichtet. Dabei wird die anfängliche Kleinschrittigkeit der Analyse eines einzelnen Satzes im folgenden aber nicht beibehalten, da als Sequenz ebenfalls mit RABENSTEIN eine funktionelle Einheit verstanden wird, die sich nicht nur auf ein Wort oder einen Satz beschränken muss, vielmehr eine Sinneinheit darstellt, die je einen eigenen Handlungskontext enthält (vgl. RABENSTEIN 2003: 94).

Die Rekonstruktion der Fallstrukturen zum Verstehen der Entwicklungsprozesse wird darüber hinaus durch kategoriale Auswertungsverfahren ergänzt. Diese dienen der systematischen Erfassung und Darstellung von Mustern des Bildungsgangs und Aspekten des selbstregulierten Lernens. Nacheinander angewendet, verknüpfen diese Verfahren das Erkenntnisinteresse zur Rekonstruktion der Fallstruktur mit einer kategoriengeleiteten Reduktion der Textmenge und verdichteten Theoriebildung (vgl. FLICK 2002: 258).

Die Kombination der Verfahren in dieser Untersuchung sei hier kurz im Ablauf der Arbeitsschritte verdeutlicht:

1. Formulierende Interpretation der Interviewtexte nach der dokumentarischen Methode,
2. Interpretation der Anfangssequenz und weiterer Abschnitte nach dem Verfahren der objektiven Hermeneutik und ergänzend fallvergleichende Interpretation im Sinne der dokumentarischen Methode,
3. Darstellung der übergreifenden Prozessstrukturen anhand von induktiv gewonnenen Kategorien[17] zu Teilaspekten des Bildungsgangs und dem Prozess der Be- und Verarbeitung von Erfahrungen sowie deduktiv kategoriale Darstellung anhand des Kategoriensystems nach LEUTNER/LEOPOLD (2003a; 2003b) und SCHREIBER (1998) zur Selbstregulation des Lernens,
4. Entwickelung einer Typologie und Verortung des Falls angelehnt an das Vorgehen der dokumentarischen Methode.

In der typologischen Einordnung wird im Überblick und vergleichend gezeigt, in welchem Zusammenhang unterschiedliche Schüler(innen)typen und Nutzungs-

---

17 Zur Methode des Kategorienbildens vgl. z.B. FLICK 2002: 257

formen des Schulversuchs zu sehen sind. Die Entwicklung dieser Typologie wird im Einzelnen in Kapitel 8.3 dargestellt.

Abschließend seien noch einige Bemerkungen zu Gütekriterien in der qualitativen Forschung gemacht:

Mit Fallstudien ist der Anspruch verbunden, bisher unbekannten Prozessen auf die Spur zu kommen und mit dem dabei ermittelten Prozesswissen zum besseren Verständnis eines Sachverhalts beizutragen. Dabei sollen – wie beim quantitativen Vorgehen – auch die hermeneutisch-rekonstruktiven Fallstudien zu verallgemeinerungsfähigen Aussagen führen, die regelhafte Zusammenhänge verdeutlichen. Während quantitative Stichprobenerhebungen zu repräsentativen Verteilungsaussagen führen und damit zeigen, was im statistischen Durchschnitt „normal" ist, trifft die Rekonstruktionsmethodologie Aussagen auf der Ebene der Typologie bzw. der Prozessmuster, die für eine bestimmte soziale Praxis charakteristisch sind. Was in der Untersuchung der jeweilige Fall ist, liegt nicht einfach fest; der Fall wird vielmehr u.a. bestimmt durch einen zu begründenden Ausschnitt der sozialen Praxis sowie eine dazu gehörige Fragestellung.

Weniger bekannt sind Verfahren und Merkmale an denen sich die Qualität qualitativer Sozialforschung orientiert. Allgemein gilt, dass Kriterien und Prüfverfahren untersuchungsspezifisch konkretisiert werden sollen (vgl. STEINKE 2003: 324). Diese Teile der Studie – sowohl die personenbezogenen Fallstudien als auch die Interpretation der Interviews mit den Akteuren orientieren sich an folgenden Kriterien und Prüfverfahren:

1. Transparenz und Nachvollziehbarkeit des Vorgehens: Alle Schritte unterliegen einer Explizitheitsverpflichtung. Damit soll die intersubjektive Nachvollziehbarkeit des Forschungsprozesses sichergestellt werden. Dies gilt insbesondere für die Explikation der Erhebungs- und Auswertungsmethoden, sowie der Überlegungen zur Auswahl der Stichproben bzw. der Fälle.
2. Nachweis einer Kontrolle der Dateninterpretation: Dies setzt die Transparenz und Einhaltung verfahrensspezifischer methodischer Regeln und Analyseschemata bei der Interpretation voraus; in unserem Fall wird die intersubjektive Nachvollziehbarkeit der Interpretation durch eine methodengeleitete Kategorisierung und eine konsequente Sequenzanalyse gesichert. Gestützt werden diese Verfahren durch diskursive Formen der Interpretation in Gruppen.
3. Verallgemeinerbarkeit durch systematische Fallvergleiche: Die Verallgemeinerung der Aussagen im Sinne einer Bildung und Überprüfung von Hypothesen und Theorien wird in dieser Studie durch einen systematischen Vergleich der Fälle und die Bildung von Typen erreicht; damit werden Erkenntnisse über regelhafte Zusammenhänge gewonnen, eine so genannte

Strukturgeneralisierung und soziale Typisierung. Eine Prüfung der Verallgemeinerbarkeit wird gestützt durch Verfahren der Kommunikativen Validierung, also eine Rückbindung der entwickelten allgemeinen Aussagen an eine Prüfung durch die Beteiligten.
4. Verallgemeinerbarkeit durch eine methodische „Gegeneinanderführung von Fall und Theorie" (COMBE 2002): Die Prüfung der theoretischen Reichweite und des Novitätsgrades wird durch die Einordnung des am konkreten Fall Gewonnenen in den allgemeinen Wissensstand – also in den Bezugskontext von Theorien – geprüft und gesichert.

5.2.2 Standardisierte Vergleichsstudie zum Lernverhalten

Dieser Untersuchungsteil greift das Interesse der Untersuchung am Vergleichen des Lernverhaltens der Schüler(innen) auf. Anhand einer standardisierten schriftlichen Befragung von Schüler(inne)n sollen hypothesenprüfend Unterschiede zwischen den Schüler(inne)n des Schulversuchs und anderen, nicht in der Lernortkooperation arbeitenden Schüler(inne)n festgestellt werden.

Forschungsleitende Hypothese ist, dass die Schüler(innen), die in der vorliegenden Form einer Lernortkooperation lernen und arbeiten, durch diese Lernumgebung in ihrem selbstregulierten Lernen gefördert werden und daraus folgend bessere Ergebnisse in einzelnen Bereichen des Lernverhalten zeigen als Schüler(innen) in der Regelschule (zu den diesbezüglichen Kategorien s.u.).

Ergänzend zu den Einzelfallstudien soll dieses Vorgehen Aufschluss über die generalisierbaren Effekte des Schulversuchs in Bezug auf das Lernverhalten geben, indem mit einem statistischen Vergleich von Schüler(inne)n gleicher Ausgangslage Unterschiede zwischen den Populationen hinsichtlich der Variablen „Lernverhalten" ausgewiesen werden. Neben der Referenz einer vergleichbaren Schülergruppe werden mit der schriftlichen Befragung ebenso Informationen zur Selbsteinschätzung der Schüler(innen) über ihr Lernverhalten gewonnen.

In dieser Untersuchung wird mit der schriftlichen Befragung auf Selbstberichte der Schüler(innen) zu ihrem Lernverhalten und ihren Lernstrategien zurückgegriffen. Diese werden als Indikatoren für das reale Verhalten und den realen Strategieeinsatz heran gezogen. ARTELT stellt diesbezüglich dar, dass die meisten Strategiefragebögen durch verschiedene Prüfverfahren gesichert davon ausgehen, dass sie die zu messenden Lernstrategien valide abbilden. Allerdings ist diese Einschätzung durchaus umstritten; ARTELT zeigt auf, dass die Qualität der über Fragebögen erhobenen Informationen zu Lernstrategien von verschiedenen Faktoren abhängt – zuvorderst von dem Bewusstsein der Schüler(innen) über ihr eigenes Lernen.

„Weiterhin hängen die Aussagen der Schüler über ihr eigenes strategisches Vorgehen (a) vom Niveau ihrer kognitiven und sprachlichen Entwicklung, (b) von ihren Erfahrungen mit entsprechenden Lernanforderungen, (c) von ihrer Fähigkeit, Fragen zu Strategien auf Lernanforderungen und Lernerfahrungen zu beziehen und auf dieser Grundlage Entscheidungen zu treffen, (d) von ihrer Bereitschaft, die eigenen Lernerfahrungen unter dem Strategieaspekt zu analysieren, (e) von ihren Einstellungen zu Lernanforderungen und –bedingungen zum Lernen überhaupt und (f) von der Beziehung zwischen bewussten und unbewussten Strategien ab" (ARTELT 2000: 90).

ARTELT kommt deshalb zu der Schlussfolgerung, dass die Ermittlung von Lernstrategien mit einem Fragebogen durch weitere, handlungsnahe Erhebungsmethoden ergänzt werden sollte (vgl. ARTELT 2000: 106).
Für die vorliegende Untersuchung bedeutet dies zweierlei:

1. Um vergleichende Aussagen zwischen verschiedenen Schülerpopulationen treffen zu können, ist die Verwendung eines quantifizierenden Instruments sinnvoll. Verwendet wird dazu ein Fragebogen, der sowohl Lernstrategien misst als auch andere Skalen berücksichtigt, die das Selbstbild und die Selbsteinschätzung zum eigenen Lernverhalten verdeutlichen sollen (vgl. Kap. 5.2.2.1). Dieses gilt es bei der Analyse und Interpretation der erhobenen Daten zu berücksichtigen.
2. Die Ergebnisse der Schülerbefragung stellen, wie dargestellt, nicht die einzige Datenquelle zum Lernverhalten der Schüler(innen) dar. Die Ergebnisse der Befragung werden zur Ergänzung der Erkenntnisse mit den Rekonstruktionen der Entwicklungsportraits trianguliert (vgl. Kap. 9).

Insgesamt nahmen 74 Schüler(innen) der Schulversuchsschulen an der Befragung teil. Diese setzten sich aus 13 Gesamtschüler(inne)n, 18 IHR-Schüler(inne)n und 43 Hauptschüler(inne)n zusammen. Die Schüler(innen) der Schulversuchsschulen wurden mit den Schüler(inne)n der Vergleichsschulen schulformübergreifend verglichen.
Die Auswahl der Vergleichsschulen erfolgte unter Rückgriff auf die Kenntnisse über Hamburger Schulen durch die Erhebungen der LAU 9 - Studie. Entscheidendes Kriterium zur Auswahl der Vergleichsschule ist die Vergleichbarkeit der jeweiligen Schülerschaft unter sozioökonomischen Gesichtspunkten (Erwerbsstatus, Schul- und Ausbildungsabschlüsse der Eltern sowie Informationen zur Wohnsituation und Lernangeboten zu Hause, vgl. LEHMANN/PEEK/ GÄNSFUß/HUSFELDT 2002). Da die einzelnen schulbezogenen Daten nicht veröffentlicht sind, geht die Auswahl auf die Empfehlung eines Experten der Hamburger Behörde für Bildung und Sport zurück, der aufgrund seiner internen Kenntnisse über die Daten der LAU-Untersuchung alle möglichen Schulen be-

nannt hat, bei denen eine Vergleichbarkeit unter dem Aspekt der sozioökonomischen Kriterien sichergestellt ist. Diese Vergleichsschulen werden aus diesem Grund im Weiteren anonymisiert behandelt.

Die Gruppe der Schüler(innen) der Vergleichsschulen umfasst 192 Individuen, 84 Gesamtschüler(innen), 90 IHR-Schüler(innen) und 17 Hauptschüler(innen)[18].

5.2.2.1 Erhebungsmethode

Um vergleichbare und gesicherte Erkenntnisse hinsichtlich des Lernverhaltens zu gewinnen, wurde auf erprobte Instrumente zurückgegriffen. Das verwendete Erhebungsinstrument setzt sich zusammen aus ausgewählten Fragen eines standardisierten Fragebogens zum Lernverhalten, der von HOLTAPPELS und LEFFELSEND im Rahmen der Evaluation des regionalen Schulentwicklungsprojekts „Schule & Co" eingesetzt wurde (vgl. HOLTAPPELS/LEFFELSEND 2003). Das Projekt „Schule & Co" wurde in Nordrhein-Westfalen durchgeführt. Inhalt des Projekts war die Entwicklung von Unterricht und einer qualitätsorientierten Selbststeuerung der Schulen sowie die Entwicklung regionaler Bildungslandschaften. Dies beinhaltete für die Schüler(innen) u.a. das systematische Training von Lernstrategien (vgl. BASTIAN/ROLFF 2002). Befragt wurden im Rahmen des Projekts „Schule & Co." unter anderem Schüler(innen) des 7. Jahrgangs der Sekundarstufe I sowie des Jahrgangs 11 an Berufskollegs. Die Stichprobe umfasste 1.943 Schüler(innen) des 7. Jahrgangs der Sekundarstufe I und 328 Schüler(innen) der Berufskollegs (vgl. HOLTAPPELS/LEFFELSEND 2003: 12).

Für die vorliegende Untersuchung wurde auf dieses Erhebungsinstrument zurückgegriffen, da es so konzipiert ist, dass Schüler(innen) der Sekundarstufe I den Fragebogen bearbeiten können und dieser sogar für Hauptschüler(innen) geeignet ist. Dieser Anforderung genügen andere Lernstrategieinventare nicht. Darüber hinaus enthält der Fragebogen nicht nur Fragen zu Lernstrategien, sondern auch zu weiteren Dimensionen des Lernverhaltens (vgl. Kap. 7 und Anhang 1).

---

18 Die nur geringe Zahl der Vergleichschüler(innen) für die Hauptschule beruht auf dem Umstand, dass leider nur eine der in Frage kommenden Vergleichsschulen die Teilnahme an der Befragung zugesagt hat.

5.2.2.2 Auswertungsmethoden

Zunächst wurden die Daten der Befragung digital erfasst und mit dem Programm „Superior Performing Software Systems (SPSS)" verarbeitet. Der erste Schritt der Auswertung nach der Dateneingabe bestand darin, das Antwortverhalten der Schüler auf Ebene der einzelnen Items zu ermitteln, um besonders hervor stechende Ergebnisse festzuhalten und gegebenenfalls bei der Auswertung zu berücksichtigen. Gleichzeitig galt es festzustellen, inwieweit fehlende Werte vorhanden sind und ob diese eine bestimmte Struktur aufweisen, d.h. unter Umständen auf eine Ursache zurückzuführen sind. Für diesen Schritt wurde eine Häufigkeitsauszählung für jedes Item durchgeführt.

Hinsichtlich der fehlenden Werte war festzustellen, dass deren Anzahl in keiner der Untersuchungsvariablen über dem kritischen Wert von 5 % der Stichprobe liegt. In absoluten Zahlen ausgedrückt erreicht die Anzahl der „missing values" höchstens den Wert sechs. Bei der hier vorliegenden Stichprobengröße von 266 Probanden weist diese niedrige Anzahl fehlender Werte somit keine besondere Häufung auf und fällt nicht ins Gewicht. Darüber hinaus ergab die Analyse der fehlenden Werte keine strukturellen Zusammenhänge untereinander noch mit anderen Variablen.

Zur Überprüfung der Validität der einzelnen Items wurde der Schwierigkeitsindex berechnet. Der Schwierigkeitsindex zeigt an, ob es Items gibt, die von vielen Probanden gleich beantwortet wurden und daher keinen Beitrag leisten, die Probanden ihrem Antwortverhalten entsprechend zu gruppieren. Der Wertebereich des Schwierigkeitsindex liegt zwischen 0 und 1. In der vorliegenden Arbeit wurde dem Ansatz von FISSENI (1990) gefolgt, der Items, deren Schwierigkeitsindex kleiner als 0.15 oder größer als 0.85 ist, von weiteren Analysen ausschließt. In der vorliegenden Untersuchung wurde aufgrund dieser Prüfung nur ein Item ausgeschlossen (vgl. Anhang 3).

Um einen Überblick über die Verteilungen auf Itemebene zu gewinnen, war es nötig, die deskriptiven Statistiken der Items zu berechnen (vgl. Anhang 2). Der jeweilige Mittelwert und die Streuungsparameter erlauben Aussagen über die iteminternen Verteilungen der Einzelaussagen. Hier sei angemerkt, dass die Berechnung der deskriptiven Statistiken mit Hilfe der Methode „pairwise deletion" durchgeführt wurde, um einen unnötigen Verlust von Informationen auszuschließen (vgl. ALLISON 2001).

Den Ergebnissen aus den Berechnungen zum Schwierigkeitsindex folgend wurden zur Skalenbildung nur Items einbezogen, die ausreichende Werte erreichten. Die Skalen nach HOLTAPPELS/LEFFELSEND (2003) wurden gebildet, indem die Einzelitems zu Mittelwerten aggregiert wurden. Die interne Konsistenz der Skalen folgt den Vorgaben der Fachliteratur (vgl. LEHMANN/PEECK

1999; KUCKARTZ 2001). Eine genauere Darstellung des Cronbachs Alpha und dessen Bewertung erfolgt in Kapitel 7.

Der Reliabilitätsanalyse folgte abschließend der Vergleich der Schulversuchsschüler(innen) mit den Vergleichsschüler(inne)n. Die erreichten Werte der Schüler(innen) auf den einzelnen Skalen wurden miteinander verglichen und die Signifikanz des Unterschieds zwischen Schulversuchs- und Hamburger Vergleichsschüler(inne)n mit Hilfe des t-Tests berechnet. Die t-Tests enthalten nur die Fälle, die für keine der Variablen fehlende Daten aufweisen („listwisedeletion") (vgl. ALLISON 2001).

Nachdem nun das methodische Vorgehen dieser Untersuchung expliziert ist, werden im folgenden Teil III der Arbeit die in dieser Form erworbenen Ergebnisse der Untersuchung vorgestellt: In Kapitel 7 werden die Ergebnisse der Vergleichstudie aufgezeigt und in Kapitel 8 die Ergebnisse der Einzelfallstudien. Diesen Kapiteln vorangestellt ist in Kapitel 6 eine Übersicht über verschiedene Erkenntnisse der vorliegenden Lernortkooperation, die im Rahmen der wissenschaftlichen Begleitung gewonnen wurden und welche die hier erhobenen Ergebnisse zu einem perspektivenreichen Bild weiter ergänzen.

Teil III:

Ergebnisse der Untersuchung

6 Erkenntnisse über den Schulversuch „Arbeiten und Lernen in Schule und Betrieb" – eine Auswahl von Untersuchungsergebnissen der wissenschaftlichen Begleitung

Bevor in den nachfolgenden Kapiteln die Ergebnisse der Untersuchung dieser Arbeit dargestellt werden, soll es in diesem Kapitel darum gehen, die Gestaltung und die Nutzung des untersuchten Schulversuchs anhand von Erkenntnissen, die die wissenschaftlichen Begleitung gewonnen hat, genauer vorzustellen. Aus der Fülle der Ergebnisse, die die Evaluation der wissenschaftlichen Begleitung hervorgebracht hat, sind die Themen ausgewählt worden, die zur weiteren Klärung des Hintergrundes der Ergebnisse der vorliegenden Arbeit relevant sind.

Ausgehend von der allgemeinen Forschungsfrage nach den entwicklungsfördernden Momenten, die die im Schulversuch gestaltete Lernortkooperation zwischen Schule und Betrieb zur Entwicklung von Lernkompetenz erzeugt, werden Aussagen zu den Lernleistungen der Schüler(innen) in den Kernfächern und zur Gestaltung des Lernens in den Lernorten Schule und Betrieb, zu Einschätzungen von Anleiter(inne)n, Lehrer(inne)n und Schüler(inne)n sowie Ergebnisse einer Absolventenbefragung verdichtet dargestellt.

6.1   Die Lernleistungen der Schüler(innen) in den Kernfächern

Eine wesentliche Frage bei der Beurteilung des Schulversuchs ist, ob es verantwortbar ist, die Lernzeit der Schülerinnen und Schüler über ein bzw. zwei Jahre an zwei Tagen in der Woche in einen Betrieb zu verlegen und dafür die Lernzeit in der Schule zu verringern.

Um dies auf einer soliden Datenbasis diskutieren zu können, wurden Ende Oktober 2004 die Lernstände in ausgewählten Leistungsbereichen an jeweils einem Unterrichtsvormittag in den Abschlussklassen der beteiligten Schulen erhoben: in der Schule Richard-Linde-Weg in der H9, in der Ganztagsschule St. Pauli sowie in der Gesamtschule Eidelstedt in den 10. Klassen. Durchgeführt wurde diese Studie von Margarete Benzing, Marcus Pietsch und Ulrich Vieluf,

Abteilung Qualitätsentwicklung und Standardsicherung am Landesinstitut für Lehrerbildung und Schulentwicklung, Hamburg.

Erhoben wurden die Lernstände in den Bereichen Mathematik, Deutsch: Leseverständnis, Sprachverständnis und Rechtschreibung sowie in Englisch. Darüber hinaus wurden die kognitiven Grundfähigkeiten sowie Hintergrundmerkmale aus den Schülerbögen erhoben.

Die verwendeten Tests aus dem Instrumentarium des „Hamburger Schulleistungstests für achte und neunte Klassen (SL-HAM 8/9)" geben die Möglichkeit, die erreichten Lernstände mit den Lernständen der vier Jahre zuvor hamburgweit getesteten Schüler(inne)n aus der jeweiligen Referenzgruppe zu vergleichen.

Wichtig für die Diskussion der Ergebnisse des Schulversuchs sind zunächst Informationen über die *Zusammensetzung der Schülerschaften.* Die Erhebung der Lernstände bezieht sich auf vier Klassen mit sehr unterschiedlichen Voraussetzungen.

Es gibt eine hinsichtlich der kognitiven Voraussetzungen typische Hauptschulklasse mit einem unterdurchschnittlichen Migrantenanteil in Bergedorf.

Es gibt zwei Klassen mit einem im Vergleich zum Mittel der Hauptschulklassen des LAU-Jahrgangs mehr als doppelt so hohen Migrantenanteil (94 und 100 %) in St. Pauli; die kognitiven Grundfähigkeiten der Schülerinnen und Schüler dieser Klassen entsprechen denen der Referenzgruppen sowohl bei den Haupt- als auch bei den Realschüler(inne)n, wobei die Verteilungen sehr heterogen sind.

Es gibt schließlich eine Lerngruppe an der Gesamtschule Eidelstedt, die für lernbeeinträchtigte Schülerinnen und Schüler eingerichtet wurde. Die kognitiven Grundfähigkeiten dieser Schülerinnen und Schüler liegen im Mittel deutlich unter dem Mittelwert der Hauptschüler(innen) des LAU-Jahrgangs; der Anteil der Schüler(innen) mit einem Migrationshintergrund ist in dieser Lerngruppe mit 23 Prozent unterdurchschnittlich.

Die in den ausgewählten Leistungsbereichen ermittelten *Lernstände der Schulversuchsklassen* lassen sich vor diesem Hintergrund wie folgt zusammenfassen:

Die von den Schüler(inne)n der Klasse H9 an der *Schule Richard-Linde-Weg* erreichten Testleistungen geben keinerlei Hinweise auf Leistungsrückstände, die auf die spezifischen Rahmenbedingungen des Schulversuchs zurückgeführt werden könnten – und dies gilt für alle untersuchten Leistungsbereiche. Vielmehr zeichnen sich insbesondere im Bereich des Leseverständnisses tendenziell Leistungsvorteile ab.

Die von den Schüler(inne)n der beiden zehnten Klassen an *der Ganztagsschule St. Pauli* erreichten Lernstände müssen im Lichte des auch für Hamburger

Schulen außergewöhnlich hohen Anteils von Schüler(inne)n mit Migrationshintergrund betrachtet werden. Hier geben die Testleistungen Hinweise darauf, dass die Lernpotenziale insbesondere der Schüler(innen) mit Realschul-Status sowohl im Leseverständnis als vor allem auch in Mathematik erfolgreich entfaltet werden konnten, während in Englisch und im Bereich des Sprachverständnisses Leistungsrückstände sichtbar werden, die jedoch geringer ausfallen als die in LAU 9 und LAU 11 für die Gruppe der Schülerinnen und Schüler mit ausländischer Staatsangehörigkeit berichteten Leistungsrückstände.

Die Gruppe der Zehntklässler(innen) aus der *Gesamtschule Eidelstedt* erzielt Testergebnisse, die in Mathematik und in der Rechtschreibung den mittleren Leistungen der Hauptschüler(innen) des in der Klassenstufe 9 getesteten LAU-Jahrgangs entsprechen, in Englisch dagegen deutlich ungünstiger ausfallen, während sie im Lese- und Sprachverständnis deutlich oberhalb der Mittelwerte dieser Referenzgruppe liegen; angesichts der ungünstigen Lernvoraussetzungen deuten die in diesen Bereichen erzielten Leistungen darauf hin, dass unter den spezifischen Rahmenbedingungen des Schulversuchs beachtliche kompensatorische Effekte erzielbar sind.

Die Lernstandserhebungen haben keine Hinweise auf Lernrückstände in zentralen Leistungsbereichen ergeben, die im Zusammenhang mit der reduzierten Unterrichtszeit stehen; es zeichnen sich vielmehr in einigen Bereichen Lernvorteile ab. Mit Blick auf die Lernleistungen lässt sich also bestätigen, dass es verantwortbar ist, die Lernzeit der Schüler(innen) über ein bzw. zwei Jahre an zwei Tagen in der Woche in einen Betrieb zu verlegen und dafür die Lernzeit in der Schule zu verringern.

6.2 Struktur und Qualität des Lernorts Schule

Soll die Lernortkooperation für die Kompetenzentwicklung der Schülerinnen und Schüler genutzt werden, muss sie zum Ausgangspunkt eines Entwicklungsprozesses gemacht werden, der die Struktur- und Qualitätsentwicklung des Lernorts Schule in den Blick nimmt. Auf der *Ebene der Unterrichtsentwicklung* wird deshalb zentral eine Individualisierung der Lernkultur notwendig, um die betrieblichen Kompetenzerfahrungen im Unterricht zu nutzen. Die Ergebnisse dieser Entwicklungen und ihres Zusammenspiels zeigen verschiedene Schwerpunkte:

Zunächst ist die *Vorbereitung und Stützung der Lernortkooperation* in den Jahrgängen, die der Lernortkooperation vorausgehen, Teil der Curricula der beteiligten Schulen. Dafür wurden sowohl strukturelle als auch inhaltliche Entwicklungen eingeleitet. Als Beispiele werden genannt: Trainingseinheiten zum eigenständigen Lernen, arbeitsweltbezogene curriculare Einheiten sowie die Auseinandersetzung mit betrieblichen Anforderungen in einer Schülerfirma. Gleichzeitig ist zu erkennen, dass die Möglichkeiten der Vorbereitung und Stützung der Lernortkooperation noch nicht voll ausgeschöpft werden und dass die Lehrer(innen) genaue Vorstellungen von deren Weiterentwicklung haben.

Insgesamt ist die *Individualisierung der Lernkultur als Reaktion auf individuelle betriebliche Erfahrungen* Teil der Unterrichtsentwicklung. Um die individuellen betrieblichen Erfahrungen im Unterricht aufgreifen zu können, wurden schulformspezifische Grundformen der Differenzierung bei der Bearbeitung betrieblicher Erfahrungen entwickelt. Gleichzeitig ist deutlich, dass noch nicht alle Potenziale der Lernortkooperation genutzt werden. Insbesondere im Fachunterricht wird eine gezielte Nutzung betrieblicher Erfahrungen durch „fachbezogene Praxisaufgaben" und entsprechenden Differenzierungsformen angestrebt.

An dieser Stelle kann es für die Schulen hilfreich sein, sich an der eingangs in Kapitel 1 vorgestellten Lernfeldkonzeption der Berufsschule zu orientieren. Diese strukturiert die Curricula der Berufsschule dahingehend neu, dass der traditionell fachsystematisch ausgerichtete Unterricht zugunsten komplexer, fächerübergreifender Lehr-Lern-Arrangements („Lernfelder") aufgegeben wird, die sich an berufliche Anforderungen und Handlungsabläufen orientieren (vgl. TRAMM 2002: 21f). Im Mittelpunkt des Lernens in thematischen Einheiten steht dabei die

„individuell[e] Auseinandersetzung mit subjektiv bedeutungsvollen, konkret-situierten, praktischen Problemstellungen aus dem jeweiligen beruflichen Handlungsfeld" (TRAMM 2002: 24).

Damit wird der Aufbau von begrifflich-systematischem Wissen nicht negiert, sondern vielmehr funktional an eine berufliche Handlungs- und Orientierungskompetenz gebunden (vgl. TRAMM 2004: 122).

Diese Neugestaltung schulischer Curricula stellt für die Schule einen bedeutenden Entwicklungsschritt dar und verändert schulische Arbeit grundlegend. Die Allgemeinbildende Schule in einer Lernortkooperation muss dabei zudem berücksichtigen, dass sie Schüler(innen) nicht nur auf ein bestimmtes Berufsfeld hin orientiert, sondern mit Erfahrungen von Schüler(inne)n aus ganz unterschiedlichen Berufsfeldern arbeitet. Insofern kann das Lernfeld-Modell der Berufsschule in gewisser Weise ein zukunftsleitendes Vorbild sein, an dessen curricularer Entwicklung sich orientiert werden kann[19], dass aber hinsichtlich allgemeinbil-

---

19 Vgl. zur Umsetzung des Lernfeldansatzes z.B. das Verbundprojekt der Länder Hamburg und Niedersachsen CULIK (Curriculumentwicklungs- und Qualifizierungsnetzwerk Lernfeldinnovation für Lehrkräfte in Berufsschulfachklassen für Industriekaufleute)

dender Ziele und heterogener betrieblicher Erfahrungen von Schüler(inne)n modifiziert werden muss.

6.2.1 Grundformen der Bearbeitung betrieblicher Erfahrungen im Unterricht

Im Mittelpunkt der unterrichtlichen Veränderungen stehen, wie in Kapitel 2 beschrieben, die *Unterrichtsstunden, die der systematischen Vor- und Nachbereitung der betrieblichen Erfahrungen dienen*. Eine zentrale Frage der Lernortkooperation ist, wie Lehrer(innen) und Schüler(innen) diese Unterrichtsstunden gestalten und nutzen. Dabei geht es um die Klärung der Frage, wie die Lehrer(innen) die betrieblichen Erfahrungen der Schülerinnen und Schüler als Voraussetzung für eine Individualisierung des Unterrichts nutzen und gleichzeitig der Funktion von Unterricht gerecht werden, einen gemeinsamen Wissensbestand zu sichern.

Zur Untersuchung dieser Frage wurden sowohl Aufzeichnungen einschlägiger Unterrichtsstunden als auch Aussagen von Lehrerinnen und Lehrern ausgewertet. Im Rahmen des Schulversuchs ist es den Lehrer(inne)n gelungen, ein Spektrum von ergiebigen Formen der schulischen Bearbeitung betrieblicher Erfahrungen zu entwickeln. Dabei konnten typische Grundformen der schulischen Bearbeitung betrieblicher Erfahrungen identifiziert werden.

Als *erstes Ergebnis* der Unterrichtsanalysen lassen sich *vier Grundformen* identifizieren, in denen betriebliche Erfahrungen bearbeitet werden:

1. Bearbeitung der Individualerfahrungen in Gruppenarbeitsprozessen,
2. Bearbeitung über die Konfrontation von Fachbegriff und Individualerfahrung,
3. Bearbeitung durch systematische Evaluation von Individualerfahrungen,
4. Bearbeitung von Individualerfahrungen im Modell kollegialer Beratung.

Ein gemeinsames Merkmal dieser vier Grundformen ist die Transformation des individuellen Erfahrungswissens in einen kollektiven Wissensbestand.

Die Analyse der Gespräche mit den Lehrerinnen und Lehrern zeigt bezüglich dieser Bearbeitungsformen drei Übereinstimmungen:

1. Die Lehrer(innen) können ihre Arbeitsformen diesen Grundformen zuordnen.
2. Die Lehrer(innen) werten diese vier Grundformen als prinzipiell gleichwertig.
3. Die Lehrer(innen) erproben Verbindungen dieser vier Bearbeitungsformen.

Als *zweites Ergebnis* der Unterrichtsanalysen lassen sich *Stärken und Schwächen* bezogen auf den Umgang von Lehrer(inne)n und Schüler(inne)n mit diesen *vier Grundformen* identifizieren:

1. Die *Stärke* der Bearbeitung in *Gruppenprozessen* ist, dass sie nicht von den Lehrer(inne)n dominiert werden kann. Die *Schwäche* dieser Bearbeitungsform ist, dass ihr Gelingen Teamkompetenzen auf Seiten der Schüler(innen) voraussetzt, die trainiert werden müssen.
2. Die *Stärke* einer Bearbeitung durch die *Konfrontation betriebstypischer Begriffe mit Individualerfahrungen* in Form von Klassengesprächen ist die Verallgemeinerung über den Begriff; so können Normen und Begriffe der Arbeitswelt wie „Zeit ist Geld" gezielt auf Erfahrungen wie „Kritik an Fehlzeiten" bezogen werden. Die *Schwäche* dieser Grundform liegt darin, dass sie einer Verabsolutierung betrieblicher Normen Vorschub leistet, ohne Erfahrungen dazu kritisch in Beziehung zu setzen.
3. Die *Stärke* einer Bearbeitung durch eine *Evaluation der Individualerfahrung* – hier praktiziert im Modus der Kartenabfrage – ist, dass individuelle Erfahrungen unzensiert veröffentlicht und zur Diskussion gestellt werden können. Die *Schwäche* dieser Bearbeitungsform ist, dass Individualerfahrungen präsentiert werden, ohne dass die Erfahrungsgemeinschaft die Möglichkeiten der gemeinsamen Bearbeitung nutzt.
4. Die *Stärke* der Bearbeitung im *Modell der kollegialen Beratung* ist, dass damit sowohl der Einzelne vom Lehrer oder der Lehrerin beraten wird als auch alle anderen Schüler(innen) als Experten zur Beratung gezielt hinzugezogen werden können. Die *Schwäche* ist, dass es den Schüler(inne)n nicht immer gelingt, sich treffsicher in dieses Gespräch einzubringen; eine andere Schwäche ist, dass die Beratung zu sehr am Einzelfall bleibt.

6.2.2 Die Bearbeitung der besonderen Lernaufgabe

Die „besondere betriebliche Lernaufgabe" stellt neben den spezifischen Unterrichtsstunden das zweite zentrale Instrument der schulischen Bearbeitung der betrieblichen Erfahrungen dar. Die Lernaufgabe fordert von jedem Schüler/jeder Schülerin einen mindestens zehnseitigen Text, der die Darstellung der individuellen betrieblichen Erfahrungen und deren Reflexion anhand eines selbst gewählten Themas enthalten soll. Zur Evaluation wurden zwölf Lernaufgaben und Interviewpassagen zur Lernaufgabe von 6 Schüler(inne)n ausgewertet.

Die Analyse der Aussagen und Dokumente zur besonderen Lernaufgabe zeigt, dass dieses Instrument in drei Bereichen für die Gestaltung der individuellen Entwicklungsprozesse sehr erfolgreich genutzt wird:

- bei der Wahl und Bearbeitung der thematischen Schwerpunkte,
- bei der Reflexion der sozialen und kommunikativen Situation im Betrieb und
- bei der Reflexion betrieblicher Anforderungen und Perspektiven.

Die *Wahl und Bearbeitung eines geeigneten thematischen Schwerpunkts* erfordern ein intensives und individuelles In-Beziehung-Setzen von betrieblichen Abläufen zu Interessen, Fähigkeiten und Schwierigkeiten und den Möglichkeiten der Vermittlung (Was geschieht im Betrieb? Was entspricht mir? und: Was lässt sich darstellen?). Schon der Prozess der Entscheidung für ein Thema ist verbunden mit einem Anforderungsspektrum von der Erfahrungsreflexion bis zur Sichtung von Materialien, die für eine Präsentation betrieblicher Abläufe oder Inhalte geeignet erscheinen. In der Phase der Entscheidung für ein der betrieblichen Lernaufgabe angemessenes Thema und deren Bearbeitung lassen sich *Prozesse der kritischen Selbstbeobachtung, der Überwindung von negativen Selbstbewertungen und Schreibhemmungen, der Auseinandersetzung mit lernstrategischen Problemen* im Zusammenhang mit der Überführung von Erfahrungen und Handlungen in Schrift und Text, der *Verortung eigener Interessen und Stärken im betrieblichen Geschehen und der kognitiven Verarbeitung von betrieblichen Informationen und Erfahrungen* beobachten. Die Texterarbeitung und -bearbeitung ist dabei eine Art Realitätsprüfung des zu Beginn noch vagen Plans. Erprobt werden sowohl lernstrategische Praxen als auch die Auseinandersetzung mit inhaltlichen – meist berufsorientierenden Fragen: Prozesse, die immer wieder eine Anpassung von Plan und Durchführung erfordern.

Die schriftliche Darstellung der sozialen Position im Kreis der Mitarbeiter(innen) regt eine *Reflexion der sozialen und kommunikativen Situation im Betrieb* an. Zu beobachten ist, dass dies zu einem Nachdenken über der Arbeitswelt bzw. diesem Beruf angemessene *Umgangsformen*, über berufliche Anforderungen an *soziale Kompetenzen* und über soziale Strukturen und Hierarchien am Arbeitsplatz führt, wobei in einigen Fällen auch eine Reflexion über die *Fähigkeiten der eigenen Person* im Rahmen dieser Anforderungen einsetzt. Auseinandersetzungen mit diesem Teil der betrieblichen Realität finden sich in den Lernaufgaben nicht häufig. Wenn sie stattfinden, lassen sich hier *Reflexionen arbeitsplatztypischer sozialer Erfahrungen und darauf basierender Selbsteinschätzungen* beobachten.

Als besonders wirkungsvoll erweist sich das Instrument der besonderen Lernaufgabe bei der *Reflexion betrieblicher Anforderungen und Perspektiven*. Die Dokumente geben vielfältige Hinweise darauf, dass die Lernaufgabe intensiv und erfolgreich zur Entwicklung der Berufswahlreife unter drei Aspekten genutzt wird: erstens zu einer *personenbezogenen und kriterienorientierten Auseinandersetzung mit berufsspezifischen Anforderungen* beispielsweise unter dem Aspekt von Belastung und Belastbarkeit; zweitens zu einer *personenbezogenen und kriterienorientierten Auseinandersetzung mit berufsbezogenen Leistungen und Fähigkeiten, sowie mit Ängsten und Schwierigkeiten*; drittens zu einer *emotionalen Auseinandersetzung mit berufsbezogenen Erfahrungen*, die damit die Möglichkeit eröffnet, auch eine emotional begründete Einschätzung von berufliche Anforderungen in spezifischen Arbeitsfeldern zu entwickeln.

Die Lernentwicklung durch die Bearbeitung der betrieblichen Lernaufgabe lässt sich auf Basis der *Äußerungen der Schülerinnen und Schüler* um weitere Punkte ergänzen. Die Schüler(innen) berichten vor allem von Entwicklungen in den Bereichen der *Selbstbeobachtung und Selbsteinschätzung* sowie der *Eigenverantwortung und Selbststeuerung*. Durch die Anforderung, betriebliche Erfahrungen zu dokumentieren, sich reflexiv dazu zu verhalten und diesen Prozess zu verschriftlichen, werden die Schüler(innen) „gezwungen", ihre Erfahrungen auf den Begriff zu bringen. Konkret berichten sie davon, dass sie lernen, sich selbst zu beobachten, einzuschätzen und sich kritisch mit ihren Leistungen, Fähigkeiten und beruflichen Perspektiven auseinander zu setzen. Gleichzeitig berichten sie davon, dass die besondere Form der Schriftlichkeit sie „zwingt", Fähigkeiten zu entwickeln, die im Bereich der *Planungs-, Organisations- und kognitiven Verarbeitungsstrategien* zu verorten sind. Das sind insbesondere Fähigkeiten des Zeitmanagements und der Informationsverarbeitung. Diese Fähigkeiten entwickeln sie zunächst zur Bewältigung und Weiterentwicklung der betrieblichen Lernaufgabe und der Präsentation ihrer Arbeiten in der Öffentlichkeit. Die Schüler(innen) können aber auch sagen, dass und wie ihnen diese Kompetenzerfahrungen helfen, kategorisch negative Haltungen gegenüber schulischen Anforderungen zu überwinden und eine neue Sinnhaftigkeit schulischer Arbeit zu entdecken, nicht zuletzt, weil sie gelernt haben, dass sie die Möglichkeiten einer aktiven Gestaltung des eigenen Lernens nutzen können und dass dies zu Kompetenzerfahrungen und Erfolgen führt. In einigen Fällen lässt sich zeigen, dass es nicht bzw. nur in geringem Maße gelingt, die notwendigen Kompetenzen der Selbstorganisation und der kognitiven Verarbeitung zu entwickeln, und dass in diesen Fällen auch eine reflexive Bearbeitung betrieblicher Erfahrungen nur sehr eingeschränkt gelingt.

Ein *Vergleich der Produktanalysen und der Schüleraussagen* zeigt, dass sich bezüglich der Nutzung des Instruments „besondere Lernaufgabe" keine widersprüchlichen Tendenzen nachweisen lassen. Sowohl die Analyse der Dokumente als auch die Rekonstruktion der Schüleräußerungen zeigen – wenn auch in differenten Konkretisierungen, dass die Potenziale der betrieblichen Lernaufgabe von den Schülerinnen und Schülern für die Gestaltung ihrer individuellen Entwicklungsprozesse sehr erfolgreich genutzt werden.

6.3 Struktur und Qualität des Lernorts Betrieb

Zur Bewertung der Qualität des Lernorts Betrieb greift die Untersuchung auf Erfahrungen mit betrieblichen *Anleiter(inne)n* sowie *Lehrerinnen und Lehrern* zurück. Darüber hinaus sind etwa *100 Schülerinnen und Schüler* schriftlich befragt worden. Auf theoretischer wie empirischer Basis werden die Qualität der betrieblichen Lernorte sowie deren Nutzung unter fünf Aspekten analysiert (vgl. ACHTENHAGEN/LEMPERT 2000):

1. Voraussetzungen der Praktikant(inn)en und betriebliche Anforderungen,
2. strukturelle Voraussetzungen und Konzepte der Betreuung im Betrieb,
3. Chancen der besonderen Zeitverteilung zwischen Betrieb und Schule,
4. Praxis und Bedeutung der Zusammenarbeit von Betrieb und Schule,
5. Bedeutung der Lernaufgabe für die Reflexion betrieblicher Erfahrungen.

Die Perspektive der betrieblichen Anleiter[20]

Das zentrale Ergebnis der Anleiterbefragung ist, dass Struktur und zeitliche Rahmung dieser Lernortkooperation die Potenziale der betrieblichen Seite für die Entwicklung der Schülerinnen und Schüler optimal zur Geltung bringen.

- Zur Passung von *Voraussetzungen der Schüler(innen) und betrieblichen Anforderungen* stellen die Anleiter fest, dass es der Mehrzahl gelingt, ihre Fähigkeiten mit den Anforderungen so in Einklang zu bringen, dass die Potenziale der betrieblichen Lernorte gut genutzt werden. Auch in den Fällen, in denen zunächst Zweifel geäußert oder Defizite festgestellt werden, werden diese durch die Praxis entkräftet oder durch das Engagement der Schüler(innen) kompensiert.
- Zur Frage nach den *strukturellen Voraussetzungen und Konzepten der Betreuung* verweisen Anleiter auf die Notwendigkeit, Praktikant(inn)en *in*

---
20 Da nur männliche Anleiter befragt wurden, entfällt die weibliche Schreibform.

betriebstypische Arbeitsabläufe integrieren zu können, weil sie dann auf betriebliche (Ausbildungs-) Muster und Erfahrungen zurückgreifen. Ein Großbetrieb verweist explizit auf die Potenziale des Zeitkontingents von zwei Tagen pro Woche, weil so betriebliche Schulungskonzepte genutzt werden können.

- Zu den *Lernchancen der Projekt- und Zeitstruktur* des Schulversuchs stellen die Anleiter einhellig fest, dass eine Rahmung von zwei Tagen betrieblicher Lernzeit pro Woche besondere Lernchancen bietet. Die Argumente folgen dem o. g. Muster: Erst die Intensität betrieblicher Erfahrung eröffnet Kompetenzerfahrung und persönliche Entwicklung. Gleichzeitig verweisen sie auf Zeit, die sie brauchen, um die Eignung einschätzen zu können.
- Zur *Zusammenarbeit zwischen Betrieb und Schule* wird vor allem das hohe Engagement der Lehrerinnen und Lehrer positiv wahrgenommen. Gleichzeitig verweisen die Anleiter auf das knappe Zeitbudget der Betriebe und auf einen gewissen Schutz der Praktikant(inn)en vor zu viel Einfluss der Schule. Aus ihrer Sicht gilt es, die *produktive Differenz der beiden Welten* nicht durch zu viel Schule im Betrieb zu gefährden.
- Zur *Bedeutung der Lernaufgabe für die Reflexion betrieblicher Erfahrungen* gibt es in den Betrieben zwei Positionen. Mehrheitlich wird in der Lernaufgabe eine Brücke zwischen den Lernorten gesehen, bei deren Konstruktion der Betrieb die Schüler(innen) unterstützen sollte. Es gibt aber auch eine eher betriebszentrierte Haltung, die dafür plädiert, Schüler(innen) Erfahrungen machen zu lassen, ohne immer gleich in der Schule berichten zu müssen.

Die Perspektive der Lehrerinnen und Lehrer

Das zentrale Ergebnis einer Lehrerbefragung ist, dass auch sie die Struktur und die zeitliche Rahmung dieser Lernortkooperation für sehr gut geeignet halten, um ihren Schüler(inne)n mit Hilfe der betrieblichen Seite Kompetenzerfahrungen und Entwicklungen zu ermöglichen. Als Voraussetzungen für eine optimale Nutzung der Betriebe als Lernorte sehen die Lehrer(innen)

- eine regelmäßige und konzeptionell durchdachte Präsenz der Lehrer(innen) am Lernort Betrieb,
- Lernorte, die eigenständiges Arbeiten in zusammenhängenden Prozessen ermöglichen,
- einen intensiven Austausch von Lehrer(inne)n und Anleiter(inne)n auf gesonderten Treffen,

- eine ergänzende Betreuung der Lernaufgabe durch die Anleiter(innen) und
- einen Unterricht, der die individuellen Erfahrungen im Betrieb zur Individualisierung und Differenzierung schulischen Lernens nutzt.

Die Perspektive der Schülerinnen und Schüler

Auch die Schüler(innen) bestätigen in einer großen Mehrheit, dass sie die Struktur und die zeitliche Rahmung dieser Lernortkooperation für (sehr) gut geeignet halten.

- Zur Passung von *Voraussetzungen und betrieblichen Anforderungen* stellen die Schüler(innen) einhellig fest, dass es ihnen sehr gut gelingt, ihre Fähigkeiten mit den Anforderungen der Betriebe in Einklang zu bringen. Indikator für diese Einschätzung ist der Grad der Selbstständigkeit am Arbeitsplatz:
  – 60% geben an, sehr selbstständig bzw. ziemlich selbstständig zu arbeiten,
  – 33% geben an, selbstständig und unter Anleitung zu arbeiten,
  – 5% geben an, meistens unter Anleitung zu arbeiten.

Das Ergebnis stimmt mit der Einschätzung der Anleiter(innen) überein und zeigt, dass die Schüler(innen) mit ihren Voraussetzungen die Potenziale des Lernorts Betrieb sehr gut nutzen können.

- Zur Frage nach *der Betreuung im Betrieb* stellen die Schüler(innen) einhellig fest, dass sie sehr gut betreut werden. Nur 3% geben an, die Anleiter(innen) hätten sich nicht um sie gekümmert. Dagegen äußern 81%, die Anleiter(innen) hätten alles erklärt, und 85%, sie hätten bei allen Problemen geholfen.
- Zu den *Lernchancen der Projekt- und Zeitstruktur* des Schulversuchs stellen die Schüler(innen) fest, dass sie die Zeitstruktur in hohem Maße befürworten:
  – 63 % favorisieren das Modell „zwei Tage im Betrieb und drei Tage in der Schule",
  – 15 % votieren sogar für drei und vier Tage im Betrieb,
  – 17 % votieren für nur einen bzw. keinen Tag im Betrieb,
  – 67% geben an, dass sie mit der Konzentration des Unterrichts auf drei Tage gut bis sehr gut zurechtkommen; nur 5% geben an, dass sie damit schlecht zurechtkommen.

Diese Angaben belegen eine hohe Zustimmung der Schüler(innen) zur Projekt- und Zeitstruktur und zeigen darüber hinaus, dass eine klare Mehrheit die Konzentration des Unterrichts auf drei Schultage akzeptiert.
Zu den Lernchancen der Projektstruktur äußern sich die Schülerinnen und Schüler ebenfalls sehr positiv. Dabei beziehen sie sich sowohl auf die Einflüsse der Lernortkooperation auf das Lernen in der Schule als auch auf die berufliche Orientierung und die Anschlussperspektiven:
- 80% geben an, etwas über die außerunterrichtliche Bedeutung von Mathematik erfahren zu haben,
- 54% geben an, etwas über die berufsweltbezogene Bedeutung von Englisch erfahren zu haben,
- 87% haben mehr Klarheit über den zukünftigen Berufsweg erworben, d.h.
- 70% geben an, jetzt zu wissen, was es heißt zu arbeiten,
- 68 % geben an, jetzt zu wissen, dass der Schulabschluss wichtig ist,
- 38% geben an, jetzt genau zu wissen, welche Ausbildung sie machen wollen,
- 32% geben an, dass sie eine Lehrstelle bekommen haben,
- 28% geben an, dass sie weiter zur Schule gehen möchten.

- Zur *Bedeutung der Lernaufgabe für die Reflexion betrieblicher Erfahrungen* sind die Schüler(innen) nicht befragt worden, wohl aber zur Unterstützung durch die Anleiter(innen):
- 65% geben an, dass sie bei der Lernaufgabe Unterstützung im Betrieb erhalten haben.
- 68 % geben an, dass sie mehr Spaß am Schreiben von Texten bekommen haben.

6.4 Die Berufswahlreife der Schüler(innen) im Vergleich

Im Rahmen der wissenschaftlichen Begleitung wurde eine Vergleichsuntersuchung zu der Dimension *Berufswahlfähigkeit* mit Hilfe von standardisierten Befragungen von Schulversuchsschüler(inne)n einerseits und Schüler(inne)n vergleichbarer Schulen in Hamburg andererseits durchgeführt[21]. Auch wenn sich in vielen Kategorien dieser Untersuchung keine bedeutsamen Differenzen nachweisen lassen, so sind dennoch interessante Effekte zu beobachten:

---

21 Die Studie wurde gemeinsam mit der in Kapitel 7 ausführlich dargestellten Untersuchung des Lernverhaltens durchgeführt, weshalb die in Kapitel 5 dargestellten, methodischen Ausführungen entsprechend gelten.

Die Vergleiche im Bereich Berufswahlfähigkeit zeigen bei den Schulversuchsschüler(inne)n deutlich günstigere Werte als bei einer vergleichbaren Hamburger Population in den Kategorien *Eigenständigkeit und Selbständigkeit bei der Berufswahl*. In anderen Kategorien der Dimension Berufswahlfähigkeit erreichen beide Populationen die gleichen Werte.

Dies lässt sich als Zusammenhang zwischen den Bedingungen des Schulversuchs und der Entwicklung einer größeren Unabhängigkeit von den beruflichen Vorstellungen der Eltern und einer stärkeren Eigeninitiative interpretieren. Eine Kompetenzdimension, die besonders für die Gruppe der Migrant(inn)en mit starker familiärer Bindung von Bedeutung ist.

Auch der Vergleich mit Schülerinnen und Schülern, die in Österreich so genannte polytechnische Schulen besuchen, zeigt, dass die Potenziale des Schulversuchs bei der Entwicklung der Berufswahlreife gut genutzt werden: Die Schulversuchsschüler(innen) liegen in allen Kategorien nur knapp unterhalb der österreichischen Werte. Das bedeutet, dass diese nahezu die Fähigkeiten von Schüler(inne)n erreichen, die im 9. Jahrgang während der Hälfte der Unterrichtszeit einschließlich der berufspraktischen Tage grundlegende Fähigkeiten und Kenntnisse in einem selbst gewählten Berufsfeld erwerben. In der Kategorie Eigenaktivität und Selbstständigkeit bei der Berufswahlentscheidung erzielen die Hamburger Schulversuchsschüler(innen) sogar etwas günstigere Werte.

Die Vergleichsuntersuchung zeigt, dass der Schulversuch gute Möglichkeiten bietet, eine individuelle Berufswahlreife zu entfalten. Die Stärke dieser besonderen Lernortkooperation liegt vor allem darin, eigenständige berufliche Vorstellungen zu entwickeln und sich dabei von den Vorstellungen der Eltern weitgehend unabhängig zu machen.

6.5 Die Lernentwicklung der Schüler(innen) nach Abschluss des Schulversuchs

Ein wesentlicher Faktor für die Beurteilung des Erfolgs der Lernortkooperation ist die Langfristigkeit der erzielten Wirkungen. Solche Wirkungen sind mit dem Instrument einer Absolventenbefragung zu erfassen. Dazu wurde eine gesonderte Studie von Eva Arnold durchgeführt (vgl. ARNOLD 2005). Es nahmen 84 von 200 Absolvent(inn)en der Jahrgänge 2001 bis 2003 an der Befragung, die im Rahmen von Ehemaligentreffen stattfand, teil; das entspricht einer vergleichsweise hohen Beteiligungsquote von 42 Prozent; Erhoben und analysiert wurden:

- die Übergangsquoten in Ausbildungsverhältnisse und die Abbrecherquoten,
- die Einstellungen gegenüber beruflichen Anforderungen und Berufstätigkeit,

- der Nutzen der in Schule erworbenen Kompetenzen für Ausbildung und Beruf,
- die Bewertung des Schulversuchs und der damit verbundenen Lernortkooperation.

Ein *zentrales Ziel* der Lernortkooperation ist es, Schülerinnen und Schüler in Ausbildung zu bringen und sie zu befähigen, sich in der Ausbildung zu bewähren. Dass der Schulversuch gemessen an diesem Ziel im Urteil seiner Absolvent(inn)en erfolgreich ist, lässt sich mit den folgenden Ergebnissen belegen:

- Ein weit über dem Erwartungswert liegender Anteil der Befragten war bei der *Suche nach einem Ausbildungsplatz erfolgreich*: von insgesamt 82% der in Ausbildung vermittelten Schüler(innen) erhalten 52 % einen betrieblichen Ausbildungsplatz. Bei Hauptschüler(inne)n ist der Übergang in Ausbildungsverhältnisse in aller Regel sehr gering; so konnte vor dem Schulversuch kaum ein Schüler bzw. kaum eine Schülerin aus dieser Schulform vermittelt werden; auch von den Realschüler(inne)n konnten vor dem Schulversuch nur deutlich unter 50 % vermittelt werden.
- Ein hoher Anteil der Befragten *kommt in der Ausbildung gut zurecht.* So geben 83 % der in Ausbildung stehenden Absolvent(inn)en an, dass sie mit ihren Ausbilder(inne)n/Lehrer(inne)n und Kolleg(inn)en/Mitschüler(inn)n gut auskommen, 69,4% fällt das Lernen leicht und sie gehen kompetent mit Schwierigkeiten und Problemen um, 80,5% fragen nach, wenn sie etwas nicht verstehen, und 70,8% haben jemanden, mit dem sie reden können, wenn sie Schwierigkeiten haben; von Ausbildungsabbrüchen wird nur selten berichtet – deutlich seltener als aufgrund der Berufsbildungsstatistiken zu erwarten wäre.
- Für den Ausbildungserfolg günstig sind die *Einstellungen*, die die Befragten gegenüber beruflichen Anforderungen entwickelt haben: Mehrheitlich lassen sie erkennen, dass sie realistische Vorstellungen der Anforderungen entwickelt haben, die das Berufsleben stellt, und dass sie sich engagiert und motiviert für ihren Ausbildungserfolg einsetzen. Beruflich tätig zu sein und eine gute Arbeitsstelle zu finden ist ihnen wichtig – das gilt auch für die Personen, die derzeit keinen Ausbildungsplatz haben.
- Die große Mehrheit der Befragten ist der Ansicht, dass ihre Ausbildung *hohe Anforderungen* stellt – besonders an „Sekundärtugenden", aber auch an *soziale und sprachliche Kompetenzen.* Zugleich geben die Befragten an, dass sie in der Schule Kompetenzen erwerben konnten, die sie in Ausbildung und Beruf benötigen.

- Etwa zwei Drittel der Befragten bewerten den Schulversuch durchgängig positiv – ein Teil von ihnen äußert sich uneingeschränkt positiv. Etwa ein Drittel bewertet die Grundprinzipien des Schulversuchs – vor allem den Wechsel zwischen Schule und Praktikum – kritisch, wobei sich fünf von 84 Befragten durchgängig negativ äußern.

6.6 Zusammenfassung

Vor diesem Hintergrund der Ergebnisse kann insgesamt als Fazit zur Entwicklung der Schüler(innen), zur Struktur der Lernorte und zu Schulentwicklungsprozessen folgendes festgehalten werden:

Die Daten der Leistungstests belegen, dass die Schülerinnen und Schüler im Schulversuch trotz reduzierter Unterrichtszeit den gleichen und in Teilen sogar einen höheren Leistungsstand in den Kernfächern wie vergleichbare Schüler(innen) zeigen.

Die Produktanalyse zeigt, dass das Instrument der besonderen Lernaufgabe für die Gestaltung der individuellen Entwicklungsprozesse sehr erfolgreich genutzt wird.

Den Lehrer(inne)n ist es mit einem Spektrum von Unterrichtsformen gelungen, den speziellen Unterricht zur Vor- und Nachbereitung der betrieblichen Erfahrungen ausgehend von den Erfahrungen der Schüler(innen) zu gestalten und gleichzeitig die Qualität eines allgemeinen Wissenstandes zu sichern.

Die Struktur und zeitliche Rahmung dieser Lernortkooperation bringt nach Einschätzung der betrieblichen Anleiter die Potenziale der betrieblichen Seite für die Entwicklung der Schülerinnen und Schüler optimal zur Geltung.

Neben den Anleitern und den Lehrer(inne)n bestätigen auch die Schüler(innen) mit knapp 80%, dass sie die Struktur und die zeitliche Rahmung dieser Lernortkooperation für (sehr) gut geeignet halten.

Darüber hinaus entwickeln die Schulen die unterrichtlichen Rahmenbedingungen in Bezug auf die Ausdifferenzierung der berufsvorbereitenden Elemente sowie die Ausweitung einer für die Entwicklung von Eigenständigkeit förderlichen Lernkultur, auf eine Individualisierung der Lernkultur und auf die Entwicklung einer Informations- und Kooperationskultur weiter.

Im Gegenüberstellung zu vergleichbaren anderen Hamburger Schüler(inne)n, die nicht in der Lernortkooperation arbeiten, kann als zentrales Ergebnis herausgearbeitet werden, dass die Stärke dieser besonderen Lernortkooperation vor allem darin liegt, eigenständige berufliche Vorstellungen zu entwickeln und sich dabei von den Vorstellungen der Eltern weitgehend unabhängig zu machen.

Die Absolventenbefragung zu diesem Schulversuch zeigt, dass er, gemessen an seinen Zielen, Schülerinnen und Schüler in Ausbildung zu bringen und sie zu befähigen, sich dort zu bewähren, auch langfristig sehr erfolgreich ist.

7 Lernverhalten der Schülerinnen und Schüler im Schulversuch: Eine quantitative Vergleichsstudie zu Lernstrategien und Selbstständigkeit im Lernprozess

In diesem Kapitel werden die Ergebnisse der quantitativen Vergleichsstudie zum Lernverhalten von Schüler(inne)n des Schulversuchs, von Schüler(inne)n vergleichbarer Hamburger Schulen, die nicht an der Lernortkooperation teilnehmen, sowie von Schüler(inne)n des Projekts „Schule & Co." vorgestellt. Zentrales Interesse dieses Vorgehens ist, Merkmale des Lernverhaltens vergleichend zu analysieren und damit die Möglichkeiten zu identifizieren, die die Potenziale der Lernortkooperation den Schüler(inne)n des Schulversuchs bieten.

Forschungsleitende Hypothese ist dabei, dass die Schüler(innen) der Lernortkooperation durch die Lernumgebung in ihrem selbstregulierten Lernen gefördert werden und daraus folgend bessere Ergebnisse in einzelnen Bereichen des Lernverhalten zeigen als Schüler(innen), die nicht am Schulversuch teilnehmen.

Dargestellt werden die Ergebnisse anhand von Skalen, in denen thematisch zusammengehörige Einzelfragen zu übergreifenden Kategorien zusammengeführt werden. Dabei erfolgt die Darstellung der Ergebnisse unabhängig von der Schulform. Dafür gibt es zwei Gründe: Zum einen sind die Stichproben bei den einzelnen Schulformen zu klein für gesicherte Aussagen auf Schulformebene. Zum anderen sind schulformbezogene Ergebnisse für diese Arbeit nicht bedeutsam, da Aussagen für den gesamten Schulversuch getroffen werden sollen. Es sollen vielmehr durch schulformübergreifende Aussagen Aussagen über Unterschieden zwischen Schulversuchsschüler(inne)n auf der einen und Nicht-Schulversuchsschüler(inne)n auf der anderen Seite gemacht werden.

Dabei liefern die deskriptiven Unterschiede in den Daten die Grundlage für eine Interpretation der Wirkung der Lernortkooperation. Zu beachten ist dabei, dass die beschriebenen Unterschiede nicht in einen direkten kausalen Zusammenhang mit der Lernortkooperation gestellt werden dürfen, da solche Zusammenhänge mit dieser Untersuchung nicht überprüft werden können.

Zum genaueren Verstehen der hinter diesen Daten liegenden Prozesse folgen im Anschluss an dieses Kapitel qualitative Fallstudien (vgl. Kapitel 8).

7.1 Ergebnisse der Vergleichsstudie

Der in dieser Untersuchung eingesetzte Fragebogen zum Lernverhalten entstammt, wie in Kapitel 5 dargestellt, dem Erhebungsinstrument, das von HOLTAPPELS und LEFFELSEND im Rahmen der Evaluation des regionalen Schulentwicklungsprojekts „Schule & Co" eingesetzt wurde (vgl. HOLTAPPELS/ LEFFELSEND 2003). Aus diesem Instrument sind 6 Fragekomplexe ausgewählt worden. Die Items werden in Anlehnung an die „Schule & Co."-Studie zu acht Skalen zusammen geführt. Die nachfolgende Tabelle gibt nun zunächst einen Überblick über die Skalen und die errechnete interne Konsistenz[22]:

Tabelle 2: Skalen des in der Vergleichsstudie eingesetzten Fragebogens

	Skala	Anzahl Items	Frage und Beispiel-Item	Cronbachs Alpha
Skala 1	Methodenkompetenz	18 Items	„Wie gut kannst du diese Sachen?" Bsp.: „In einem Text wichtige Stellen markieren"	0,86
Skala 2	Routine in der Anwendung der Sozialformen	6 Items	„Was passiert bei dir im Unterricht, wenn Gruppen- oder Partnerarbeit angesagt ist?" Bsp.: „...haben wir als Gruppe oft bessere Ideen als alleine"	0,60

---

22 Alle den Skalen zugrunde liegenden Items und die deskriptiven Statistiken der verglichenen Populationen sind in Anhang 2 detailliert aufgeführt.

Skala 3	Fähigkeitsselbstkonzept	6 Items	„Wie siehst du dich selbst?" Bsp.: „Ich komme im Unterricht gut mit"	0,82
Skala 4	Selbstsicherheit	4 Items	„Wie siehst du dich selbst?" Bsp.: „Wenn in der Klasse diskutiert wird, melde ich mich meist zu Wort"	0,57
Skala 5	Anwendung grundlegender Lernstrategien	9 Items	„Wie gehst du vor, wenn du etwas lernst oder eine Aufgabe bearbeitest?" Bsp.: „Ich denke mir Beispiele aus zu den Sachen, die ich lernen muss"	0,77
Skala 6	Entscheidungsfähigkeit im Lernprozess	5 Items	„Wir möchten gerne wissen, wie oft du in der Schule selbst über solche Dinge entscheidest." Bsp.: „... wie ich vorgehe, wenn ich etwas lernen soll"	0,67
Skala 7	Selbstreflexion	5 Items	„Bitte kreuz an, wie gut die einzelnen Aussagen dich selbst beschreiben." Bsp.: „Ich merke selbst, ob ich eine Aufgabe gut oder schlecht gelöst habe"	0,65

Skala 8	Selbstständigkeit im Lernprozess	5 Items	„Bitte kreuz an, wie gut die einzelnen Aussagen dich selbst beschreiben." Bsp.: „Ich kann mir selbst einen Plan machen, nach dem ich lerne oder arbeite"	0,62

Die interne Konsistenz der Skalen (Cronbachs Alpha) wird für diese Untersuchung wie folgt bewertet: Generell gelten Werte von mindestens 0,75 als befriedigend und Werte ab 0,85 als gut (LEHMANN/PEECK 1999). Bei der Bewertung von Cronbachs Alpha ist darüber hinaus die Anzahl der Items einer Skala wichtig. Je mehr Items eine Skala enthält, desto höher sollte der Alpha-Wert sein. Umgekehrt gilt ein Alpha-Wert von 0,60 für 5 Items als akzeptabel (KUCKARTZ 2001). Diese Kriterien werden von beinahe allen Skalen eingehalten. Allein Skala 2 (Routine in der Anwendung von Sozialformen) wird diesen Anforderungen nicht ganz gerecht. Die Skala enthält sechs Items und erreicht einen Alpha-Wert von 0,6026. Damit liegt der Wert knapp unter dem Kriterium. Da jedoch sowohl die Trennschärfen der Items unauffällig waren als auch kein höherer Alpha-Wert nach dem Löschen eines Items erreicht worden wäre, wird die Skala aufgrund ihrer inhaltlichen Bedeutung beibehalten und in die Interpretation aufgenommen.

Die Befragung der Schüler(innen) des Schulversuchs und der Schüler(innen) der Hamburger Vergleichsschulen zeigt im Überblick das folgende Ergebnis:

Tabelle 3: Ergebnisse der Befragung zum Lernverhalten: Schüler(innen) der Schulversuchsschulen und Hamburger Vergleichsschulen

LERNVERHALTEN	SV-Schulen (n=74) Mittelwert	Stdrd abw.	Vgl.-Schulen (n=192) Mittelwert	Stdrd abw.	t	df	Cohens d
1. Methodenkompetenzen (18 Items)	3,02	0,44	2,99	0,43	-0,42	264	-0,06
2. Routine in der Anwendung von Sozialformen (6 Items)	2,78	0,54	3,01	0,42	3,38***	106	0,49
3. Fähigkeitsselbstkonzept (6 Items)	2,89	0,51	3,04	0,52	2,22*	262	0,31
4. Selbstsicherheit (4 Items)	2,68	0,69	2,69	0,65	0,13	263	0,02
5. Anwendung grundlegender Lernstrategien (9 Items)	2,56	0,51	2,85	0,53	4,03***	263	0,56
5.1 Kontroll- und Wiederholungsstrategien (4 Items)	2,49	0,66	2,88	0,66	4,46***	263	0,60
5.2 Aufwändigere Elaborationsstrategien (5 Items)	2,62	0,55	2,82	0,57	2,60**	263	0,36
6. Entscheidungsfreiheit im Lernprozess (5 Items)	3,24	0,55	3,08	0,57	-2,09*	264	-0,29
7. Selbstreflexion (5 Items)	3,37	0,48	3,40	0,42	0,49	118	0,07
8. Selbstständigkeit im Lernprozess (5 Items)	3,10	0,57	3,08	0,49	-0,26	264	-0,03

Anmerkung: *** p<.001, **p<.01, *p<.05

Die einzelnen Ergebnisse werden nun in den folgenden Unterkapiteln weiter ausgeführt und interpretiert.

7.1.1 Aussagen der Schüler(innen) des Schulversuchs

Die Schüler(innen) des Schulversuchs machen bei der Befragung zu ihrem Lernverhalten durchgängig eher positive bis deutlich positive Aussagen. In den Daten drückt sich dies darin aus, dass die Mittelwerte bei möglichen Werten zwischen 1 (sehr negativ) bis 4 (sehr positiv) in allen Skalen gleich auf oder über dem Mittel von 2,5 liegen. Dies bedeutet, dass die Schüler(innen) ihre Kompetenzen im Bereich des selbstregulierten Lernens als gut einschätzen – in Teilbereichen sogar sehr gut. Für einzelne Skalen mit überdurchschnittlichen Mittelwerten lässt sich dies folgendermaßen konkretisieren:

Der Mittelwert der Skala „Methodenkompetenz" liegt bei 3,02. Die Schüler(innen) beurteilen ihre Kompetenz, unterschiedliche Arbeitsformen und Methoden anzuwenden, also deutlich positiv.

Der Mittelwert der Skala „Entscheidungsfreiheit im Lernprozess" liegt bei 3,24. Die Schüler(innen) schätzen die Möglichkeit, ihren Lernprozess selbstständig zu bestimmen, also als sehr gut ein.

Der Mittelwert der Skala „Selbstreflexion" liegt bei 3,37. Die Schüler(innen) bewerten ihre Fähigkeit, sich selbst einzuschätzen, also überaus positiv.

Der Mittelwert der Skala „Selbstständigkeit im Lernprozess" liegt bei 3,10. Die Schüler(innen) beurteilen ihre Fähigkeit, ihre eigene Lernsituation selbstständig organisieren und gestalten zu können, also deutlich positiv.

7.1.2 Vergleich zu Schüler(inne)n, die nicht in der Lernortkooperation arbeiten

Die Ergebnisse der Schüler(innen) des Hamburger Schulversuchs werden im Folgenden im Verhältnis zu den Ergebnissen der Hamburger Vergleichsgruppe vorgestellt.

Zentrale Erkenntnis ist, dass sich – entgegen der forschungsleitenden Hypothese – kaum gravierende Unterschiede im Lernverhalten von Schüler(innen) des Schulversuchs und Schüler(innen) der Vergleichsgruppe in den Daten abbilden. Die Schüler(innen) der Hamburger Vergleichsgruppe beurteilen ihre Fähigkeiten im Lernverhalten ähnlich hoch, wie die Schüler(innen) der Versuchsschulen.

Die Schüler(innen) der Hamburger Schulversuchschulen zeigen bei der Hälfte der untersuchten Kategorien gleichwertige Ergebnisse zu denen der Schüler(innen) der Vergleichschulen (vgl. Abb. 2). In Bezug auf die Resultate beim Lernverhalten bedeutet dies: In den Skalen „Methodenkompetenzen", „Selbstsicherheit", „Selbstreflexion" und „Selbständigkeit im Lernprozess" zeigen sich keine signifikanten Unterschiede. Hinsichtlich elementarer Fähigkeiten schätzen die Schüler(innen) der Schulversuchsschulen sich gleichauf mit den Schüler(inne)n der Vergleichsschulen ein. Dies zeigt, dass das Selbstbild und das Selbsteinschätzungsvermögen der Schulversuchschüler(innen) sich genauso entwickelt hat wie das der Vergleichsschüler(innen).

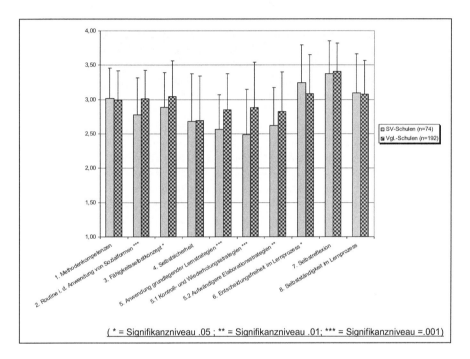

Abbildung 2: Differenzen im Lernverhalten: Schulversuchsschulen und Hamburger Vergleichsschulen

Weiter zeigt das Ergebnis, dass die Schulversuchschüler(innen) sich in der Anwendung von Methoden (Arbeitsplan erstellen, Textbearbeitung, Präsentation, Kritik etc.) ebenfalls die gleichen Fähigkeiten wie die Vergleichschüler(innen) zuschreiben. Das gleichwertige Ergebnis in der Skala „Selbständigkeit im Lernprozess" veranschaulicht, dass die Schüler(innen) der Versuchsschulen ihrer Ansicht nach genauso gut in Eigenregie arbeiten können, wie es die Schüler-(innen) der Vergleichsschulen tun.

Signifikant besser schätzen sich die Schüler(innen) der Versuchsschulen bei der „Entscheidungsfreiheit im Lernprozess" ein. Dieser Fragenkomplex beleuchtet, wie häufig man als Schüler(in) selbst entscheiden darf, wann mit den Aufgaben begonnen wird, in welcher Reihenfolge man sie bearbeitet, wie genau und ausführlich man dies tut und welche Hilfsmittel man dazu benutzt. Die Schüler(innen) hatten für die Antwort vier Antwortmöglichkeiten: (fast) nie, eher selten, eher oft und sehr oft zur Auswahl. Die Ergebnisse der Schüler(innen) der Schulversuchsschulen zeigen, dass sie das Unterrichtsgeschehen dahingehend beurteilen, dass sie ein Mehr an Souveränität und Selbstbestimmung haben und darauf zurückgreifen. Demzufolge bewerten sie ihren eigenen Einfluss auf die Organisation des Lernens und damit einhergehend die eigene Verantwortung bezüglich der Gestaltung ihrer Lernprozesse größer als die Schüler(innen) der Vergleichsschulen.

Demgegenüber schätzen sich die Schüler(innen) der Vergleichsschulen signifikant besser in den Skalen „Routine in der Anwendung von Sozialformen", „Fähigkeitsselbstkonzept" und „Anwendung grundlegender Lernstrategien" ein. Sie beurteilen also sowohl ihre Routine im Umgang mit und der Organisation von Gruppen- oder Partnerarbeit und ihre eigenen Fähigkeiten in der Schule, z.B. etwas Neues zu lernen oder im Unterricht mitzukommen als auch ihre Fähigkeit zur Anwendung von Lernstrategien bei der Bearbeitung von Aufgaben in der Schule besser als die Schüler(innen) der Versuchsschulen.

7.1.3 Vergleich zu Schüler(inne)n des Projekts „Schule & Co."

In der folgenden Gegenüberstellung (vgl. Tab.4 und Abb. 3) werden die Ergebnisse der Schüler(innen) des Schulversuchs nun mit den Daten der „Schule & Co."-Studie verglichen (vgl. HOLTAPPELS/LEFFELSEND 2003).

Tabelle 4: Ergebnisse der Befragung zum Lernverhalten: Schüler(innen) der Schulversuchsschulen und des Projekts „Schule & Co."

LERNVERHALTEN	SV-Schulen (n=74)		Schule & Co.			
			Vgl. Jhrg. 7 (SI-Schule; n=1943)		Vgl. Jhrg. 11 (Beru.Kolleg.; n=328)	
	Mittelwert	Stdrd abw.	Mittelwert	Stdrd abw.	Mittelwert	Stdrd abw.
1. Methodenkompetenzen	3,02	0,44	2,86	0,84	2,72	0,85
2. Routine in der Anwendung von Sozialformen	2,78	0,54	2,90	0,86	2,94	0,77
3. Fähigkeitsselbstkonzept	2,89	0,51	2,94	0,76	2,76	0,77
4. Selbstsicherheit	2,68	0,69	2,67	0,98	2,56	0,91
5. Anwendung grundlegender Lernstrategien	2,56	0,51	2,71	0,92	2,69	0,90
5.1 Kontroll- und Wiederholungsstrategien	2,49	0,66	2,77	0,92	2,71	0,93
5.2 Aufwändigere Elaborationsstrategien	2,62	0,55	2,66	0,92	2,68	0,88
6. Entscheidungsfreiheit im Lernprozess	3,24	0,55	2,90	0,93	2,93	0,85
7. Selbstreflexion	3,37	0,48	3,39	0,67	3,33	0,65
8. Selbstständigkeit im Lernprozess	3,10	0,57	2,97	0,86	2,92	0,81

Bei der Interpretation der Unterschiede ist wichtig zu beachten, dass sich die befragten Schüler(innen) im Projekt „Schule & Co" nicht in derselben Jahrgangsstufe befinden, wie die Schüler(innen) im vorliegenden Schulversuch: Eine Gruppe von Schüler(inne)n ist jünger und eine Gruppe ist älter als die Schulversuchsschüler(innen). Es können deshalb auch keine Aussagen über die Signifikanz der Unterschiede gemacht werden, vielmehr dienen die Ergebnisse aus dem Projekt „Schule & Co." als besondere Orientierungswerte, zu denen die hier erhobenen Ergebnisse in Beziehung gesetzt werden sollen. Besonders – und sinnvoll trotz aller Einschränkungen in der Geltung der Interpretationen – sind die Vergleichswerte deshalb, weil die Schüler(innen) des Projekts „Schule & Co." im Sinne einer direkten Förderung des selbstregulierten Lernens ein Trainingsprogramm absolviert haben – wohingegen die Schüler(innen) des hier vorliegenden Schulversuchs im Sinne einer indirekten Förderung durch die Lernumgebung der Lernortkooperation in ihrem selbstregulierten Lernen gefördert werden sollen (vgl. Kap. 4.3.3).

Sehr bemerkenswert ist, dass die Schulversuchsschüler(innen) in der Skala „Methodenkompetenzen" bessere Werte zeigen als die Schüler(innen) der Studie „Schule & Co" – dies insbesondere vor dem Hintergrund, dass die Schüler(innen) in „Schule & Co" spezielle Methodentrainings über einen längeren Zeitraum absolvieren. Es kann vermutet werden, dass die gute Beurteilung der Schüler(innen) aus dem Schulversuch zusammenhängt mit ihren Erfahrungen, die sie bei der Erstellung der besonderen Lernaufgabe machen. Wie in Kapitel 6.2.2 und vor allem in Kapitel 8.1.3 und 8.2.3 dieser Arbeit gezeigt wird, entwickeln die Schüler(innen) bei der Bearbeitung der besonderen Lernaufgabe Fähigkeiten zur Reflexion, zur Selbstorganisation, zur Selbstregulation und zur Artikulation.

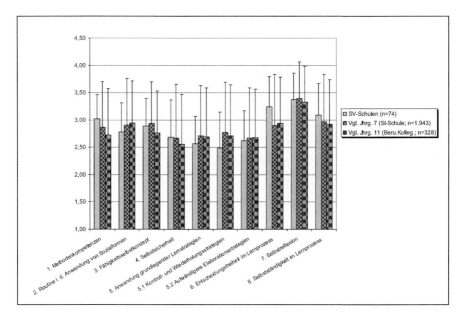

Abbildung 3: Differenzen im Lernverhalten: Schulversuchsschulen und Schulen der Studie „Schule & Co."

Gleiches ist in den Skalen „Entscheidungsfreiheit im Lernprozess" und „Selbständigkeit im Lernprozess" festzustellen. Die Hamburger Schüler(innen) des Schulversuchs können hier Vorteile vorweisen, obwohl sie keine speziellen Trainings (wie im Projekt „Schule & Co") absolvieren. Es liegt nahe, dass der Schulversuch durch seine spezifischen Herausforderungen einen positiven Einfluss auf die Entwicklung von Entscheidungsfreiheit und Selbstständigkeit im Lernprozess der Schüler(innen) hat. Sowohl die „Entscheidungsfreiheit im Lernprozess" wie auch die „Selbständigkeit im Lernprozess" entsprechen eher Lernhaltungen, die weniger in Trainings geübt werden können, sondern eher von Umfeldfaktoren abhängig sind. In den übrigen stärker trainingsabhängigen Kategorien wie „Anwendung grundlegender Lernstrategien" und „Routine in der Anwendung von Sozialformen" deuten die Ergebnisse der Schulversuchsschüler(innen) darauf hin, dass es noch Potenziale gibt, die durch die Herausforderungen des Schulversuchs alleine nicht voll entfaltet werden konnten.

7.2 Zusammenfassende Diskussion der Ergebnisse

Mit der standardisierten Befragung der Schüler(innen) des Schulversuchs im Vergleich zu Schüler(inne)n der Regelschule, die nicht in der Lernortkooperation arbeiten, wird das Ziel verfolgt, Merkmale des Lernverhaltens vergleichend zu analysieren und damit zu prüfen, wie die Schüler(innen) die Potenziale der Lernortkooperation nutzen.

Auch wenn sich in dieser Untersuchung nur wenige statistisch bedeutsame Differenzen im Sinne der Ausgangshypothese nachweisen lassen (vgl. Tab. 1), so sind auf dieser Basis dennoch interessante Effekte zu beobachten:

Signifikant besser schätzen sich die Schüler(innen) des Schulversuchs im Vergleich mit Hamburger Schüler(innen)n in der Dimension Lernverhalten bezogen auf die Kategorie *Entscheidungsfähigkeit im Lernprozess* ein; dieses Ergebnis gibt einen Hinweis darauf, dass die Schüler(innen) im Schulversuch sowohl ein Mehr an Verantwortung bei der Gestaltung des Unterrichts sehen als auch aktiv davon Gebrauch machen. Das schulische Setting der Lernortkooperation wird von den Schüler(innen) also als ein durch sie gestaltbares Lernarrangement verstanden.

Dass die Schüler(innen) des Schulversuchs in Skalen wie *Methodenkompetenz, Selbstsicherheit, Selbstreflexion* und *Selbständigkeit* gleichauf liegen mit vergleichbaren Populationen in Hamburg, lässt sich in zwei Richtungen interpretieren:

- zum einen bieten die Bedingungen des Schulversuchs in diesen Skalen keine messbaren Vorteile gegenüber herkömmlichen Bedingungen in Hamburg,
- zum anderen ist es den Schüler(inne)n im Schulversuch möglich, trotz einer verminderten Schulbesuchsdauer von drei Tagen pro Woche die gleichen Werte in bedeutsamen Kategorien des Lernverhaltens zu erreichen.

Allerdings ist die Erwartung nicht eingetreten, dass die Schulversuchsschüler(innen) in diesen Kategorien bessere Werte erreichen als vergleichbare Regelschüler(innen). Dieses Ergebnis und das schlechtere Abschneiden der Schulversuchsschüler(innen) in den Bereichen *Fähigkeitsselbstkonzept, Anwendung grundlegender Lernstrategien* und *Routine in der Anwendung von Sozialformen* deuten zunächst auf Defizite der Schüler(innen) in diesen Bereichen hin. Jedoch soll auch hier eine alternative Lesart angeboten werden:

Diese Daten können auch so interpretiert werden, dass die Schüler(innen) der Lernortkooperation durch die Auseinandersetzungen mit den betrieblichen und lebensweltlichen Anforderungen und der Prüfung ihrer Handlungsmöglichkeiten im außerschulischen Bereich vor dem Hintergrund anderer Vergleichskriterien ein realistischeres Bild von ihren Fähigkeiten und Kompetenzen erworben haben. Die Schüler(innen) der Regelschule haben dagegen nicht die Möglichkeit dieser ‚externen Validierung' und schätzen demzufolge ihre Fähigkeiten vergleichsweise positiv ein. Unter Rückgriff auf HAEBERLIN ET AL. (1991) beschreibt KILLUS dies für die Selbstwahrnehmung von Schüler(innen) als „Bezugsgruppeneffekt". Die Selbsteinschätzung erfolgt demnach eher aufgrund von Vergleichen mit dem sozialen Umfeld als mit objektiven Kriterien (vgl. KILLUS 2004: 409). Diese Vermutung unterstützt auch der Vergleich dieser Daten mit den Ergebnissen der Schüler(innen) des Projekts „Schule & Co.". Auch diesen gegenüber schätzen sich die Hamburger Vergleichsschüler(innen) in diesen Bereichen sehr hoch ein, obwohl die Ausgangslage darauf hindeutet, dass die „Schule & Co."-Schüler(innen) durch das direkte Training von Lernstrategien höhere Kompetenzen erworben haben müssten.

Bemerkenswert ist nun – bei aller Vorsicht in der Interpretation – der Vergleich der Schulversuchsschüler(innen) mit Schüler(inne)n dieses explizit auf den Erwerb von eigenverantwortlichem Lernen zielenden Schulversuchs „Schule & Co." in Nordrhein-Westfalen: Die Absolvent(inn)en des Hamburger Schulversuchs zeigen in den Skalen *Entscheidungsfähigkeit, Selbständigkeit* und *Methodenkompetenz* bessere Ergebnisse als Schüler(innen) des Schulversuchs in Nordrhein-Westfalen, obwohl innerhalb dieses Versuchs spezielle Trainings zum eigenverantwortlichen Lernen und zur Teamentwicklung absolviert wurden und diese Schüler(innen) in der Regel bessere Werte aufweisen als nicht trainierte Schüler(innen) (vgl. dazu BASTIAN/ROLFF 2003). Dies kann als Hinweis darauf verstanden werden, dass die Herausforderungen der Lernortkooperation und die Erfahrungen bei der eigenständigen Erstellung der besonderen Lernaufgabe in zentralen Dimensionen des Lernverhaltens Wirkungen zeigen, die sogar den Wirkungen von systematischen Trainings überlegen sein können. Dieses Ergebnis besagt allerdings nicht, dass ein ergänzendes systematisches Training in diesen Kategorien die im Hamburger Schulversuch erreichten Werte nicht noch weiter steigern könnten. Als sinnvolle Ergänzung bietet sich deshalb aufgrund der für die Schulversuchsschüler(innen) positiven Ergebnistendenzen der Untersuchung an, die Fähigkeiten im Lernverhalten durch systematische Unterstützungsmaßnahmen – ähnlich denen des Projekts „Schule & Co" – weiterzuentwickeln.

Die Ergebnisse der Vergleichsuntersuchung zum Lernverhalten zusammenfassend ist zweierlei festzuhalten:

- Im Rahmen der quantitativen Vergleichsuntersuchung kann noch nicht ausreichend geklärt werden, inwieweit Schüler(innen) der Lernortkooperation durch die Lernumgebung in ihrem selbstregulierten Lernen gefördert werden.
- Belege können allerdings dafür gewonnen werden, dass die Schülerinnen und Schüler im Schulversuch mit einem in dieser Form entwickelten Lernverhalten aktiv und eigenständig in die *Gestaltung der eigenen Lernbiografie* eingreifen. Dies kann darauf hindeuten, dass die spezifischen Herausforderungen der Lernortkooperation Einfluss auf die Entwicklung von Entscheidungsfreiheit und Selbstständigkeit im Lernprozess der Schüler(innen) haben.

Um die Prozesse und Zusammenhänge des Lernens in der Lernortkooperation aufzuspüren und genauer zu verstehen, folgen nun im Anschluss qualitative Fallstudien von einzelnen Schüler(inne)n.

8 Entwicklungsverläufe von Schülerinnen und Schülern im Schulversuch

Nachdem in dem vorangegangenen Kapitel ein Überblick über das Lernverhalten der Schüler(innen) in der Lernortkooperation im Vergleich zu anderen, vergleichbaren Schüler(innen) gewonnen wurde, sollen in diesem Kapitel nun die Entwicklungsprozesse von einzelnen Schüler(inne)n im Verlauf der Lernortkooperation fallanalytisch rekonstruiert werden. Diese werden in Entwicklungsportraits dargestellt.

Die Rekonstruktion von Entwicklungsverläufen zielt bezogen auf das Forschungsinteresse insbesondere auf das Verstehen der Prozesse in drei Entwicklungsfeldern: die Entwicklung des Bildungsgangs, die Entwicklung der Selbstregulation des Lernens und der Prozess der Be- und Verarbeitung von Erfahrungen.

Wie in Kapitel 5.2.1 dargestellt, wurden sechs Schüler(innen) über ein Jahr hinweg begleitet und zu drei Zeitpunkten interviewt. Diese Schüler(innen) wurden stellvertretend für bestimmte Schülertypen anhand von Kriterien ausgewählt. Zentral sind der schulische Leistungsstand sowie die Einstellungen zum schulischen Lernen und zum Schulversuch.

Intensive Rekonstruktionen von Entwicklungsporträts bedürfen eines angemessenen Darstellungsrahmens, d.h. sie sind im Darstellungstext umfangreich. Dies gewährleistet einerseits das differenzierte Erfassen der Abläufe und Prozessmuster, andererseits geht damit einher, dass aufgrund der großen Textmenge nur eine geringe Fallzahl in dieser Form darstellbar ist, wenn die Lesbarkeit aufrechterhalten werden soll. In dieser Arbeit werden für eine ausführliche Darstellung zwei Fälle ausgewählt. Entscheidendes Kriterium für die Wahl der Fälle ist, dass in den Rekonstruktionen des Entwicklungsprozesses Gelingensbedingungen für die Nutzung der Lernortkooperation herausgearbeitet werden können. Dies wird an zwei kontrastierenden Fällen verdeutlicht, die sich in Bezug auf schulische Leistung, Lernbereitschaft und Einstellung zum Schulversuch unterscheiden.

Bewusst werden in dieser Untersuchung Fälle von Schülern ausführlich dargestellt, bei denen eine positive Nutzung der Lernortkooperation rekonstruiert wird. Die Fallstudien sollen den komplexen Erkenntnisgegenstandes des

Lernentwicklungsprozesses von Schüler(inne)n in der Lernortkooperation in der Form analysieren, dass Zusammenhänge expliziert und Begrifflichkeiten geprüft eingeführt werden und so Entwicklungsmuster eines positiven Nutzungsverhältnisses aufgedeckt werden.[23]

Unter einem positiven Nutzungsverhältnis der Lernortkooperation wird in dieser Arbeit verstanden, dass die Lernortkooperation den Jugendlichen Perspektiven eröffnet, die vorher nicht vorhanden waren und so zum biographisch bedeutsamen Lernen und zu einer produktiven Weiterentwicklung beitragen. Enthalten sind in dem Begriff „Nutzungsverhältnis" sowohl persönlich-reflexive Momente der Entwicklung als auch die Integration in längerfristige Lernlaufbahnen und Bildungsgänge; denn trotz aller Ich-Leistungen und individuellen Gestaltungsaufgaben dieses Übergangs – trotz der so genannten „Individualisierung" – gilt, dass Lebensläufe nach wie vor stark mit gesellschaftlich-institutionellen Bedingungen verbunden sind (vgl. Kap. 4.1). Insofern ist die Frage, in welcher Weise die jeweilige Nutzung des Schulversuchs Auswirkungen auf die prognostizierte Entwicklung des Bildungsgangs im institutionalisierten Laufbahnsystem hat. Diese Frage richtet sich unmittelbar auf die Entwicklung einer positiv korrespondierenden „Anschlussfähigkeit" des schulischen Bildungsgangs an weiterführende schulische oder berufliche Institutionen.

Der Schüler Kemal, dessen Entwicklungsporträt als erstes folgt, wird für die ausführliche Fallstudie zum einen ausgewählt, weil er als Realschüler zu den leistungsstarken Schüler(inne)n des Schulversuchs zählt, und zum anderen weil seine Ausgangslage zu Beginn der Lernortkooperation davon geprägt ist, dass für ihn beide Lernorte unverbunden erscheinen: Er ist auf die Schule fixiert, kann mit dem neuen Lernort zunächst nicht viel anfangen und steht so der Lernortkooperation zu Beginn des ersten Praktikums sehr zweifelnd gegenüber. Es ist jedoch zu vermuten, dass er durch die Verknüpfung der Schule mit dem betrieblichen Lernort eine eigene Lerngeschichte ausprägen und gestalten kann und dass deshalb spannende Entwicklungspotenziale zu erwarten sind.

Der zweite Schüler Bruno wird für die ausführliche Fallstudie zum einen ausgewählt, weil er als leistungsschwacher Schüler die Hauptschüler(innen) im Schulversuch repräsentiert, und zum anderen weil seine Ausgangslage zu Beginn der Lernortkooperation davon geprägt ist, dass er sich Lernprozessen kategorisch verschließt: Er blockt schulische Anforderungen ab, steht der Lernortkooperation allerdings eher abwartend positiv gegenüber. Es ist zu vermuten, dass er durch

---

23 Weitere mögliche Untersuchungsperspektiven, wie die Gegenüberstellung von Schüler(inne)n, die von der Lernortkooperation profitieren, mit Schüler(inne)n, die die Lernortkooperation nicht im erhofften Sinne nutzen können, oder die Berücksichtigung einer geschlechtsspezifischen Untersuchungsfrage können darüber hinaus in dieser Arbeit nicht verfolgt werden. Dies wären Fragen für weitere Studien.

den betrieblichen Lernort Anregungen erhält, durch die er seine Vermeidungshaltung gegenüber Anforderungen und dem Lernen überwinden kann.

Die weiteren vier untersuchten Fälle werden an die ausführlichen Entwicklungsportraits anschließend in sehr komprimierter Form anhand zentraler Entwicklungsmuster der Nutzung dargestellt und zusammen mit den ausführlichen Fällen typologisch eingeordnet.

Die Darstellung des Entwicklungsportraits erfolgt jeweils, wie in Kapitel 5.2.1 beschrieben, anhand von Kategorien zu Teilaspekten des Bildungsgangs, zur Selbstregulation des Lernens und zum Prozess der Be- und Verarbeitung von Erfahrungen. Diese werden im Folgenden erläutert:

Der erste Abschnitt in der Struktur der Entwicklungsporträts – „Die Ausgangslage" – markiert den Startpunkt des Schülers zu Beginn des Schulversuchs. Dieser Ausgangslage zugeordnet sind die Kategorien „Familienhintergrund", „Bisheriger Bildungsgang" und „Einstellung zum Beruf". Vor diesem Hintergrund sind die weiteren Entwicklungen im Längsschnitt zu beschreiben. Zur strukturierten Darstellung sind zentrale Kernfragen für jede Kategorie entwickelt worden:

Familienhintergrund

– *Welchen Erfahrungsraum/Erfahrungshintergrund bietet die Familie für Lernen und Zukunftsperspektiven?*

Bildungsgang

– *In welcher Weise gestaltet sich der Bildungsgang des Schülers bis zum Beginn des Schulversuchs?*

Einstellung zum Beruf

– *Welche Vorstellung einer beruflichen Perspektive ist zu Beginn des Schulversuchs entwickelt?*

Der zweite Abschnitt „Entwicklung des Bildungsgangs in der Zeit der Lernortkooperation" beschreibt den Entwicklungsprozess der Schüler in drei Kategorien: „Verhältnis zu Leistung und Zukunftsperspektive", „Familiäre Prägung in Bezug auf Schule und Leistung" und „Gestaltung der Lerngeschichte". Diese Kategorien repräsentieren die aus den Fällen rekonstruierten Entwicklungsfaktoren, von denen der Bildungsgang und dessen Entwicklung entscheidend geprägt sind. Die Kernfragen zu diesen Kategorien lauten:

Verhältnis zu Leistung und Zukunftsperspektive:

– *Welches Verhältnis hat der Schüler zu schulischen Leistungen und wie entwickelt sich dieses aufgrund der Erfahrungen im Schulversuch?*
– *Welche Orientierung bezüglich seines Schulabschlusses und seiner Zukunftsperspektive hat der Schüler und wie orientiert sich der Schüler aufgrund der Erfahrungen im Schulversuch?*

Familiäre Prägung in Bezug auf Schule und Leistung:

– *Welche familiale Prägung auf schulische Einstellung und Leistung erfährt der Schüler und wie entwickelt sich der Einfluss der Familie aufgrund der Erfahrungen im Schulversuch?*

Lerngeschichte:

– *Welche Lerngeschichte hat der Schüler und wie entwickelt sich diese aufgrund der Erfahrungen im Schulversuch?*

Die bisher genannten Kategorien sind dabei so angelegt, dass sie einen Aufriss des gesamten Falls sowie die Herausarbeitung einer bestimmten Strukturproblematik ermöglichen (zum Begriff der Strukturproblematik vgl. Kap. 5.2.1.2).

Im dritten Abschnitt „Entwicklung der Selbstregulation des Lernens: Zur Ausdifferenzierung von Lernstrategien in Schule und Betrieb" wird fallvertiefend der Entwicklungsprozess des selbstregulierten Lernens dokumentiert und die Selbstregulation des Lernens als Verfügung über Lernstrategien herausgestellt. Die Dimensionierung der Lernstrategieentwicklung folgt, wie oben ausgeführt, dem von LEUTNER/LEOPOLD und SCHREIBER entwickelten Kategoriensystem (vgl. Kap. 4.3).

Der Fall Kemal wird in diesem Abschnitt sehr ausführlich analysiert; die Lernstrategieentwicklung auf über- und untergeordneter Ebene wird angebunden an die drei zentralen Lerngegenstände „Bewältigung der Anforderungen der Schule", „Bewältigung der Anforderungen des Betriebs" und „Bewältigung der Lernaufgaben" differenziert rekonstruiert. Diese detaillierten Ausführungen werden unter Berücksichtigung des oben angesprochenen Dilemmas zum Textumfang differenzierter Rekonstruktionen im Fall Bruno stark zusammengefasst. Die Lernstrategieentwicklung wird unter Verwendung der eingeführten Begrifflichkeiten verdichtet bezüglich der Kernfrage zur übergeordneten Kategorie Selbstregulation dargestellt:

– *Welche Lernstrategien hat der Schüler und wie entwickeln sich diese aufgrund der Erfahrungen im Schulversuch?*

Im vierten Abschnitt „Das Erleben des Berufs" wird zusammengefasst, in welcher Weise die Schüler durch die betrieblichen Erfahrungen berufliche Orientierung und Fähigkeiten gewinnen. Die Kernfrage ist:

– *Welche Einschätzung zu persönlichen Fähigkeiten und welchen Blick auf die beruflichen Realitäten/Möglichkeiten bringt der Schüler mit und was tragen die Erfahrungen mit den betrieblichen Anforderungen zur Ausdifferenzierung bei?*

Im letzten, fünften Abschnitt „Formen der Be- und Verarbeitung von Erfahrungen" wird der Erfahrungsprozess der Schüler(innen), der zum biographisch bedeutsamen, die Person verändernden Lernen geführt hat, pointiert dargestellt und in seinen Stationen ausgehend von der auslösenden Erfahrungskrise aus den bisher dargestellten Teilaspekten rekonstruiert. Zentral ist dazu die folgende Kernfrage:

– *Wie nutzen die Schüler(innen) die Optionen und Möglichkeiten des Erfahrungsprozesses in der Lernortkooperation? Wie verläuft der Prozess der Be- und Verarbeitung von Erfahrungen?*

Zur abschließenden Typisierung in Kapitel 8.3 wird die Entwicklung des Schülers oder der Schülerin bezogen auf das Nutzungsverhältnis zum Schulversuch in einem Fazit zusammengefasst. Die Zusammenfassung orientiert sich an zentralen Aspekten zur Selbstregulation des Lernens und zum biographisch bedeutsamen Lernen. In der typologischen Einordnung wird im Überblick und vergleichend gezeigt, in welchem Zusammenhang unterschiedliche Schüler(innen)typen und Nutzungsformen des Schulversuchs zu sehen sind.

8.1 Entwicklungsportrait des Schülers Kemal

Der Schüler Kemal ist zum ersten Interviewzeitpunkt 15 Jahre alt und besucht die 9. Klasse einer Integrierten Haupt- und Realschule mit dem Status eines Realschülers. Er ist mit sechs Jahren in die erste Klasse dieser Schule eingeschult worden und hat keine Klasse wiederholt.

Kemal macht im Rahmen der Lernortkooperation sein erstes Praktikum beim Tischler und das zweite in zwei benachbarten Betrieben, hauptsächlich in einer Rechtsanwaltskanzlei und zu einem geringeren Anteil in einem Immobilienbüro.

8.1.1 Ausgangslage

Familienhintergrund

Kemal ist in Hamburg geboren und in einem Familien- und Verwandtschaftssystem türkischer Migranten aufgewachsen; dort findet er sowohl Orientierungsfiguren als auch Anerkennung. In Kemals Familie haben familiäres Prestige, Aufstiegswünsche und das berufliche Erfahrungsmuster des Sich-Hocharbeitens eine starke Bedeutung. Dies konkretisiert sich bezogen auf Kemal in der Erwartung: ‚Werde besser als dein Vater.'

Die Männer im Umfeld führen überwiegend körperlich beanspruchende handwerkliche Arbeiten aus, die Frauen führen einen eigenen Laden. Damit hat sich die Familie eine solide ökonomische Basis geschaffen. Von dort aus weiterzukommen, ist das Ziel der Eltern für Kemal, dem dabei die Rolle des beruflichen Hoffnungsträgers zugewiesen wird. Kemal berichtet an vielen Stellen seiner Erzählung – beginnend in der Grundschule – vom Erwartungsdruck seiner Eltern. Diesen nimmt Kemal an und engt dadurch seine Perspektive für die Zukunft stark ein. Sein Ziel und das seiner Eltern ist zunächst der Realschulabschluss und danach das Abitur.

Die Vorstellungen von der Notwendigkeit eines hohen Bildungsabschlusses zur Absicherung der Aufstiegserwartung lassen Kemal bis zum Beginn des Schulversuchs keinen Platz für andere Vorstellungen, etwa eine berufliche Entwicklung ohne ein Abitur als Voraussetzung.

Bildungsgang

Kemals Erzählung beginnt mit der Vorfreude auf die Grundschule. Auffällig an seiner Erzählung ist, dass er zur Grundschulzeit keine eigene Lerngeschichte erzählen kann, häufig mit „weiß nicht" antwortet und Schulerfahrungen weder positiv noch negativ bewertet. Schule ist in seinen Worten „ganz normal" (K1/2/13), sie ‚passiert' so, als ob er nichts dazu beizutragen habe; sie wirkt sehr durch die Eltern bestimmt, die ihn früh zur Leistung anhalten.

Auch die Funktion von Schule ist ihm anfangs nicht klar; später hört er aber, was ihn erwartet, und sieht das als Anlass, für die Schule zu arbeiten. In diesem von außen bestimmten Sinne ist es für ihn erstrebenswert, in der Schule gut zu sein.

„Dann hört man so viel, und dann muss man ein bisschen arbeiten und besser werden" (K1/2/22f).

Kemal berichtet von zunächst recht guten Leistungen in der Sekundarstufe, erzählt aber auch, dass er vor Beginn des Schulversuchs in seinen Leistungen ‚abgesackt' sei. Ungebrochen aber ist die Bekundung seines Leistungsstrebens: Er will in der Schule wieder besser werden und unterstreicht diesen Wunsch durch selbstsuggestive Appelle.

Kemals Leistungsstreben orientiert sich bis zum Beginn des Schulversuchs am Realschulabschluss, um dann das Abitur zu machen. Für ihn ist der Schulversuch deshalb zunächst etwas, was in dieser Linie keine Funktion hat; er sieht im Schulversuch vielmehr etwas, das ihn hindert, in der Schule besser zu werden, weil die Lernzeit geringer wird. Seine Lerngeschichte erzählt er weiter als eine äußere Geschichte – lediglich das „Besser-Werden-Wollen" ist ein Hinweis auf eine Möglichkeit, selbst aktiv werden zu wollen – wenn auch im Sinne äußerer Erwartungen.

Einstellung zum Beruf

Kemal hat bis zum Beginn der Lernortkooperation keine Vorstellung von einem möglichen Beruf. Die Übernahme des Familienmotivs, „etwas Besseres als der Vater" zu werden, ermöglicht ihm lediglich die Abgrenzung von Berufen, die für ihn nicht ‚richtig' sind; welche Berufe aber nun die ‚besseren' sind, kann er nicht sagen.

Gleichzeitig bemerkt Kemal die Problematik des Fehlens einer beruflichen Perspektive; er sieht jedoch noch keine Möglichkeit, diesen Zustand zu ändern.

Die Vorstellung einer beruflichen Perspektive ist zu Beginn des Schulversuchs nur in Form negativer Abgrenzungen vom Berufsfeld der Eltern möglich; das Fehlen einer eigenen Berufsvorstellung empfindet er allerdings als Problem.

8.1.2   Entwicklung des Bildungsgangs in der Zeit der Lernortkooperation

Zu Beginn der Lernortkooperation ist Kemals Einstellung zur Schule stark von einer Orientierung am Realschulabschluss und einem Streben nach besseren Leistungen geprägt. Die Sicht auf seine Lerngeschichte ist durch Passivität geprägt; seine Haltung zum Schulversuch ist skeptisch. Diese Einstellungen durchlaufen im Laufe des Schulversuchs eine Entwicklung. Besonders deutlich wird dabei das Muster von einer vormals passiven hin zu einer aktiven Lerngeschichte, die mit einer Emanzipation von den elterlichen Ansprüchen zusammenhängt. Im Folgenden wird das Entwicklungsmuster des Bildungsgangs nachgezeichnet.

Entwicklung des Verhältnisses zur Leistung und zur Zukunftsperspektive

Zu *Beginn des ersten Praktikums* stört der Schulversuch das Streben nach einem höheren Schulabschluss. Kemal befürchtet, dass ihm für die Schule nicht genügend Zeit bleibt. Außerdem sieht er im Nebeneinander der Lernorte Schule und Betrieb ein „Durcheinander vom Feinsten" (K1/22/11).
Dies ändert sich zu Beginn des zweiten Praktikums. Nun beginnt eine Auseinandersetzung, bei der das Thema ‚einen Weg für die Zukunft finden' allmählich in den Blick kommt. In einer ‚einerseits-andererseits-Bewertung' würdigt er nun auch die Betriebserfahrungen:

> „Ja, für den Beruf ist der Betrieb gut; aber, ich weiß nicht, immerhin wollen ja viele auch weiter Schule machen und da ist das irgendwie ein Hindernis, glaube ich" (K2/1018f). „Wenn man jeden Tag da [im Betrieb] ist, ist es einerseits eine andere Erfahrung, aber andererseits versäumst du viel in der Schule" (K2/1119f).

Er charakterisiert die Schulerfahrungen während des zweiten Praktikums als „Ernstprogramm" und die Betriebserfahrungen als „locker" (K3/534). Schule empfindet er nun als Druck, als etwas, zu dem er eigentlich gar keine Lust mehr hat (vgl. K3/370).

Zum Ende des zweiten Praktikums gelingt ihm erstmals die Entwicklung einer eigenen Perspektive. Er hat nun die Möglichkeit entdeckt, über eine Berufsfachschule und den Erwerb der Fachhochschulreife fast alle höheren Bildungsabschlüsse zu erreichen. Er betont, dass er auf diesem Weg Schule und Ausbildung miteinander verbinden kann. Damit hat er eine Alternative zu dem von seinen Eltern vertretenen und von ihm internalisierten Anspruch gefunden, zunächst den Realschulabschluss und dann das Abitur machen zu müssen. Kemal erklärt seine neue und eigene Sicht so:

> „Also du machst Schule und machst zugleich eine Ausbildung. Hast deine Ausbildung dann hinter dir. Hast dann alles zusammen in vier Jahren, wenn du dann Fachhochschule noch weitermachst. Und wenn nicht, dann dauert das halt zwei Jahre: hast du eine Ausbildung und kannst noch weiter zur Schule gehen. Das ist dann dein Fach-Abi" (K3/377f).

Während des gesamten Schulversuchs behält Kemal sein Verhältnis zur Schulleistung im Sinne eines „ich will besser werden" bei. Dies verdeutlicht er zu Beginn des zweiten Praktikums in einer Abgrenzung zur Haltung einer BVJ-Clique, die er als nicht interessiert und nicht aktiv bezeichnet.

> „Meine Freunde sind K.O. [...] Die sind nicht an Schule interessiert oder an Ausbildung ..., sondern (..) wollen einfach Spaß vom Leben. Die denken manchmal dran, was Besseres zu machen, aber die tun nichts dafür." (K2/1043f).

Am *Ende des zweiten Praktikums* betont Kemal, dass er sich im letzten Halbjahr der 10. Klasse – also in der Zeit ohne Praktikum – intensiv auf seine Leistung konzentrieren wolle, um den erforderlichen Notendurchschnitt für eine weiterführende Schule zu erreichen.

Entwicklung der familiären Prägung in Bezug auf Schule und Leistung

Die familiären Erwartungen an schulische Leistungen und das Abitur als Voraussetzung für den gewünschten Aufstieg bleiben während der Lernortkooperation bestehen. Gleichzeitig macht Kemal durch eigene Erkundungen Erfahrungen, die ihm helfen, Alternativen zu denken. *Zu Beginn des zweiten Praktikums* kann Kemal formulieren, dass seine Eltern Vorstellungen für ihn entwickelt haben, die durch ihr begrenztes Wissen geprägt sind. Dadurch löst er sich in Gedanken von der rigiden Sicht seiner Eltern, für die das Motto „Schule, Schule, Schule" (K2/385) ist; so entwickelt er eine eigene Sicht, die ihm verschiedene Möglichkeiten für die Zeit nach dem Realschulabschluss eröffnet.

> „Bloß sie [die Eltern; J.H.] wissen halt nicht, dass man hier auch, wenn man einen Realschulabschluss hat, eine Ausbildung machen kann und gleichzeitig weiter Schule machen kann. So was denken sie sich gar nicht. Sie denken nur Schule, sie kennen nur einen Weg. [...] Obwohl es mehrere Wege gibt" (K2/416f).

Trotz dieser neuen Eigenständigkeit empfindet es Kemal als Problem, dass er noch keine Vorstellung von seinem zukünftigen Beruf hat. Dieser Stand der Entwicklung lässt sich sinngemäß mit dem Satz fassen: *‚Ich weiß zwar noch nicht, was ich werden will, aber es gibt mehrere Wege'.*

In der fachschulischen Ausbildung sieht er eine Möglichkeit, die ihm alle Türen für schulische und berufliche Entscheidungen offen hält. So kann er den elterlichen Erwartungen nachkommen, muss sich aber nicht so „quälen" wie auf einem Gymnasium (vgl. K3/364). Der Schulversuch, der aus seiner Sicht zunächst im Widerspruch zur Orientierung auf einen höheren Schulabschluss steht, hat Kemal zu einem Selbstverortungsprozess angeregt. Er kann nun die Aufstiegserwartungen durch schulische Bildung aufnehmen und sie mit der Möglichkeit beruflicher Tätigkeiten verbinden, deren Potenzial er vor allem während des zweiten Praktikums erfahren hat.

Entwicklung der Lerngeschichte

Stellt Kemal seine Lerngeschichte *zu Beginn der Lernortkooperation* noch als passives Geschehen dar, bei dem die Orientierung an Fremderwartungen eine starke Rolle spielt, so schildert er zu Beginn des zweiten Praktikums bereits eine aktive Lerngeschichte. Er berichtet von Auseinandersetzungen mit schulischen Anforderungen und der Nutzung personeller Unterstützungssysteme; so geht er beispielsweise aktiv auf seine Cousine, einen Betreuer aus dem Jugendclub und den Mitarbeiter in seinem Praktikumsbetrieb zu.

Während des Schulversuchs gelingt ihm darüber hinaus das eigenständige Durchdenken von Zukunftsperspektiven. Dabei erfährt er es als hilfreich, dass er im Schulversuch gemeinsam mit anderen berufliche Möglichkeiten gedanklich durchspielen kann.

„Wenn ich alleine – also ohne die anderen Schüler – meine ‚Peilung' [Name des Projekts] gemacht hätte, dann hätte ich nur einen Beruf kennen gelernt. Aber da die anderen das auch machen und wir uns das gegenseitig erklären, dadurch merkt man schon, welchen Beruf man irgendwie schon ein bisschen gut findet" (K2/968f).

Dass der elterliche Druck auch während des Schulversuchs unvermindert erfahren wird, schildert Kemal *zum Ende des zweiten Praktikums*; gleichzeitig berichtet er jedoch auch von widerständigen und eigenständigen Reaktionen.

„Ja, dann heißt das, nach der Schule sofort nach Hause, Hausaufgaben. O.k. dann guckt man mal Fernsehen. Das reicht. Nicht rausgehen, die [Eltern] wollen mich einfach nicht rauslassen, manchmal. Aber dann sag ich: ‚Das geht nicht, tschüs.', und dann bin ich draußen. Und dann, wenn ich nach Hause komme, dann labern die mich erst mal voll wegen Hausaufgaben und Schule. [...] Und wenn von überall Druck kommt irgendwie, dann hat man irgendwann keine Lust mehr und sagt auch: ‚Ich scheiß auf alles jetzt.' Und dann lass ich alles so sein, wie es ist, ..." (K3K 281f).

Kemal berichtet also einerseits von der Erfahrung, sich mit anderen – und das heißt auch: außerhalb der elterlichen Vorstellungen – über berufliche Möglichkeiten auszutauschen. Gleichzeitig erzählt er, wie sehr er weiterhin den elterlichen Druck spürt und wie sehr ihn das stört. Stand Kemal allerdings vormals den Erwartungen der Eltern passiv gegenüber, kann er sich nun widersetzen. Dies eröffnet ihm die Möglichkeit, im gemeinsamen Nachdenken mit anderen eine Vielfalt von beruflichen Möglichkeiten und Lebensperspektiven zuzulassen und damit seine Lerngeschichte auch in die eigene Hand zu nehmen.

Entwicklung des Bildungsgangs – ein Fazit:

Am Anfang steht eine unreflektierte Fixierung auf das Abitur und eine Skepsis gegen den Schulversuch. Kemal nimmt die Lernortkooperation dennoch als Chance wahr, die Enge der elterlich definierten Orientierung auf einen möglichst hohen Schulabschluss aufzulösen. An die Stelle der Abschlussorientierung tritt die Entwicklung der eigenen Perspektive einer fachschulischen Ausbildung, in der er schulische Bildung und die Potenziale beruflicher Erfahrungen verknüpfen will. Die Schule nutzt er als Raum, in dem er unabhängig vom Druck der Eltern Berufsvorstellung mit anderen austauschen kann. Die Entwicklung einer eigenen Perspektive und die Nutzung der Schule als Forum für Erfahrungsaustausch ermöglicht Kemal schließlich den Paradigmenwechsel von einer passiven zu einer aktiven Lerngeschichte.

8.1.3 Entwicklung der Selbstregulation des Lernens: Zur Ausdifferenzierung von Lernstrategien in Schule und Betrieb

Die Entwicklung der Fähigkeit zur Selbstregulation des Lernens wird hier anhand der Entwicklung von vier so genannten übergeordneten und drei untergeordneten Lernstrategien rekonstruiert (vgl. zum Theorierahmen des Konzepts Kap. 4.3.2.2). Bei Ersteren geht es um übergreifende Planungs-, Überwachungs-, Vergleichs- und Korrekturstrategien, die mit SCHREIBER (1998) in die folgenden Dimensionen gebracht werden: *Ziele setzen, Selbstbeobachten, Selbsteinschätzen, Reagieren*.

- Der Dimension „*eigenständige Zielsetzung*" unterliegen die Fähigkeiten, Ziele für sich zu formulieren und Kriterien für die Zielerreichung zu konkretisieren.
- Der Dimension „*Selbstbeobachtung*" unterliegen die Fähigkeiten, das aktuelle Vorgehen und die Lernresultate zu erfassen sowie sein Lernen bezogen auf Zielsetzungen zu beobachten.
- Der Dimension „*Selbsteinschätzung*" unterliegen die Fähigkeiten, sein Lernen in Relation zu den Zielen zu beurteilen, seinen Fortschritt einzuschätzen und Ursachen für Erreichen oder nicht Erreichen zu benennen.
- Der Dimension „*Reagieren*" unterliegen die Fähigkeiten, auf Grund von Selbstbeobachtung und Selbsteinschätzung eigenständig zu (re)agieren und Lernhandlungen darauf bezogen zu gestalten.

Darüber hinaus wird die Entwicklung der Fähigkeit zur Selbstregulation anhand von drei untergeordneten Strategien rekonstruiert: zur *Planung und Organisation*, zur *kognitiven Verarbeitung* sowie zur *(Selbst-)Motivierung*.

- Der Dimension „*Planung und Organisation*" unterliegen die Fähigkeiten, die Lernsituation zu gestalten, z.B. Lernpartner zu wählen, die Zeit zu gestalten, z.B. Ablenkungen fernzuhalten, die Lernsituation angemessen zu beurteilen, z.B. Informationsmengen zu beurteilen und den Lernstoff zu organisieren.
- Der Dimension „*Kognitive Strategien*" unterliegen die Fähigkeiten, das Lernen schulischer Inhalte durch gezielte Strategien zu unterstützen, z.B. mit Organisationsstrategien (Veranschaulichen, Gliedern), mit Wiederholungsstrategien (Abfragen, Zusammenfassungen anfertigen, Beispiele überlegen), mit Abrufstrategien (Erinnern, wann und wie gelernt wurde), Encodierungsstrategien (Paraphrasieren, Analysieren von Zusammenhängen, Integrieren in vorhandene Informationen, visuelle Vorstellungen und Analogien bilden).
- Der Dimension „*Motivierung*" unterliegen die Fähigkeiten, sich Ziele und die Bedeutung des Gegenstands bewusst zu machen, sich Erfolge bewusst zu machen, Anstrengungen zu investieren, sich selbst zu ermuntern und sich Motive bewusst zu machen.

Bezugspunkt der Rekonstruktion von Selbstregulation ist die Frage, welche Lernstrategien bei der Bewältigung der drei zentralen Lerngegenstände der Lernortkooperation – Bewältigung der Leistungsanforderung der Schule, Bewältigung der Leistungsanforderung des Betriebs und Bewältigung der Lernaufgabe – angewendet werden und welche Entwicklungen dabei zu beobachten sind.

8.1.3.1 Entwicklung von Lernstrategien bei der Bewältigung der Anforderungen der Schule

Entwicklungen von übergeordneten Strategien zur eigenständigen Zielsetzung, Selbstbeobachtung, Selbsteinschätzung und zur konsequenten Reaktion

Kemal konkretisiert seine schulische Zielsetzung und verbindet sie mit einer eigenen schulischen Perspektive:

Zu Beginn der Lernortkooperation äußert Kemal als Ziel seiner schulischen Entwicklung eine Perspektive, die identisch mit den Erwartungen seiner Eltern ist. Sie wird pauschal und ohne eigene Überlegungen zitiert mit: ‚gute Leistungen, Realschulabschluss und dann Abitur'.

Zu Beginn des zweiten Praktikums lässt sich die Entwicklung eigener Überlegungen zur Zielperspektive daran erkennen, dass Kemal die pauschale Zielperspektive seiner Eltern konkretisieren kann: Er spricht nun von der ‚Notwendigkeit der Verbesserung einzelner Fachleistungen'.

Zum Ende des zweiten Praktikums kann Kemal sein Ziel dann noch weiter konkretisieren und gleichzeitig auf eine von ihm selbst entdeckte schulische Perspektive beziehen: Er spricht die Verbesserung des Notendurchschnitts als Voraussetzung dafür an, die von ihm selbst entdeckte Möglichkeit einer fachschulischen Ausbildung zu erreichen.

Kemal entwickelt eine Strategie der Selbstbeobachtung schulischer Leistungen:

Zu Beginn der Lernortkooperation beobachtet Kemal seine Leistungen ausschließlich anhand von Zeugnissen und bezogen auf die Frage: ‚Erreiche ich damit den von den Eltern erwarteten Abschluss?'; er setzt also das Produkt Zeugnis in ein Verhältnis zu dem von außen geforderten Abschluss. Kemal selbst – als jemand, der den Lernprozess aktiv beobachtet, reflektiert und beeinflusst – findet zunächst keine Erwähnung.

Zu Beginn des zweiten Praktikums lässt sich die Entwicklung der Fähigkeit zur Selbstbeobachtung daran erkennen, dass er beginnt, sich selbst als Akteur zu identifizieren und Teilleistungen zu differenzieren. Als Hintergrund seiner schlechten Leistungen identifiziert er zunächst eigene Schwierigkeiten im Verstehensprozess von neuen Lerninhalten. Zudem unterscheidet er zwischen relativ guten Leistungen in Englisch und Deutsch und schlechten Leistungen in Mathematik.

Am Ende des zweiten Praktikums nutzt Kemal die Reflexion der unterschiedlichen Erfahrungen an den Lernorten zur Entwicklung einer besonderen Strategie: einer Strategie der kontrastierenden Selbstbeobachtung. Als eine persönliche Stärke kann er nun seine schnelle Arbeitsweise im Betrieb und als persönliche Schwäche die eher langsame Arbeitsweise in der Schule benennen.

„Die Arbeitsweise – ich hab [im Betrieb] alles schnell erledigt. In der Schule bin ich doch ein bisschen so langsam manchmal" (K3/527).

Dabei geht die Ausdifferenzierung der Selbstbeobachtung schon in eine auf Beobachtung und Erfahrung gestützte Selbsteinschätzung über.

Kemal entwickelt die Strategie einer auf schulischer Erfahrung basierenden Selbsteinschätzung:

Zu Beginn der Lernortkooperation überlässt Kemal die Einschätzung seiner Leistungen anderen. Da er sich nicht selbst beobachtet, kann er seine Leistungsentwicklung weder eigenständig einschätzen noch Ursachen dafür benennen. So sagt er beispielsweise auf die Frage, ob er wisse, warum er schlechter geworden sei:

„Ich weiß gar nichts, sonst würde ich das ja ändern" (K1/3/32).

Zu Beginn des zweiten Praktikums lässt sich die Entwicklung der Fähigkeit zu einer erfahrungsbezogenen Selbsteinschätzung daran erkennen, dass er seine Schwierigkeiten in Mathematik als zentrales Problem bei der Bewältigung der schulischen Anforderungen anspricht, dass er seine fachliche Selbsteinschätzung mit dem Schulabschluss in Verbindung bringt und dass er konkrete Erfahrungen im Fach in seine Selbsteinschätzung einbezieht.

„Ja, ich hab das [Ziel Realschulabschluss] noch im Blickfeld. Ich weiß auch, was ich [in Mathematik] machen muss" (K2/259).

„Letztens hab ich schon mehr kapiert als sonst" (K2/303).

Auch bei der Entwicklung einer erfahrungsbezogenen Selbsteinschätzung nutzt er die Kontrasterfahrungen der Lernorte. Dabei formuliert er die Erkenntnis, dass das Ernstprogramm der Schule ihn verstummen lässt und die Situation im Betrieb ihm Fragen und Lernen ermöglicht.

„In der Schule ist das halt nicht ... so spaßig, sondern es ist Ernstprogramm. [...] Hier ... hält man sich halt zurück, wenn man irgendetwas nicht weiß. Doch da [im Betrieb], wenn ich irgendetwas nicht wusste, dann hab ich gefragt. Hab auch dazugelernt. Doch in der Schule geht das manchmal nicht, oft nicht" (K3/532f).

Kemal entwickelt eine Strategie der aktiven Reaktion auf schulische Anforderungen:

Zu Beginn der Lernortkooperation kann Kemal keine Strategien zur aktiven und bewussten Reaktion auf Anforderungen der Schule nennen; er bleibt passiv.
    Zu Beginn des zweiten Praktikums lässt sich die Entwicklung der Fähigkeit zu einer aktiven Reaktion daran erkennen, dass sich Kemal zu seinen schlechten

Leistungen in Mathematik sichtlich emotional äußert und dass er gleichzeitig von einem Ausweg berichtet. Er beginnt fehlende Fachinhalte nachzuarbeiten und berichtet von Erfolgen. Mit seiner emotionalen Reaktion auf seine schlechten Leistungen lässt er erkennen, dass er aus seiner Passivität auszubrechen beginnt und auf die inzwischen entwickelte Selbstbeobachtung und Selbsteinschätzung reagiert.

Zum Ende des zweiten Praktikums berichtet er von weiteren Lernstrategieentwicklungen im Sinne von aktiven Reaktionen auf schulische Anforderungen. Kemal macht Hausaufgaben, lernt für Klassenarbeiten und sucht sich Unterstützungspersonen, wie z.b. einen Betreuer vom Jugendclub. All das stellt er als Reaktionen auf die zum Halbjahr schlechter gewordenen Leistungen dar; gleichzeitig bezieht er diese aktiven Reaktionen auf sein selbst entdecktes neues Ziel: das Erreichen der Berufsfachschule.

Entwicklung von untergeordneten Strategien der Planung und Organisation, der kognitiven Verarbeitung sowie der (Selbst-)Motivierung

Kemal erwirbt Planungs- und Organisationsstrategien:

Zu Beginn der Lernortkooperation berichtet Kemal von Schwierigkeiten beim ‚Umschalten' zwischen den Lernorten Schule und Betrieb, vor allem bei der Planung und Organisation der schulischen Anforderungen in diesem Spannungsfeld: Kemal fühlt sich durch die auf kürzere Zeiträume gedrängten Anforderungen der Schule überfordert, organisiert nur selten Unterstützung durch Lernpartner und berichtet von Schwierigkeiten im Zeitmanagement; er vergisst Termine für Klassenarbeiten und plant zu wenig Vorbereitungszeit ein. All dies nimmt er passiv hin bzw. schreibt seine Schwierigkeiten der verkürzten Schulzeit im Schulversuch zu.

Zu Beginn des zweiten Praktikums lassen sich erste Schritte einer Entwicklung von eigenständigen Planungs- und Organisationsstrategien daran erkennen, dass er genauer darstellt, worin seine Schwierigkeiten mit den Anforderungen der Schule liegen und in welcher Weise er nun seine Lernsituation gestalten will. Aus seinen Aussagen ist Auseinandersetzungsbereitschaft zu erkennen, eine Voraussetzung zur Entwicklung von Planungs- und Organisationsstrategien, mit denen die Anforderungen der Schule bewältigt werden können.

Am Ende des zweiten Praktikums lässt sich die Entwicklung in diesem Bereich vor allem daran erkennen, dass er aktiv am Aufbau eines Unterstützungssystems von Lernpartnern gearbeitet hat, das er bei schulischen Schwierigkeiten nutzt. Kemal plant und organisiert Hilfe.

> „Wenn wir dann Hausaufgaben kriegen und ich hab das verstanden, mach ich das zu Hause. Und wenn nicht, dann geh ich ins Jugendhaus und mache das mit Ben zusammen oder mit irgendeiner, die mir helfen kann. Zum Beispiel meine Cousine kann mir auch dabei helfen" KI3/236f).

Probleme mit dem Zeitmanagement bleiben bis zum Ende des Schulversuchs bestehen. Kemal gelingt es nicht, neben seinen außerschulischen Aktivitäten Zeit für schulische Anforderungen zu schaffen, die ihm ein ‚stressfreies' Lernen ermöglichen.

> „Ich muss noch zu meinem Training, dreimal in der Woche, zu meinem Bruders [Training; J.H.] zweimal in der Woche. Und dann muss ich noch ein bisschen rausgehen. Ich brauch Freiheit, ein bisschen. Und danach brauch ich noch Zeit für meine Freundin und dann noch für meine Freunde und dann für mich und dann für die Schule. Das sind schon sieben Sachen. [...] " (K3/300f).

Kemal beherrscht Teilstrategien der kognitiven Verarbeitung:

Weder zu Beginn noch im weiteren Verlauf der Lernortkooperation berichtet Kemal von Strategien der Auswahl, der Aufnahme und der Verarbeitung von Informationen. Bewusst sind ihm dagegen von Beginn an Strategien der Wiederholung und des Abrufens von Informationen. So berichtet er von Abrufstrategien, indem er sich zur Vorbereitung von Mathematikarbeiten Rechenwege anhand vorhandener Aufgaben vergegenwärtigt.

> „Ich versuch mir das irgendwie zu merken und mich zu erinnern, weil, wenn man irgendwas gelernt hat und man weiß, wie das geht, dann merkt man sich das auch im Kopf. Und dadurch weiß man, was da vorkommt, also nicht, was da vorkommt, sondern wie man das macht" (K1/10/4).

Beim Lernen der Fremdsprachen Französisch und Englisch konzentriert Kemal sich auf Wiederholungsstrategien durch systematisches Vokabellernen und Abfragen.

Bis zum Ende des zweiten Praktikums lassen sich bezogen auf die Entwicklung von Strategien der kognitiven Verarbeitung keine Fortschritte erkennen. Er berichtet weiter von Abruf- und Wiederholungsstrategien beim Lernen in verschiedenen Unterrichtsfächern. Stärker werden sich dagegen die Strategien in Bezug auf die Analyse beruflicher Handlungszusammenhänge entwickeln (s.u.).

Kemal entwickelt (Selbst-)Motivierungsstrategien:

Zu Beginn der Lernortkooperation führt Kemal lediglich das Verstehen der Inhalte als bedeutsam für Motivation an:

> „Muss ich irgendwie verstehen, sonst bringt mir das keinen Spaß" (K1 11/23).

Allerdings lässt sich in dieser und anderen Aussagen ein selbstsuggestiver Appell als Motivierungsstrategie erkennen: Kemal ermuntert sich gerne selbst. Eigene Motive oder Motivierungsstrategien zur Bewältigung schulischer Anforderung sind ihm nicht bewusst. Seine „Motivation" ist durch die Erwartungen seiner Eltern bestimmt. Bei Schwierigkeiten sieht er keine (Selbst-)Motivierungsdefizite; stattdessen führt er äußere Gründe an: die Lehrer, die „dummen Kinder" (K1/4/16) und die langweilige Klasse.

Zu Beginn des zweiten Praktikums lässt sich die Entwicklung von Motivierungsstrategien daran erkennen, dass er von Situationen berichtet, in denen er sich dadurch motiviert, dass er Anstrengungen investiert. So nimmt der die leistungsbezogene Aufteilung der Klasse in den Hauptfächern als Ansporn, sich mehr zu engagieren. Zum Ende des zweiten Praktikums nimmt er das Muster der Selbstmotivierung durch Anstrengung erneut auf:

> „Man hat viel zu tun. Man kriegt jedes Mal Hausaufgaben, und zur nächsten Stunde muss das halt fertig sein. Und (..) wie soll ich sagen, ich find das besser, dass wir viel zu tun haben. […] Es geht schneller voran. Und wir müssen uns auch vorbereiten. Das ist eigentlich gut so" (K3/222f).

Die Strategie, Anstrengungen als motivierend zu erfahren, wird dadurch ergänzt, dass Kemal sich die persönliche Bedeutung des Ziels seiner Anstrengungen bewusst macht: Mit seiner selbst entdeckten Perspektive, sich für eine Berufsfachschule zu qualifizieren, motiviert er sich zur Intensivierung der Auseinandersetzung mit schulischen Anforderungen.

> „Und wenn du dir dein Zeugnis anguckst, musst du merken, das geht nicht mit dem Zeugnis. Damit kannst du nicht weiter zur Schule gehen, da musst du arbeiten. Und deshalb strengst du dich mehr in der Schule an, damit du weiter zur Schule gehen kannst." (K3/787f).

Die Entwicklung der Fähigkeit zur Selbstregulation im Umgang mit schulischen Anforderungen – ein Fazit

Kemal entwickelt eine eigenständige schulische Zielsetzung und konkretisiert so die pauschalen Erwartungen seiner Eltern. Er führt dies auf die unterschiedlichen Erfahrungen in Schule und Betrieb zurück. Es sind eben diese Kontrasterfahrungen, die auch seine Fähigkeit zur Selbstbeobachtung und zur differenzierten Einschätzung seiner schulischen Leistungen bzw. seiner Stärken und Schwächen ermöglichen. Er mobilisiert in diesem Zusammenhang Strategien zur aktiven Reaktion und Verarbeitung, z.b. arbeitet er den Schulstoff nach oder er organisiert Unterstützung und Hilfe. Bei der kognitiven Verarbeitung stützt er sich auf Wiederholungs- und Abruftechniken. Die im Schulversuch selbst entdeckte schulische Perspektive trägt dazu bei, seine Lernbereitschaft zu verstärken und zu verstetigen.

8.1.3.2 Entwicklung von Lernstrategien bei der Bewältigung der Anforderungen des Betriebs

Entwicklungen von übergeordneten Strategien zur eigenständigen Zielsetzung, Selbstbeobachtung, Selbsteinschätzung und zur konsequenten Reaktion am Lernort Betrieb

Kemal formuliert eine allgemeine Zielsetzung für seine Arbeit im Betrieb und verfolgt diese konsequent:

Zu Beginn des ersten Praktikums formuliert Kemal als Ziel seiner Arbeit im Betrieb, das „harte Leben nach der Schule" kennen zu lernen, damit er „schon einen Plan" hat (K1 13/3), was ihn nach der Schule erwarten könnte. Da er langfristig an einer Fortsetzung des Schulbesuchs interessiert ist, nutzt Kemal das Praktikum als Kontaktaufnahme mit der Arbeitswelt, um sich einen allgemeinen Eindruck davon zu verschaffen; mit der Tätigkeit als Tischler verbundene konkrete Ziele und Kriterien für die Zielerreichung nennt er nicht.

Zu Beginn des zweiten Praktikums verfolgt Kemal am Lernort Betrieb weiterhin das Ziel einer allgemeinen Orientierung im beruflichen Feld. Deshalb wählt er nach seiner Tätigkeit im Handwerk nun bewusst ein gegensätzliches Berufsfeld als Anwaltsfachangestellter. Er verfolgt seine Zielsetzung einer allgemeinen Orientierung also konsequent; die von ihm gewählten konkreten Berufsfelder sind für ihn Varianten eines Einblicks in „das harte Leben nach der Schule".

Kemal entwickelt und differenziert Strategien der Selbstbeobachtung am Lernort Betrieb:

Zu Beginn des ersten Praktikums beobachtet Kemal zunächst einmal die für ihn neuen betrieblichen Anforderungen, um sich dann selbst dazu in Beziehung zu setzen. Er erfasst also die Arbeitssituationen und Arbeitsabläufe und prüft zuerst, ob sie ihm gefallen.

Zu Beginn des zweiten Praktikums beobachtet er nicht nur, welche Aufgaben es gibt und welche er mag, sondern vor allem seine eigenen Erfahrungen in dieser neuen Umgebung. Gleichzeitig beobachtet er sein Verhältnis zu den Mitarbeiter(inne)n und erkennt an seinen Reaktionen, dass er in diesem System zurechtkommt.

Zum Ende des zweiten Praktikums differenziert er seine Strategien der Selbstbeobachtung weiter aus, indem er nicht nur sich selbst in seinen Lernerfolgen und Schwierigkeiten beobachtet, sondern auch die Arbeitsweisen der Mitarbeiter(innen). Dabei interessieren ihn die Qualität der Arbeit der anderen und die Beziehung zu dem, was er selbst kann:

> „Er [der Sachbearbeiter] kam immer zu mir, hat so getan, als wenn ich alles könnte und alles freiwillig mache. ...Und nach einer Zeit hab ich mir gesagt, ‚Ja, wieso macht der das nicht gleich sorgfältig und ordentlich, statt das verschieden reinzupacken und es dann jemand anderen machen zu lassen?' [...] Ich hab das dann genervt gemacht, weil er das nicht selber hinkriegt" (K3/623f).

Kemal entwickelt die Strategie einer auf Vergleich basierenden Selbsteinschätzung:

Zu Beginn des ersten Praktikums schätzt Kemal zunächst die Lernmöglichkeiten in dem von ihm gewählten Tischlerberuf ein. Vor dem Hintergrund, „das harte Leben" nach der Schule kennen lernen zu wollen, beurteilt er diesen Lernort als „ganz okay". Sich selbst schätzt er allerdings nicht als Typ für einen Handwerksberuf ein. Gründe für diese Einschätzung kann er allerdings nicht benennen.

Zu Beginn des zweiten Praktikums konzentriert Kemal seine Selbsteinschätzung auf seine Leistungen im Betrieb. Dabei unterscheidet er zwischen Situationen, die ihn langweilen, weil er nichts zu tun hat, und den Anforderungen der Teamarbeit, die er gut bewältigt und die ihm Spaß bringen.

Diese positive Selbsteinschätzung bezogen auf die Bewältigung der in seinen Augen hohen betrieblichen Anforderungen findet sich auch am Ende des zweiten Praktikums. Zur Selbsteinschätzung seiner betrieblichen Leistungsfähigkeit vergleicht er seine Lernmöglichkeiten in Schule und Betrieb. Dabei kommt zu der Erkenntnis, dass er im Betrieb Umgangsformen und ‚zügige' Arbeitweisen gelernt hat sowie insgesamt „lernfähiger" geworden ist (K3/530). Dies führt er darauf zurück, dass die Situation im Betrieb für ihn nicht so angespannt ist wie in der Schule. Sich-Einbringen, Fragen und Lernen fallen ihm im Betrieb leichter.

Kemal entwickelt eine Strategie der aktiven Reaktion im Lernfeld Betrieb:

Zu Beginn des ersten Praktikums passt sich Kemal zunächst einmal an die Handlungsabläufe im Betrieb an: Er führt die verlangten Tätigkeiten aus und gewöhnt sich in das Betriebsklima ein. So übernimmt er beispielsweise die Umgangsform, sich gegenseitig auf den Arm zu nehmen. Damit reagiert er auf sein Ziel der allgemeinen Information über die Arbeitswelt.

Auch im zweiten Praktikum integriert Kemal sich schnell in den Betrieb: Er kommt mit den Mitarbeiter(inne)n klar und führt die anliegenden Arbeiten meist problemlos aus. Durch die genauere Selbsteinschätzung seiner Leistungserfolge angeregt, reagiert er aktiv auf Schwierigkeiten und sucht Unterstützung: Er fragt Mitarbeiter, lässt sich Arbeitsabläufe erklären, nimmt Kritik an und verändert sein Verhalten. Gleichzeitig reagiert er auf die mangelnde Beschäftigung im Immobilienbetrieb, sucht sinnvolle Beschäftigung und engagiert sich in der benachbarten Anwaltskanzlei.

Zum Ende des zweiten Praktikums wählt er eine ambivalente Form der aktive Gestaltung seiner Lernumwelt aus; er arbeitet zunächst schneller als erwartet, wird dafür gelobt, will sich aber nicht ausnutzen lassen und reagiert deshalb mit einer verzögerten Arbeitsweise, die dem erwarteten Tempo entspricht:

„Herr Q. hat immer so Akten [...], die muss ich dann sortieren. Das hatte ich immer in einer, eineinhalb Stunden fertig. Dann kam er zu mir und meinte: ‚Das ist voll schnell' und so. Hat mich gelobt. Aber nach einer Weile hat mich das genervt, weil er mir dann immer mehr Akten gab. Dann hatte ich keine Lust mehr, das so schnell zu machen [...]. Dann hab ich einmal die Arbeit bis was weiß ich wann verschoben und dann am Ende hab ich sie doch noch gemacht" (K3/575f).

Entwicklung von untergeordneten Strategien der Planung und Organisation, der kognitiven Verarbeitung sowie der (Selbst-)Motivierung am Lernort Betrieb

Kemal nutzt Netzwerke zur Planung und Organisation und entwickelt ein den Erwartungen entsprechendes Zeitmanagement:

Zu Beginn der Lernortkooperation nutzt Kemal erfolgreich sein Familiensystem zur Beschaffung von Informationen über Betriebe. Auch im Betrieb greift er auf die Mitarbeiter als unterstützende Lernpartner zurück; er fragt sie als Experten, wenn er etwas nicht versteht.

Vor Beginn des zweiten Praktikums plant und organisiert Kemal wiederum mit Hilfe der Erfahrungen anderer die Suche nach dem Praktikumsplatz – diesmal nutzt er Freunde und Mitschüler, um einen Betrieb zu finden.

Zum Ende des zweiten Praktikums gelingt Kemal – anders als bei den schulischen Anforderungen – ein eigenes und betriebsangemessenes Zeitmanagement: Er organisiert entsprechend seiner Selbstbeobachtung sein Arbeitstempo so, dass er den Erwartungen gerecht wird. Diese Organisation der Arbeit ist nicht an einem maximalen Tempo orientiert, sondern berücksichtigt Pausen, Tempowechsel und flexible Arbeitseinteilung.

Kemal entwickelt Strategien zur kognitiven Verarbeitung; er beobachtet und analysiert Zusammenhänge und nutzt Kritik als Anregung zum Verbesserung der Arbeit:

Zu Beginn des ersten Praktikums berichtet Kemal ausschließlich von Strategien, die sich auf die Aufnahme und Verarbeitung von Information beziehen: Er beobachtet die Tätigkeiten der Mitarbeiter und versteht so seiner Einschätzung nach schnell die betrieblichen Zusammenhänge. Diese Strategie entspricht seinem Anspruch, die allgemeinen Anforderungen der Arbeitswelt kennen zu lernen.

Im zweiten Praktikum entwickelt Kemal Formen der Auseinandersetzung mit den konkreten Anforderungen des Berufs. Er verarbeitet Anforderungen, indem er sich der Kritik stellt:

> „Ich fand das gut [die Belehrung durch den Rechtsanwalt], weil wenn er mir das nicht gesagt hätte, hätte ich das vielleicht beim nächsten Mal wieder gemacht und wieder und ... soll er mir das lieber erzählen, mich anmachen ein bisschen, damit ich das verstehe und beim nächsten Mal anders mache" (K3/614f).

Gleichzeitig entwickelt er eine Encodierungsstrategie der selbstständigen Analyse von Zusammenhängen bei vorgelegten Fällen.

„Da war eine Anklage. Die sollte ich mir durchlesen und sagen, was wir jetzt machen müssen. Also wenn ich ein Rechtsanwalt wäre, was ich dann machen müsste. [...] Da habe ich gesagt ‚Ja, wir müssen Einspruch erheben' (K2/ 151f).

Kemal entwickelt Strategien der (Selbst-)Motivierung durch den positiv erfahrenen Zusammenhang von Anstrengung, Lob und Erfolg:

Zu Beginn der Lernortkooperation hat Kemal wegen seiner schulischen Orientierung wenig Interesse an einem Praktikumsbetrieb. Dennoch entwickelt er schon im ersten Betrieb Interesse an der Arbeit.

Zu Beginn des zweiten Praktikums entwickelt er eine Strategie der (Selbst-)Motivierung: Er zeigt Anstrengungsbereitschaft, indem er aus einer Immobilienfirma in eine benachbarte Rechtsanwaltskanzlei wechselt, wo er gebraucht wird. Dort arbeitet er sich schnell in die geforderten Tätigkeiten ein. Damit verschafft er sich die Erfahrung des motivierenden Zusammenhangs von Anstrengung und Lob für gute Leistungen. So wird ihm z.B. gesagt

„Du bist einer der wenigen, die das durchgelesen haben und die gewusst haben, was das heißt und was man machen muss" (K2/160f).

Zum Ende des zweiten Praktikums macht sich Kemal seine Erfolgserfahrungen im Betrieb gezielt bewusst; gleichzeitig nutzt er den Vergleich zwischen schulischen und betrieblichen Erfolgen, um sich zu vergegenwärtigen, in welcher Arbeits- und Lernsituationen er stärker ist.

Die Entwicklung der Fähigkeit zur Selbstregulation im Umgang mit betrieblichen Anforderungen – ein Fazit

Kemal will in den Praktika „einen Plan" davon bekommen, welche Anforderungen und Möglichkeiten ihn nach der Schule erwarten. Dieses Informationsbedürfnis führt zur Wahl gegensätzlicher Berufsfelder. Er entwickelt in der Auseinandersetzung mit den unterschiedlichen betrieblichen Situationen sowie im Vergleich zu den Anforderungen der Schule differenzierte Formen der Selbstbeobachtung und Selbsteinschätzung. Die Erfahrung, dass er die Bewältigung der betrieblichen Anforderungen relativ gut zu meistern in der Lage ist, wirkt sich auf seine Selbstregulationsstrategien im Umgang mit den betrieblichen Anforderungen positiv aus: Hervorzuheben sind die Entwicklung von Kompetenzen wie die Nutzung von Netzwerken der Hilfe und der Informationsbeschaffung, das Zeitmanagement bei der Arbeitseinteilung, die Analyse von (Arbeits-) Zusammenhängen sowie die Entwicklung von Selbstkritik.

8.1.3.3 Entwicklung von Lernstrategien bei der Bewältigung der Lernaufgabe

Entwicklungen von übergeordneten Strategien zur eigenständigen Zielsetzung, Selbstbeobachtung, Selbsteinschätzung und zur konsequenten Reaktion bei der Bearbeitung der Lernaufgabe

Kemal beginnt die Bearbeitung der Lernaufgabe mit einer pragmatisch-fremdbestimmten Zielsetzung und entwickelt eine reflexive, auf seinen Fortschritt bezogene Zielsetzung:

Kemal setzt sich zur Bewältigung der ersten Lernaufgabe das pragmatische Ziel, irgendwie die geforderten zehn Seiten zu schaffen.
Nach Abschluss dieser Lernaufgabe zu Beginn des zweiten Praktikums interpretiert er die Lernaufgabe als Instrument zur Reflexion der Praktikumserfahrungen:

> „Ich glaube, wir machen das Praktikum, damit man herauskriegen kann, ob das jetzt was Gutes ist oder was Schlechtes; und die Lernaufgabe schreibt man, damit man weiß, was man da gemacht hat" (K2 /652).

Was er bezogen auf die Lernaufgabe als allgemeines und von anderen gesetztes Ziel benennt – eine Auseinandersetzung mit dem eigenen Verhalten in einer Berufssituation – das übernimmt er bei der Bearbeitung seiner zweiten Lernaufgabe als seine persönliche Zielsetzung.

Kemal verbindet die Fähigkeiten zur Beobachtung der eigenen Arbeit mit der Fähigkeit, den Prozess der Lernaufgabenerstellung durch Selbstbeobachtung zu optimieren:

Zu Beginn des ersten Praktikums orientiert sich Kemal bei der Bewältigung seiner Lernaufgabe zunächst lediglich an der von ihm zu erreichenden Seitenanzahl.

> „Ich mein, das sind zehn Seiten. Das ist ja ziemlich viel. [...] Viel." (K1/13/32f).

Zu Beginn des zweiten Praktikums lässt sich die Entwicklung der Fähigkeit zur Selbstbeobachtung daran erkennen, dass er rückblickend seine Selbstbeobachtungen beim Schreiben der ersten Lernaufgabe schildert. Diese fasst er in die Schritte: denken, grübeln, sich was dazu ausdenken, lang ausformulieren (vgl. K2/497f).

Während des zweiten Praktikums kann Kemal auf der Basis differenzierter Beobachtung seiner eigenen Tätigkeiten im Anwaltsbüro schnell ein Thema für seine zweite Lernaufgabe finden. Die kontinuierliche Beobachtung und Reflexion seiner Tätigkeit ermöglicht ihm am Ende des zweiten Praktikums eine weitere Anpassung des Themas an seine Zielvorstellung, seine Praktikumserfahrungen möglichst gut zu reflektieren.

Kemal nutzt betriebliche Erfahrungen zur Entwicklung von erfolgsorientierten Selbsteinschätzungsstrategien:

Um seine Fähigkeiten zur Bewältigung der Lernaufgabe selbst einschätzen zu können, zieht Kemal bei der ersten Lernaufgabe Beobachtung seiner Tätigkeiten im Praktikum heran. Die Anforderung von zehn Seiten schätzt er als schwierig ein; er bewertet diese Schwierigkeit vor dem Hintergrund der Vielfalt betrieblicher Tätigkeiten aber als etwas, was er bewältigen kann.

„Ich weiß nicht, wenn ich mir so zehn Seiten vorstelle, glaub ich, dass das schwierig ist. Aber wenn ich mir vorstelle, was ich im Betrieb alles machen muss, dann gleicht sich das wieder aus." (K1/14/6f).

Zu Beginn des zweiten Praktikums fragt sich Kemal, welche betrieblichen Bedingungen (Handwerksbetrieb oder Anwaltskanzlei) ihm eine interessantere Chance zur Bewältigung der Lernaufgabe bieten. Er zieht Kriterien für das Erreichen oder Nicht-Erreichen der geforderten Leistung heran. Dafür analysiert er die Vielfalt des Tätigkeitsprofils und die Gründe dafür, warum seine erste Lernaufgabe durch die Schule mit gut beurteilt wurde. Auch die Erkenntnis, dass die Lernaufgabe eine reflexive Zielperspektive verfolgt, spielt bei seinen Überlegungen eine Rolle. Er schätzt seine Möglichkeiten zur Erbringung einer angemessenen Leistung also vergleichend und kriterienbezogen ein.

Kemal reagiert auf der Grundlage seiner Selbsteinschätzung zunächst pragmatisch-konstruktiv und dann aktiv und eigenständig:

Zu Beginn des ersten Praktikums entwickelt Kemal eine Handlungsstrategie aufgrund der Beobachtung, dass die quantitative Anforderung sehr groß ist, das Tätigkeitsprofil aber vielfältig. Er plant und realisiert die Bewältigung der Anforderung von zehn Seiten durch aufeinander aufbauende Teilschritte, indem er zunächst jeden Schritt dokumentiert und dann durch Kommentare erläutert.

> „Ich mach jetzt erst mal ein Praktikum. Schrittweise mache ich das. Ich fotografiere erst mal jeden Schritt. Danach mache ich aus den Fotoseiten einen Fotorahmen und schreibe dann dazu was. Das, was ich da gerade gemacht habe" (K1/14/1f).

Bei der zweiten Lernaufgabe handelt Kemal aufgrund von genauen Beobachtungen und einer differenzierteren Einschätzung der Anforderung. Die Forderung von zehn Seiten ist kein Thema mehr; wichtig ist ihm jetzt die inhaltliche Auseinandersetzung mit den Erfahrungen. Diesem Anspruch begegnet er mit verschiedenen, sehr eigenen Handlungsstrategien: Er spielt zunächst die geplanten Darstellungen juristischer Fälle gedanklich durch und konstatiert dann Beratungsbedarf. Auf Schwierigkeiten reagiert er mit einer Modifikation des Themas. Auf Schwierigkeiten im Zeitmanagement der ersten Lernaufgabe reagiert er mit einem früheren Arbeitsbeginn.

Entwicklung von untergeordneten Strategien der Planung und Organisation, der kognitiven Verarbeitung sowie der (Selbst-)Motivierung bei der Bearbeitung der Lernaufgabe

Kemal entwickelt mit der Bearbeitung der Lernaufgabe Strategien der Planung und Organisation; er verbessert das Zeitmanagement, die Gestaltung der Lernsituation und die Informationsbeschaffung:

Ähnlich wie bei dem Umgang mit den fachlich-schulischen Anforderungen hat Kemal auch bei der Bewältigung der ersten Lernaufgabe Schwierigkeiten mit dem Zeitmanagement und erreicht nur mit Mühe den Abgabezeitpunkt:

> „Den ersten Termin hab ich sowieso nicht geschafft, das abzugeben. Den zweiten hab ich auch vermasselt. Beim dritten hab ich erst richtig abgegeben und das war hier oben um fünf Uhr, also nachmittags. Da durften wir noch abgeben. (..) Dann hab ich ganz schnell alles gemacht. Und dann hab ich abgegeben" (K2/641).

Kemal macht sich zu Beginn des zweiten Praktikums diese Schwierigkeit bewusst, nimmt sich Veränderungen vor und verbessert – anders als bei den schulischen Anforderungen – sein Zeitmanagement.

Zur Informationsbeschaffung nutzt Kemal beim ersten Praktikum die Möglichkeit, sich einen Überblick über die Anforderungen zu verschaffen, indem er sich an Arbeiten von Schüler(inne)n des vorherigen Jahrgangs orientiert. Bei der zweiten Lernaufgabe plant er die Thematik und die inhaltliche Auseinandersetzung gezielt und eigenständig.

Die Gestaltung einer für die Lernaufgabe günstigen Lernsituation erfolgt bei der zweiten Herausforderung gezielt unter den Gesichtspunkten der Einrichtung des Arbeitsplatzes und der Wahl der Lernpartner: Zum einen ergreift er die Chance, dass er auch im Betrieb an der Lernaufgabe arbeiten kann, zum anderen nutzt er die Mitarbeiter der Anwaltskanzlei als Lernpartner, mit denen er sich über seine Arbeit austauschen kann.

„Aber diesmal konnte ich im Betrieb ganz in Ruhe arbeiten. Ich konnte mit denen auch ganz normal reden. Beim Tischler war das anders; die hatten nicht immer Zeit und ich selber auch nicht, weil wir immer gearbeitet haben" (K3/68f).

So baut Kemal ähnlich wie bei der Auseinandersetzung mit den schulischen und betrieblichen Anforderungen auch bei der Bewältigung der Lernaufgabe sein Netzwerk aus: Hatten bei der ersten Lernaufgabe nur seine Cousinen geholfen, so zieht er bei der zweiten Lernaufgabe auch die Anwaltssekretärin, den Anwalt und den Auszubildenden des benachbarten Bürokaufmanns als Lernpartner hinzu.

Kemal nutzt Strategien zur kognitiven Verarbeitung und entwickelt sie so weiter, dass sie die Reflexion von persönlichen und betrieblichen Erfahrungen unterstützen:

Bei der Bearbeitung der ersten Lernaufgabe verwendet Kemal eine Strategie, die den Prozess der kognitiven Verarbeitung seiner handwerklichen Arbeitsschritte begleitet: das Anfertigen von Bildern und deren Kommentierung.

Bei der Bearbeitung der zweiten Lernaufgabe weitet Kemal das Spektrum von Strategien zur kognitiven Verarbeitung aus. So nutzt er beispielsweise Organisationsstrategien, wenn er Erfahrungen zusammenfasst und notiert aber auch Abrufstrategien, um sich zu erinnern, wann und wie der Inhalt gelernt wurde:

"Dann hab ich manchmal die Fehler, die ich gemacht hab, aufgeschrieben; denn ich habe einmal was falsch verstanden, und zwar richtig falsch. [...] Solche Sachen stehen hier halt drin ... aber auch, wie ich im Gericht für eine Mandantin übersetzt habe" (KI3/90).

Zum Ende des zweiten Praktikums konzentriert Kemal sich auf Strategien zur Analyse von Zusammenhängen und zur Auseinandersetzung mit seinen Erfahrungen. Er verfasst zunächst eine Textgrundlage, durchdringt und verbessert diese dann durch Kritisieren, Umstrukturieren und Reorganisieren. Dabei orientiert er sich an einem imaginären Leser:

"Das muss ja jemand verstehen, wenn er das liest; er hat ja keine Bilder oder sonst etwas. [...] Ich habe alles einfach geschrieben auf PC. Ich habe noch nicht mal Kladde geschrieben, einfach alles geschrieben, was ich gedacht habe. Und am Ende hab ich das dann zusammengestellt" (K3/128f).

Bedeutsam sind dabei das Analysieren von Zusammenhängen und der Bezug zu seinen eigenen Erfahrungen:

"Ich habe viel mehr von mir selber geschrieben – also wie ich [über die Fälle und die Arbeit] denke. Anders als bei dem anderen [Praktikum]. [...] Da hatte ich ja auch kein Material dafür" (I3/K 165f).

Kemal entwickelt bei der Bearbeitung der Lernaufgaben individuelle Strategien zur (Selbst-) Motivierung:

Zur Bearbeitung der ersten Lernaufgabe motiviert sich Kemal, indem er sich für die Herstellung eines nützlichen Gebrauchsgegenstands entscheidet – einen Fernsehtisch. Bei der Herstellung der Textfassung motiviert er sich durch Selbstermunterung; die Bewältigung der Anforderung erlebt er als schwierig, aber befriedigend.

Bei der Bearbeitung der zweiten Lernaufgabe spornt ihn auch die gute Zensur für die erste Aufgabe an:

"Dafür musste ich mir schon den Hintern aufreißen. Aber wenn man das dann fertig hat, dann ist man ganz schön erleichtert"(KI2/510).

"Wenn das dieses Jahr auch noch klappen würde, dann wäre ich noch zufriedener als jetzt" (K2/539f).

Während der zweiten Lernaufgabe fasziniert Kemal die Auseinandersetzung mit einem Fall. Engagiert vertieft er sich in das gedankliche Durchspielen von komplizierten juristischen Angelegenheiten. Dabei sucht er nach wie vor Motivation in der Herausforderung. So bezeichnet er das Schreiben der Lernaufgabe als schwer, aber auch als angenehm (K3/110f). Für die Gestaltung der zweiten Lernaufgabe hat er eine individuelle Lösung gefunden, die sich von der ‚normalen' Form unterscheidet: Er wählt die Gestalt einer Prozessakte. Von dieser Erfindung einer besonderen Lösung berichtet er mit Stolz; auch damit entwickelt er eine eigenständige Form der Selbstmotivierung.

Die Entwicklung der Fähigkeit zur Selbstregulation bei der Bearbeitung der Lernaufgabe – ein Fazit

Von einem zunächst pragmatisch kalkulierten Ziel bei der ersten Lernaufgabe ausgehend, wird die zweite Lernaufgabe von Kemal deutlich als Instrument zur Reflexion der betrieblichen Erfahrungen wahrgenommen. Kemal kann die unterschiedlichen Vorgehensweisen bei der Entstehung der Lernaufgaben schildern, vor dem Hintergrund seiner Erfahrungen bewerten und praktische Konsequenzen bezüglich seiner Erarbeitungsstrategien ziehen, so etwa bezüglich des Zeitmanagements und der Informationsbeschaffung. Auch hier entwickelt er, wie im Bereich der betrieblichen Anforderungen, über bloße Organisations- und Abrufstrategien hinaus so genannte Encodierungsstrategien, also Kompetenzen zur analytischen Durchdringung von Zusammenhängen – bis hin zur Orientierung der Darstellung an einem imaginären Leser.

8.1.4 Das Erleben des Berufs

Kemal entwickelt zunächst aus einer auch familial vermittelten, hohen schulischen Abschlusserwartung ein Negativbild des Schulversuchs und der betrieblichen Praktika. Er kann sich aber der menschlichen wie der Dynamik im Bereich der sachlichen Anforderungen nicht entziehen. Kompetenzerfahrungen, Erfahrungen des Gebrauchtwerdens sowie die gedankliche Beschäftigung mit den die Berufe repräsentierenden Personen führen ihn zu einer weiteren Auseinandersetzung mit dem Sinn solcher intensiven Praktikumszeiten für den eigenen Bildungsgang. Obwohl Kemal bis zum Ende des Schulversuchs keine konkrete Berufsorientierung entwickelt – was ihn, der Bedeutung der Berufswahlentscheidung entsprechend, sehr bedrückt, kann er durch den Schulversuch kenntnisreiche und auf sich bezogene Aussagen nicht nur über die von ihm in den Praktika gewählten Berufe machen. Resultat dieser durchaus krisenhaften Explorationsphase, in der er selbst erfahrene Möglichkeiten ins Verhältnis zur eigenen Lebensplanung und Leistungsfähigkeit setzt, ist schließlich eine Lösung, die Ausbildung und Schule integriert: ein Fachabitur mit der Option eines anschließenden Fachhochschulstudiums. Damit erweitert Kemal seine Flexibilität gegenüber den abstrakten und von ihm als starr geschilderten Statusaspirationen seiner Eltern. Er positioniert sich schließlich seinen Eltern gegenüber mit Informationen und Erfahrungen aus dem Schulversuch, so dass sie in seine Pläne einwilligen.

Dieser Fall ist von daher bedeutsam, dass der Schulversuch auch einem sehr stark auf schulische Abschlüsse fixierten Schüler Erfahrungen am Lernort Betrieb eröffnet; damit werden Entwicklungen ermöglicht wie arbeitsweltbezogene Reflexionen, eine Differenzierung der Selbsteinschätzung im Vergleich Schule – Beruf und schließlich die Modifikation einer ausschließlichen Schulorientierung.

8.1.5   Formen der Be- und Verarbeitung von Erfahrungen

Die zentralen Entwicklungsthemen in Kemals Bildungsgang sind seine Ablösung von den familial-dominierten Ambitionen, einen möglichst hohen Schulabschluss anzustreben, und das Erreichen einer eigenständigen Lerngeschichte und Zukunftsperspektive. Im Verlauf des Arbeitens und Lernens in der Lernortkooperation tritt bei Kemal an die Stelle der von ihm unreflektiert übernommenen Abschlussorientierung die Entwicklung von selbstregulativen Handlungskompetenzen und einer eigenen Meta-Perspektive auf seinen Bildungsgang.

Der Prozess der Be- und Verarbeitung von Erfahrungen, der zu diesem biographisch bedeutsamen, das Selbst- und Weltverhältnis der Person verändernden Lernen geführt hat, wird nun noch einmal pointiert aus den bisher umfassend dargestellten Teilaspekten zusammengefasst. Rekurriert wird dazu auf das in Kap. 4.1.2 dargestellte Konzept des Erfahrungslernens von COMBE (2004), indem die Ebenen des Erfahrungsprozesses beginnend bei der auslösenden Erfahrungskrise rekonstruiert werden. Die Selbstaussagen des Schülers werden auf Stationen dieses Erfahrungsprozesses hin untersucht und unter der Prämisse analysiert, welche Optionen möglich gewesen wären und welche dieser Möglichkeiten Kemal ergriffen hat.

Erfahrungskrise

Das für die Schüler(innen) neue Arrangement der Lernortkooperation ruft bei Kemal zu Beginn Widerstand und Abwehr aus. Seine zentrale Empfindung ist, dass die Lernortkooperation Gewohntes durcheinander bringt. Die Schulstrukturen ändern sich, und das Teilen der Aufmerksamkeit, die er nun auch auf den neuen Lernort richten muss, überfordert ihn; die Erfahrungskrise zeichnet sich ab:

> „Aber jetzt ist das so, dass es so durcheinander ist. Also Chaos sozusagen" (K1/2/1).

> „Wenn man jetzt zu Peilung geht, dann muss man sich da auf den Tischler konzentrieren. Und wen ich dann wieder zur Schule komme, muss ich mich auf die Schule konzentrieren. Immer so abwechselnd. Einmal Peilung – Schule, Peilung – Schule, Peilung – Schule. Mein Kopf wird dann auch irgendwann keinen Bock mehr haben. […] Kannst du nichts mehr lernen, also hast du keinen Bock mehr zu lernen, weil Durcheinander vom Feinsten" (K1/22/6f).

Er kommt zunächst zu dem Schluss:

> „Das ist scheiße eigentlich mit drei Tagen [Schule; J.H.]" (K1/11/33).

Den Widerstand gegen die Lernortkooperation, also den Widerstand gegen die Veränderung der Routinen, bezieht Kemal direkt auf die Verkürzung der Schulzeit. Er begründet seinen Widerstand damit, dass ihm der Betrieb – in seinem Verständnis – Lernzeit in der Schule wegnimmt. Seine Vorstellung, die Schule zum Lernen für einen möglichst guten Schulabschluss zu nutzen, wird durch das systematische Einspielen der Arbeitswelt gestört. Das Thema ‚Kennen lernen von Berufen' verschiebt er für sich gedanklich erst auf die Zeit nach der Schule.

> „Ich finde, man muss lernen anstatt Peilung, weil man hat ja später noch Zeit in der Ausbildung. Und in der Ausbildungszeit kann man sich ja auch aussuchen, ob man den Beruf jetzt will oder nicht" (K1/22/14f).

Der Widerstand und die Abwehr drücken sich darin aus, dass er sich die Situation zunächst überhaupt nicht vorstellen kann bzw. sich ihr in der Vorstellung nicht annähern will. Damit ist aber gleichzeitig eine mögliche Richtung der Auflösung dieses Widerstands angezeigt: die gedanklich-vorstellungsmäßige Beschäftigung mit und die Konkretisierung der Situation (mit DEWEY und COMBE „Gestaltwerdung") ist hier für die Annäherung und Akzeptanz des Neuen entscheidend.

Prozessstationen der Be- und Verarbeitung von Erfahrungen:
Der Durchgang durch Empfindungen und Bilder ermöglicht die sprachliche Artikulation und Situationsdeutung.

Zunächst erfolgt, wie oben schon angedeutet, bei Kemal eine emotionale Auseinandersetzung mit der Lernortkooperation, bei der er mit Ärger reagiert. Diese neue Lernortstruktur findet er „scheiße" (K1/4/33) und „heftig" (K2/204f); er ist „wütend" darüber, dass er durch die langen Phasen, in denen das Praktikum stattgefunden hat, Hausaufgaben vergessen hat (K3/763f).

Auch wenn er zweifelt, dass diese Lernortkooperation ihm helfen könnte, beginnt er, sich mit dem angebotenen Modus des Ausprobierens von Berufen auseinander zu setzen. Dabei überwiegt jedoch das Gefühl, dass diese Schulstruktur ihm eher Lernzeit wegnimmt, als dass sie ihm viele Vorteile bringt.

> „Ich finde man muss lernen anstatt ‚Peilung' zu machen. [...] Weil bei Peilung kann man ja auch nur in zwei Betrieb gehen und dann kannst du dir aussuchen, in welche Richtung Du willst, aber vielleicht komm ich irgendwann in einen Betrieb im Praktikum, wo das ganz locker ist, aber in meinem späteren Leben komm ich in einen Betrieb, wo das ganz hart läuft, dann nützt mir das auch nichts. Das ist meine Erfahrung" (K1/22/12f).

Kemal verschafft sich hier erste Bilder von der Situation und bezieht diese auf seine bisherigen Erfahrungen. Dabei gewinnt er immer mehr ein Bild von sich als arbeitende Person, d.h. mit anderen Worten, er ist hier selbst ein Teil dieser Handlungsszenen und szenischen Bilder. Er versetzt sich in seinen Vorstellungen in diesen Handlungskontext. So sagt er z.B.:

> „Tischler ist ganz okay, finde ich. Aber ich würde das selbst nicht machen. [...] Da ich nicht der Typ bin, der mit Handwerk was zu tun haben will" (K1/16/4f).

Im zweiten Praktikumshalbjahr führt diese Auseinandersetzung mit seiner Einstellung zum Agieren in einem Beruf dazu, dass er sich mit einem zweiten Betrieb ein neues Betätigungsfeld sucht, weil es ihn langweilt in dem einen Betrieb, nicht genug beschäftigt zu sein; er arrangiert also selbstständig weitere betriebliche Erfahrungen.

In diesem Betrieb macht er viele Kompetenzerfahrungen:

> „Er [der Rechtsanwalt; J.H.] meinte: [...] ‚Du bist einer der wenigen, die das durchgelesen haben und die auch gewusst haben, was das heißt und was man machen muss.' [...] Deswegen hat er mich gelobt" (K2/158f).

„Wie soll ich sagen, ich hab Aufgaben bekommen und die hab ich meistens voll schnell erledigt. Und dann kamen sie zu mir und sagten ‚Oh, wie schnell bist du denn fertig'" (K3/542).

Deutlich wird, dass Kemal das von ihm anfänglich abgelehnte Bild von sich als berufstätiger Person beginnt positiv zu gestalten und auszumalen.

Allerdings gerät dieses positive Bild in Widerspruch zu dem eher negativen schulischen Leistungsselbstbild. Im Lernort Schule schafft er es entgegen seinem Vorsatz im Laufe der Lernortkooperation erst einmal nicht, seine schulischen Anstrengungen zu intensivieren und dort entsprechend seinem Anspruch, gut in Schule zu sein, seine Leistungen zu verbessern. Kemal entwickelt langsam Strategien, mit denen er sich befriedigend mit den Anforderungen auseinandersetzen kann, gleichwohl nimmt er schulisches Arbeiten und Lernen zunehmend als anstrengend wahr. Er gesteht sich ein:

„Eigentlich hab ich ja überhaupt sowieso keine Lust mehr auf Schule, weil es ist mir schon zu viel geworden" (K3/370f).

Statt seine Energie auf das Lernen im Lernort Schule zu richten, was eine denkbare Option wäre, führt Kemal im Laufe der Lernortkooperation die schon anfangs begonnene Auseinandersetzung mit dem Nutzen der Lernorte für ihn fort. Dabei ruft offenkundig die kontrastierende Selbstbeobachtung und Selbsteinschätzung seines Lernverhaltens in Schule und Betrieb sowie seines Vorgehens bei den beiden Lernaufgaben eine reflexive Auseinandersetzung mit der Situation, eine Reflexion seiner widersprüchlichen Erfahrungen hervor. Er wägt die Erfahrungen, die er über sich selbst, über sein Arbeits- und Lernverhalten sowie seine Rolle in den verschiedenen Lernorten gemacht hat, gegeneinander ab.

„Der Umgang mit Menschen – das ist mir da [im Betrieb; J.H.] ganz anders vorgekommen als in der Schule. In der Schule kenne ich ja die meisten. Und da ist das ganz anders, wie ich mit den Leuten rede und was ich mache. Im Praktikum ist das ganz, ganz anders. Es ist verschieden. Im Praktikum ist man ruhiger, höflicher und freundlicher" (K3/520f).

„Die Arbeitsweise – ich hab [im Betrieb; J.H.] alles schnell erledigt. In der Schule bin ich doch ein bisschen langsam manchmal" (K3/526f).

Er rekonstruiert in dieser Phase die Bedeutung der gemachten Erfahrung, in dem er feststellt, dass er im Betrieb ein besseres Klima zum Lernen vorgefunden hat als in der Schule; im Betrieb empfindet er sich als „lernfähiger", weil er mehr Spaß bei den Tätigkeiten hat (K3/529). Im Betrieb erlebt er ein spannungsfreies

Klima, in dem für ihn Kompetenzerfahrungen und fruchtbare Lernprozesse möglich sind.

> „In der Schule ist das halt nicht in den Stunden, wenn man Doppelstunden hat, so spaßig sondern Ernstprogramm. Und weil es da so ein bisschen lockerer für mich war, fand ich, dass ich das da besser gemacht habe. Hier ist man ja so ein bisschen nervös, wenn man irgendetwas nicht weiß. Doch da, wenn ich irgendetwas nicht wusste, dann hab ich gefragt. Hab auch dazu gelernt. Doch in der Schule geht das manchmal nicht" (K3/532f).

So zeigt sich bezüglich der Stadien der Be- und Verarbeitung von krisenhaften, irritierenden Anforderungen der Lernortkooperation, dass der Aufbau eines konkreten Erfahrungsfeldes seinen Widerstand zunehmend auflöst. So kann er sich schließlich dem widersprüchlichen und gleichzeitigen Aufeinandertreffen des Früheren und Gewohnten mit dem Späteren und Neuen auch analysierend, abwägend und Worte und Begriffe suchend stellen. Diese Erfahrungen, die sich aus der anfänglichen Krise zur Lernortkooperation ergeben haben, führen bei Kemal dazu, dass er seine Zukunftsperspektive in den Blick nimmt und sich in Reflexionen über seinem Bildungsgang begibt. Es gelingt ihm schließlich, im Durchgang durch Empfindungen und Bilder, seine Situation sprachlich-begriffliche zu artikulieren. Er sagt:

> „Das ist ja mein größtes Problem. Ich weiß immer noch nicht, was ich werden will. […] Viele wissen ja schon seit ihrer Kindheit ‚Ja, ich will das oder dies werden.' Und dann merken sie, das ist das nicht, aber es gibt etwas anderes, was für sie noch in Frage käme. Aber bei mir war das noch nie so" (K3/409f).

Für ihn wird es wichtig, einen Weg für die Zukunft zu finden, der sich auch von dem unterscheidet, den seine Eltern für ihn vorgesehen haben. Dabei wendet er sich deutlich gegen den von den Eltern gewünschten Weg des rein schulischen Bildungsgangs – und wirft ihnen diese Vorstellung, die auch er zu Beginn der Lernortkooperation noch so vehement für sich vertreten hat, vor:

> „Schule, Schule, Schule, mehr wissen sie nicht. Und mehr als einen Weg kennen sie auch nicht. Die denken ja immer noch, Schule gibt es nur und sonst nichts" (K3/322f).

Kemal hat die positiven betrieblichen Erfahrungen und die vergleichende Analyse seines Verhaltens in Schule und Betrieb für sich in Argumente übersetzt, die die eigene, selbstständige Gestaltung seines weiteren Bildungsgangs begründen. Er fasst eine schulische Ausbildung ins Auge, die seine divergierende Interessen

– zum einen das Anstreben einer höheren schulischen Qualifikation und zum anderen das Ablehnen eines anstrengenden weiteren Schulweges – und den von ihm erlebten Vorteil der verschiedenen Lernorte integriert. Mit schulischen und praktischen Anteilen kann Kemal sowohl eine Ausbildung als auch seine Fachhochschulreife erwerben.

> „Im Gymnasium glaube ich, dass ich mich viel mehr quälen müsste, als in einer schulischen Ausbildung. Ich meine, in der schulischen Ausbildung mach ich auch noch was mündlich und Praxis. Ich muss nicht die ganze Zeit zuhören, was der Lehrer oder die Lehrerin mir sagt, sondern kann auch mal selber was arbeiten." (K3/364f).

In der Wahl einer solchen Perspektive löst sich die eingangs aufgetretene Erfahrungskrise, indem Kemal die unterschiedlichen Funktionsbilder der beiden Lernorte für ihn sinnvoll zusammenführt.

Bedeutung des institutionellen Rahmens:

Vor allem die Schule bietet Kemal in der Situation der Lernortkooperation Strukturen, die Krisenerfahrungen der Lernortkooperation zu artikulieren und ihnen Begriffe zu geben. Dafür ist zum einen das gemeinsame Durchdenken und Ausphantasieren der beruflichen Alternativen und Zukunftsmöglichkeiten in der Klasse wichtig.

> „Wenn ich allein ohne die anderen Schüler meine Peilung gemacht hätte, dann hätte ich wieder nur einen Beruf dazugelernt und das wär's. Aber da die anderen das auch machen und wir uns das gegenseitig erklären, ich weiß nicht, dadurch merkt man schon, welchen Beruf man irgendwie schon ein bisschen gut findet" (K2/968f).

Kemal lernt neue Berufe und Bildungsgänge kennen, als die, die er von seiner Familie bisher angeraten bekommen hat. Er kann seine eigenen Überlegungen im Kontext mit anderen – und auch konfrontierend zu seiner Familie – ausschärfen und validieren. Die Verarbeitung der Erfahrungskrise wirft ihn auf sich selbst zurück, aber gleichzeitig weckt sie das Interesse daran, welche Lösungen andere auf die Probleme finden.

Im schulischen Bereich kommt der Lernaufgabe im Prozess der Bearbeitung der Erfahrungen in der Lernortkooperation eine bedeutende Rolle zu. Zunächst vermittelt sie durch die Möglichkeit, ein für die Schüler(innen) interessantes Thema zu wählen, Kemal Spaß an den Tätigkeiten im Betrieb

„Jetzt fang ich mit der besonderen Lernaufgabe an und das bringt schon Spaß, glaube ich. Dieses Fernsehregal zu bauen. Also weil es für mich ist, bringt es Spaß" (K1/15/23f).

Darüber hinaus nutzt Kemal das Angebot der Lernaufgabe als Hilfe zur reflexiven Auseinandersetzung mit seinen betrieblichen Erfahrungen und Selbstbeobachtungen. Dies beinhaltet auch, die Hilfe der Lehrer(innen) bei diesem Prozess in Anspruch zu nehmen. Durch das Verschriftlichen seiner Handlungen beginnt Kemal diese zu durchdenken. Beim Schreiben bekommen seine Erfahrungen Begriffe, die er ordnen kann:

„Ich hab das einfach geschrieben [...] und dann hab ich das einfach mit meiner Lehrerin zusammen verbessert. [...] Die Sachen, die ich erklärt hab und die sie nicht verstanden haben, da haben wir dann was anderes zusammen hingeschrieben. Also haben uns zusammen was anderes ausgedacht, damit andere das auch verstehen, weil das muss ja jemand verstehen, wenn er das einmal liest und der hat ja keine Bilder oder so was. Und so haben wir das dann gemacht – hab ich das dann gemacht. [...] Und am Ende hab ich das dann zusammen gebastelt" (K3/123f).

Dabei reflektiert er dezidiert die verschiedenen Möglichkeiten, seine Handlungen in Schrift zu übersetzen und mit seinen eigenen Einschätzungen zu dem Erlebten zusammenzuführen.

„Man muss das halt lang formulieren. Und dazu muss man sich Sätze noch irgendwie dazu ausdenken und überlegen und grübeln ‚Was könnte jetzt kommen? Was könnte ich noch dazu schreiben?'" (K2/500f).

„Ich hab viel mehr von mir selber geschrieben, also wie ich denke geschrieben, als bei dem anderen [der ersten Lernaufgabe; J.H.]" (K3/165f).

Diesen Prozess der Übersetzung von Erfahrungen in Schrift und Begriffe nimmt Kemal selbst auch als Möglichkeit wahr, das Erlebte zu reflektieren. Dabei durchschaut er nicht nur das lernförderliche Moment des Instruments, sondern bezieht dies auch direkt auf seine Situation. Beim Schreiben kann man sich über seine Erfahrungen klar werden, man wird zur eigenen Positionierung und Positionsbestimmung herausgefordert. Er klärt sein eigenes Selbstbild über das Medium des Schreibens und gewinnt Klarheit über die ihm vorschwebenden Situationen und Bedeutungsgehalte in seiner Bemühung um deren Ausdruck; dies bedeutet, die eigenen Erfahrungen immer in einer auch für andere Menschen wahrnehmbaren Weise darzustellen.

Fazit

Kemal kommt zunächst aus einer auch familial vermittelten, hohen schulischen Abschlussfixierung mit Beginn der Lernortkooperation in eine Erfahrungskrise. Dies äußert sich in einer kategorischen Negativhaltung gegenüber dem Schulversuch; Kemal fixiert sich entsprechend den elterlichen Erwartungen auf das Abitur und ist skeptisch gegenüber dem Schulversuch, da er einen Verlust von Lernzeit befürchtet.

Jedoch öffnet die gedankliche Beschäftigung, etwa auch die mit den die Berufe repräsentierenden Personen, die anfänglich festgefahrene Position. Das Neue und zunächst Beunruhigende muss erst konkretere Gestalt gewinnen: Hierzu nutzt er eine bestimmte Fähigkeit, „die Fähigkeit nämlich" wie COMBE und KOLBE sagen, „ in der Phantasie Situationen zu beschreiben, zeichnen, in die Zukunft projizieren oder auch erinnern zu können. Im szenischen Gedächtnis können Situationen wieder „flüssig" gemacht werden [...]. In der Rückschau ersinnen wir oft Szenarien, die unsere Erfahrungen klären und ihnen Form verleihen" (COMBE/KOLBE 2004: 848).

Das Setting der Lernortkooperation ermöglicht Kemal weitere Kontrasterfahrungen, die seine Fähigkeit zur Selbstbeobachtung und zur differenzierten Einschätzung seiner schulischen Leistungen bzw. seiner Stärken und Schwächen entwickeln helfen. Die Erfahrung unterschiedlicher Kontexte enthält Verhaltens- und Reflexionsanforderungen, die bei Kemal weitere kognitive und lernstrategische Ressourcen mobilisieren, wie etwa analytische Encodierungsstrategien vor allem in Bezug auf betriebliche Handlungssituationen. Die Kompetenzerfahrungen während der Praktika tragen außerdem dazu bei, seine Lernbereitschaft zu verstärken und zu verstetigen. Entscheidende Entwicklungen kristallisieren sich nun in der Entfaltung eines Bildes von sich als „Berufsperson".

Kemal nutzt die im Schulversuch gegebene Außenperspektive offenkundig als Chance, die eng definierte elterliche Orientierung auf einen möglichst hohen Schulabschluss für sich auszudifferenzieren. An die Stelle der Abschlussorientierung tritt die Perspektive einer fachschulischen Ausbildung, in der er schulische Bildung und die Potenziale beruflicher Erfahrungen verknüpfen will. Er nutzt Erfahrungen mit der Lernortkooperation, in der Optionen im Verhältnis zur eigenen Leistungsfähigkeit und Lebensplanung in den Blick kommen, um unabhängig vom Druck der Eltern eine eigene Zukunftsperspektive zu entwickeln. Es ist gezeigt worden, wie zentral ein „gestaltsinnliches" (COMBE 2005B) phantasiehaftes Durchspielen der Situation schließlich die sprachliche Artikulation von Situationsdeutungen und Handlungsperspektiven ermöglicht.

Obwohl Kemal bis zum Ende des Schulversuchs keine konkrete Berufsvorstellung entwickelt, steigert sich seine Berufswahlfähigkeit. Er kann durch die

Erfahrungen mit der Lernortkooperation kenntnisreiche und auf sich bezogene Aussagen über Berufe machen und sich selbst dabei positionieren. So hat der Schulversuch mit seiner didaktischen Inszenierung der Erfahrungskrise, ihrer Dynamik und ihres Prozessgeschehens auch bei einem stark auf schulische Abschlüsse fixierten Schüler zu einer differenzierten Sicht der institutionellen Anschlussfähigkeit von Abschlüssen und der eigenen Leistungsfähigkeit und Lebensplanung geführt.

8.2 Entwicklungsportrait des Schülers Bruno

Der Schüler Bruno ist zum ersten Interviewzeitpunkt 17 Jahre alt und besucht die 9. Klasse einer Integrierten Haupt- und Realschule mit dem Status eines Hauptschülers. Er ist mit sechs Jahren in die Vorschulklasse dieser Schule eingeschult worden und hat zum Halbjahr der 4. Klasse ein Schuljahr wiederholt.

Er macht im Rahmen der Lernortkooperation sein erstes Praktikum beim Schuhmacher und das zweite in einem Spieleladen.

8.2.1 Ausgangslage

Familienhintergrund

Bruno kommt aus einer Familie portugiesischer Einwanderer. Seine Eltern sind jung zum Arbeiten nach Deutschland gekommen, sind aber weiterhin in Portugal verwurzelt und arbeiten auf ihre Rückkehr hin. Beide Eltern haben mehrere Jobs zugleich, und über die Jahre konnte die Familie mit dem erwirtschafteten Einkommen Immobilien in Portugal erwerben. Die Eltern haben eine sehr geringe Schulbildung und arbeiten in gering qualifizierten Berufen, zum Beispiel als ungelernte Arbeitskräfte in einer Fischfabrik und im Bereich der Gebäudereinigung. Bruno beschreibt seinen Vater als abgearbeitet und körperlich erschöpft. Bruno hat innerhalb der Familie sehr wenig Zeit und Raum für sich. Er lebt gemeinsam mit zwei kleineren Brüdern im Wohn- und Esszimmer, in dem auch der Fernseher steht. Die Eltern beziehen Bruno zudem stark in die Betreuung der jüngeren Geschwister ein.

Der Erfahrungsraum Familie vermittelt bezogen auf die Anforderungen des Schulversuchs zweierlei: Zeiten und Räume für das Lernen sind eingeschränkt. Und: Zeit und Raum sind beherrscht von körperlicher Arbeit.

Bildungsgang

Bruno hat von Beginn der Schulzeit an ein positives Verhältnis zur Schule. Dies macht er allerdings ausschließlich daran fest, dass er die Schule als sozialen Ort versteht, an dem er Freunde treffen und sich in einer gleichaltrigen Gemeinschaft aufhalten kann. So antwortet er auf die Frage, was er gut an seiner Schule findet:

> „Ich finde gut, dass ich mich mit meinen Klassenkameraden so gut verstehe" (B1/250f).

Schulische Inhalte sind für ihn nur dann relevant, wenn er ‚gut darin ist' und „darüber Bescheid weiß" (B1/357) und er nicht viel investieren muss. Darüber hinaus hat er keine Ambitionen sich in der Schule anzustrengen, auch wenn er weiß, dass dies seine Leistungen verbessern würde.

Bruno berichtet von durchschnittlichen Leistungen, mit einer Ausnahme in der siebten Klasse, in der er – ohne Gründe angeben zu können – sehr gut war. Bis zum Beginn des Schulversuchs „ging es wieder runter" (B1/170), so dass er seine Leistungen derzeit als eher unterdurchschnittlich bezeichnet. Auf die Frage, warum seine Leistungen unterdurchschnittlich sind sagt er:

> „Weil ich keine Hausaufgaben mache. Ich hab was Besseres zu tun" (B1/367).

Bruno wählt als Perspektive für den Schulabschluss den Hauptschulabschluss.
Für Bruno ist die Schule ein Ort der sozialen Begegnung. Interesse bringt er den Anforderungen nicht entgegen, allenfalls wenn er gute Leistungen auf Anhieb erzielen kann, haben die Inhalte eine Bedeutung für ihn.

Einstellung zum Beruf

Für Bruno ist es nach eigenen Aussagen sehr wichtig, dass ihm eine berufliche Tätigkeit persönliche Freiräume lässt. Sein Verhältnis zum Beruf ist zunächst ein rein zweckhaftes. Bruno plant seine Selbstverwirklichung im Bereich der Freizeit und nicht im Beruf. Seiner Vorstellung nach schafft ein Beruf auch die Voraussetzungen dafür, die ihm von seinen Eltern noch bis heute verwehrten Freiheiten nachzuholen. Das wichtigste an einem Beruf beschreibt er in diesem Sinne so:

> „Ich will Zeit für mich haben und das nicht nur am Wochenende. Also kurze Arbeitszeiten, guten Lohn, am Wochenende nicht arbeiten" (B1/1077f).

Seine Ansprüche an berufliche Optionen sind damit nicht inhaltsspezifisch, sondern eher durch äußere – familiale – Gründe gefärbt.
Für Bruno schafft eine berufliche Tätigkeit die Voraussetzung zur privaten Verwirklichung. An dieser Verwirklichung ist ihm gelegen. Sie ist, seiner Selbstdarstellung nach, durch seine familiäre Situation sehr erschwert. Eine inhaltliche und tiefer gehende Auseinandersetzung mit den Anforderungen und Strukturen der Berufe findet kaum statt.

8.2.2 Entwicklung des Bildungsgangs in der Zeit der Lernortkooperation

Zu Beginn der Lernortkooperation ist Brunos Einstellung zur Schule durch Desinteresse und starrer Ablehnung von Lernprozessen und schulische Anforderungen geprägt. Diese Einstellung durchläuft im Laufe der Lernortkooperation eine Entwicklung. Bedeutsam dafür ist, dass er sich dem neuen Lernort nicht verschließt, sondern der Lernortkooperation zunächst abwartend positiv zugeneigt ist. Bruno verändert sein vormals kategorisches Abwehrsystem zugunsten einer Öffnung hin zur Auseinandersetzung mit Anforderungen und zu einem Sich-Einlassen auf Lernprozesse. Dieses Entwicklungsmuster wird im Folgenden nachgezeichnet.

Entwicklung des Verhältnisses zur Leistung und zur Zukunftsperspektive

Bruno hat *zu Beginn der Lernortkooperation* sehr starre Prinzipien, was die schulischen Leistungen angeht. Sein Motto ist: ‚Ich arbeite prinzipiell nicht für die Schule!' Bei schulischen Anforderungen, wie z.B. bei Klassenarbeiten, bemüht er sich nicht aktiv um gute Leistungen. Er verlässt sich vielmehr auf sein Glück – Ansprüche hat er nicht.

> „Ich lerne niemals, niemals für Arbeiten. [...] Weil ich glaube, das bringt Unglück. [...] Aber als ich geübt habe, hatte ich eine schlechte Arbeit, also lerne ich jetzt nicht mehr. [...] Aber ich bin immer zufrieden damit" (B1/541f).

Seine Haltung ist: Lieber gut in der Hauptschule als schlecht in der Realschule. Ergänzend kommt hinzu, dass Bruno noch keine Zukunftsperspektive entwickelt hat, auf die er gezielt zusteuern könnte. Er wählt sein Anspruchsniveau allerdings auch deshalb niedrig, weil er glaubt, leistungsmäßig etwas anderes nicht schaffen zu können. Kann er auf Anhieb gute Leistungen erbringen, macht ihm dies allerdings Spaß.

Die Lernortkooperation findet er anfangs etwas verwirrend, da die Zeit im Praktikum seine schulischen Routinen stört; er lässt sich jedoch grundsätzlich auf diesen neuen Lernort ein, arrangiert sich schnell mit der Situation und findet Spaß bei der Tätigkeit im Betrieb.

> „Das hat mich am Anfang noch ein bisschen verwirrt. Und aber sonst finde ich das gut. Es sollte eigentlich immer so sein. Am Anfang ist es schwer, sich da einzuleben, aber mittlerweile kommt das hin. Also es wird besser. Es ist auch besser als die ganze Woche Schule" (B1/660f). „Was mir Spaß macht? Ich näh ganz gerne. Das wusste ich aber gar nicht. Erst als ich neulich die Schuhe zugenäht habe, da fand ich das ganz toll" (B1/764f).

Bruno misst der Lernortkooperation darüber hinaus zu diesem Zeitpunkt keine besondere Bedeutung für seinen Schulabschluss oder sein zukünftiges Leben bei.

Zu *Beginn des zweiten Praktikums* äußert Bruno noch immer, dass ihm durchschnittliche Leistungen reichen, obwohl er stärker von schulischen Problemen spricht und auch beginnt sein Motto ‚Lieber gut im Hauptschulbereich als schlecht im Realschulbereich' zu relativieren. Ihm ist die mangelnde Zukunftsperspektive deutlich:

> „Ich hab ein Hauptschulzeugnis Durchschnitt 3,0 und das reicht eigentlich. Eigentlich reicht das nicht. Aber ich weiß dann auch nicht, was ich werden will. Wenn ich das halten kann, wäre es gut. [...] Ich weiß nicht, ob ich den [Realschulabschluss; J.H.] hinterher machen will. Wenn ich irgendwie jetzt von einem Tag auf den anderen ‚Oah, ich will unbedingt das werden' und dann ‚Oh, nee. Ich brauche einen Realschulabschluss!' Dann mache ich den" (B2/454f).

Bruno hat zur Lernortkooperation eine negativere Haltung entwickelt, da die Spannung der verschiedenen Anforderungen der Lernorte für ihn greifbar wird. Er hat das Gefühl, in beiden Lernorten nicht genug „mitzubekommen" (B2/970) und dabei einerseits den schulischen Anforderungen nicht gerecht werden zu können und andererseits im Betrieb an den zwei Tage in der Woche nicht intensiv genug eingebunden zu sein.

Am *Ende des zweiten Praktikums* begreift Bruno seine Schulleistungen und den Abschluss schließlich als etwas, was für ihn wichtig ist. Er thematisiert dies in größerem Umfang immer wieder im Interview. Obwohl er immer noch stark seine schulische Anstrengungsbereitschaft mit seinen persönlichen Befindlichkeiten und Kontrollprinzipien verknüpft und eher nur dann arbeitet, wenn er Lust dazu hat (*„Das hat weniger was mit Verstehen zu tun, sondern auch mit Lust" (B3/522).*), so versteht er den Schulabschluss jetzt als etwas, was er auch selbst steuern kann. Demzufolge versucht er, auf seine Schulprobleme zu reagieren.

„Ja, jetzt weiß ich, dass ich das machen muss. Weil, wenn ich das nicht tue, dass ich dann irgendwie ein scheiß Abschlusszeugnis bekomme. Und dann keine Lehrstelle dadurch bekommen könnte. Ich weiß nicht, dass ist jetzt erst mal wichtiger geworden. [...] Und ich setz mich jetzt auch öfters, viel öfters hin. Ich meine, ich arbeite z.b. für Deutsch" (B3/1106).

Hinzu kommt, dass Bruno nun für sich eine Zukunftsperspektive entwickelt hat; er strebt eine Ausbildung bei der Post an. Die Lernortkooperation versteht er nun klar positiv als Möglichkeit, sich in einem Berufsfeld auszuprobieren und so seine beruflichen Chancen für die Zukunft zu verbessern.

„Ich würde mich richtig [über ein drittes Praktikum; J.H.] freuen. Weil ich dann jetzt bei der Post machen könnte. [...] Klar, weil ich ja vorhabe, da eine Ausbildung zu machen" (B3/1059f).

Brunos Anspruchshaltung gegenüber schulischen Leistungen ist zu Beginn des Schulversuchs extrem gering. Brunos Orientierung auf den Hauptschulabschluss wird von dem Grundgefühl getragen, andere Abschlüsse nicht erreichen und aktiv ansteuern zu können. Diese Einstellung verändert sich erst in einem späteren Stadium der Lernortkooperation als sich seine Zukunftsperspektive schärft.

Entwicklung der familiären Prägung in Bezug auf Schule und Leistung

Die elterlichen Erwartungen an Brunos schulische Leistungen sind hoch. Brunos Vater macht ihm viel Druck, er solle viel lernen. Allerdings würdigen die Eltern die sporadisch guten Leistungen kaum: Sie nehmen sie entweder als selbstverständlich oder als noch nicht gut genug wahr.

„Aber meinem Vater ist selbst eine Zwei zu schlecht. Er sagt ‚Könnte besser sein.' Ich sag: ‚Hier, ich hab eine Zwei geschrieben.' Dann sagt er: ‚Hätte besser sein können'" (B2/549f).

Bruno grenzt sich hinsichtlich der Beurteilung seiner schulischen Situation von den Eltern ab, die in seinen Augen die schulischen Verhältnisse in Deutschland nicht verstehen. Mit seiner bisherigen Schulkarriere hat er schon mehr erreicht als seine Eltern und Großeltern, die nur eine geringe schulische Bildung haben. Nicht zuletzt deshalb erfährt Bruno in seiner Familie keine Unterstützung; allerdings will er sich von den Eltern in schulischen Angelegenheiten auch nicht helfen lassen und betont seine Eigenständigkeit und auch Überlegenheit:

"Also wenn ich weggehen würde, würden sie [die Eltern; J.H.] natürlich auch sofort weggehen, weil sie ohne mich nichts können. [...] Sie können noch nicht mal zum Arzt alleine gehen. [...] Ich muss übersetzen" (B2/1073f).

Dabei entwickelt er eigene Ideen, wie Eltern ihre Kinder in schulischen Dingen unterstützen könnten. Er wünscht sich Lob und positive Anreize, Belohnungen durch Geld oder durch die Gewährung von Freiheiten.

Bruno nimmt die Interventionen und Erwartungen seiner Eltern in Bezug auf seine schulischen Leistungen als abstrakt wahr und grenzt sich von ihnen ab. Er möchte aber in seiner Eigenständigkeit von ihnen gewürdigt werden.

Entwicklung der Lerngeschichte

Die Schule hat für Bruno eine hohe Bedeutung im Bereich der sozialen Kontakte. Hier kann er Freunde treffen und Gemeinschaft erleben. Allen Leistungsanforderungen der Schule begegnet Bruno *zu Beginn des ersten Praktikums* zunächst mit Vorbehalt. Er unterzieht sie einer Prüfung, bevor er etwas beginnt oder annimmt. Immer wieder betont er sein Prinzip, sich nicht von anderen bestimmen zu lassen.

„Ich nehme nicht gerne Hilfe von anderen an. Ich mag das nicht, wenn jemand mir hilft. [...] Ich bin nicht gerne von anderen Leuten abhängig. Also überhaupt, ich mag das nicht. Ich versuch lieber immer alles alleine" (B1/284f).

Diese Abwehr von Bestimmungsmustern in der Schule ist stark durch das Muster der Familienstruktur geprägt. Gegen ein ‚Du sollst, du musst' setzt er ‚nur wenn ich will' – bis hin zu Kompetenzverweigerung. Dies verhindert aber auch das Sich-Einlassen auf neue Situationen und stellt eine Einengung seiner Möglichkeiten dar. Doch Bruno reizt auch die Möglichkeit des Ausprobierens. Lässt er sich auf ein Probieren ein, dann muss es aber sofort gelingen. Entweder kann er etwas gleich oder gar nicht, so eins seiner Prinzipien. In dieser Logik hat er auch überzogene Ansprüche an Lernerfahrungen: Lernen ist überhaupt nur interessant, wenn man gar nichts weiß und dann eine ‚Erleuchtung' hat.

„Richtig interessant war, als ich ziemlich neu hier war und fast gar nichts konnte, also nix wusste. Die haben irgendwas gesagt. Ich wusste nicht, was es bedeutet. Und dann, immer wenn ich was Neues lernen, dann ist das interessant. Aber jetzt ist es schwer, dass ich noch was Neues lerne, weil ich schon so viel weiß" (B1/434f).

Hinter dem ‚Ich bin mir für anstrengende Lernprozesse zu schade' steht allerdings die Vermeidung von Misserfolg, denn auf der anderen Seite arbeitet er sehr langsam. So schafft er sich ein Abwehrsystem zum Schutz vor Bloßstellung und schlechten Erfahrungen. Dies wird bei der Frage nach der mündlichen Beteiligung im Unterricht deutlich:

> „Mündlich beteilige ich mich nicht so sehr. Weil ich das doof finde. Sind auch schlechte Erfahrungen. [...] Immer wenn ich ein paar neue Sachen gelernt hatte, wollte ich das immer sagen. Aber dann war das falsch und alle haben immer gelacht. Vielleicht weil früher immer alle darüber gelacht haben, sage ich das jetzt nicht mehr, melde ich mich nicht mehr so gerne" (B1/329f).

Im *Laufe der Lernortkooperation* bricht diese Haltung auf: Schwankt er noch zu Beginn des zweiten Praktikums zwischen Größenfantasien (‚Ich kann alles') und realistischen Einschätzungen, so sagt er zum Ende des zweiten Praktikums, dass Lernen für ihn wichtiger geworden ist. Dies lässt sich an folgender Entwicklung zeigen:

Bruno sucht in der Schule zu *Beginn des ersten Praktikums* nicht nach Themen, die ihn interessieren, sondern nach Bereichen, wo er ohne Anstrengung gute Leistungen zeigen kann. In diesen Situationen hat er sogar Spaß am Unterricht.

Zu *Beginn des zweiten Praktikums* verändert sich dies: Mit einem Faible für Geschichten beginnt er durch die Lernaufgabe Schule und Interesse zu verknüpfen.

> „Also Schreiben konnte ich ja – o.k. so Sachen zusammensetzen. Das hab ich ja schon öfters gemacht, auch so für mich privat. Ich schreib ja ganz gerne am Computer irgendwelche erfundenen Sachen, Geschichten. Und das war eigentlich das Gleiche, nur dass ich da über etwas Bestimmtes schreiben musste" (B2/649f).

Dies bringt er auch als motivierenden Impuls bei der zweiten Lernaufgabe ein. Durch das Schreiben der Lernaufgabe setzt er sich mit der Möglichkeit auseinander, Realität im Spannungsfeld seines Praktikumsbetriebs zwischen Wirklichkeit und Phantasie zu beschreiben, und bewältigt diese Anforderung erfolgreich.

> „Ich meine, meins ist ja wie eine Geschichte. Denn ich meine, man hat Spaß daran wenn man sich das durchliest. Man möchte ja nicht irgendwie was Neues lernen. Bei den anderen zwar auch, aber bei den anderen ist das Wirklichkeit. Bei ist das so mehr Fantasie, auch wenn es Wirklichkeit ist. Aber es kommt einem nicht wie Wirklichkeit vor. [...] Es ist was Ausgedachtes – aber irgendwie auch real" (B3/284f).

Bruno findet so *zum Ende des zweiten Praktikums* auch über die Lernaufgabe hinaus Zugang zu anderen Anforderungen der Schule, bei denen er sein Interesse für Geschichten einbringen kann; überall da, wo sich die Fachinhalte in das (Be-)Schreiben von Geschichten überführen lassen, entwickelt er Interesse und Engagement.

„Ich sag nicht ‚Juhu, Mathe!' Oder ‚Juhu, Grammatik!' Aber ich freu mich, wenn wir irgendwie solche Themen haben, die mal anders sind" (B3/570f).

Dies gilt zum Beispiel für Geschichte/Politik, Ethik oder Englisch:

„In Englisch da müssen wir so ein Buch lesen, ‚Worst Case'. Und früher war ich ja voll so ein Detektivfanatiker. Ich mochte ja irgendwie Detektive über alles. […] Und jetzt, wo ich wieder angefangen hab zu lesen – weil es ja eine Detektivgeschichte ist – find ich es gut und es ist leicht" (B2/349).

Brunos Prinzipienfixierung macht es ihm zunächst schwer, sich auf neue Situationen einzulassen. Er überwindet seine kategorische Vermeidungshaltung gegenüber längeren und systematischen Lernprozessen erst, als er im Zusammenhang mit der besonderen Lernaufgabe eine zentrale Kompetenzerfahrung zum Schreiben von Texten macht und erlebt, dass er seine Interessen in die Schule einbringen kann.

Entwicklung des Bildungsgangs – ein Fazit:

Am Anfang steht bei Bruno eine starke Abwehr gegen Fremdbestimmung und die Vermeidung eines Sich-Einlassens auf Lernprozesse in der Schule. Zum Ende der Lernortkooperation öffnet er sein Abwehrsystem allerdings gegenüber den Anforderungen, die von außen an ihn herangetragen werden – sowohl auf Ebene der Schule als auch auf Ebene des Betriebs. Beide Lernorte bekommen einen eigenen Wert: Über das Schreiben der Lernaufgabe findet Bruno einen Weg, seine Interessen mit schulischen Anforderungen zu verbinden. Wählt Bruno den ersten Praktikumsplatz noch eher zufällig, so begreift er die Lernortkooperation zum Ende als Möglichkeit, Berufsvorstellungen auszuprobieren, und fasst eine Ausbildung ins Auge.

Die Entwicklung einer Berufsperspektive und die Nutzung der Lernaufgabe als Möglichkeit, erfolgreich eigene Lernprozesse zu erfahren, ermöglicht Bruno schließlich, seine Vermeidungshaltung gegenüber Lernprozessen zu überwinden.

8.2.3 Entwicklung der Selbstregulation des Lernens: Zur Ausdifferenzierung von Lernstrategien in Schule und Betrieb

Brunos Strategiemuster in der *Schule* ist das ‚Probieren'. Zur Selbstregulation fehlen ihm übergeordneten Lernstrategien, d.h., er begegnet den schulischen Anforderungen ‚einfach so', ohne Strategien zur Steuerung einzusetzen. Für das Fach Mathematik beschreibt Bruno dies folgendermaßen:

> „Ich guck wie er [ein Freund; J.H.] das gerechnet hat. Dann komm ich einfach drauf, wie man das macht. Probier ich selber aus, wie er das ausgerechnet hat. So viele Möglichkeiten gibt es ja nicht in der Mathematik" (B1/534).

Ihm stehen auch zunächst keine Strategien der Motivierung zur Verfügung, mit denen er Anstrengungsbereitschaft entwickeln und aufrechterhalten könnte. Deshalb bricht die Auseinandersetzung mit einem Problem sofort wieder ab, wenn ihm die Lösung nicht sofort gelingt. Da Bruno sich nicht von anderen ‚abhängig' machen oder helfen lassen will, verstellen ihm diese Prinzipien auch den Weg zur Übernahme von Organisations- und Planungsstrategien. Zeigt sich in diesem Bereich bei Bruno auch kaum Entwicklung, so verstärkt sich jedoch über die Erfahrungen in der Lernortkooperation die Einsicht in die potentielle Notwendigkeit einer Weiterentwicklung seiner Lernstrategien:

> „Ich weiß nicht, es [das Lernen; J.H.] ist jetzt erst mal wichtiger geworden, auch wenn ich es dadurch trotzdem nicht mache. Aber ich merke, wenn ich früher irgendwie etwas nicht gemacht habe, hab ich gedacht ‚Scheißegal!'. Aber wenn ich jetzt etwas nicht mache, dann denk ich ‚Scheiße, hätte ich mal machen müssen!'" (B3/1108).

Im *Betrieb* lernt Bruno, insbesondere beim Schuhmacher, in der Regel über Imitation, womit er gut zurechtkommt.

> „Ich gucke bei meinem Chef zu, wie er das macht. Manchmal macht er den einen Schuh und ich mach den anderen" (B1/685). „Ich hab alles gelernt. Als ich kann Absätze ranmachen, Sohlen ranmachen, Nähen, Schuhe färben ... eigentlich alles" (B1/711).

Im zweiten Betrieb beginnt er darüber hinaus sich selbst zu beobachten und bemerkt, dass er Schwierigkeiten mit den mathematischen Anforderungen eines Einzelhandelskaufmanns hat. Allerdings entwickelt er daraus keine Reaktionsstrategien zur Lösung der Probleme, sondern versucht sich eher durch die Erledigung anderer Aufgaben diesen Anforderungen zu entziehen.

Auch beim Schreiben der ersten *Lernaufgabe* hat er zunächst Schwierigkeiten, da ihm keine Strategien zur „Übersetzung" der eigenen Handlungen in einen Text zur Verfügung stehen. Ebenfalls fehlen ihm Strategien der Planung und der Organisation.

> „Ich habe keine Idee, wie ich das jetzt aufschreiben soll. […] Ich weiß aber immer noch nicht, wie ich das jetzt anfangen soll zu schreiben" (B1/799f).

Deshalb nimmt er entsprechend seiner Stärke im Erzählen von Geschichten die Erzählungen des Meisters als Vorbild für seinen Text. Dadurch gelingt es ihm einen Text zu verfassen, der den schulischen Anforderungen genügt.

Die zweite Lernaufgabe führt zu einer Auseinandersetzung mit übergeordneten Lernstrategien. Vor allem hat er ein ihn motivierendes Thema gefunden: die Identifizierung mit der Fantasiewelt eines Spieleladens. Dieses motivierende Element kann er sogar selbst als Erfolgsfaktor für die Bewältigung dieser schulischen Anforderungen identifizieren:

> „Als ich über die Herstellung eines Schuhs schreiben sollte, da war ich ziemlich dagegen, dass wir das machen. Weil ich da keinen Bock drauf hatte. Weil ich da auch irgendwie nicht wusste, was ich machen sollte. Aber über diese [Lernaufgabe; J.H.] zu schreiben, fand ich klasse. Hätte nichts dagegen, noch eine zu schreiben" (B3/324f).

Bei eigenständigen Erkundungen und der Nutzung von Büchern entwickelt er Planungs- und Organisationsstrategien. Außerdem entwickelt er Abruf- sowie Enkodierungsstrategien durch den eigenständigen Aufbau einer Gesamtkonzeption der Lernaufgabe. Diese Leistung erfüllt ihn mit Stolz:

> „Die Idee kam eigentlich alles von mir, was ich da reingeschrieben habe. Klar, ich hab auch ein bisschen was aus Büchern geschrieben – also nicht direkt abgeschrieben, […] immer nur kleine Sachen zusammengefasst. Der Rest ist alles aus dem Kopf" (B3/215f).

Überlegungen zur Gestaltung nutzt er für Reflexionsmöglichkeiten. Er thematisiert den Schreibvorgang selbst als etwas, das ihn zur Differenzierung, Präzisierung von Begriffen und Überprüfung an der Realität führt.

> „Der Sinn ist wahrscheinlich, dass wir das, was wir gelernt haben, nicht vergessen. Weil dadurch, dass wir das wieder aufschreiben und wieder lesen und wieder darüber nachdenken, vergessen wir das ja nicht so schnell" (B3/303f).

Zum Ende des zweiten Praktikums wirkt sich dieser Lernstrategieerwerb im Zusammenhang mit der Lernaufgabe auch auf andere schulische Anforderungen aus. Insbesondere überträgt er sein Interesse für Geschichten in mnemonische Strategien: Er sucht für das, was er nicht versteht, Geschichten – wo Fachinhalte zu Geschichten werden, werden sie für ihn greifbar. Dies beschreibt er z.B. für eine Situation in Mathematik, bei der er über die Berechnung von Mengenangaben für einen Kuchenteig das Prinzip des Dreisatzes nachvollzieht (vgl. B2/307f).

Bruno findet über die erfolgreiche Bewältigung insbesondere der zweiten Lernaufgabe Zugang zu übergeordneten, selbstregulativen Lernstrategien. Im Zusammenhang mit der Entdeckung einer für ihn charakteristischen Fähigkeit des Geschichtenschreibens baut er ein starkes Selbstbewusstsein auf, das auch seine Zuwendung zu schulischen Anforderungen sehr befördert.

8.2.4 Das Erleben des Berufs

Die Suche nach seinem ersten Praktikumsplatz steuert Bruno nicht planvoll, sondern verlässt sich auf sein Glück. In dem Schuhmacherbetrieb, in dem Bruno sein erstes Praktikum dann absolviert, zeichnet Bruno sich als den „geborenen Schuhmacher". Seine Tendenz, Lernprozesse und damit auch mögliche Misserfolge zu vermeiden, findet sich zunächst auch am Lernort Betrieb wieder. Er setzt sich nicht realistisch mit seinen Fähigkeiten auseinander. Mit seiner Strategie der Imitation lernt Bruno allerdings erfolgreich Abläufe und Maschinen kennen und entwickelt so ein starkes Selbstbewusstsein bezüglich seines handwerklichen Geschicks und der von ihm eigenständig ausgeführten Reparaturen. Dagegen wird er im zweiten Praktikum mit seinen Defiziten im Rechnen konfrontiert, was er auch wahrnimmt. Aufgrund dieser Defizite kann er zwar nicht im Verkauf arbeiten; eine Auseinandersetzung mit Defiziten aber vermeidet er aber auch in diesem Betrieb. Bei diesem Praktikum in einem Fantasy-Spieleladen erlebt Bruno jedoch ein starkes Gemeinschafts- und Zugehörigkeitsgefühl, weil sowohl die Mitarbeiter als auch die Kunden – genau wie Bruno – der eingeschworenen Gemeinschaft von Fantasy-Spiele-Fans angehören. Im Betrieb machen Bruno eher die Arbeiten Spaß, die er sich selbst sucht und die mit seiner Begeisterung für Fantasy-Rollenspiele zu tun haben. Dagegen findet er die typischen Tätigkeiten des Einzelhandels langweilig. Für Bruno hat dieser Praktikumsplatz die Eigentümlichkeit, dass er einen Realitätsbezug repräsentiert, obwohl er als Gegenstand eine ‚Traumwelt' hat (Live-Rollenspiele, Fantasy etc.).

Die Möglichkeit, in der Lernortkooperation seine Perspektiven zu erweitern und die betrieblichen Erfahrungen für eine konkrete Berufswahl bzw. eine Berufsorientierung zu nutzen, realisiert Bruno erst spät. Spät kommt Bruno vor dem Hintergrund der im Schulversuch umlaufenden Informationen zu der Erkenntnis, dass er bei der Post arbeiten will. Dort hätte er gern ein Praktikum gemacht, dass nicht nur zufällig oder nach dem ‚Spaß-Kriterium' gewählt ist, sondern ihn seine nun getroffenen Zukunftsplanungen überprüfen lässt.

8.2.5 Formen der Be- und Verarbeitung von Erfahrungen

Das zentrale Entwicklungsthema in Brunos Bildungsgang ist die Öffnung seines vormals kategorischen Abwehrsystems gegenüber dem Lernen und der Schule zugunsten einer Auseinandersetzung mit Anforderungen und eines Sich-Einlassens auf Lernprozesse. Im Verlauf der Lernortkooperation tritt bei Bruno an Stelle der Verweigerung von Lernanstrengungen über die Beschäftigung mit der Lernaufgabe die Einsicht in Steuerungsmöglichkeiten seines Bildungsgangs.

Erfahrungskrise

Brunos Haltung gegenüber den Anforderungen der Schule ist durch eine ablehnende Haltung geprägt; er behält in der Regel sich selbst vor zu entscheiden, wann er mitarbeitet und wann nicht. In der neuen Struktur der Lernortkooperation kann er sich gut einleben und findet Spaß an der Tätigkeit, aber die Bedeutung in Bezug auf seinen persönlichen Bildungsgang oder seine Zukunftsperspektive veranschlagt er zunächst als gering. Bruno ärgert sich nicht, wie Kemal, vielmehr versucht er, seine Gefühle eher flach zu halten und vermittelt eher den Anschein von Problemlosigkeit. In dieses von Routinen bestimmte Verhältnis von Bruno zur Schule tritt nun eine neue, für die Lernortkooperation typisch schulische Anforderung hinzu: das Schreiben der besonderen Lernaufgabe.

Bruno fühlt sich in seinem Praktikumsbetrieb beispielsweise als der „geborene Schumacher", der nach seinen Aussagen gut mit den Tätigkeiten klar kommt, allerdings auch dort sich nicht mit Schwierigkeiten auseinandersetzt oder die Bedeutung der Praktikumserfahrungen durchdenkt. In seiner Schwierigkeiten verleugnenden Art, also in einer führ ihn typischen Form des Widerstands und der Abwehr, findet er es einfach, ein Thema für die Lernaufgabe zu benennen; er schüttelt ein seiner Ansicht nach repräsentatives Thema ‚aus dem Ärmel'.

Obwohl er zunächst keine Vorstellungen und Strategien hat, wie er die Bearbeitung des Themas angehen könnte, will er es „irgendwie", ‚einfach so' – entsprechend seinem sonstigen Vorgehen in der Schule – schon schaffen.

„Irgendwie mach ich das schon. [...] Wahrscheinlich mach ich das wieder ein paar Tage, bevor wir das abgeben müssen zu Ende, wie immer" (B1/815f).

Das Schreiben der ersten Lernaufgabe stellt ihn dann jedoch vor eine Herausforderung, bei der er es zunächst nicht schafft, ihr ‚einfach so' nachzukommen. Er verwirft sein Thema, weiß nicht worüber er schreiben soll und schafft es nicht bis kurz vor dem Abgabetermin anzufangen. Er hat einfach keine Vorstellung, wie er beginnen soll.

„Ich hatte keine Idee. Ich wusste nicht worüber ich schreiben sollte. Ich wollte dann am Ende über – ich weiß nicht mehr, über was ich schreiben wollte – über irgendetwas Blödes, wo ich gar nicht weiterkam. Ich weiß, dass ich zu dieser Zeit ziemlich viel Stress hatte" (B2/579f).

Bezogen auf sein bisheriges Handlungsmuster wäre es nahe liegend, dass Bruno zu diesem Zeitpunkt alles hinschmeißt und seine Anstrengungen abbricht. Allerdings – und dies kann bei ihm im Sinne einer irritierenden Störerfahrung als Erfahrungskrise bezeichnet werden – greift Bruno eine beiläufige Bemerkung seiner Lehrerin zu einem Thema, was er hätte bearbeiten können, auf und schafft es, auch für ihn unerwartet, in der verbleibenden Zeit von einer Woche die gesamte Lernaufgabe neu zu schreiben. Die Bemerkung der Lehrerin öffnete die Vorstellung, was er tun könnte, im Sinne eines ‚Ideenkeims'. War seine Erfahrungs- und Vorstellungsfähigkeit anfangs wie blockiert, so erlebt Bruno dieses Schreiben nun ähnlich eines Rauscherlebnisses: Er hat „geschrieben, die ganze Zeit geschrieben und geschrieben" (B2/614). Obwohl es für ihn die „schlimmsten Tage [s]eines Lebens" und „Stress pur" (B2/672) waren, war seine irritierende Diskrepanzerfahrung zu dieser von ihm gemeisterten, schulischen Anforderung schlicht:

„Und es ging gut" (B2/623).

Prozessstationen der Be- und Verarbeitung von Erfahrungen:
Konkrete Bewegungs-, Handlungs- und Verlaufsbilder lösen den Widerstand und ermöglichen die sprachliche Artikulation.

Die Idee zu einem neuen Thema für seine Lernaufgabe springt bei Bruno über wie ein Funke. Obwohl ihm nur wenig Zeit bleibt, kann Bruno, ohne viel darüber nachzudenken, plötzlich anfangen zu schreiben und die geforderte Anforderung der Lernaufgabe erfüllen; er handelt in Folge dieser Irritation fast ‚intuitiv':

„Und da hatte ich ganz viele Ideen" (B2/610). „Dann ist mir eingefallen, dass ich noch etwas zum Betrieb schreiben kann und den Tagesablauf. Und dann hab ich es gemacht. Ach ja, [...] zwei Tage, nachdem man das abgeben musste, hab ich noch den Schuh gemacht" (B2/624f).

Bruno beschreibt die Herstellung eines Schuhs und findet dabei einen Weg, seine Handlungen in einen Text zu übersetzen. Er entdeckt gleichsam seine eigenen Ausdrucksmittel; es sind Ausdrucksmittel, die sich auf den konkret vorstellbaren Vorgang und einen konkreten Bewegungsablauf des Handelns beziehen. Es sind offenkundig auf das konkrete Handeln bezogene Bilderfolgen, Bewegungsvorstellungen und Verlaufsbilder, denen hier beim Schreiben Ausdruck verliehen wird und die ihm die sprachliche Artikulation ermöglichen.

„Da beschreibe ich das haargenau, also besser kann man es gar nicht beschreiben. [...] Da wird halt beschrieben, wie man einen Schuh herstellt. Man könnte das aufnehmen, auf Tonband, langsam abspielen lassen und dann könnte man das praktisch nachbauen" (B2/589f).

Deutlich tritt hier also die Leistung und Bedeutung der Phantasie bezogen auf erinnerte Verlaufsbilder hervor.

Aufgrund des geschriebenen Textes kann er sich zugleich mit seinen Handlungen im Betrieb im Nachhinein auseinandersetzen. Bruno kann erkennen, was er falsch beschrieben hat und bei welchen Tätigkeiten, die er noch nicht konnte, ihm sein betrieblicher Anleiter geholfen hat. Dieses sinnkonstruierende Vorgehen ist aber bei dieser ersten Lernaufgabe nur in Ansätzen zu erkennen – es überwiegt noch das schnelle Abbrechen dieses Lernprozesses, dessen Relevanz er noch nicht zu deuten weiß.

„Ich hab, als sie fertig war, sie einmal schnell durchgelesen, Fehler einfach übersehen, schnell fertig gekriegt, ausgedruckt, dann in den Ordner und dann auch nie wieder angeguckt" (B2/666f).

„Das [den Sinn der Lernaufgabe; J.H.] kann ich mir, ehrlich gesagt, nicht erklären. Da haben sich die Lehrer wieder einen üblen Streich ausgedacht für uns" (B2/720f).

Bei der zweiten Lernaufgabe kann Bruno allerdings diese positive, erfolgreiche Auseinandersetzung mit einem Thema aus seinem Betrieb wiederholen. Dabei intensiviert er sogar die Anstrengungen und schafft es darüber hinaus, in einem größeren Maße selbstregulative Lernstrategien zu entwickeln und die Anforderung planvoller umzusetzen. Er kommt mit seinem Zeitmanagement besser zurecht, kann Vorarbeiten in seinen Text einbauen und schafft es seine Informationsbeschaffung zu steuern. Dies beinhaltet sogar, dass er – der Hilfe von anderen immer ablehnend gegenüber steht – sich Unterstützung von den betrieblichen Mitarbeitern beim Verfassen eines Spezialaspektes seines Themas holt.

> „Ja okay, ich hab mal, so nebenbei im [Betrieb; J.H.] gefragt. ‚Ja, hier, ich will jetzt mal erklären, was Zuchtkons [o.ä./unverständlich; J.H.] sind. Was könnte ich da am besten schreiben?' ‚Ja, kannst ja das und das schreiben.' Und dann hab ich gesagt: ‚Ja, cool.' Und dann hab ich ein bisschen was umformuliert und geschrieben" (B3/210f).

Er setzt sich mit seinem Schreibprozess auseinander und reflektiert die Besonderheit seines Themas und seines Praktikumsbetriebes im Verhältnis von Phantasie und Realität. Bruno hat dabei den Anspruch, seine Darstellungen in eine Sprache zu überführen, die allgemein verständlich ist, d.h. er bemüht sich, die begriffliche Fassung seiner Erfahrungen eine verallgemeinerbare Form zu geben. Dazu prüft er während des Schreibens seinen Text an einer imaginären Leserschaft.

> B: „Da musste ich wieder etwas löschen, wieder etwas anderes davor setzen – und es hat auf jeden Fall ganz lange gedauert, bis man das so versteht, wenn man das einfach einmal liest. Also ich hoffe, man versteht es. Ich kann es ja nicht selber beurteilen, ob man es versteht, weil das selber ja für mich klar ist." [...]
> I: „Und wie hast du das für dich dann überprüft, ob man es verstehen kann oder nicht?"
> B: „Ich hab es mir halt laut vorgelesen und so getan als ob ich nicht wüsste, was das ist" (B/183f).

Bruno lässt sich auf einen längerfristig andauernden Auseinandersetzungsprozess mit einer schulischen Anforderung ein, bei dem er nicht nur, wie bei der ersten Lernaufgabe, intuitiv, aus sich heraus, sich von Verlaufsbildern leiten lassend einen Text produziert, sondern vielmehr nun für die Lernaufgabe einen Text erarbeitet, bei dem er persönliche Interessen und objektive Anforderungen, die an die Lesbarkeit eines Textes gestellt werden, zusammen bringt. Was hier geschieht, ist etwas für die Rolle von Phantasien in Erfahrungs- und Erkenntnisprozessen ganz Entscheidendes:

Bruno sieht sich in realen oder imaginierten Interaktionssituationen mit den Augen der anderen. Es handelt sich um eine „Mitvergegenwärtigung" jener Bilder, die andere von der Situation haben und mitnehmen werden. Insofern findet in der Phantasie – in Anlehnung an Mead gesagt – eine Wendung zum „taking the role of the other", also zum generalisierten Anderen statt.

Bei der Präsentation der Lernaufgabe bekommt er in diesem Zusammenhang zur Darstellung seines Textes positive Rückmeldungen von den Besuchern und Lehrer(inne)n und macht so eine starke schulische Kompetenzerfahrungen. Er hat sich die Sicht anderer erfolgreich mitvergegenwärtigen können, sein Text kommt an.

Diese intensive Auseinandersetzung, in der er wieder und wieder seinen Erfahrungen und seinen Text durchdenkt und verändert, führt dazu, dass Bruno nun den Sinn der Lernaufgabe nachvollziehen kann: Durch den Prozess des Aufschreibens kann man die Erfahrungen durcharbeiten und erinnern (B3/303f). Dies sind ständige Konstruktions- und Rekonstruktionsanstrengungen.

Initiiert durch diese sinnkonstruierende Auseinandersetzung mit seiner Erfahrung des Schreibens entwickelt Bruno eine Kompetenz, Geschichten zu schreiben. Diese Kompetenz, die er über die Lernaufgabe gewonnen hat, beginnt er auf andere schulische Anforderungen zu übertragen und auch dort anzuwenden (siehe oben Kap. 8.2.3). Ebenso wie er begonnen hat, seinen Schreibprozess differenziert zu rekonstruieren, setzt er sich nun zum Ende der Lernortkooperation ernsthafter mit beruflichen Möglichkeiten und der Bedeutung der Lernortkooperation für seine Zukunftsperspektive auseinander. Auf die Frage, was er an der Lernortkooperation gut findet, sagt er:

„Das man halt einen Einblick in das Berufsleben bekommt. Dass man sich einen Beruf aussuchen kann, wo man ein Praktikum macht, und dadurch sieht, ob der Beruf etwas für einen ist oder nicht. Und okay, man hat zwar weniger Schule, aber dafür hat man halt Praktikum" (B3/1195f).

Einschränkend ist im Fall von Bruno zu sagen, dass er die Öffnung gegenüber Anforderungen von außen, die sich in der Bearbeitung der Lernaufgabe zeigen, nicht ohne weiteres auf alle schulischen Anforderungen übertragen kann. So kann er den Gewinn, den die Bearbeitung der Lernaufgabe ihm für das produktive Begegnen von schulischen Aufgaben gebracht hat, noch nicht explizit benennen. Obwohl er in vielen schulischen Bereichen anders handelt, spricht zum Teil auch noch immer die alte Einstellung zu schulischen Anforderungen aus seinen Äußerungen, in der sich noch immer alte Gewohnheiten mit dem Neuen streiten. Die neuen Erfahrungen herunterspielend sagt er:

„Was ich kann, mache ich. Was ich nicht kann, versuche ich ein bisschen zu machen und was ich überhaupt nicht kann, mache ich einfach nicht" (B3/428).

Der letzte Schritt zur Lösung seiner Erfahrungskrise, die stetige Transformation seiner Anstrengungsbereitschaft für Lernprozesse steht bei ihm noch aus – auch wenn er sagt, dass Lernen für ihn wichtiger geworden ist (B3/1104).

Bedeutung des institutionellen Rahmens: Die Schule als Reflexionsraum

Dennoch wird im Fall von Bruno in besonderem Maße die Bedeutung der Schule und ihrer Strukturen im Rahmen der Lernortkooperation für die Bearbeitung der Erfahrung, aber auch für die Bearbeitung gewichtiger Aspekte des Lernens im Bildungsgang deutlich. Das zentrale Instrument der Lernortkooperation, die besondere Lernaufgabe, löst bei Bruno eine irritierende Störerfahrung aus. In der Lernaufgabe findet Bruno erstmals eine schulische Anforderung, die ihn zur eigenständigen Initiierung von Lernprozessen anregt.

Dabei ist die Unterstützung und Würdigung seiner Arbeit an der Lernaufgabe durch die Lehrer(innen) bedeutend. Dabei gibt nicht die belehrende oder Hilfe anbietende Rolle den Ausschlag bei der das Lernen auslösenden Diskrepanzerfahrung, sondern die Begegnung und Auseinandersetzung von Bruno mit den Lehrer(inne)n auf ‚Augenhöhe'. So lässt Bruno die ‚normale' Hilfe der Lehrerin bei der ersten Lernaufgabe an sich abprallen; erst als es scheinbar zu spät ist, greift er eine Bemerkung der Lehrerin auf, die von ihr nicht mehr ernsthaft als unterstützender Vorschlag gemeint gewesen sein kann:

> „Und da hat Frau N. einfach mal so gesagt: ‚Bla bla bla; hättest ja über Mokassins schreiben können.' Dann hab ich das in den paar Tagen gemacht" (B2/583).

Das Stichwort Mokassin bezieht sich auf das, was er konkret gemacht hat und löst die entsprechenden Bilderfolgen, Bewegungsvorstellungen und Erinnerungsbilder aus, die er benötigt, um zu schreiben. Bei der zweiten Lernaufgabe beeindruckt ihn am meisten die Würdigung des Textes durch einen Lehrer, der ihm seine Leistung zurückspiegelt.

> „Ich hab mich besonders über Herrn H.s Kommentar gefreut, weil er gesagt hat, dass ich das echt klasse gemacht habe, und dass er das super findet, wie ich das geschrieben habe. Die Ausdrucksweise fand er auch toll. Und noch mehr froh darüber war ich, als Frau O. mir gesagt hat, dass wenn Herr H. so jemanden lobt, dass das echt irgendwie etwas zu bedeuten hat, weil er echt nicht jeden lobt. Und wenn er sagt, dass das toll war, dann war das wirklich echt toll" (B3/48f).

Neben den Kompetenzen, die Bruno durch die Lernaufgabe ausbilden kann, erfährt er auch durch die Lernaufgabe und die Reaktion der Lehrer(innen) ein Bild von sich als erfolgreich lernende Person. Dies ist für ihn ein wichtiger Faktor zur Entwicklung einer offenen Haltung gegenüber seinen Lernprozessen. Dieses könnte, bezogen auf den Austausch von Bild und Selbstbildpräsentationen mit GOFFMAN „die Arbeit am Image" genannt werden (vgl. GOFFMAN 1986:

25). Auch hier zeigt sich, wie wichtig die Übersetzung von Erfahrungen in Bildentwürfe ist, die wir mit anderen austauschen.

Fazit

Bruno Einstellung gegenüber der Schule, den schulischen Anforderungen aber auch gegenüber dem Betrieb ist durch Gleichgültigkeit geprägt. In der Schule begegnet er den Leistungsanforderungen mit passivem Vorbehalt und in der Regel mit Ablehnung. In diesem Sinne trifft Bruno auch die Wahl des betrieblichen Lernorts eher zufällig und aufgrund eines Hobbys und lässt sich am betrieblichen Lernort kaum auf selbstständige Lernprozesse ein. Dies kann als Widerstand gedeutet werden, da er sich den Anforderungen durch Passivität widersetzt.

Bruno wird durch die erfolgreiche Bewältigung von betrieblichen Anforderungen und insbesondere aufgrund der ‚intuitiv' erfolgreichen aber für ihn irritierenden Bewältigung der ersten Lernaufgabe in konkrete Erfahrungsprozesse hineingezogen. In dem Moment, wo sich durch die Bemerkung der Lehrerin seine konkrete Phantasie entzündet, löst sich sein anfängliches Ignorieren und Verweigern. Sein latentes Wissen über die Handlungssituation, in der er sich befunden hat, kann nun auch abgerufen und mit sprachlichem Ausdruck experimentierend artikuliert werden. Die Lernaufgabe öffnet ihm die Möglichkeit, beim Schreiben seinen Erfahrungen durch Verlaufsbilder seiner Handlung Ausdruck zu geben. Darauf aufbauend kommt er dazu, sich die Reaktionen anderer auf seinen Text durch eine gedankliche ‚Mitvergegenwärtigung' vorzustellen und diese Bilder für die Umsetzung seiner Erfahrungen in Begriffe zu nutzen. Bruno entwickelt so durch die Lernaufgabe selbstregulative Lernstrategien, durch die er Selbststeuerungsmöglichkeiten findet.

Er baut durch diese Kompetenzerfahrungen stufenweise ein Image von sich als lernender Person auf. So überwindet er in einzelnen Bereichen im schulischen Rahmen seine kategorische Vermeidungshaltung gegenüber Lernprozessen und kommt erstmals zu differenzierten Sichtweisen auf seinen schulischen Bildungsgang und zu einer Verantwortungsübernahme für seinen Schulabschluss. Damit gelingt es ihm grundlegend, ein Fundament für das Lernen und Weiterlernen zu erwerben. Allerdings ist dieser Aufbau eines Images von sich als lernender Person nicht von der analytischen Schärfe, die Kemal durch die kontrastierende Selbstbeobachtung und Selbsteinschätzung gewinnt; eine stabile Transformation seiner Anstrengungs-bereitschaft für Lernprozesse steht bei ihm noch aus.

Die Möglichkeit, in der Lernortkooperation seine persönlichen Perspektiven zu erweitern und diese strategisch für eine konkrete Berufswahl zu nutzen, realisiert Bruno in diesem Prozess der Erfahrungsbearbeitung entsprechend erst spät. Zum einen wird er in seiner zweckbestimmten Einstellung zu Beruf und Arbeit (Berufstätigkeit bietet Freiheit und Unabhängigkeit von der Familie) bestärkt. Diese Haltung erleichtert ihm die Entscheidung, mögliche Ausbildungsoptionen wahrzunehmen. Zum anderen erarbeitet er sich zum Ende der Lernortkooperation eine interessensgeleitete Orientierung, was die eigene Positionierung im Verhältnis zu beruflichen Möglichkeiten stärkt und die Möglichkeit des Abbruchs einer Ausbildung aufgrund mangelnden Interesses mindert.

Alle diese Prozesse sind fundiert in einer im Projekt zunehmenden und durch die Schule geförderten Symbolisierungsfähigkeit, der Fähigkeit also eine „szenische Phantasie" (COMBE/KOLBE 2004) zu entwickeln, die sich in der Vergegenwärtigung der Situation und der Mitvergegenwärtigung der Wirkung seiner Darstellung auf andere – im Medium der Lernaufgabe – äußert und entwickelt.

8.3 Übergreifende Erkenntnis aus den Fallstudien: Typisierung

Abschließend werden in diesem Teil nun die Fälle Bruno und Kemal und die weiteren untersuchten Fälle zu Typen verdichtet. Die nicht ausführlich dargestellten Fälle gehen dabei nur mit der typbezogenen Verdichtung ihres Entwicklungsprozesses ein, die den Endpunkt der rekonstruierenden Interpretation darstellt[24]. In der Interpretation der Fälle wurde dazu ein Quervergleich mit Hilfe der Variablen (1) Eigenverantwortung und Selbststeuerung, (2) Lernbereitschaft und Lernmotivation und (3) Entwicklung von Berufswahlfähigkeit vorgenommen. Dieser kommt übergreifend zu dem Ergebnis, dass der Entwicklungsprozess der Schüler(innen) durch drei Variable strukturiert ist:

1. durch die Fähigkeit zur Einnahme einer Außenperspektive auf das eigene Lernverhalten und deren Beitrag zur Entwicklung von Eigenverantwortung und Selbststeuerung sowie von selbstreflexiver und antizipatorischer Kompetenz,
2. durch das Ausmaß und die Intensität der Kompetenzerfahrungen und deren Beitrag zur Entwicklung von Lernbereitschaft, Lernmotivation und zur Verstetigung des Lernens,
3. durch die Fähigkeit zum Abwägen, Entscheiden und Positionieren im Berufsorientierungsprozess und deren Beitrag zur Entwicklung von Berufswahlfähigkeit.

---

24 Die dazugehörigen Auswertungstexte können bei der Autorin eingesehen werden.

Diese an den Zielen und Potenzialen der Lernortkooperation orientierten Variablen charakterisieren, in welchem Maß diese Schüler(innen) die Lernortkooperation für sich nutzen. Ziel der Typenbildung ist nun das Aufdecken und Verstehen von übergeordneten Mustern der unterschiedlichen Bewältigung der Anforderungen der Lernortkooperation. Dazu werden die einzelnen Schüler(innen)typen zunächst von einander abgegrenzt und anschließend in ihren Unterschieden strukturtypisch verortet.

„Der Kontrast in der Gemeinsamkeit ist fundamentales Prinzip der Generierung einzelner Typiken und ist zugleich die Klammer, die eine ganze Typologie zusammenhält" (BOHNSACK 2003: 143).

Startpunkt für die Entwicklung der Typisierung ist das Merkmal der Schulleistung. Unterscheiden lassen sich in dem vorliegenden Design

- Schüler(innen) mit schwachen schulischen Leistungen und einer problematischen Prognose bezüglich der Anschlussmöglichkeiten,
- Schüler(innen) mit der Prognose Hauptschulabschluss und der (theoretischen) Möglichkeit einer Berufsausbildung,
- Schüler(innen) mit der Prognose eines Realschulabschlusses und der Möglichkeit einer Berufsausbildung oder einer weiterführenden Schulkarriere.

Eine Typologie setzt die Ausarbeitung einer Differenz vor dem Hintergrund eines gemeinsamen Vergleichspunktes voraus (vgl. BOHNSACK 2003: 143). Gefragt wird an dieser Stelle also systematisch nach dem „Nutzungsverhältnis", d.h. ob es Varianten der Nutzung bezogen auf den Startpunkt der Schulleistung gibt,

- ob also Schüler(innen) mit schwachen Leistungen und nicht prognostizierbaren Anschlussmöglichkeiten den Schulversuch zur weiteren Entwicklung nutzen können oder (noch) nicht nutzen können, beispielsweise weil ihnen die Voraussetzungen dafür fehlen,
- ob Schüler(innen) mit der Prognose Hauptschulabschluss und einer (theoretischen) Möglichkeit auf berufliche Anschlussmöglichkeiten den Schulversuch zur weiteren Entwicklung nutzen können, beispielsweise weil die Voraussetzungen optimiert werden können oder sie ihn (noch) nicht nutzen können,

- ob Schüler(innen) mit Prognosen für gute bis sehr gute Schulabschlüsse den Schulversuch für ihre Entwicklung nutzen können oder ob ihnen angesichts schulischer Perspektiven die betriebliche Erfahrung eher hinderlich erscheint.

Im Sinne von LUMPE lässt sich sagen, dass die Typologie nach dem Kriterium der Anschlussfähigkeit ausdifferenziert ist. Die Orientierung der schulischen Laufbahn auf den Anschluss an einen erfolgreichen Einstieg und die Bewährung in Ausbildung und Beruf oder auch an eine adäquate schulische Weiterbildung – in Ergänzung zu der weiterhin bedeutsamen Orientierung auf einen guten Schulabschluss – wird von LUMPE als wichtiger Aspekt einer zeitgemäßen schulischen Berufsorientierung skizziert (vgl. LUMPE 2002: 110). „Lernen in der Perspektive der Anschlussfähigkeit" (ebd.) umfasst mit Blick auf gesellschaftlich-institutionell vorgegebene Laufbahnsequenzen die reflexive Steuerung und Planung des Übergangs sowie das Ausbilden der Fähigkeit zum selbstgesteuerten Weiterlernen. Mit dieser Kategorie „Nutzungsverhältnis", die in der Anschlussfähigkeit ihren Zielpunkt hat, wird der Bildungsgang der Schüler(innen) sowohl subjektbezogen wie institutionsbezogen ausgelegt.

Typologische Einordnung im Spektrum der Fälle

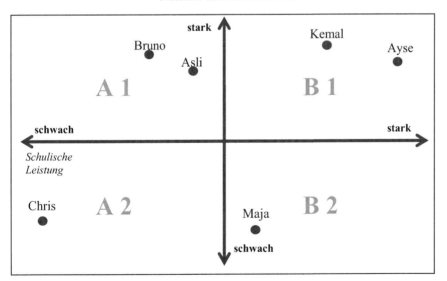

Abbildung 4: Typologie zur Nutzung der Lernorte

Bruno: Guter Nutzer unter den leistungsschwachen Schüler(inne)n

Der Fall steht für den Typ eines leistungsschwachen Schülers in einem wenig unterstützenden familialen Umfeld. Bezogen auf die Ziele des Schulversuchs wäre zu erwarten, dass der Schulversuch ihm neue Optionen bietet, sein Lernverhalten positiv zu gestalten. Die Selbstaussagen des Schülers zeigen, dass er in diesem Sinne hinzugewinnt: sowohl auf der Ebene der Entwicklung von Eigenverantwortung und Selbststeuerung als auch auf der Ebene der Entwicklung von Lernbereitschaft und Lernmotivation zum Weiterlernen und auf der Ebene der Entwicklung von Berufswahlfähigkeit.

Damit steht der Fall für die Nutzung des Schulversuchs im Sinne eines Neuanfangs und einer aktiven Ausrichtung einer negativ angelegten Lernkarriere, die nun chancenreicher in ein betriebliches Ausbildungsverhältnis münden kann.

Asli: Gute Nutzerin unter den leistungsschwachen Schüler(inne)n

Der Fall steht für den Typ einer leistungsschwachen, aber anstrengungsbereiten Schülerin in einem wenig unterstützenden familialen Umfeld. Bezogen auf die Ziele des Schulversuchs wäre zu erwarten, dass der Schulversuch neue Optionen bietet, ihr Lernverhalten positiv und kompetent zu gestalten. Die Selbstaussagen der Schülerin zeigen, dass sie in diesem Sinne hinzugewinnt: sowohl auf der Ebene der Entwicklung von Eigenverantwortung und Selbststeuerung als auch auf der Ebene der Entwicklung von Lernbereitschaft und Lernmotivation zum Weiterlernen. Auf der Ebene der Entwicklung von Berufswahlfähigkeit werden grundlegende Auseinandersetzungen angestoßen; sie entwickelt entsprechend ihrem Lernhabitus des Herantastens einen Stufenplan zur weiteren beruflichen Entscheidungsfindung.

Damit steht der Fall für die Nutzung des Schulversuchs im Sinne einer fähigkeitsbildenden Ausrichtung und eines aktiven Angehens schulischer und betrieblicher Anforderungssituationen, um nun chancenreicher in ein betriebliches Ausbildungsverhältnis münden zu können.

Kemal: Guter Nutzer unter den leistungsstarken Schüler(inne)n

Der Fall steht für den Typ eines leistungsstarken und gleichsam abschlussfixierten Schülers, der von seiner Familie unter einen starken und zuweilen unrealisierbaren schulischen wie beruflichen Erfolgsdruck gestellt wird. Bezogen auf die Ziele des Schulversuchs wäre zu erwarten, dass der Schulversuch Kemal Optionen bietet, sich eigenständige und realistische schulische bzw. berufliche Ziele zu setzen. Die Selbstaussagen des Schülers zeigen, dass er in diesem Sinne hinzugewinnt: sowohl auf der Ebene der Entwicklung von Eigenverantwortung und Selbststeuerung sowie der Ebene der Entwicklung von Lernbereitschaft und Lernmotivation zum Weiterlernen als auch auf der Ebene der Entwicklung von Berufswahlfähigkeit.

Damit steht dieser Fall für die Nutzung des Schulversuchs im Sinne einer Emanzipation von elterlichen Statusaspirationen sowie der Modifikation einer ausschließlichen Schulorientierung, so dass eine positiv angelegte Lernkarriere für eigene schulische und berufliche Ziele ausgebaut werden kann.

Ayse: Gute Nutzerin unter den leistungsstarken Schüler(inne)n

Der Fall steht für den Typ einer leistungsstarken Schülerin, die in ihrem Streben nach einem hohen Bildungsabschluss von ihrer Familie unterstützt wird. Bezogen auf die Ziele des Schulversuchs wäre zu erwarten, dass der Schulversuch ihr keine neuen Optionen für Entwicklungsmöglichkeiten bietet oder ihr gar schulische Lernzeit nimmt. Die Selbstaussagen der Schülerin zeigen aber, dass sie hinzugewinnt: sowohl auf der Ebene der Entwicklung von Eigenverantwortung und Selbststeuerung sowie auf der Ebene der Entwicklung von Lernbereitschaft und Lernmotivation zum Weiterlernen als auch auf der Ebene der Entwicklung von Berufswahlfähigkeit.

Damit steht dieser Fall für die Nutzung des Schulversuchs im Sinne einer Optimierung und Bereicherung einer schon positiv angelegten Lernkarriere, die nicht in ein Ausbildungsverhältnis münden soll, sondern in eine Weiterführung der schulischen Lernkarriere.

Chris: Schwacher Nutzer unter den leistungsschwachen Schüler(inne)n

Der Schüler Chris repräsentiert im Spektrum der Fälle den Typ des schulisch gescheiterten und entmutigten Schülers, dem, auch vor dem Hintergrund seiner familiären Situation, zunächst kaum Chancen auf dem Ausbildungs- und Berufsmarkt zugesprochen werden können. Bezogen auf die Ziele des Schulversuchs wäre zu erwarten, dass der Schulversuch ihm neue Optionen bietet, sein Lernverhalten positiv und motivierter zu gestalten. Die Selbstaussagen des Schülers zeigen, dass er auf allen drei Ebenen – Eigenverantwortung und Selbststeuerung, Lernbereitschaft und Lernmotivation sowie Berufswahlfähigkeit – in geringem Maße hinzugewinnt: Er gewinnt Einsichten in den Sinn schulischer Anstrengungsbereitschaft, Tendenzen zu einem reflexiveren Selbstverhältnis und zur eigenen Entscheidungsfähigkeit; Positionierung und Verantwortungsübernahme werden angestoßen. Damit schafft Chris es jedoch noch nicht, seine grundlegenden Defizite aufzuarbeiten oder gar auszugleichen.

Damit steht der Fall für eine lediglich ansatzweise Nutzung des Schulversuchs im Sinne einer erstmaligen Auseinandersetzung mit eigenen Fähigkeiten und Perspektiven, ohne jedoch bei dieser negativ angelegten Lernkarriere eine (grundlegende) direkte chancenreiche Befähigung in Bezug auf eine nachfolgende Ausbildung erreichen zu können.

Maja: Schwache Nutzerin unter den leistungsstarken Schüler(inne)n

Der Fall steht für den Typ einer eher leistungsstarken Schülerin, die jedoch zu einer passiven Lernhaltung neigt und darüber hinaus von ihrer Mutter dominiert und wenig selbstständig ist. Bezogen auf die Ziele des Schulversuchs wäre zu erwarten, dass der Schulversuch ihr neue Optionen bietet, ihr Lernverhalten aktiv und selbstgesteuert zu gestalten. Die Selbstaussagen der Schülerin zeigen, dass es ihr nicht gelingt, die Gelegenheitsstrukturen des Schulversuchs im Sinne eigener Kompetenzerfahrungen zu nutzen. Allenfalls auf der Ebene der Berufswahlfähigkeit sind geringe Zuwächse zu erkennen. Darüber hinaus fallen auch ihre schulischen Leistungen auf Hauptschulniveau.

Damit steht dieser Fall zunächst für die Nicht-Nutzung des Schulversuchs im Sinne einer aktiven Ausrichtung, Optimierung und Bereicherung einer eher positiv angelegten Lernkarriere. Der Schulversuch schafft es noch nicht, den Zukunftswünschen und Zukunftsfantasien mehr Bodenhaftung zu geben und in eine realistische Berufs- oder Ausbildungsstruktur zu überführen. Jedoch hat der Schulversuch insofern die Perspektive einer Verselbstständigung erbracht, als Maja – nachdem ein Konflikt im Praktikum zum Eingreifen der dominanten Mutter führt – sich nachträglich klar wird, dass sie sich in solchen Konflikten mehr einbringen muss und nicht vertreten lassen kann.

Abschließende Aussagen

Aufgrund der Rekonstruktion von Entwicklungsverläufen und Nutzungsmöglichkeiten können nun abschließend Aussagen über den Zusammenhang von „Leistungstyp" und „Nutzungstyp" im Sinne eines positiven oder nur schwachen Nutzungsverhältnisses gemacht werden, also Aussagen über typische Formen der

Nutzung des Schulversuchs und der damit einhergehenden Ausbildung von Anschlussfähigkeit bei entsprechenden Voraussetzungen.

TYP A 1: LEISTUNGSSCHWACH UND STARKE NUTZUNG
Leistungsschwache Schüler(innen), von denen angenommen werden kann, dass der Schulversuch ihnen neue Optionen bietet, ihr Lernverhalten positiv zu gestalten, können den Schulversuch im Sinne eines Neuanfangs und eines aktiven Angehens schulischer und betrieblicher Anforderungssituationen nutzen; bei diesem Typ werden die Chancen eines Übergangs in ein betriebliches Ausbildungsverhältnis deutlich erhöht.

Dieses positive Nutzungsverhältnis ist vor allem darin begründet, dass sich diese Schüler(innen) durch die Einnahme einer Außenperspektive und intensive Kompetenzerfahrungen die notwendigen Fähigkeiten zur Gestaltung ihrer beruflichen Anschlussfähigkeit erarbeiten.

TYP A 2: LEISTUNGSSCHWACH UND SCHWACHE NUTZUNG
Es gibt jedoch auch die leistungsschwachen Schüler(innen), von denen angenommen werden kann, dass der Schulversuch ihnen neue Optionen bietet, ihr Lernverhalten positiv zu gestalten, die den Schulversuch aber nur im Sinne einer ersten und noch schwach ausgeprägten Auseinandersetzung mit eigenen Fähigkeiten und Perspektiven nutzen können; bei diesem Typ wird die negativ angelegte Lernkarriere nicht nachhaltig beeinflusst.

Die schwache Nutzung ist vor allem begründet durch gravierende Defizite in den schulischen Voraussetzungen, die trotz der Entwicklung einer höheren Anstrengungsbereitschaft und der Entfaltung einer Perspektive nicht kompensiert werden können. Hier könnten ein weiteres Praktikum und eine intensive Individualbetreuung die ersten Motive zum Weiterlernen aufgreifen und verstetigen.

TYP B 1: LEISTUNGSSTARK UND STARKE NUTZUNG
Leistungsstarke Schüler(innen), von denen angenommen werden kann, dass ihnen der Schulversuch Lernzeit für eine weiterführende Schulkarriere nehmen würde, können den Schulversuch im Sinne einer Optimierung und Bereicherung einer schon positiv angelegten Lernkarriere nutzen, die nicht in ein Ausbildungsverhältnis, sondern in eine Weiterführung der schulischen Lernkarriere münden soll.

Es gibt auch die leistungsstarken Schüler(innen), von denen angenommen werden kann, dass sie den Schulversuch nutzen, um sich vom familialen Leistungsdruck abzugrenzen und eine eigenständige und realistische berufliche oder schulische Perspektiven zu erarbeiten. Dieser Typ nutzt den Schulversuch im Sinne einer Emanzipation von elterlichen Statusaspirationen und zur Modifikation einer ausschließlichen Schulorientierung; es kann eine positiv angelegte Lernkarriere für die weitere Entwicklung eigenständiger schulischer und beruflicher Ziele genutzt werden.

Dieses positive Nutzungsverhältnis ist vor allem darin begründet, dass diese Schüler(innen) durch die Einnahme einer Außenperspektive und intensive Kompetenzerfahrungen ihre Fähigkeiten zur eigenverantwortlichen und selbstgesteuerten Gestaltung der Anschlussfähigkeit im institutionalisierten Laufbahnsystem verbessern.

Typ B 2: Leistungsstark und schwache Nutzung
Die leistungsstarken, aber passiven Schüler(innen), von denen angenommen werden kann, dass der Schulversuch ihnen neue Optionen bietet, ihr Lernverhalten aktiv und selbstgesteuert zu gestalten, können den Schulversuch zunächst nicht im Sinne einer aktiven Gestaltung einer positiv angelegten Lernkarriere nutzen. Der Schulversuch schafft es bei diesem Typ noch nicht, den Zukunftswünschen Bodenhaftung zu geben und in eine realistische Berufs- oder Ausbildungsstruktur zu überführen.

Die schwache Nutzung ist vor allem in einer vom Umfeld gestützten Passivität begründet, die sich als nicht überwindbares Hemmnis für eine eigenständige und aktive Weiterentwicklung erweist. Hier könnten ein weiteres Praktikum und eine intensive Individualbetreuung helfen, die umfeldbedingten Hemmnisse zu durchbrechen und einer eigenständigen Reflexion und Gestaltung von realitätsbezogenen und institutionalisierten Anschlussmöglichkeiten Raum zu geben.

Fazit:

Die zusammenfassende Erkenntnis der Typologie besteht darin, dass sich mit Hilfe der Fallrekonstruktionen Aussagen darüber machen lassen, ob und wie verschiedene Leistungstypen von Schüler(inne)n den Schulversuch für die eigene Lernentwicklung nutzen. Ergebnis ist, dass sowohl leistungsstarke als auch leistungsschwache Schüler(innen) den Schulversuch positiv für sich nutzen können, es allerdings sowohl unter den leistungsstarken wie leistungsschwachen Schüler(inne)n auch Schüler(innen) gibt, die den Schulversuch noch nicht für ihre Lernentwicklung nutzen können (zu den Anteilen dieses Nutzungsverhältnisses im Verhältnis zur Gesamtpopulation vgl. Kap. 9.1). Es lassen sich Angaben über Bedingungen der Nutzung der Lernortkooperation machen:
Eine positive Nutzung der Lernortkooperation ist durch den Grad der Entwicklung von Eigenverantwortung und Selbststeuerung, Lernbereitschaft und Motivation zum Weiterlernen sowie Berufswahlfähigkeit bestimmt.

9 Zusammenführende Betrachtung der Untersuchungsergebnisse

Dieses Kapitel dient dazu, die unterschiedlichen Ergebnisteile dieser Untersuchung und die vorgestellten Ergebnisse der wissenschaftlichen Begleitung des Schulversuchs zusammenzuführen. Dabei wird das ergänzende Potential der Aussagen genutzt, um die Tragkraft der Ergebnisse zu stärken. Ausgangespunkt für die Verknüpfung der Ergebnisse sind die Entwicklungsportraits, denen eine zentrale Position zum Verstehen der Entwicklungsprozesse von Schüler(inne)n in der Lernortkooperation zukommt (vgl. Kap. 8).

9.1 Verknüpfung der Entwicklungsportraits mit den quantitativen Studien zur Lernortkooperation

Entsprechend des Ansatzes dieser Arbeit, methodentriangulierend zu arbeiten, werden nun die hermeneutisch rekonstruierten Prozessmuster und Nutzungstypen mit den Ergebnissen der quantitativen Studien zur Lernortkooperation verknüpft. Verortet werden die rekonstruierten Entwicklungsverläufe der Schüler(innen) dabei sowohl im Verhältnis zu den Erkenntnissen der in Kapitel 7 dargestellten Vergleichsstudie, als auch zu weiteren Erkenntnissen aus quantitativen Studien der wissenschaftlichen Begleitung, wie sie in Kapitel 6 vorgestellt sind.

Wie im Untersuchungsdesign dargestellt (vgl. Kap. 5.1.3), folgt diese Untersuchung zur Verknüpfung von quantitativen und qualitativen Methoden einem Komplementaritätsmodell. Dies bedeutet in diesem Fall, dass die Untersuchungen parallel in ergänzender Weise durchgeführt wurden und die Ergebnisse mit dem Ziel verknüpft werden, „Erkenntnisse über den Gegenstand der Studie zu gewinnen, die umfassender sind als diejenigen, die [der; J.H.] eine oder der andere Zugang erbracht hätte" (FLICK 2002: 388).

In diesem Kapitel werden zunächst die Aussagen zu den Typen durch Verteilungsaussagen angereichert. Dabei wird die mengenmäßig wahrscheinliche Verteilung der Typen im Gesamtzusammenhang der Lernortkooperation aufgezeigt. Diese quantifizierende Zuordnung kann allerdings nur annäherungsweise vorgenommen werden, da die die jeweiligen Untersuchungsteile nicht darauf ausgerichtet sind, in die eine oder andere Richtung überführt zu werden (vgl. Kap. 5.2.2) Deshalb kann die Verknüpfung nur in Form von Hypothesen über mögliche Bezüge hergestellt werden. Dieses wird hier erreicht, indem die Ergebnisse der einzelnen Untersuchungsteile an den übergeordneten Bezugsgrößen für die Nutzung der Lernortkooperation orientiert werden. Bezugsgrößen sind zum einen die persönlich-reflexive Entwicklung im Bereich des biographisch bedeutsamen und selbstregulierten Lernens und zum anderen die Anschlussfähigkeit und Integration in längerfristige Laufbahnen und Bildungsgänge (vgl. Kap. 8 (Einleitung) und 8.3). Auf dieser Ebene können zusammenführende Interpretationen der Ergebnisse vorgenommen werden.

Zunächst ist festzuhalten, dass auf der Ebene der Einzelfallbetrachtung bei vier der untersuchten sechs Fälle eine starke positive Nutzung des Schulversuchs zu erkennen ist. Unter Berücksichtigung, dass eine gute Nutzung des Schulversuchs sowohl durch persönlich-reflexive Momente der Entwicklung als auch durch die Integration in längerfristige Lernlaufbahnen und Bildungsgänge konstituiert ist, können auch die quantitativen Ergebnisse auf diese Entwicklungsziele differenziert bezogen werden.

Zum persönlich-reflexiven Moment der Entwicklung, dem biographisch bedeutsamen und selbstregulierten Lernen können auf Ebene der quantitativen Befragungen von Schüler(innen) ebenso positive Nutzungsergebnisse deutlich gemacht werden:

- Die Schüler(innen) des Schulversuchs gestalten aktiver und eigenständiger ihren Lernprozess als vergleichbare Schüler(innen), die nicht am Schulversuch teilnehmen (vgl. Kap. 7). Die Mehrheit der Schüler(innen) hat also Erfolg bei der Entwicklung von Eigenverantwortung und Selbstregulation.
- Die Schüler(innen) geben in hohem Maße an, selbstständig und ernsthaft im Betrieb arbeiten zu können. Ebenso hat sich gezeigt, dass sich die überwiegende Mehrheit die Bedeutung von Unterrichtsfächern wie Mathematik und Englisch sowie die Lust am Schreiben durch ihre betrieblichen Erfahrungen und die Lernaufgabe erschlossen hat (vgl. Kap. 6.3). Die Mehrheit der Schüler(innen) entwickelt somit durch (Kompetenz-)Erfahrungen Lernbereitschaft und Lernmotivation zum Weiterlernen.
- Die Schüler(innen) schneiden bei der Fähigkeit, Entscheidungen zu treffen, im Vergleich zu anderen Schüler(innen)gruppen besser ab. Darüber hinaus zeigen die Schulversuchsschüler(innen) im Vergleich deutlich bessere Werte in den Kategorien Eigenständigkeit und Selbständigkeit bei der Berufswahl (vgl. Kap. 6.4). Die Mehrheit der Schüler(innen) hat also Erfolg bei der Entwicklung von Berufswahlfähigkeit.

In Bezug auf das Kriterium der Anschlussfähigkeit und Integration in längerfristige Laufbahnen und Bildungsgänge können auf Ebene der quantitativen Befragungen von Schüler(innen) ebenso positive Nutzungsergebnisse konstatiert werden:

- Die Lernleistungen der Schüler(innen) in den Kernfächern belegen, dass die Schüler(innen) keine Leistungsrückstände zeigen, die im Zusammenhang mit der reduzierten Unterrichtszeit stehen, sie erwerben vielmehr in einigen Bereichen Lernvorteile (vgl. Kap. 6.1). Das bedeutet, dass es den Schüler(inne)n mehrheitlich gelingt, neben der Auseinandersetzung mit einem neuen, außerschulischen Lernort weiterhin die schulische Seite ihres Bildungsgangs und damit die schulische Abschlussorientierung und Anschlussfähigkeit im institutionellen Rahmen zu verfolgen.
- Die Ergebnisse der Absolventenstudie stützen die Erkenntnisse zur Lernentwicklung und verdeutlichen die positive Entwicklung der Anschlussfähigkeit. In Bezug auf die institutionelle Anschlussfähigkeit zeigt die überwiegende Mehrheit der Schüler(innen), dass sie den Schulversuch in diesem Sinne nutzt: Die Übergänge in Ausbildungsverhältnisse liegen mit 86% deutlich über den Erwartungswerten, auch kommt es zu weit weniger Ausbildungsabbrüchen, als aufgrund der Berufsbildungsstatistiken zu erwarten wäre. Ebenfalls hinsichtlich einer subjektbezogen verstandenen Anschlussfähigkeit ist das Nutzungsverhältnis günstig: Ein hoher Anteil der Befragten kommt in der Ausbildung gut zurecht und lässt erkennen, realistische Vorstellungen der Anforderungen sowie berufsrelevante Kompetenzen entwickelt zu haben (vgl. Kap. 6.5).

Die quantitativen Befunde aus den Schüler(innen)befragungen deuten demzufolge zusammenfassend nachdrücklich darauf hin, dass die durch die Fallstudien rekonstruierten Nutzungstypen A1 (Leistungsschwach und starke Nutzung) und B1 (Leistungsstark und starke Nutzung) erkennbar überwiegen und auch langfristig Bestand haben. Den Schüler(inne)n gelingen demnach mehrheitlich und langfristig biographisch bedeutsame Lernprozesse zur anschlussfähigen Gestaltung ihres Bildungsgangs.

9.2 Verknüpfung der Entwicklungsportraits mit weiteren Erkenntnissen zur Lernortkooperation

Die bedeutende Erkenntnis der typologisch verdichteten Entwicklungsportraits ist, dass die positive Nutzung der Lernortkooperation auf bestimmte Entwicklungsmomente zurückgeführt werden kann: Sie ist durch den Grad der Entwicklung von Eigenverantwortung und Selbststeuerung, Lernbereitschaft und Motivation zum Weiterlernen sowie Berufswahlfähigkeit bestimmt. Diese wiederum werden durch bestimmte strukturelle Bedingungen in der Lernortkooperation begünstigt. Die Rekonstruktionen der Entwicklungsportraits zeigen, dass für die Entwicklung von Eigenverantwortung und Selbststeuerung, Lernbereitschaft und Motivation zum Weiterlernen sowie Berufswahlfähigkeit im Wesentlichen vier Strukturelemente der Lernortkooperation verantwortlich sind: (1) Die besondere Lernaufgabe, (2) die gemeinsame Bearbeitung der betrieblichen Erfahrungen im Unterricht, (3) die eigenständige Arbeit mit der Möglichkeit zur selbstständigen Kompetenzerfahrungen im betrieblichen Lernort und (4) der Zeitrahmen von zwei Tagen im Betrieb.

Durch die zusammenführende Interpretation der Ergebnisse anderer Untersuchungsteile kann die Praxis und die Bedeutung dieser Strukturelemente ergänzend verdeutlicht werden.

1. Die Rekonstruktionen der Entwicklungsverläufe der Schüler Kemal und Bruno haben die besondere Rolle der Lernaufgaben als Instrument, das die Bearbeitung der Erfahrungen entscheidend anregt und strukturiert, hervorgehoben. Dieses aus der Selbstaussage der Schüler generierte Ergebnis wird durch die Analyse des Produkts „Lernaufgabe" gestützt. In den Texten der Schüler(innen) spiegelt sich die erfolgreiche Nutzung des Instruments für die Be- und Verarbeitung von Erfahrungen der Lernortkooperation zur Gestaltung der individuellen Entwicklungsprozesse in drei Bereichen:
   – bei der Wahl und Bearbeitung der thematischen Schwerpunkte, was sowohl die Entwicklung des selbstregulierten Lernens befördert als auch die Überwindung von negativen Selbstbewertungen und Schreibhemmungen sowie die Verortung eigener Interessen und Stärken im betrieblichen Geschehen zu Folge hat,
   – bei der Reflexion der sozialen und kommunikativen Situation im Betrieb und
   – bei der Reflexion betrieblicher Anforderungen und Perspektiven.
2. Weiteres prägendes Strukturmerkmal der Lernortkooperation ist die gemeinsame Bearbeitung der betrieblichen Erfahrungen in dafür ausgewiesenen Unterrichtsstunden. Insbesondere am Fall Kemal wird die Relevanz dieses Merkmals für die Entwicklung einer geprüften Berufswahlentscheidung aufgezeigt. Die Entwicklungsanstrengungen, die die Lehrer(innen) in die Konzeption dieser neu zu entwickelnden Stunden investiert haben, tragen also Früchte im Durchdenken der betrieblichen Erfahrungen, beruflichen Alternativen und Zukunftsmöglichkeiten für die kollektive und individuelle Artikulation und begriffliche Einordnung der Erfahrungen der Lern-

ortkooperation. Dies zeigt die Bedeutung der umsichtigen Gestaltung von Unterrichtsformen, die ausgehend von den Erfahrungen der Schüler(innen) gleichzeitig die Qualität eines allgemeinen Wissenstandes sichern.
Das im Schulversuch beobachtete Anstoßen weiterer Entwicklungen von Unterricht, die eine Individualisierung der Lernkultur im Hinblick auf Förderung von eigenständigen Kompetenzen zur Erfahrungsbearbeitung im Medium unterschiedlicher Fachinhalte zum Ziel haben, sowie die Entwicklung einer schulinternen, organisatorischen Informations- und Kooperationskultur, trägt dazu bei, Erfahrungslernen, das biographisch bedeutsam werden kann, auf andere Bereiche des Unterrichts und des schulischen Lernens zu übertragen.

3. Die Kompetenzerfahrungen, die Schüler(innen) am betrieblichen Lernort machen, können in der Entwicklung der Schüler(innen) zur Ausbildung von Lernbereitschaft, Lernmotivation und zur Verstetigung des Lernens führen. Möglichkeiten für Kompetenzerfahrungen werden nach Ansicht der betrieblichen Anleiter(innen) dann eröffnet, wenn die Schüler(innen) in betriebstypische Abläufe integriert werden können. Darüber hinaus machen sie deutlich, dass aus ihrer Sicht die Schüler(innen) diese Potentiale und Chancen des betrieblichen Lernorts nutzen und mit Engagement ihre Fähigkeiten mit den an sie gestellten Anforderungen zusammenführen.
Da auch die Lehrer(innen) sehen, dass betriebliche Lernorte, die eigenständiges Arbeiten in zusammenhängenden Prozessen ermöglichen, eine wichtige Voraussetzung für eine erfolgreiche Nutzung der Lernortkooperation durch die Schüler(innen) ist, ist ein wichtiger Grundstein für die erfolgreiche Gestaltung der Struktur der Lernortkooperation gelegt: Die Lehrer(innen) können in diesem Sinne die Wahl der betrieblichen Lernorte unterstützen und beeinflussen und die betrieblichen Anleiter(innen) können angeregt werden, die Einbindung der Schüler(innen) in eigenständiges Arbeiten zu ermöglichen.

4. Durch die Entwicklungsportraits wird deutlich, dass die Schüler(innen) durch die zwei Tage im Betrieb in ihrer schulischen Routine gestört werden und sie nicht umhin kommen, sich mit den betrieblichen Anforderungen auseinanderzusetzen. Der Betrieb bekommt durch das zeitliche Gewicht einen eigenen Wert. Die Schüler Kemal und Bruno schildern beide explizit die Anstrengungen, die die Auseinandersetzung mit den zwei Lernorten gleichermaßen erfordert. Gleichfalls kann in ihrem Entwicklungsprozess auch rekonstruiert werden, dass diese intensiven Betriebserfahrungen für ihre Kompetenzentwicklung nützlich sind.
Die Relevanz der intensiven, zweitägigen betrieblichen Lernzeit unterstreichen auch die betrieblichen Anleiter(innen). Sie verstehen die besondere

Lernchance darin, dass die Schüler(innen) in einer gegenüber schulischen Einflüssen abgegrenzten, eigenständigen Welt des Betriebs außerhalb des sonstigen schulischen „Übergewichts" agieren können. Gleichzeitig verweisen sie auf die Möglichkeiten, die diese Zeit den Betrieben bietet; so können sie die Schüler(innen) besser in eigene Schulungskonzepte einbinden und auch die Eignung der Schüler(innen) für eine mögliche Übernahme in ein Ausbildungsverhältnis besser einschätzen lernen.

Abschließend kann festgehalten werden, dass eine große Mehrheit der Schüler(innen) diese Zeitstruktur des Schulversuchs insgesamt befürwortet (63 %) und mit der Konzentration des Unterrichts auf drei Tage gut bis sehr gut zu Recht kommt (67 %).

Diese Ergebnisse zeigen, dass den in den Entwicklungsportraits für die Entwicklung der Schüler(innen) als bedeutsam rekonstruierten Strukturmerkmalen auch besonderes Gewicht in der Umsetzung der Lernortkooperation zugemessen und eingeräumt wird. Diese Gestaltung der Lernortkooperation mit den dargestellten Merkmalen

- Lernaufgabe
- besondere Unterrichtsstunden,
- eigenständiges Arbeiten im Betrieb und
- zweitägige betriebliche Lernzeit

kann mit den Erkenntnissen aus den Entwicklungsverläufen und weiteren Aussagen von Lehrer(innen), Anleiter(innen) und Schüler(innen) sowie Dokumentenanalysen in seiner Bedeutung für eine positive Nutzung der Lernortkooperation untermauert werden.

In den folgenden Kapiteln wird nun an diese Ergebnisse der Untersuchung anschließend die Tragweite der Erkenntnisse zum Lernen der Schüler(innen) in der Lernortkooperation vor dem Hintergrund der theoretischen Diskussion ausgearbeitet. Dabei wird der Gewinn dieser empirischen Untersuchung für die drei in dieser Arbeit relevanten Theoriesäulen akzentuiert aufgezeigt. Eingegangen wird also auf das Konzept des biographisch bedeutsamen Lernens im Bildungsgang, auf die Lernorttheorie unter Berücksichtigung des formellen und informellen Lernen sowie des Erfahrungslernens und auf das Rahmenmodell des selbstregulierten Lernens.

Teil IV:

Theorieentwicklung und Abschlussbetrachtung

10 Zur Entwicklung einer Lernorttheorie für die allgemeinbildende Schule

Nachdem in den voran gegangenen Kapiteln die Ergebnisse der Untersuchung dieser Arbeit vorgestellt wurden, verfolgt dieses Kapitel das Ziel, die gewonnenen Erkenntnisse zur konzeptionellen Weiterentwicklung der für diese Arbeit bedeutsamen Rahmentheorien zu nutzen. Dazu sind zwei Fragen darstellungsleitend:

Was wissen wir durch diese Untersuchung über das Lernen in der Lernortkooperation? Und: Was bedeuten diese Erkenntnisse für die Weiterentwicklung der dieser Arbeit zugrunde gelegten theoretischen Konzepte und einer integrierenden Lernorttheorie? Zur Beantwortung der ersten Frage folgt im ersten Unterkapitel ein Resümee der Erkenntnisse dieser Untersuchung. Das zweite Unterkapitel widmet sich dann anschließend der Theoriegenerierung.

10.1 Erkenntnisse zum Lernen in der Lernortkooperation – ein Resümee

Im Folgenden sollen die gewonnenen Erkenntnisse dieser Arbeit vor dem Hintergrund der Ausgangssituation der Untersuchung in einem ‚Durchgang' durch die Arbeit resümierend nachgezeichnet werden.

Zu Beginn dieser Untersuchung konnte ausgehend von einer Analyse der Situation der Berufsvorbereitung und Lernortkooperation im allgemeinbildenden Schulsystem folgendes festgehalten werden: Kooperationsmodelle von Schulen mit außerschulischen, betrieblichen Lernorten, die über die herkömmlichen Betriebspraktika hinausgehen, sind von schulpädagogischer und gesellschaftlicher Aktualität. Der Entwicklung einer Vielzahl von Projekten in der allgemeinbildenden Schullandschaft, die Berufsvorbereitung auch in einem erweiterten Verständnis als Förderung der Fähigkeit zum selbstständigen Weiterlernen und zur selbstständigen Gestaltung von Lebens- und Berufswegen verstehen, steht allerdings ein immenses Forschungsdefizit zum Prozessverstehen und zur Wirkung der Maßnahmen gegenüber. Erste empirische Arbeiten zur Lernortkooperation kommen zu dem Ergebnis, dass Benachteiligte und schulabschlussgefährdete Schüler(innen) sich in der Regel sowohl emotional als auch leistungsmäßig stabilisieren und die Arbeit in den Betrieben gewinnbringend für die Schüler(innen) ist.

Insbesondere fehlt es aber an einer Lernorttheorie, die die Funktion der Lernorte Schule und Betrieb und ihr Verhältnis zueinander, d.h. die Gesamtrahmung des Lernens an beiden Lernorten in den Blick nimmt. Zu klären ist, in welcher Form der Lernort Betrieb lernwirksames Anregungspotential bietet und wie Schüler(innen) dieses gegebenenfalls auch mit Hilfe von schulischen Instrumenten nutzen können.

Der hier untersuchte Schulversuch versteht sich als ein Modell der Lernortkooperation, der die Verknüpfung der Lernorte durch besondere Strukturmerkmale gestaltet, um Berufswahlfähigkeit und Kompetenzen des selbstregulierten Weiterlernens zu entwickeln. Zu diesen Merkmalen gehören insbesondere das anteilige Arbeiten und Lernen in den Lernorten Schule und Betrieb und das Aufgreifen der von den Schüler(inne)n gemachten betrieblichen Erfahrungen in schulischen Unterrichtsangeboten sowie die individuell-biographische Orientierung des gesamten Lernsettings.

Von diesem Arrangement und Erkenntnisinteresse ausgehend legt die vorliegende Arbeit ihren Schwerpunkt auf die Untersuchung der Entwicklung von Lernkompetenzen im Sinne von Fähigkeiten zum selbstregulierten und gegebenenfalls biographisch bedeutsamen Lernen im Rahmen dieser speziellen Lernortkooperation. Damit verbindet die Untersuchung eine bildungsgangtheoretische Fragestellung mit einer schulentwicklungstheoretischen und einer lerntheoretischen Fragestellung.

Die Untersuchung knüpft in der Theorieentwicklung an drei Felder an: (1) an den Stand der Theoriediskussion um ein Konzept des biographisch bedeutsamen Lernens im Bildungsgang (vgl. u.a. COMBE 2004; TRAUTMANN 2004a; SCHENK 2005), (2) an das Konzept des formellen und informellen Lernens (vgl. u.a. DEHNBOSTEL 2004; HUNGERLAND/OVERWIEN 2004) sowie an das Konzept des Erfahrungslernens (vgl. COMBE 2004; 2005a) als einen Baustein zu einer bisher noch nicht entwickelten Lernorttheorie und (3) an den Stand der Forschung zu Konzepten und Modellen des selbstregulierten Lernens, um ein tragfähiges Rahmenmodell des selbstregulierten Lernens für diese Arbeit auszuwählen (vgl. u.a. SCHIEFELE/PEKRUN 1996; SCHREIBER 1998; ARTELT 2000; LEUTNER/LEOPOLD 2003b). Damit sind bestehende Bausteine einer Theorie des Lernens in der Lernortkooperation als konstruktiver Prozess der Erfahrungsbearbeitung benannt und erörtert.

Als Ergebnis der theoretischen Auseinandersetzung kann das Untersuchungsinteresse in drei konkrete Forschungsfragen überführt werden:

1. Wie nutzen die Schüler(innen) die Erfahrungen der Lernortkooperation zur Entwicklung von biographisch bedeutsamem Lernen? Wie verläuft dabei die Entwicklung des Bildungsgangs?
2. Wie nutzen die Schüler(innen) die Erfahrungen in der Lernortkooperation zur Entwicklung des selbstregulierten Lernens? Wie verläuft dabei die Lernstrategieentwicklung?
3. Wie nutzen die Schüler(innen) die Optionen und Möglichkeiten des Erfahrungsprozesses in der Lernortkooperation? Wie verläuft dabei der Prozess der Be- und Verarbeitung von Erfahrungen?

Dazu sind in einem methodentriangulierendem Verfahren Entwicklungsverläufe von Schüler(inne)n fallrekonstruierend analysiert und in einem Vergleichssetting Effekte des Schulversuchs in Bezug auf das Lernverhalten der Schüler(innen) gemessen worden.

Auf diese Weise konnten bedeutsame Teilaspekte der Bildungsgänge (vgl. Frage 1), die komplexe Entwicklung des selbstregulierten Lernens als Verfügung über Lernstrategien (vgl. Frage 2) und Prozessstationen der Be- und Verarbeitung von Erfahrung der Lernortkooperation (vgl. Frage 3) bei Schüler(inne)n, die in der Lernortkooperation lernen und arbeiten, rekonstruiert werden.

Ein zentrales Ergebnis ist, dass sowohl leistungsstarke als auch leistungsschwache Schüler(innen) die Lernortkooperation nutzen können, und dass eine positive Nutzung der Lernortkooperation auf besondere Entwicklungsmomente zurückgeführt werden kann, die durch bestimmte strukturelle Bedingungen in der Lernortkooperation begünstigt werden. Ein weiteres Ergebnis ist, dass Schüler(innen) der Lernortkooperation vor allem im Bereich der Selbstständigkeit und Entscheidungsfreiheit im Lernprozess Vorteile zu Schüler(inne)n verschiedener Vergleichspopulationen vorweisen.

Die übergreifende Interpretation verschiedener Untersuchungsteile weist darauf hin, dass den Schüler(inne)n biographisch bedeutsame Lernprozesse zur anschlussfähigen Gestaltung ihres Bildungsgangs gelingen d.h. dass die positive Nutzung der Lernortkooperation durch die Schüler(innen) überwiegt und langfristig Bestand hat.

10.2 Elemente einer Lernorttheorie

Als darauf aufbauendes, theoriegenerierendes Ergebnis dieser Untersuchung werden im Folgenden zunächst der konzeptionelle Ertrag der für diese Arbeit bedeutsamen Rahmentheorien benannt, um anschließend erste Strukturmerkmale für eine übergreifende Theorie des Lernens als Prozess der Erfahrungsbearbeitung in der Lernortkooperation zu entwickeln.

Dafür werden in den folgenden Unterkapiteln jeweils die für diese Arbeit relevanten Theoriekonzepte aufgegriffen und dargestellt, welche theoretischen Überlegungen an die empirische Untersuchung dieser Arbeit herangetragen wurden, worin die zu berücksichtigende Forschungslücke bestand und in welcher Weise die empirischen Ergebnisse auf diese Theoriekonzepte zurückwirken.

10.2.1 Zum Konzept des biographisch bedeutsamen Lernens im Bildungsgang

In der Bildungsgangforschung stehen individuelle Lernwege im institutionellen Kontext im Mittelpunkt der Betrachtung. Der Bildungsgang wird durch die objektive Seite der institutionalisierten Anforderungen der Bildungswege und durch die subjektive Seite der Auseinandersetzung und Aneignung der Anforderungen bestimmt (vgl. u.a. HERICKS/SPÖRLEIN 2001; SCHENK 2004). Lernen im Bildungsgang kann in dem Sinne als eine vom Subjekt zu bewältigende Verknüpfungsleistung, ja Verknüpfungsanstrengung zwischen Subjekt und Struktur, d.h. organisierter Lernumwelt, die gesellschaftliche Anforderungen und Entwicklungsnormen enthält, gefasst werden. Im Mittelpunkt der Diskussionen um eine theoretische Bestimmung dieses Wechselverhältnisses steht die Frage, wie die Lernprozesse im Spannungsfeld von Subjekt und institutionell gebündelten gesellschaftlichen Anforderungen verlaufen und wie Individuen ihren Bildungsgang konstruieren oder auch rekonstruieren können (vgl. u.a. BASTIAN ET AL. 2004; TRAUTMANN 2004a; SCHENK 2005). Zentrale Annahme in der Bildungsgangtheorie ist, dass so genannte Entwicklungsaufgaben als Bindeglied zwischen der objektiven und der subjektiven Seite die Gestalt und den Modus der Lernprozesse strukturieren (vgl. z.B. HERICKS 1998; SCHENK 2004; TRAUTMANN 2004a). Wie in Kapitel 4.1 gezeigt, wird diese Annahme in der Bildungsgangtheorie kontrovers diskutiert, gleichzeitig sind die Bestimmung von Entwicklungsaufgaben und der Prozess der Bearbeitung selbst noch strittig.

Greift man die Annahme auf, dass das Modell der Entwicklungsaufgaben einen Modus für das Lernen in der Verknüpfung von objektiven Anforderungen und subjektivem Bedeutungsaufbau bereitstellt, dass allerdings ein genaues Begriffs- und Prozessverständnis noch aussteht, stellt diese Arbeit ein Bestimmungsverhältnis vor, das angelehnt ist an eine Theorie des Lernens als Prozess der Be- und Verarbeitung von Erfahrungen (vgl. COMBE 2004; 2005a): Das Entwicklungsaufgabenkonzept wird zugunsten einer Stärkung des subjektiv-konstruktiven Elements der handelnden Bearbeitung und Gestaltung von Lernbiographien ausgelegt. In diesem Sinne wird der Lernprozess im Bildungsgang als Konstruktion – d.h. Bestimmung, aber auch Um- und Neuinterpretierung – von subjektiven Entwicklungszielen und deren Verbindung mit den Ansprüchen und Zumutungen gefasst, die von außen an das Individuum herangeführt werden.

Zentraler theoretischer Ausgangspunkt für die empirische Untersuchung ist dem zufolge das Verständnis, dass ein so verstandenes Lernen im Bildungsgang sich im Prozess von Erfahrungskrise und Erfahrungsbewegungen (d.h. Konstruktion, Rekonstruktion und Transformation von Erfahrungen) vollzieht. In der Fortführung des Ansatzes der „Biographizität" von ALHEIT (1996) wird das biographisch bedeutsame Lernen besonders beachtet.

Als Ergebnis der Untersuchung kann festgehalten werden:

Schülerinnen und Schüler können in der Lernortkooperation subjektive Einstellungen und eigene biographische Orientierungen mit den gesellschaftlich bedingten Anforderungen der Schule in der Phase des Übergangs von Schule in den Beruf verknüpfen, indem sie ihre Erfahrungen bearbeiten und so ihren Bildungsgang aktiv gestalten.

Zur Weiterentwicklung der Bildungsgangtheorie kann auf Grund dieser Erkenntnis der konstruktive Verknüpfungsprozess von Subjekt und Struktur im Modus der Erfahrungsbewegung, wie er im Rahmen der Lernortkooperation rekonstruiert wurde, weiter ausdifferenziert werden. Dazu werden im Folgenden Teilfragen des Erfahrungslernens im Bildungsgang ausgearbeitet.

Wie entstehen Erfahrungskrisen und welche Funktion kommt ihnen zu?

Die Erfahrungskrisen, wie sie in den Entwicklungsportraits rekonstruiert werden konnten, haben ihren Anfang jeweils im Widerstand der Schüler gegen eine von institutioneller Seite an sie heran getragene Anforderung. Der Widerstand kann sich dabei in unterschiedlichen Formen zeigen. So ist dies bei dem Schüler *Kemal* eine eher aktive Handlung. Er ärgert sich über die neue Lernortkooperation und lehnt diese vor allem gefühlsmäßig und verbal entschieden ab. Bei dem Schüler *Bruno* dagegen drückt sich der Widerstand eher in Passivität aus. Schulische Anforderung – auch die der Lernortkooperation – bereiten ihm oftmals Schwierigkeiten, diesen stellt er sich jedoch nicht, sondern verleugnet sie und vermittelt auf abwehrende Art den Anschein von Problemlosigkeit. Er ärgert sich nicht, vielmehr hält er seine Gefühle eher flach.

Dieser Widerstand ist Ausdruck einer „Störerfahrung" (COMBE 2005a), die als Manifestation der Erfahrungskrise verstanden werden kann. Für den Fall *Kemal* heißt dies, dass die Abwehr der Lernortkooperation zusammenfällt mit der Erfahrung der Überforderung. Die geforderte Anforderung, an einem zweiten Lernort zu arbeiten und zu lernen, ist für ihn eine große Belastung, da sie seinem

Ziel, sich auf gute Leistungen in der Schule zu konzentrieren, zuwider zu laufen scheint und er Probleme hat, sie zu bewältigen. Im Fall von *Bruno* entsteht die Erfahrungskrise aus der Situation einer für ihn typischen passiven Ablehnung der Anforderung der Lernaufgabe mit der irritierenden Störerfahrung, plötzlich und unerwartet über die Erfahrungen im Betrieb schreiben zu können und damit Anforderung erfolgreich erfüllen zu können. Erfahrungskrisen sind also nicht nur in einem negativen Begriffsverständnis auszulegen.

Die Rekonstruktionen dieser Arbeit zeigen bedeutsame Merkmale und Funktionen der Erfahrungskrise:

1. Die Erfahrungskrise erschüttert die Lebenswelt erwartungswidrig und durchbricht Handlungsroutinen. Sie berührt das Individuum emotional.
2. Die Erfahrungskrise lässt eine existentielle Lernanforderung entstehen, der man sich aufgrund gestörter Routinen nicht entziehen kann.
3. Die Erfahrungskrise lässt die subjektive Seite, d.h. die individuellen Fähigkeiten, Bedürfnisse und biographischen Erfahrungsaufschichtungen, und die objektive Seite, d.h. die gesellschaftlich bedingten Anforderungen und Angebote, in organisierten Lernumwelten zusammen prallen.
4. Die Erfahrungskrise öffnet den Individuen die Möglichkeit, einen Anknüpfungspunkt für die Seite der institutionalisierten Anforderungen zu finden, und gleichzeitig kann die objektive Seite durch die Erfahrungskrise in ihrer Bedeutung Gestalt annehmen.

Wie verläuft die Bearbeitung der Erfahrungen?

Die Bearbeitung der Erfahrungskrise erfolgt prozesshaft und folgt dabei Stationen, die über den Einzelfall hinaus verallgemeinerbar sind. Diese Prozessschritte werden im Folgenden in ihrer Ablaufstruktur benannt:

- Der Übergang von der Erfahrungskrise zur Bearbeitung der Erfahrungen vollzieht sich zu Beginn entscheidend durch ein *Sich-Einlassen auf die krisenhafte Situation*. Wie oben dargestellt erzeugt die Erfahrungskrise eine Lernanforderung, der die Individuen entweder durch „Sich-Einlassen" oder „Ausweichen" (vgl. COMBE 2005b: 7) begegnen können. Folgt man der Option des Sich-Einlassens, so beginnt mit diesem Schritt die Überwindung der Störerfahrung, da dadurch eine Öffnung hin zu einer Bearbeitung der Störung erfolgt. Dies zeigt sich an den Reaktionen der Schüler Kemal und Bruno. Bei beiden erfolgt auf die Erfahrungskrise ein Einlassen auf die krisenhafte Situation: *Kemal* lässt sich darauf ein, den Betriebserfahrungen ernsthaft zu begegnen und sie an sich heran zu lassen. *Bruno* stellt sich der Möglichkeit, einen Text zu schreiben, und eröffnet sich damit die Möglichkeit, eine Anforderung der Schule zu erfüllen.

- Die zweite Station des Erfahrungsprozesses manifestiert sich darin, dass die lernenden Subjekte sich *Vorstellungen und Bilder von der zu bewältigenden Situation verschaffen*. Im Anschluss an DEWEY spricht COMBE hier von einer „Gestaltwerdung der Erfahrungskrise" (COMBE 2005a) In diesem Prozess vergegenständlicht sich nicht nur die erlebte Situation bildlich, sondern es entwickelt sich auch ein eigenes Bild von sich selbst in der speziellen Situation. Das Subjekt entwickelt also ein Bild von sich selbst als Teil einer spezifischen Handlungssituation. Für die rekonstruierten Fälle wird deutlich: *Kemal* entwickelt Vorstellungen davon, was es heißt berufstätig zu sein. Es entstehen bei ihm Bilder von Berufen und er gewinnt ein Bild von sich als arbeitender Person. *Bruno* entdeckt zudem eigene Ausdrucksmittel, indem er beim Schreiben der Lernaufgabe auf das konkrete Handeln bezogene Bilderfolgen, Bewegungsvorstellungen und Verlaufsbilder erzeugt. Es entstehen Bilder vom Lernen und er gewinnt ein Bild von sich als lernender Person.

- In dem sich daran anschließenden Schritt des Erfahrungsprozesses erfolgt eine Art Konstruktions- und Rekonstruktionsarbeit im Medium dieser Bilder, vor allem aber die aktive *Gestaltung der gewonnenen Bilder durch die eigenständige Erweiterung um neue Handlungserfahrungen*. Dies kann als Entscheidung zur Ergänzung und Verknüpfung verschiedener Bilder und personenbezogener Erfahrungen zu einem Erfahrungsfeld verstanden werden. Die anfangs krisenhaft erlebten Anforderungen und Entwicklungsaufgaben werden so zu eigenen Erfahrungszielen umgearbeitet. Bei *Kemal* erfolgt dies in der Form, dass er sich im zweiten Praktikum durch die Arbeit in zwei Betrieben weitere betriebliche Anregung – über das in der Schule geforderte ‚Mindestmaß' hinaus – sucht, um die Erfahrungsbasis zu erweitern und so die eigenen, sich entwickelnden Vorstellung von sich als berufstätiger Person zu ergänzen. *Bruno* nutzt die Möglichkeit, bei der zweiten Lernaufgabe wiederum die schulische Lernanforderung aufzugreifen und die Vergegenwärtigung von Erfahrungen in Form von Bildern zu gestalten – nun allerdings gezielt an seine persönlichen Interessen anknüpfend. Damit begibt er sich ein weiteres Mal in die Situation, erfolgreich eine schulische Anforderung bewältigen zu können, d.h. sich als lernende Person zu erfahren.

- Die nächste Station der Verarbeitung des Erfahrungsprozesses besteht in der Übersetzung der individuellen Erfahrungen in verallgemeinerbare Erfahrungen durch die *Artikulation der Bilder und die Vergegenwärtigung der*

Wirkung der artikulierten Bilder auf andere Personen. Entscheidendes Medium ist dabei die Sprache und der Niederschlag der Bilder in – auch für andere – rekonstruierbare Begriffe. Die Erfahrungen erhalten ihre „in Begriffen gebundene Ausdrucksgestalt" (COMBE 2005b: 7), die den Zugang zu allgemeinen Zusammenhängen eröffnen. Sowohl im Fall von *Kemal* als auch im Fall von *Bruno* macht sich diese Station des Erfahrungsprozesses maßgeblich im Schreiben der Lernaufgabe fest. Im Prozess des Schreibens finden sie Begriffe für ihre Bilder. Beide erarbeiten sich Darstellungsformen, die dadurch geprägt sind, dass sie eine Sprache für ihre Erfahrungen ausbilden wollen, die auch andere Personen verstehen. In diesem Prozess können sie auch im Wechsel mit anderen Schüler(inne)n eigenes Wissen rekonstruieren, sich dabei selbst als kompetent erleben und allgemeine Wissens- und Deutungsformen erschließen.

- Abschließende Station des Erfahrungsprozesses ist die Rekonstruktion der Bedeutung der vergegenwärtigten und in diesem Sinne ‚gemachten' Erfahrungen im Medium der vergleichenden Analyse des Alten und Gewohnten gegenüber dem Neuen und Veränderten. Auf dieser Ebene vollzieht sich die beständige Transformation des Bearbeitungsprozesses in neue Einstellungen und Orientierungen sowie Handlungsmöglichkeiten. *Kemal* schafft dies durch Selbstbeobachtung und die differenzierte Selbsteinschätzung seiner Rolle und der unterschiedlichen Formen seines Lernverhaltens in Schule und Betrieb. Durch diese Form der Auseinandersetzung mit sich selbst – vermittelt durch die sprachliche Artikulation – kommt Kemal zu einer krisenlösenden Situationsdeutung, die die Gestaltung seines Bildungsgangs nachhaltig verändert (vgl. nächsten Abschnitt). *Bruno* erreicht diese integrative Stufe des Erfahrungsprozesses nicht, da es ihm nicht gelingt, das Neue analytisch in ein Verhältnis zum Gewohnten zu setzen. Eine stabile Transformation seiner Anstrengungsbereitschaft für Lernprozesse steht bei ihm noch aus (vgl. nächsten Abschnitt).

Wie entwickelt sich der Bildungsgang von Schüler(inne)n, die sich im Übergang von Schule und Beruf befinden?

Das Durcharbeiten von Erfahrungen bzw. die Bearbeitung von Erfahrungskrisen hat Auswirkungen auf die Gestaltung des Bildungsgangs, führt also zu biographisch bedeutsamem Lernen. Für die Fälle Kemal und Bruno zeigt sich dies an ihrer positiven Nutzung der Lernortkooperation in Bezug auf persönlich-reflexive Momente der Entwicklung und den Anschluss an längerfristige Lernlaufbahnen oder (Aus-)Bildungsgänge. *Kemal* entwickelt Fähigkeit zur Selbstbeobachtung und zur differenzierten Einschätzung seiner schulischen Leistungen bzw. seiner Stärken und Schwächen und kommt zu einer eigenen, von den Eltern emanzipierten, differenzierten Sicht der institutionellen Anschlussfähigkeit von Abschlüssen und einer eigenen Lebensplanung. *Bruno* baut von sich ein Selbstbild als lernfähige Person auf, überwindet seine kategorische Vermeidungshaltung gegenüber Lernprozessen und kommt erstmals zu differenzierten Sichtweisen auf seinen schulischen Bildungsgang sowie zu einer interessensgeleiteten beruflichen Orientierung. Auch er emanzipiert sich von den elterlichen Vorstellungen einer lediglich zweckbestimmten Einstellung zu Beruf und Arbeit.

Für die Phase des Übergangs von Schule in berufliche oder schulische Anschlüsse hat die vergleichende Analyse der Entwicklungsverläufe gezeigt, dass die Entwicklung im Bildungsgang auf die jeweilige Entwicklung in drei Teilbereichen des Bildungsgangs zurückgeführt werden kann: auf die Entwicklung des Verhältnisses der Schüler(innen) zu Leistung und Zukunftsperspektive, auf die Entwicklung und Auseinandersetzung mit der familiären Prägung in Bezug auf Schule und Leistung und auf die Entwicklung der Lerngeschichte. In den Kategorien „Entwicklung des Verhältnisses der Schüler(innen) zu Leistung und Zukunftsperspektive" und „Entwicklung der Lerngeschichte" spiegelt sich das – im Sinne der Bildungsgangtheorie erwartete – Verhältnis der Schüler(innen) zu schulischen Anforderungen und deren Umgang mit diesen. Darüber hinaus wird allerdings eine weitere, in der theoretischen Auseinandersetzung mit dem Bildungsgang – verstanden als Verortung der Lernbiographie zwischen Individuum und organisierter Lernumwelt – bisher nicht berücksichtigte Dimension deutlich: die Familie. Ihre Bedeutung für die Entwicklung des Bildungsgangs von Schüler(inne)n ist mit dieser Arbeit erkennbar – ihr Stellenwert in einer Bildungsgangtheorie kann hier allerdings nur in Ansätzen gedeutet werden und müsste Inhalt weiterer Theorieentwicklung in folgenden Arbeiten sein. Eine mögliche Lesart könnte sein, dass Eltern und Familie – ähnlich wie die Schule – gesellschaftliche Anforderungen und Normen vertreten und an ihre Kinder herantragen; somit würde die Familie auf der objektiven Seite des Bildungsgangs angesiedelt. Demnach wäre zu erörtern, in welcher Form die Familie eine eigenständige Dimension darstellt, die den Bildungsgang beeinflusst bzw. prägt.

10.2.2 Zur Lernortkooperation

Über das Zusammenspiel der Lernorte Schule und Betrieb ist wenig bekannt, d.h. es gibt nur wenige empirische Forschungsarbeiten und noch keine theoretische Modellbildung zur Kooperation von Schule und Betrieb auf Ebene der allgemeinbildenden Schulen. Ausgehend von Diskussionen zum Lernen und Kompetenzerwerb im Rahmen einer neuen Lernkultur in der betrieblichen Bildung, konnte ein tragfähiger und für diese Arbeit nutzbarer Ansatz gefunden werden: das Konzept des formellen und informellen Lernens (vgl. u.a. DEHNBOSTEL 2004; MOLZBERGER/OVERWIEN 2004). Zentrale Idee dieses Konzepts ist die Vorstellung, dass den unterschiedlichen Lernorten unterschiedliche Lernformen inhärent sind. Dem Lernort Schule wird das formelle Lernen zugeordnet, das im institutionellen Rahmen didaktisch ‚aufbereitet' und in Bezug auf Lerninhalte, Lernziele und Lernzeit strukturiert ist (vgl. DEHNBOSTEL: 2004; DEHNBOSTEL/PÄTZOLD 2004; MOLZBERGER/OVERWIEN 2004). Informelles Lernen mit den Teilaspekten des Erfahrungslernens und des impliziten Lernens wird auf Seiten des Betriebs verortet. Es ist nicht institutionell organisiert, vollzieht sich ohne ein didaktisches Ziel oder Anleitung und ergibt sich aus der Handlungssituation und den Handlungserfordernissen (vgl. DEHNBOSTEL: 2004; DEHNBOSTEL/PÄTZOLD 2004; MOLZBERGER/OVERWIEN 2004).

Zentrales Thema in der theoretischen Auseinandersetzung um formelles und informelles Lernen sind die Bestimmung und die Funktion des Wechselverhältnisses dieser beiden Lernformen. Angenommen wird, dass beide Lernformen sich bedingen und die Integration von informellem Lernen in formelle Lernprozesse eine Voraussetzung zur Entwicklung von Handlungskompetenz – verstanden als Fähigkeit zum selbstständigen Handeln – ist (vgl. HUNGERLAND/OVERWIEN 2004b; MOLZBERGER 2004). Die Zufälligkeit und Situiertheit des informellen Lernens soll durch Organisation und Zielorientierung sowie Integration in pädagogische Arrangements produktiv genutzt werden. So sollen die Erfahrungen reflexiv durchdrungen und der Aufbau von verallgemeinerungsfähigem Wissen unterstützt werden (vgl. DEHNBOSTEL 2004).

Unter Rückgriff auf das von COMBE (2004; 2005a) konzipierte Modell des Erfahrungslernens kann das so zunächst nur grob beschriebene Wechselverhältnis von formellem und informellem Lernen weiterentwickelt und die im Verhältnis der beiden Lernformen und der zugeordneten Lernorte entstehende Prozessstruktur des Erfahrungslernens konkretisiert werden.

Zentraler theoretischer Ausgangspunkt für die empirische Untersuchung ist infolge das Verständnis, dass das Lernen in der Kooperation der Lernorte als eine prozesshafte durch eine Stufung von Erfahrungsebenen strukturierte Verknüpfung von informellen mit formellen Lernprozessen anlegt. Diese bietet die Gelegenheit, im Betrieb biographisch relevante Erfahrungen zu machen, sich Erfahrungskrisen auszusetzen und diese mit der Unterstützung des Lernorts Schule zu bearbeiten und so eine „Brücke" zum generalisierten Theoriewissen und zu einem System der verallgemeinerten Erfahrung zu konstruieren (vgl. COMBE 2004). Individuelle, im informellen Kontext gemachte Erfahrungen können im Rahmen der formellen Schulstrukturen zu reflexivem Erfahrungswissen transformiert werden.

Als Ergebnis der Untersuchung kann festgehalten werden:
Im Zusammenspiel der Lernorte Betrieb und Schule findet biographisch bedeutsames Erfahrungslernen statt. Wahrend die Aktivitäten im außerschulischen, betrieblichen Bereich einen die Person in ihren Selbst-Theorien nachhaltig berührenden Lern- und Anforderungskontext darstellen, bietet die Schule Möglichkeiten zur Unterstützung und reflexiven Bearbeitung.

Zur Festigung und Weiterentwicklung einer Lernorttheorie werden im Folgenden detaillierter die Funktionsdifferenzen, die Parallelität und die zeitliche Dynamik und Intensität der Lernorterfahrungen betrachtet. Dazu sollen diese drei Teilbereiche des Lernens in den Lernorten Schule und Betrieb in ihrem Wechselverhältnis differenziert werden.

Funktionsdifferenzen

Aus dem Vorangegangenen wird deutlich, dass die beiden Lernorte verschiedene Funktionen übernehmen. Diese sind schon im Setting der Lernumgebung angelegt, werden allerdings auch von den Schüler(inne)n in ihrer Unterschiedlichkeit genutzt.

Durch die Integration des Lernorts Betrieb in die schulische Lernumgebung wird den Schüler(inne)n die Möglichkeit eröffnet, andere Lernerfahrungen zu machen, als es üblicherweise in Schule möglich ist. Diese betrieblichen Erfahrungen tragen ausschlaggebend dazu bei, den Prozess des biographisch bedeutsamen, krisenhaften Erfahrungslernens zu initiieren und biographisch nicht mehr konstruktiv zu bearbeitende, schulische Routinen zu durchbrechen. Im Fall von *Kemal* führen die Auseinandersetzungen mit den betrieblichen Erfahrungen und das Erleben der eigenen Person als beruftätige Person dazu, dass er zunächst auf sich selbst zurück geworfen wird, aber schließlich eine eigene Orientierung für seinen Bildungsgang findet. Im Fall von *Bruno* führen die betrieblichen Erfahrungen dazu, dass er schulische Anforderungen mit neuen Erfahrungsbildern und neuen Vorstellungen und Perspektiven begegnen kann und so von sich selbst ein in die Zukunft gerichtetes Bild als lernende Person entwickelt.

Der Lernprozess, der sich mit Hilfe der betrieblichen Erfahrungen entwickelt, zeichnet sich dadurch besonders aus, dass er an zwei unterschiedlichen Lernorten gestaltet werden kann. Jeder Lernort erfüllt dabei eine spezielle Funktion und unterstützt den Prozess des Erfahrungslernens. Durch den Lernort Betrieb werden die Störerfahrungen und Erfahrungskrisen ausgelöst, während der

Lernort Schule eine gewichtige Rolle zur Strukturierung, Beratung und Begleitung von Prozessen der Erfahrungsbearbeitung übernimmt.

Der Beitrag der Lernorte kann jeweils an einem Fall beispielhaft nachvollzogen werden.

Die Funktion des Erfahrungskrisen-auslösenden Lernorts Betrieb wird bei *Kemal* besonders prägnant erkennbar. Für Kemal war bisher einzig der Lernort Schule von Bedeutung – gleichzeitig ist seine Lerngeschichte an diesem Lernort durch Passivität gekennzeichnet, sodass es ihm nicht möglich war, seinen Bildungsgang bewusst und reflexiv nach eigenen Bedürfnissen zu steuern. Er konnte das Anregungspotential bzw. die Gelegenheitsstruktur des Lernorts Schule, obwohl er auf der Ebene der Leistung scheinbar keine größeren Schwierigkeiten hatte, nicht biographisch bedeutsam nutzen. Vielmehr war sein Bildungsgang durch familiale Vorstellungsmuster bestimmt. Die obligatorische Teilnahme an der Lernortkooperation, zu der Kemal keine Alternative hat, führt nun dazu, dass der Lernort Betrieb diese, für seine Entwicklung hemmende Routine aufbricht. Der Betrieb löst in der oben gezeigten Weise bei Kemal die lernrelevante Erfahrungskrise aus, die ihm eine selbstverantwortete Neuorientierung seines Bildungsgangs ermöglicht.

Die Funktion des die Erfahrungsbearbeitung unterstützenden Lernorts Schule ist bei *Bruno* besonders prägnant nachvollziehbar. Den betrieblichen Erfahrungen begegnet Bruno zunächst mit der ihm eigenen Form der Gleichgültigkeit gegenüber anstrengenden Auseinandersetzungen und Anforderungen allgemein. Die besonderen strukturellen Rahmenbedingungen des schulischen Lernorts und vor allem die „Besondere Lernaufgabe" als zentrales Bearbeitungsinstrument führen Bruno überhaupt erst an die Möglichkeit der Vergegenwärtigung seiner Erfahrungen und die reflexive Arbeit an ihnen heran. Es sind seine Erfahrungen, die nun auch in der Schule zählen, und er bringt Erfahrungen ein, für die er gegenüber den Lehrer(inne)n Experte ist. Bruno kommt über den Prozess der Erfahrungsbearbeitung dazu, sich eine neue Rolle als lernende Person zu erarbeiten, die auch durch die Beratung und Begleitung dieses Prozesses durch die Lehrer(innen) auf gleicher Augenhöhe gestärkt wird. Er erfährt, dass er Erfolge hat, wenn er sich Lernanforderungen stellt und legt so den Grundstein für die biographisch bedeutsame und folgenreiche Kompetenz der Verstetigung von Lernprozessen.

Parallelität der Lernorte

Nicht nur die Differenzen der Lernorte sind für das erfahrungsbezogene Lernen der Schüler(innen) in der Lernortkooperation von Bedeutung, sondern auch deren Parallelität. Wie schon erkennbar wurde, bricht die Hinzunahme des neuen Lernorts Betrieb in einer integrierten Lernumgebung gewohnte Routinen auf. Dieses wirkt sich zunächst vor allem in einer wechselseitigen Störung der jeweiligen Organisationsstruktur der Lernorte aus. So stört die Arbeit im Betrieb die für die Schüler(innen) gewohnten Abläufe der Schule, aber auch die Zeit in der Schule stört die von den Schüler(inne)n im Betrieb erfahrbaren Handlungsabläufe. Diese spannungsreiche Beziehung ist gerade zu Beginn der Lernortkooperation von den Schüler(inne)n oft nur schwer oder doch zumindest nur mit Anstrengungen auszuhalten. Die Schüler(innen) haben Schwierigkeiten sich – obwohl im Wechsel so doch auch parallel – auf beide Lernorte gleichermaßen zu konzentrieren und nach der Arbeit in einem Lernort jeweils wieder an die Anforderungen des anderen anzuknüpfen. Diese Schwierigkeiten lösen zu Beginn der Lernortkooperation oftmals Abwehr bei den Schüler(inne)n aus, lassen aber vor dem Hintergrund der Initiierung von Erfahrungskrisen, vor allem mit Bezug auf die kontinuierliche Präsenz an beiden Lernorten und der daraus folgenden Auseinandersetzung mit den Unterschieden neue Erkenntnisse entstehen. Die beständige Parallelität beider Lernorte wirkt auf die wechselseitige Prozessdynamik des Lernens. Bei *Kemal* zeigt sich dies insbesondere an der vergleichenden Selbstbeobachtung und Selbsteinschätzung seines Lernverhaltens an den jeweiligen Lernorten. Er nutzt die Parallelität der Lernorte dafür, eine konträre Beurteilungsfolie für seine Selbstbeobachtungen zu haben; er nutzt die Möglichkeit des unmittelbaren Vergleichs von Selbst-Konzepten und Optionen.

Zeitliche Anteile von Betrieb und Schule

In der hier untersuchten Lernortkooperation ist der zeitliche Anteil des Lernorts Betrieb mit zwei Tagen in der Woche über einen Zeitraum von ein bis zwei Schuljahren im Vergleich zu anderen Projekten, die betriebliche Erfahrungen in die Schule integrieren, sehr groß. Die Bedeutung der intensiven Betriebserfahrungen für die Lernprozesse der Schüler(innen) ergibt sich aus der dargestellten Funktion des Lernorts im Prozess des biographisch bedeutsamen Erfahrungslernens. Der in diesem Schulversuch verbindliche Umfang von zwei Tagen in der Woche hat sich für die Lernprozesse als notwendig herausgestellt: Unter seinen Bedingungen können Erfahrungskrisen entstehen. Darüber hinaus ist erkennbar geworden, dass die Dauer der Lernortkooperation über zwei Schuljahre auch Defizite aufgreifen kann, die Schüler(innen) nach einem Jahr der Lernortkooperation noch nicht überwunden haben. So wird am Fall *Bruno* deutlich, dass er die abschließende Station im Prozess seiner Erfahrungsbearbeitung noch nicht erreicht hat und ein Transfer der gewonnenen Erkenntnisse für ihn noch aussteht.

Dies lässt sich auch daran erkennen, dass er selbst sich ein weiteres Praktikum zur Prüfung seiner nun nach einem Jahr gerade erst entwickelten beruflichen Interessen wünscht.

Zur Schärfung einer Theorie der Lernorte im allgemeinbildenden Schulsystem ist erkennbar geworden, dass beide Lernorte in ihrer eigenen Funktion einen eigenen Wert entwickeln. Der Lernort Betrieb kann dies allerdings nur dann, wenn sich seine Potentiale in einem bestimmten zeitlichen Umfang entfalten können. Dafür muss der Lernort Schule den Anspruch auf zwei Tage Lernzeit für den Betrieb frei machen. Dieses Zurücktreten des Lernorts Schule gelingt nicht immer problemlos und ist Teil der Entwicklung einer wirkungsvollen Lernortkooperation. An den Schülern *Kemal* und *Bruno* kann beobachtet werden, dass der Grat zwischen einer konstruktiven Ausweitung der Anforderungen durch einen zusätzlichen Lernort und der Überforderung durch gleich bleibend hohe Ansprüche der Schule schmal ist. Sinnbildlich steht dafür Kemals Ausspruch:

„Peilung – Schule, Peilung – Schule, Peilung – Schule. Mein Kopf wird dann auch irgendwann keinen Bock mehr haben. [...] Kannst du nichts mehr lernen, also hast du keinen Bock mehr zu lernen, weil Durcheinander vom Feinsten" (K1/22/6f).

Dass diese Kooperation allerdings zugunsten einer konstruktiven Forderung und Förderung der Schüler(innen) ‚ausschlägt', zeigt sich an der überwiegenden positiven Nutzung der Lernortkooperation: Das Modell der zwei Lernorte mit ihren jeweiligen Anteilen ist erfolgreich, um Lernprozesse und die aktive Gestaltung des eigenen Bildungsgangs anzuregen.

10.2.3 Zum Rahmenmodell des selbstregulierten Lernens

Selbstständige, aktive Lernprozesse, wie sie in dieser Form der Lernortkooperation gefordert sind, werden theoretisch in Konzepten und Modellen des selbstregulierten Lernens gefasst. Selbstreguliertes Lernen wird als zentrale Handlungskompetenz verstanden, um den Anforderungen des eigenverantwortlichen lebenslangen Lernens und der Verstetigung des Lernens gerecht zu werden (vgl. z.B. KRAPP 1993; KLIEME/ARTELT/STANAT 2001; BAUMERT 2003). Konzeptionell stellt das selbstregulierte Lernen ein sehr facettenreich erschlossenes Theoriegebiet dar, auf deren Modellannahmen und empirischen Untersuchungen die vorliegende Arbeit zurückgreifen kann. Aus diesem Grund ist die zentrale Leistung der theoretischen Auseinandersetzung mit dem Bereich des selbstregulierten Lernens in dieser Arbeit die Verortung und Positionierung in diesem Feld und das Identifizieren von Anknüpfungspunkten für die Untersuchung.

Diese Untersuchung folgt der in der theoretischen Auseinandersetzung vielfach vertretenen Auffassung, dass Lernstrategien als zentrales Merkmal und konstituierendes Moment der selbstregulativen Handlungskompetenz bzw. des selbstregulierten Lernens verstanden werden können (vgl. z.B. WEINSTEIN/HUSMAN/DIERKING: 2000; ARTELT/DEMMRICH/BAUMERT 2001; LEUTNER/LEOPOLD 2003a; WILD 2003). Unter Lernstrategien werden zumeist Handlungssequenzen verstanden, die durch einen planvollen Zusammenhang der einzelnen Operationen der Bewältigung eines bestimmten Problems und dem Erreichen eines bestimmten (Lern-)Ziels dient (vgl. ARTELT 2000; SCHIEFELE/PEKRUN 1996; BAUMERT 1993; FRIEDRICH/MANDL 1992; KLAUER 1988).

Insbesondere unter Rückgriff auf BOEKAERTS (1999) folgt diese Arbeit allerdings dem Ansatz, dass der durch Lernstrategien vertretene, kognitive Aspekt im Rahmen des selbstregulierten Lernens mit anderen Aspekten der Selbstregulation zusammengeführt werden sollte: mit der metakognitiven Steuerung des Lernens und der Regulation der Motivation. Zur Verknüpfung der verschiedenen Ebenen des selbstregulierten Lernens werden deshalb Rahmenmodelle diskutiert, in denen die einzelnen Komponenten mit einander in Beziehung stehen (vgl. SCHIEFELE/PEKRUN 1996: 270; ZEIDNER/BOEKAERTS/PINTRICH 2000: 755f).

Als theoretischer Ausgangspunkt für die empirische Untersuchung ist deshalb ein Rahmenmodell zum selbstregulierten Lernen von LEUTNER/LEOPOLD (2003a; 2003b) und SCHREIBER (1998) gewählt worden, das selbstreguliertes Lernen als Regulation von Lernstrategien konzipiert und dabei kognitive, metakognitive und motivationale Aspekte berücksichtigt. Damit kann auf einen empirisch gesicherten Kategorienrahmen zur Analyse des selbstregulierten Lernens zurückgegriffen werden. Gleichwohl betritt die Untersuchung Neuland mit der komplexen Berücksichtigung aller Einzelaspekte, der Rekonstruktion ihrer wechselseitigen Bedingtheit und der Analyse der Entwicklung, was die empirische Rekonstruktion dieser Zusammenhänge anbetrifft.

Zur Betrachtung von Lernprozessen in didaktischen Lernumgebungen, wie die hier untersuchte Lernortkooperation, ist es darüber hinaus relevant zu berücksichtigen, dass selbstreguliertes Lernen sich entwickelt und durch strukturierte Interventionen beeinflussbar bzw. förderbar ist. Diese Untersuchung greift insbesondere den Aspekt der Förderung des selbstregulierten Lernens auf, der prinzipiell auf zwei verschiedene Weisen möglich ist: durch direkte und durch indirekte Förderung. Der hier untersuchte Schulversuch ist so konzipiert, dass das selbstregulierte Lernen indirekt durch eine besonders gestaltete Lernumgebung gefördert werden kann.

Die Untersuchung reagiert somit im Bereich des selbstregulierten Lernens auf die noch offenen Fragen zum Verständnis der komplexen Prozesse des Kompetenzerwerbs zum selbstregulierten Lernen und zum Verhältnis von Lernumge-

bungen und Entwicklung des selbstregulierten Lernens (vgl. FRIEDRICH/MANDL 1997: 275; BOEKAERTS 1999: 453).
Als Ergebnis der Untersuchung kann festgehalten werden:
Schülerinnen und Schüler können in der Lernortkooperation durch die Einnahme einer Außenperspektive, durch außerschulische Kompetenzerfahrungen sowie durch die schulisch strukturierte Bearbeitung der betrieblichen Erfahrungen insbesondere die übergeordneten Lernstrategien, d.h. den metakognitiven Bereich der Selbstregulation, sowie ihre Lernmotivation weiterentwickeln.

Zur Ausschärfung eines Rahmenmodells des selbstregulierten Lernens können auf Grundlage dieser Untersuchung Differenzierungen auf zwei Ebenen vorgenommen werden: Zum einen können die Wechselwirkungen zwischen Lernumgebung und Entwicklung des selbstregulierten Lernens differenziert werden. Zum anderen können Aussagen zur Bedeutung eines komplexen Rahmenmodells als Kategorienraster im Rahmen qualitativer Fallrekonstruktionen getroffen werden.

1. Wie in Kapitel 10.2.2 dargestellt kann der von FRIEDRICH und MANDL (1997) für komplexe Lernumgebungen beschriebene schmale Grat zwischen Aktivierung der Selbststeuerung und Überforderung der Lernenden auch in dieser Lernumgebung beobachtet werden. Dass in dem hier untersuchten Spannungsfeld die beiden Seiten in einem produktiven Verhältnis zu einander stehen, kann anhand der Vergleichsstudie aufgezeigt werden und anhand der rekonstruierten Entwicklungsverläufe der Schüler(innen) auf besondere Merkmale der Lernortkooperation zurück geführt werden, die eine positive Nutzung zur Entwicklung des selbstregulierten Lernens begünstigen: Dies sind zum einen die umfangreichen betrieblichen Lernzeiten, die zu einer Außenperspektive auf das schulische Lernen und zu neuen außerschulischen Kompetenzerfahrungen führen und zum anderen die besonders strukturierten, und auf die betrieblichen Erfahrungen abgestimmten schulischen Lernzeiten mit der individuellen Arbeit an den betrieblichen Erfahrungen in der besondere Lernaufgabe und der gemeinsamen Bearbeitung der Erfahrungen in den Projektstunden.

Um diese Erkenntnisse auch für andere Lernumgebungen, die das selbstregulierte Lernen entwickeln wollen, zu übertragen, bleiben folgende förderliche Bedingungen festzuhalten: Zum einen muss die Lernumgebung so konzipiert sein, dass individuelle, nicht pädagogisch strukturierte krisenhafte Erfahrungen gemacht werden können, denen man sich zum großen Teil selbstständig handelnd annähern kann und muss. Genau dies sind Merkmale für den Kontext der Erfahrungskrise. Zum anderen müssen den Lernenden zur Bearbeitung und Deutung dieser Erfahrungen pädagogisch strukturierte

Hilfestellungen gegeben werden. Dabei ist ein Instrument wie die Lernaufgabe notwendig, um die Bearbeitung und Verallgemeinerung von je individuellen Erfahrungen zu ermöglichen. Dieses stärkt das individuelle selbstregulierte Lernen. Die Artikulation der Individualerfahrungen im Klassenverband fördert darüber hinaus die Entwicklung des kooperativen selbstregulierten Lernens, da eine gemeinsame begriffliche Einordnung stattfindet, die einen allgemeinen Wissenstand sichert.

Festzuhalten bleibt darüber hinaus, dass sowohl leistungsstarke als auch leistungsschwache Schüler(innen) die Lernumgebung zur Entwicklung des selbstregulierten Lernens nutzen können.

2. Das Rahmenmodell des selbstregulierten Lernens nach LEUTNER/LEOPOLD (2003a; 2003b) und SCHREIBER (1998) hat sich als Kategoriensystem für die Rekonstruktion und Darstellung der Entwicklung des selbstregulierten Lernens in qualitativen Fallstudien bewährt. Es können in den Rekonstruktionen zum Lernstrategieerwerb bezüglich der zentralen Lernanforderungen in der Lernortkooperation Zusammenhänge zwischen einzelnen Komponenten festgestellt werden. Vor allem das Zusammenspiel der einzelnen übergeordneten Lernstrategien zum Setzen von Zielen, zur Selbstbeobachtung, Selbsteinschätzung und zum Reagieren wird dadurch qualitativ beschreibbar und verstehbar.

10.2.4 Zusammenfassung: Zur Skizze einer Lernorttheorie

Am Anfang dieser Arbeit wurden die Begriffe Lernort und Lernortkooperation mit Bezug auf die Diskussion im berufsbildenden Bereich eingeführt. Zum Begriffsverständnis wurde der Lernort als organisatorische Einheit bezeichnet, in dem Lernprozesse – mit oder ohne Anleitung – stattfinden. Die Kooperation zweier unterschiedlicher Lernorte wird in diesem Kontext als ein Mittel zur effektiven Gestaltung von handlungs- und transferorientierten Lehr-/Lernprozessen in der beruflichen Ausbildung verstanden (vgl. z.B. EULER 2004).

In der Berufsbildung wird heute darauf verwiesen, dass die pauschale Zurechnung von Lernprozessen mit Ernstcharakter zum Betrieb und von Lernprozessen ohne Ernstcharakter zur Berufsschule nicht mehr gilt (vgl. ACHTENHAGEN/BENDORF/WEBER: 2004: 78). Somit ergibt sich folgende Frage: Welche Gestalt und typischen Verlaufsmuster haben Lernprozesse in und zwischen den jeweiligen Lernorten im Zuge ihrer Kooperation? Diese Frage kann die Berufsbildungstheorie bisher nur in sehr begrenzter Weise beantworten und auf der Ebene des allgemeinbildenden Schulsystems und der Schulpädagogik ist diese Frage ebenfalls noch nicht geklärt.

Die vorliegende Untersuchung greift diesen Problemzusammenhang auf, indem sie sich der Frage widmet, welche entwicklungsfördernden Momente die Kooperation von Lernorten für selbstregulierte und biographisch bedeutsame Lernprozesse bei Schüler(inne)n der Sekundarstufe I beinhaltet.

An dieser Stelle sollen nun die zentralen Ergebnisse und theoretischen Erkenntnisse zu ersten Bausteinen einer Lernorttheorie für die Lernortkooperation von Schule und Betrieb im allgemeinbildenden Schulsystem zusammengefasst werden.

Es konnte gezeigt werden, dass die Arbeit in der Lernortkooperation von den Schüler(innen) für die Entwicklung von Lernkompetenz genutzt werden kann. Als Voraussetzung für eine Entwicklung selbstregulierten und biographisch bedeutsamen Lernens hat sich eine Gestaltung der Lernortkooperation unter bestimmten Strukturmerkmalen erwiesen. Dafür sind, wie in Kapitel 9.2 dargestellt, insbesondere folgende Strukturelemente der Lernortkooperation verantwortlich: Die eigenständige Arbeit mit der Möglichkeit zur selbstständigen Kompetenzerfahrungen im betrieblichen Lernort und der Zeitrahmen einer Lernzeit von zwei Tagen im Betrieb, die besondere Lernaufgabe und die gemeinsame Bearbeitung der betrieblichen Erfahrungen im Unterricht.

Diese Strukturelemente der Lernortkooperation stellen eine Gelegenheitsstruktur des Lernens dar, die besondere Lernprozesse der selbstständigen Krisenbearbeitung auslöst und damit biographisch bedeutsames Lernen ermöglicht.

Zunächst sei zur Rahmung des Schulversuchs Folgendes hervorzuheben: Den Schüler(inne)n symbolisiert die Lernortkooperation eine Entwicklungsanforderung. Die Schüler(innen) werden in der Lernortkooperation einer Bewährungsdynamik ausgesetzt. Diese signalisiert einen vorweggenommenen ‚Ernst des Lebens' sowie die Notwendigkeit einer eigenen Positionierung und ermöglicht Probeidentifikationen und Experimente mit sich selbst. Durch die Arbeit mit schulischen ‚Reflexionsinstrumenten' bleibt in der Gesamtheit allerdings durch die begleitete Form der Erfahrungsbearbeitung der Moratoriumscharakter des Lernorts Schule erhalten; der Versuch bleibt eine begleitete Form der Erfahrungsbearbeitung. Damit werden diese existentiellen Lernprozesse, die das Selbst der Schüler(innen) angreifen und verändern, in ihrer Riskanz pädagogisch aufgehoben und verantwortet. Die Rekonstruktion der Nutzung dieser Lernortkooperation zeigt: Die Schüler(innen) deuten das Spannungsfeld der Lernorte im Prozessverlauf positiv und können die Lernortkooperation mehrheitlich für eine eigenständige Gestaltung ihre Entwicklung nutzen.

Auf dieser Grundlage kann nun ein Lernkonzept der Lernortkooperation an allgemeinbildenden Schulen begründet werden, das die Funktionen der Lernorte im Lernprozess theoretisch ausschärft.

Ich rekapituliere nun die Lernortkooperation unter dem Gesichtspunkt dieses Prozesses:

Die Irritation der schulischen Routine durch den neuen betrieblichen Lernort löst zunächst bei den Schüler(inne)n Widerstand und Überforderungsgefühle aus. Daraus erwachsen Prozesse des Erfahrungslernens, die ihren Ursprung ausdrücklich in Widerständen gegen die Störung der Routine haben. Diese „Erfahrungskrise" (COMBE 2004; 2005a) wird positiv gedeutet und angenommen, wenn die Situation sinnlich vergegenwärtigt bzw. bildlich Gestalt annimmt und im Medium von inneren Bildern durchgearbeitet wird. Dabei ist die Fassung der Erfahrung in Begriffen ein wichtiger Schritt zur Bearbeitung der Erfahrungskrise. In der hier untersuchten Lernortkooperation steht den Schüler(inne)n dafür insbesondere das Instrument der Lernaufgabe zur Verfügung, das sowohl die bildliche Vergegenwärtigen der Erfahrungskrise als auch die begriffliche Annäherung und Explikation der Erfahrung unterstützt. Durch die Lernaufgabe wird die eigenständig-konstruktive Bearbeitung der Erfahrungen in entscheidender Weise angeregt.

Diese Struktur der Lernumgebung mit den zentralen Strukturmerkmalen Lernaufgabe, gemeinsame Bearbeitung der Erfahrungen im Unterricht und intensive, zweitägige Betriebserfahrungen führt somit zum einen zur multidimensionalen Entwicklung des selbstregulierten Lernens (auf kognitiver, metakognitiver und motivationaler Ebene) und zum anderen zum biographisch bedeutsamen Lernen, da die Lernortkooperation die Schüler(innen) auf sich selbst und ihre Zukunftsperspektive zurückwirft.

Dieses Setting von Gelegenheitsstrukturen einer Lernortkooperation, die biographisch bedeutsame Erfahrungskrisen ermöglicht, stützt sich auf folgende Funktionen der Lernorte, die den Schulversuch pädagogisch verantwortbar machen:

Der betriebliche Lernort stellt einen Erfahrungsraum zur Verfügung und übernimmt die Aufgabe der Initiation und Gestaltung von informellen Lernprozessen. Zentral muss dabei die Bereitstellung von Bewährungsmöglichkeiten sein, damit die Erfahrungen kompetenzentfaltend und entwicklungsgenerierend sind. In dieser Untersuchung konnte gezeigt werden, dass die Möglichkeit zur Kompetenzerfahrung im Betrieb ein wichtiger Motor für die Entwicklung von Lernkompetenzen ist. Die Betriebe können ihr diesbezügliches Potential anbieten und den Raum für eigenständiges Arbeiten öffnen, in dem die Schüler(innen) sich selbst als kompetent erleben können.

Der schulische Lernort übernimmt die didaktische Gestaltung des Entwicklungsprozesses, d.h. er gestaltet insbesondere die Bearbeitung der Erfahrungen. Zentral muss dabei sein, dass Unterricht an die individuellen Erfahrungen angebunden ist und so die Schüler(innen) zu Experten ihrer eigenen Erfahrung gemacht werden. Damit strukturiert die Schule einen Raum, in dem die Schüler(innen) herausgefordert werden, ihrer individuellen Erfahrung begriffliche Gestalt zu verleihen. Gleichzeitig integriert die Schule das Individuum mit seinen je eigenen betrieblichen Erfahrungen in eine Gemeinschaft, in dessen sozialem Verband das individuelle Wissen an allgemeine Gegenstände und an kollektives Wissen angebunden wird. Die Bedeutung der dafür wichtigen Strukturmerkmale – die Lernaufgabe und die gemeinsame Bearbeitung der Erfahrungen in speziellen Unterrichtsstunden – konnte in dieser Untersuchung gezeigt werden.

Der Schule kommt somit eine Doppelfunktion in diesem Lernsetting zu: Sie ist sowohl Initiator der Lernortkooperation und der damit einher gehenden Gelegenheit für das Erleben einer biographisch bedeutsamen Erfahrungskrise im Betrieb als auch ein geschützter Raum zur begleiteten und unterstützten Bearbeitung der Erfahrungskrise. Damit stellt Schule Gelegenheiten zum „Lernen im Nachvollzug der täglichen Praxis" (BAUMERT 2003: 214) zur Verfügung, das sowohl ernsthaft – im Sinne von biographisch bedeutsam – ist als auch exemplarisch – im Sinne von pädagogisch gestützter Begleitung – erfolgt und so an individuellen Chancen und neuen Möglichkeiten einer Gestaltung des eigenen Bildungsgangs orientiert ist.

Ergebnis dieser Untersuchung und zentrale Aussage einer Lernorttheorie im Rahmen des allgemeinbildenden Schulsystems ist, dass die allgemeinbildende Schule nicht nur ein pädagogisch präpariertes Feld bleiben muss, das das „wirkliche Leben" lediglich nachahmt (vgl. BAUMERT 2003), sondern vielmehr durch die in der Kooperation mit dem betrieblichen Lernort mögliche Integration von Erfahrungen – ernsthaft und exemplarisch – ihre besondere Funktion in der Auseinandersetzung mit den Herausforderungen des „wirklichen Lebens" haben kann.

11 Die wissenschaftliche und praktische Relevanz der Ergebnisse – Ein Ausblick

Im Rahmen dieser Studie wird gezeigt, dass es gelingt, durch eine Lernumgebung, die die Lernorte Schule und Betrieb integriert, Lernkompetenzen im Sinne von Fähigkeiten zum selbstregulierten und biographisch bedeutsamen Lernen bei Schülerinnen und Schülern zu fördern. So spiegeln die Ergebnisse dieser Untersuchung die Prozesse und Ergebnisse einer so verstandenen positiven Nutzung der Lernortkooperation wider.

Die Prozesse werden in den ausführlichen Entwicklungsportraits zweier Fälle rekonstruiert, die differenzierte, individuelle Entwicklungsschritte und -verläufe aufzeigen und darstellen. Indem die Einzelfälle von Schüler(inne)n zu Typen einer übergreifenden Typologie verdichtet werden, werden darüber hinaus Entwicklungsmuster der Subjekte deutlich, die sich in der Auseinandersetzung mit den krisenhaften Anforderungen der Lernortkooperation ergeben. Diese Muster weisen deutlich über den Einzelfall hinaus. Diese Ergebnisse werden darüber hinaus durch Erkenntnisse der hypothesentestenden Vergleichsstudie ergänzt, die die Wirkung der Lernumgebung auf der Ebene von Vergleichsaussagen darstellt.

Damit erreicht diese Studie ihr Ziel, die eingangs gestellte Frage nach dem Nutzen des Lernorts Betrieb in der Kooperation mit dem Lernort Schule im allgemeinbildenden Schulsystem für die Kompetenzentwicklung und der Rolle der Schule in dieser Kooperation zu beantworten. Ein Grundstein für eine diesbezügliche Lernorttheorie ist gelegt. Darüber hinaus wird die Frage nach dem Modus des Lernens im Bildungsgang erhellt und Möglichkeiten der Förderung von Kompetenzen des selbstregulierten Lernens weiterentwickelt. Damit ist gleichzeitig die Grenze dieser Studie markiert: Mit dieser Untersuchung liegen Elemente einer Lernorttheorie für die Lernortkooperation von Schule und Betrieb im allgemeinbildenden Schulsystem vor. Sie sind gekennzeichnet durch die Weiterentwicklung der Bereiche Bildungsgangtheorie, Lernorttheorie und selbstreguliertes Lernen, sie sind jedoch nicht mit einer abgeschlossenen Lernorttheorie im allgemeinbildenden Schulsystem gleichzusetzen.

Im Folgenden wird deshalb zunächst die wissenschaftliche Relevanz der Ergebnisse und möglicher Anschlussstudien beleuchtet und abschließend ihre praktische Relevanz kommentiert.

Zur wissenschaftlichen Relevanz der Ergebnisse

Mit dieser Arbeit sind Prozesse und Muster einer positiven Nutzung einer Lernortkooperation von Schule und Betrieb aufgezeigt worden. Damit können Aussagen über die Wirkungen der Merkmale der Lernumgebung aus Sicht der Schüler(innen) auf biographisch bedeutsame Lernprozesse getroffen werden. Diese Arbeit hat sich ausdrücklich auf die ausführliche Rekonstruktion gelingender Entwicklungsverläufe beschränkt, da diese erstmalig Prozessmuster der Entwicklung erfassen und Stationen des Lernens im Bildungsgang aufzeigen. Aus den untersuchten Fällen ist eine Typologie generiert worden, die allerdings als erster Entwurf zu betrachten ist. Sie beschreibt vier grundlegende typische Entwicklungsverläufe von Schüler(inne)n in der Lernortkooperation – eine vollständige, erfahrungsgesättigte Typologie der Erscheinungsformen von Schüler(innen)typen steht noch aus. Dazu sind weitere Fälle von Schüler(inne)n differenziert zu analysieren und Vergleiche nach dem Prinzip einer minimalen und maximalen Kontrastierung durchzuführen. Insbesondere müssten Fälle von Schüler(inne)n genauer beleuchtet werden, die den Schulversuch nur schwach oder gar nicht nutzen können, um so das Bild und die Struktur der Entwicklungsmuster und Wirkmechanismen in der Lernortkooperation zu verfeinern. Die in dieser Studie entwickelte Typologie benennt dazu wesentliche Merkmale zur weiteren Untersuchung von Fällen und stellt gleichsam ein methodisch geprüftes Verfahren zur Verfügung.

Die Triangulation von qualitativen und quantitativen methodischen Zugängen in der Schulforschung wird als gewinnbringend zur perspektivreichen Untersuchung von Problemen verstanden – wird allerdings nicht häufig angewandt, da diese Form der Triangulation anspruchvoll ist (vgl. KRÜGER/PFAFF 2004). Die vorliegende Studie greift diesen hohen methodischen Anspruch auf und versucht in einem komplementären Setting diesem gerecht zu werden. Festgehalten werden kann, dass die Zusammenführung von qualitativen und quantitativen Untersuchungsanteilen den Geltungsbereich der einzelfallanalytisch rekonstruierten Entwicklungsmuster durch quantifizierende Aussagen erweitert. In der anderen Richtung führen die qualitativ gewonnenen Prozessmuster zum genaueren Verstehen der im quantitativen Verfahren gemessenen Ergebnisse. Diese Arbeit profitiert also von der methodischen Triangulation. Gleichwohl ist deutlich geworden, dass der Schwerpunkt dieser Untersuchung auf dem qualitativen Verstehen liegt, da der noch unbekannte Forschungsgegenstand erst analytisch und begrifflich erschlossen werden muss. Dieses ist für Schulentwicklungsprojekte in gewissem Maße typisch:

> „Das genau ist die Ausgangssituation der Schulentwicklung, in der es darum geht, das Neue in einem Fall zu entdecken und zu beschreiben bzw. dem Neuen erst Begriffe zu geben" (COMBE 2002: 31).

Im Anschluss an diese Untersuchung ist es nun möglich, den Anteil der quantitativen Studien zu stärken und den Ertrag der Studien auszuschärfen. Das Erhebungsinstrument kann nun genauer an herausgearbeitete Strukturmerkmale und Entwicklungsmuster der Lernprozesse angebunden werden. Dadurch können genauere Quantifizierungen der Entwicklungstypen erreicht werden. Darüber hinaus sollte in weiteren empirischen Untersuchungen die Stichprobe erweitert werden, um so beispielsweise auch Vergleiche auf Schulformebene durchführen zu können.

Diese Arbeit untersucht im Rahmen von aktuellen Modellen und Projekten zur Kooperation der Lernorte Schule und Betrieb, bei denen die Schüler(innen) kontinuierlich an Praxislerntagen im Betrieb arbeiten, den Bereich der Förderung von Fähigkeiten zum lebenslangen Lernen und in diesem Sinne der Förderung von Lebenskompetenzen. Dieses ist ein Teil des anfangs dargestellten neuen, erweiterten Verständnisses einer umfassenden Lebens- und Berufsorientierung in der Schule. Um einer Lernorttheorie für die Lernortkooperation von Schule und Betrieb im allgemeinbildenden Schulsystem gerecht zu werden, steht die differenzierte Untersuchung des Bereichs der beruflichen Orientierung noch aus, um den Zusammenhang von Berufsorientierung sowie Identitätsbildung und selbstregulierten Kompetenzen der individuellen Lebensgestaltung zu erarbeiten. Dieser Aspekt der Berufsorientierung wird in einer weiteren Dissertation zu der vorliegenden Lernortkooperation verfolgt und voraussichtlich im Jahr 2007 von Elisabeth Wazinski vorgelegt.

Zur praktische Relevanz der Ergebnisse

Wenn man Schulbegleitforschung, wie sie im methodischen Teil dieser Arbeit vorgestellt ist, ernst nimmt, so ist der Frage der praktischen Relevanz, also Empfehlungen und Umsetzungshinweise zu geben, mit Vorsicht zu beggnen. Die Weiterentwicklung der Praxis ist in diesem Verständnis denen überlassen, die dort professionell arbeiten – also den Lehrerinnen und Lehrern. Worauf die vorliegende Arbeit allerdings hinweisen kann, sind die Reaktionen von Lehrer(inne)n in Rückmeldegesprächen zu den Ergebnissen der Arbeit. In den Rückmeldungen wird deutlich, dass es Lehrer(inne)n hilft, für die Entwicklung von Unterricht Wissen über die Lernprozesse ihrer Schüler(innen) zu erhalten. Dabei gibt die mikroanalytische Fallbetrachtung von Entwicklungsverläufen, die der Theoretisierung des immanenten Erfahrungswissens von Lehrer(inne)n dient, die Möglichkeit, einen „Ordnungsrahmen" für das Vorhandene und für neue Erkenntnisse zu generieren (vgl. COMBE 2002: 34). In den vorliegenden Entwicklungsportraits finden die Lehrer(innen) nach ihren Aussagen eine Struktur, im Sinne eines fallübergreifenden Musters von Entwicklungsverläufen und Lernprozessen, die sie auch bei anderen Schüler(inne)n wieder erkennen. Darüber hinaus erfahren sie mehr über das Lernen der Schüler(innen) im Betrieb, das sie nicht in dem Umfang begleiten können, wie den schulischen Lernprozess. Diese Erkenntnisse können sie zum Verstehen der Lernprozesse nutzen.

Damit konkretisiert sich ein Anliegen dieser Arbeit, mit der Untersuchung der Lernprozesse von Schüler(inne)n den hier vertretenen Ansatz der Schulentwicklungsforschung bzw. Schulbegleitforschung um einen neuen Forschungsgegenstand zu ergänzen. Die Rekonstruktionen zum Lernprozess von Schüler(inne)n unter der Bedingung einer veränderten Schulstruktur haben sich als relevant für die praktische Entwicklungsarbeit in Schule erwiesen.

Abschließend sei noch auf das besondere Lernfeld der Lernortkooperation hingewiesen. Diese Arbeit liefert einen wichtigen Beitrag zum Verständnis der Funktionen von unterschiedlichen Lernorten. Die hier vorliegende Neuorganisation von Lernorten im allgemeinbildenden Schulsystem geht damit einher, dass der Lernort Schule den Anspruch auf die vollständige pädagogische Kontrolle der Lernzeit von Schüler(inne)n aufgeben muss. Dafür brauchen Schulen Mut für Neuentwicklungen. Dazu gehören z.B. flexible durchdachte Curricula, die Raum für den Lernort Betrieb schaffen, spiralförmig geplant sind und methodische und inhaltliche Schwerpunkte setzen. Im Sinne der Logik der Lernortkooperation muss bei der Gestaltung der Lernumgebung berücksichtigt werden, dass es sowohl einen Raum für die Schule als auch einen Raum für den Betrieb gibt.

Damit verliert die Schule allerdings nicht etwa Schüler(innen) an die Betriebe, sondern gewinnt Schüler(innen) hinzu, die in einer schwierigen Übergangszeit wieder Zugang zu ihrem Bildungsgang finden. Die Schule kann sich in diesem Sinne also in ihrer Funktion wieder neu zur Unterstützung der Lernprozesse von Schülerinnen und Schülern zwischen individuellen Bedürfnissen und gesellschaftlichen Ansprüchen positionieren.

Literaturverzeichnis

Achtenhagen, Frank/ Bendorf, Michael/ Weber, Susanne: Lernortkooperation zwischen Wirklichkeit und „Vision", in: Euler, Dieter (Hrsg.): Handbuch der Lernortkooperation. Band 1: theoretische Fundierungen, Bielefeld: W. Bertelsmann Verlag, 2004, S. 77-101

Achtenhagen, Frank/ Lempert, Wolfgang (Hrsg.): Lebenslanges Lernen im Beruf – seine Grundlegung im Kindes- und Jugendalter. Band 1: Das Forschungs- und Reformprogramm, Opladen: Leske und Budrich, 2000

Alheit, Peter: „Biographizität" als Lernpotential: Konzeptionelle Überlegungen zum biographischen Ansatz in der Erwachsenenbildung, in: Krüger, Heinz-Hermann/ Marotzki, Winfried (Hrsg.): Erziehungswissenschaftliche Biographieforschung, Opladen: Leske und Budrich, 1996, 2.Aufl., S.276-307

Alheit, Peter et al. (Eds): Lifelong Learning Inside and Outside Schools. Collected Papers. Roskilde; Bremen; Leeds, 2000

Allison, Paul D.: Missing data. Sage University Papers on Quatitative Applications in the Social Sciences, 07-136. Thousand Oaks, CA: Sage, 2001

Arnold, Eva: Befragungen der Absolventinnen und Absolventen der gymnasialen Oberstufe an zwei Hamburger Gesamtschulen. Pilotstudie zum Einsatz von Absolventenbefragungen zur Unterstützung von Schulentwicklungsprozessen, Hamburg, unveröffentlichtes Manuskript, 2002

Artelt, Cordula: Strategisches Lernen, Münster; New York; München; Berlin: Waxmann, 2000

Artelt, Cordula/ Demmrich, Anke/ Baumert, Jürgen: Selbstreguliertes Lernen, in: Deutsches PISA-Konsortium (Hrsg.): PISA 2000. Basiskompetenzen von Schülerinnen und Schülern im internationalen Vergleich, Opladen: Leske und Budrich, 2001, S.271-298

Bandura, Albert: Social foundations of thought and action: A social cognitiv theory, Englewood Cliffs: Prentice-Hall, 1986

Bastian, Johannes (Hrsg.): Pädagogische Schulentwicklung. Schulprogramm und Evaluation, Hamburg: Bergmann und Helbig, 1998

Bastian, Johannes/ Combe, Arno: Fallorientierte Schulentwicklungsforschung: Der Schulversuch „Profiloberstufe" an der Max Brauer-Schule, in: Tillmann, Klaus Jürgen/ Vollstädt, Witlof (Hrsg.): Politikberatung durch Bildungsforschung. Das Beispiel: Schulentwicklung in Hamburg, Opladen: Leske und Budrich, 2001, S. 171-188

Bastian, Johannes/ Combe, Arno/ Emig, Elisabeth/ Hellmer, Julia: Arbeiten und Lernen in Schule und Betrieb. Abschlussbericht der wissenschaftlichen Begleitung des Hamburger Schulversuchs, Hamburg, unveröffentlichtes Manuskript, 2005

Bastian, Johannes et al.: Antrag auf Einrichtung und Förderung eines Graduiertenkollegs zur Bildungsgangforschung. Universität Hamburg, Fachbereich Erziehungswissenschaft, überarb. Antrag, 2001, http://www.erzwiss.uni-hamburg.de/Personal/Schenk/Grad-Koll/Ges-text-netz.htm [Stand: 21.04.2004]

Bastian, Johannes et al.: Folgeantrag auf Förderung des Graduiertenkollegs „Bildungsgangforschung", Stand: August 2004, Universität Hamburg, Fachbereich Erziehungswissenschaft an der Fakultät für Bildungswissenschaft, 2004, http://www.erzwiss.uni-hamburg.de/Personal/Schenk/Grad-Koll/Folgeantrag.html [Stand: 29.8.2005]

Bastian, Johannes/ Rolff, Hans-Günter: Abschlussevaluation des Projekts „Schule & Co.", Gütersloh: Bertelsmann Stiftung, 2002

Baumert, Jürgen: Lernstrategien, motivationale Orientierung und Selbstwirksamkeitsüberzeugungen im Kontext schulischen Lernens, in: Unterrichtswissenschaft. Zeitschrift für Lernforschung, 21. Jahrgang/ Heft 4, 1993, S. 327-354

Baumert, Jürgen: Transparenz und Verantwortung, in: Killius, Nelson/ Kluge, Jürgen/ Reisch, Linda (Hrsg.): Die Bildung der Zukunft, Frankfurt: Suhrkamp, 2003, S. 213-228

Baumert, Jürgen/ Köller, Olaf: Unterrichtsgestaltung, verständnisvolles Lernen und multiple Zielerreichung im Mathematik- und Physikunterricht der gymnasialen Überstufe, in: Baumert, Jürgen/ Bos, Wilfried/ Lehmann, Rainer (Hrsg.): TIMMS III. Dritte internationale Mathematik- und Naturwissenschaftsstudie. Mathematik und naturwissenschaftliche Bildung am Ende der Schullaufbahn, Band 2, Opladen: Leske und Budrich, 2000, S. 229-270

BBS (Behörde für Bildung und Sport): Schulversuch „Arbeiten und Lernen in Schule und Betrieb". Aufbau eines Netzwerkes zur Stärkung der Ausbildungsfähigkeit und Vorbereitung auf eine duale Ausbildung (Rahmenbedingungen und Ressourcen), Hamburg (unveröffentlichtes Manuskript), 2003

BBS (Behörde für Bildung und Sport): Besondere betriebliche Lernaufgabe. Ein Instrument zur Förderung selbstgesteuerten Lernens in Schule und Betrieb, Hamburg: Freie und Hansestadt Hamburg – Behörde für Bildung und Sport, 2005

Beinke, Lothar: Berufswahlunterricht – im Zentrum „Das Betriebspraktikum", in: Erziehungswissenschaft und Beruf, 43/ 4, 1995, S. 378-393

Blankertz, Herwig: Lernen und Kompetenzentwicklung in der Sekundarstufe II. Teil 1, Landesinstitut für Schule und Weiterbildung, Soest: Soester Verlagskontor, 1986a

Blankertz, Herwig: Lernen und Kompetenzentwicklung in der Sekundarstufe II. Teil 2, Landesinstitut für Schule und Weiterbildung, Soest: Soester Verlagskontor, 1986b

BLK (Bund-Länder-Kommission für Bildungsplanung und Forschungsförderung) (Hrsg.): Lebenslanges Lernen. Programmbeschreibung und Darstellung der Länderprojekte, Materialien zur Bildungsplanung und zur Forschungsförderung, Heft 88, Bonn, 2001

BLK (Bund-Länder-Kommission für Bildungsplanung und Forschungsförderung) (Hrsg.): Strategien für Lebenslanges Lernen in der Bundesrepublik Deutschland, Materialien zur Bildungsplanung und zur Forschungsförderung, Heft 115, Bonn, 2004

BMBF (Bundesministerium für Bildung und Forschung): Aktionsprogramm „Lebensbegleitendes Lernen für alle", Bonn, 2001, http://www.bmbf.de/pub/aktionsprogramm_lebensbegleitendes_ lernen_fuer_alle.pdf [Stand: 22.10.2005]

BMBF (Bundesministerium für Bildung und Forschung): Lebenslanges Lernen, 2005, http://www.bmbf.de/de/411.php [Stand: 17.10.2005]

BMGS (Bundesministerium für Gesundheit und Soziale Sicherung) (Hrsg.): Lebenslagen in Deutschland – Der 2. Armuts- und Reichtumsbericht der Bundesregierung 2005, Bonn, 2005, http://www.bmgs.bund.de/download/broschue ren/A332.pdf [Stand 11.8.2005]

Boekaerts, Monique: Self-regulated learning: where we are today, International Journal of Educational Research, 31, 1999, p. 445-457

Boekaerts, Monique/ Niemivirta, Markku: Self-regulated learning. Finding a balance between learning goals und ego-protective goals, in: Boekaerts, Monique/ Pintrich, Paul R./ Zeidner, Moshe (eds.): Handbook of self-regulation, San Diego; London: Academic Press, 2000, p. 417-450

Boekaerts, Monique/ Pintrich, Paul R./ Zeidner, Moshe (eds.): Handbook of self-regulation, San Diego; London: Academic Press, 2000

Bohnsack, Ralf: Rekonstruktive Sozialforschung. Einführung in qualitative Methoden, Opladen: Leske und Budrich, 2003, 5. Aufl.

Bortz, Jürgen/ Döring, Nicola: Forschungsmethoden und Evaluation für Human- und Sozialwissenschaftler, Berlin; Heidelberg; New York: Springer-Verlag, 2002, 3. Aufl.

Literaturverzeichnis

Bremer, Rainer: Wie Kollegschüler lernen. Zusammenfassung von Bildungsgangstudien der wissenschaftlichen Begleitung Kollegstufe – NW, Landesinstitut für Schule und Weiterbildung, Soest: Soester Verlagskontor, 1988

Brödel, Rainer: Lebenslanges Lernen – lebensbegleitende Bildung, in: Brödel, Rainer (Hrsg.): Lebenslanges Lernen – lebensbegleitende Bildung, Neuwied/ Kriftel: Luchterhand, 1998, S.1-32

Buhren, Claus G. et al: Programm „Schule – Wirtschaft/ Arbeitsleben". Wissenschaftliche Begleitung des Projekts „Förderpraktika im letzten Pflichtschuljahr an Haupt- Gesamt und Sonderschulen" NRW – Abschlussbericht, Dortmund, 2004, http://www.bildungsportal.nrw.de/BP/Schule/System/Projekte/BUS/Abschlussbericht.pdf [Stand: 13.10.2004]

Bundesjugendkuratorium: Zukunftsfähigkeit sichern! - Für ein neues Verhältnis von Bildung und Jugendhilfe. Eine Streitschrift des Bundesjugendkuratoriums, 2001, www.bundesjugendkuratorium.de/ [Stand: 10.8.2005]

Büser, Tobias: Offene Angebote an geschlossene Systeme – Überlegungen zur Gestaltung von Lernumgebungen für selbstorganisiertes Lernen aus Sicht des Konstruktivismus, in: Witthaus, Udo/ Wittwer, Wolfgang/ Espe, Clemens (Hrsg.): Selbst gesteuertes Lernen. Theoretische und praktische Zugänge, Bielefeld: W. Bertelsmann Verlag, 2003, S.27-41

Campbell, Donald T./ Fiske, Donald W.: Convergent and discriminant validation by the multitrait-multimethod matrix, in: Psychological Bulletin 56, 1959, p. 81-105

Combe, Arno: Interpretative Schulbegleitforschung – konzeptionelle Überlegungen, in: Breidenstein, Georg/ Combe, Arno/ Helsper, Werner/ Stelmaszyk, Bernhard (Hrsg.): Forum Qualitative Schulforschung 2. Interpretative Unterrichts- und Schulbegleitforschung, Opladen: Leske und Budrich, 2002, S. 29-37

Combe, Arno: Brauchen wir eine Bildungsgangforschung? Grundbegriffliche Klärungen, in: Trautmann, Matthias (Hrsg.): Entwicklungsaufgaben im Bildungsgang, Verlag für Sozialwissenschaften: Wiesbaden, 2004, S.48-63

Combe, Arno: Lernende Lehrer – Lehrerprofessionalität im Lichte der Bildungsgangforschung, in: Schenk, Barbara (Hrsg.): Zur Theorie der Bildungsgangsforschung, Wiesbaden: Verlag für Sozialwissenschaften, 2005a, S. 104-121

Combe, Arno: Erfahrung und schulisches Lernen, Hamburg, unveröffentlichtes Manuskript, 2005b

Combe, Arno: Die Individualitätsvergessenheit der deutschen Schule, in: Boenecke, Rosa et al. (Hrsg.): Schulentwicklung durch neue Lernformen. Heidelberg, 2005, in Vorbereitung

Combe, Arno/ Kolbe, Fritz-Ulrich: Lehrerprofessionalität: Wissen, Können, Handeln, In: Helsper, Werner /Böhme, Jeanette (Hrsg.): Handbuch der Schulforschung, Wiesbaden: Verlag für Sozialwissenschaften, 2004, S. 833-852

Combe, Arno/ Reh, Sabine: Zur Neubestimmung der Schulforschung im Zuge der Schulentwicklungsforschung und zum methodischen Vorgehen unserer Untersuchung, in: Arnold, Eva/ Bastian, Johannes/ Combe, Arno/ Schelle, Carla/ Sabine, Reh: Schulentwicklung und Wandel der pädagogischen Arbeit. Hamburg: Bergmann und Helbig, 2000, 23-34

Commission of the European Communities: A Memorandum on Lifelong Learning. Commission Staff Working Paper, Brüssel, 2000, http://www.bologna-berlin2003.de/pdf/MemorandumEng.pdf [Stand: 16.9.2005]

Culik (Curriculumentwicklungs- und Qualifizierungsnetzwerk Lernfeldinnovation für Lehrkräfte in Berufsschulfachklassen für Industriekaufleute): Das Projekt, http://www.ibw.uni-hamburg.de/forschung/projekte/culik/projekt/projekt.html [Stand: 18.10.2005]

Czerwanski, Annette/ Solzbacher, Claudia/ Vollstädt, Witlof (Hrsg.): Förderung von Lernkompetenz in der Schule. Band 1: Recherche und Empfehlungen, Gütersloh: Verlag Bertelsmann Stiftung, 2002

Dammer, Karl-Heinz: Die institutionelle Trennung beruflicher und allgemeiner Bildung als historische Bürde der Berufswahlorientierung, in: Schudy, Jörg (Hrsg.): Berufsorientierung in der Schule. Grundlagen und Praxisbeispiele, Bad Heilbrunn: Verlag Julius Klinkhardt, 2002, S. 33-50

Dansereau, Donald F.: The development of a learning strategy curriculum, in: O'Neil, Harold F. (ed.): Learning strategies, New York: Academic Press, 1978, p. 1-29

Dehnbostel, Peter: Selbstgesteuertes Lernen und beruflich-betriebliche Kompetenzentwicklung in vernetzen Lernstrukturen, in: Witthaus, Udo/ Wittwer, Wolfgang/ Espe, Clemens: Selbst gesteuertes Lernen. Theoretische und praktische Zugänge, Bielefeld: W. Bertelsmann Verlag, 2003, S.177-192

Dehnbostel, Peter: Kompetenzentwicklung in der Arbeit als Alternative zum organisierten Lernen? in: Hungerland, Beatrice/ Overwien, Bernd (Hrsg): Kompetenzentwicklung im Wandel. Auf dem Weg zu einer informellen Lernkultur? Wiesbaden: Verlag für Sozialwissenschaften, 2004, S. 51-67

Dehnbostel, Peter/ Holz, Heinz/ Novak, Hermann: Neue Lernorte und Lernortkombinationen – Erfahrungen und Erkenntnisse aus dezentralen Berufsbildungskonzepten. Bielefeld: Bertelsmann, 1996

Dehnbostel, Peter/ Meister, Jörg: Einleitung: Essentials und Überblick, in: Dehnbostel, Peter/ Elsholz, Uwe/ Meister, Jörg/ Meyer-Menk, Julia (Hrsg.): Vernetzte Kompetenzentwicklung. Alternative Positionen zur Weiterbildung, Berlin: Edition Sigma, 2002, S. 11-27

Dehnbostel, Peter/ Pätzold, Günter: Lernförderliche Arbeitsgestaltung und die Neuorientierung betrieblicher Bildungsarbeit, in: Dehnbostel, Peter/ Pätzold, Günter (Hrsg.): Innovationen und Tendenzen der betrieblichen Berufsbildung, Zeitschrift für Berufs- und Wirtschaftspädagogik (ZBW), Beiheft 18, 2004, S. 19-30

Denzin, Norman K.: The Research Act. A theoretical introduction to sociological methods, New York: McGraw Hill, 1978, 2nd edition

Dewey, John: Demokratie und Erziehung. Weinheim; Basel: Beltz Verlag, 1993 (Nachdruck der 3. Aufl. 1964)

Diepold, Peter: Funktionen im Wandel? Zur Abgrenzung der Funktionen von Berufsschule und Betrieb, in: Bundesinstitut für Berufsbildung (Hrsg.): Lernortkooperation und Abgrenzung der Funktionen von Betrieb und Berufsschule. 4. Workshop zu Stand und Perspektiven in der Kaufmännischen und Verwaltenden Berufsbildung, Bielefeld: Bertelsmann, 1996, S. 59-76

Dohmen, Günther: Weiterbildungsinstitutionen, Medien, Lernumwelten. Rahmenbedingungen und Entwicklungshilfen für das selbstgesteuerte Lernen. Bonn: BMBF, 1999

Dreher, Eva/ Dreher Michael: Wahrnehmung und Bewältigung von Entwicklungsaufgaben im Jugendalter: Fragen, Ergebnisse und Hypothesen zum Konzept einer Entwicklungs- und Pädagogischen Psychologie des Jugendalters, in: Oerter, Rolf (Hrsg.): Lebensbewältigung im Jugendalter, Weinheim: Edition Psychologie, VCH, 1985, S. 30-61

Ecarius Jutta: Biographieforschung und Lernen, in: Krüger, Heinz-Hermann/ Marotzki, Winfried (Hrsg.): Handbuch erziehungswissenschaftliche Biographieforschung, Opladen: Leske und Budrich, 1999, S. 89-105

Eikenbusch, G.: Praxishandbuch Schulentwicklung. Berlin 1998

Emig, Elisabeth/ Hellmer, Julia: Gelegenheitsstrukturen des Lernens in Bildungsgängen: Die Lernorte Schule und Betrieb, in: Schenk, Barbara (Hrsg.): Bausteine einer Bildungsgangtheorie, Wiesbaden: Verlag für Sozialwissenschaften, 2005, S. 108-123

Erzberger, Christian: Zahlen und Wörter. Die Verbindung quantitativer und qualitativer Daten und Methoden im Forschungsprozess, Weinheim: Deutscher Studien Verlag, 1998

Literaturverzeichnis 261

Euler, Dieter: Lernortkooperation in der beruflichen Bildung. Stand und Perspektiven aus Sicht wirtschaftspädagogischer Forschung, in: Harney, Klaus/ Tenorth, Heinz-Elmar (Hrsg.): Beruf und Berufsbildung. Situation, Reformperspektiven, Gestaltungsmöglichkeiten, Zeitschrift für Pädagogik, 40. Beiheft, Weinheim; Basel: Beltz Verlag, 1999, S.249-272

Euler, Dieter: Lernortkooperation – eine unendliche Geschichte? in: Euler, Dieter (Hrsg.): Handbuch der Lernortkooperation. Band 1: theoretische Fundierungen, Bielefeld: W. Bertelsmann Verlag, 2004, S. 12-24

Famulla, Gerd-E. et al.: Kurzfassungen zu den im Frühjahr 2004 verfassten Zwischenberichten der Projekte im Programm „Schule – Wirtschaft/ Arbeitsleben", 2004, http://www.swa-programm.de/texte_material/swa_texte/projektzwischen berichte4.pdf [Stand: 18.10.2005]

Fauser, Peter/ Fintelmann, Klaus J./ Flitner, Andreas (Hrsg.): Lernen mit Kopf und Hand. Berichte und Anstöße zum praktischen Lernen in der Schule, Weinheim und Basel: Beltz Verlag, 1983

Fauser, Peter/ Konrad, Franz-Michael/ Wöppel, Julius (Hrsg.): Lern-Arbeit. Arbeitslehre als praktisches Lernen, Weinheim und Basel: Beltz Verlag, 1989

Feldhoff, Jürgen et al.: Projekt Betriebspraktikum. Berufsorientierung im Problemzusammenhang von Rationalisierung und Humanisierung der Arbeit, Düsseldorf, 1985

Fend, Helmut: Entwicklungspsychologie des Jugendalters. Ein Lehrbuch für pädagogische und psychologische Berufe, Opladen: Leske und Budrich, 2000

Fischer, Wolfram: Struktur und Funktion erzählter Lebensgeschichten, in: Kohli, Martin (Hrsg.): Soziologie des Lebenslaufs, Darmstadt/ Neuwied: Luchterhand, 1978, S. 311-336

Fischer, Wolfram/ Kohli, Martin: Biographieforschung, in: Voges, Wolfgang (Hg.): Methoden der Biographie- und Lebenslaufforschung. Opladen: Leske und Budrich, 1987, S. 25-49.

Fisseni, Hermann-Josef: Lehrbuch der psychologischen Diagnostik, Göttingen: Hogrefe, 1990

Flick, Uwe: Design und Prozess qualitativer Forschung, in: Flick, Uwe/ Kardorff, Ernst von/ Steinke, Ines (Hrsg.): Qualitative Forschung. Ein Handbuch, Reinbek bei Hamburg: Rowohlt, 2000, S. 252-264

Flick, Uwe: Qualitative Sozialforschung. Eine Einführung, Reinbek bei Hamburg: Rowohlt, 2002, 6.Aufl.

Flick, Uwe: Triangulation. Eine Einführung, Wiesbaden: Verlag für Sozialwissenschaften, 2004

Friebertshäuser, Barbara: Feldforschung und teilnehmende Beobachtung, in: Friebertshäuser, Barbara/ Prengel, Annedore (Hrsg.): Handbuch Qualitative Forschungsmethoden in der Erziehungswissenschaft, Weinheim; München: Juventa, 1997, S. 503-535

Friedrich, Helmut F./ Mandl, Heinz: Lern- und Denkstrategien – ein Problemaufriß, in: Mandl, Heinz/ Friedrich, Helmut F. (Hrsg.): Lern- und Denkstrategien. Analyse und Intention, Göttingen: Hogrefe, 1992, S. 3-54

Friedrich, Helmut F./ Mandl, Heinz: Analyse und Förderung selbstgesteuerten Lernens, in: Enzyklopädie der Psychologie: Themenbereich D, Praxisgebiete: Ser. 1, Pädagogische Psychologie; Bd. 4: Weinert, Franz E./ Mandl, Heinz (Hrsg.): Psychologie der Erwachsenenbildung, Göttingen; Bern; Toronto; Seattle: Hogrefe, 1997, S. 237-293

Fullan, M.: Schulentwicklung im Jahr 2000, in: Journal für Schulentwicklung, 4. Jahrgang, H. 4, 2000, S. 9-16

Geißler, Harald: Entgrenzung des Lernens zwischen linearer und reflexiver Modernisierung der Weiterbildung, in: Brödel, Rainer (Hrsg.): Lebenslanges Lernen – lebensbegleitende Bildung, Neuwied; Kriftel: Luchterhand, 1998, S. 175-183

Goffmann, Erving: Interaktionsrituale, Frankfurt a.M.: Suhrkamp, 1986

Grieser, Dorit: Expertise zur Einführung und Erweiterung von Bildungskonzepten an Hamburg Schulen der Sekundarstufe. „Nutzung von außerschulischen Lernorten und Realsituationen für Lernprozesse", im Auftrag der Behörde für Schule, Jugend und Berufsbildung der Freien und Hansestadt Hamburg, Berlin: unveröffentlichtes Manuskript, 1999

Gruschka, Andreas: Wie Schüler Erzieher werden. Studie zur Kompetenzentwicklung und fachlichen Identitätsbildung in einem doppeltqualifizierenden Bildungsgang des Kollegschulversuchs NW, Wetzlar: Büchse der Pandora, 1985

Haeberlin, Urs et al.: Die Integration von Lernbehinderten. Versuche, Theorien, Forschungen, Enttäuschungen, Hoffnungen, Bern; Stuttgart: Verlag Paul Haupt, 1991

Hahn, Stefan: Gelegenheitsstrukturen zum Kompetenzerwerb und zur Identitätskonstruktion. Ein Kontextualisierungskonzept bildungsgangbezogener Lernprozesse, in: Schenk, Barbara (Hrsg.): Bausteine einer Bildungsgangtheorie, Wiesbaden: Verlag für Sozialwissenschaften, 2005, S. 91-107

Havighurst, Robert J.: Developmental tasks and education, New York: David McKay Company, 1972 (Reprint der Ausgabe von 1948)

Helsper, Werner: Schülerbiographie und Schulkarriere, in: Helsper, Werner/ Böhme, Jeanette (Hrsg.): Handbuch der Schulforschung, Wiesbaden: Verlag für Sozialwissenschaften, 2004, S. 903-920

Hericks, Uwe: Über das Verstehen von Physik – Physikalische Theoriebildung bei Schülern der Sekundarstufe II, Münster: Waxmann, 1993

Hericks, Uwe: Der Ansatz der Bildungsgangforschung und seine didaktischen Konsequenzen – Darlegungen zum Stand der Forschung, in: Meyer, Meinert A./ Reinartz, Andrea (Hrsg.): Bildungsgangdidaktik. Denkanstöße für pädagogische Forschung und schulische Praxis, Opladen: Leske und Budrich, 1998, S.173-188

Hericks, Uwe/ Keuffer, Josef/ Kräft, Hans Cristof/ Kunze, Ingrid (Hrsg.): Bildungsgangdidaktik. Perspektiven für Fachunterricht und Lehrerbildung, Opladen: Leske und Budrich, 2001

Hericks, Uwe/ Spörlein, Eva: Entwicklungsaufgaben in Fachunterricht und Lehrerbildung – Eine Auseinandersetzung mit einem Zentralbegriff der Bildungsgangdidaktik, in: Hericks, Uwe/ Keuffer, Josef/ Kräft, Hans Cristof/ Kunze, Ingrid (Hrsg.): Bildungsgangdidaktik. Perspektiven für Fachunterricht und Lehrerbildung, Opladen: Leske und Budrich, 2001, S. 33-50

Holtappels, Heinz Günter: Schulqualität durch Schulentwicklung und Evaluation. Konzepte, Forschungsbefunde, Instrumente. München; Unterschleißheim: Luchterhand, 2003

Holtappels, Heinz Günter/ Leffelsend, Stafanie: Entwicklung überfachlicher Kompetenzen durch Schülertrainings und Unterrichtsentwicklung: Ergebnisse einer Schülerbefragung als Teil der Abschlussevaluation des Projekts „Schule & Co.", Gütersloh: Bertelsmann Stiftung, 2003

Hopf; Christel: Qualitative Interviews – ein Überblick, in: Flick, Uwe/ Kardorff, Ernst von/ Steinke, Ines (Hrsg.): Qualitative Forschung. Ein Handbuch, Reinbek bei Hamburg: Rowohlt, 2000, S. 349-359

Horstkemper, Marianne/ Killus, Dagmar: Lernen in Schule und Betrieb – ein innovatives Modell für die Sekundarstufe I? Modellversuch an Brandenburgs Schulen im Rahmen des Förderprogramms „Schule – Wirtschaft/ Arbeitsleben", Ergebnisse der externen Evaluation, in: Land Brandenburg, Ministerium für Bildung, Jugend und Sport (Hrsg.): Lernen in Schule und Betrieb – ein innovatives Modell für die Sekundarstufe I? Ergebnisse der externen Evaluation eines Modellprojekts, Schulforschung in Brandenburg Heft 5, 2003

Hungerland, Beatrice/ Overwien, Bernd (Hrsg): Kompetenzentwicklung im Wandel. Auf dem Weg zu einer informellen Lernkultur? Wiesbaden: Verlag für Sozialwissenschaften, 2004a

Hungerland, Beatrice/ Overwien, Bernd: Kompetenzerwerb außerhalb etablierter Lernstrukturen, in: Hungerland, Beatrice/ Overwien, Bernd (Hrsg): Kompetenzentwicklung im Wandel. Auf dem Weg zu einer informellen Lernkultur? Wiesbaden: Verlag für Sozialwissenschaften, 2004b, S.7-26

Institut für Arbeitsmarkt- und Berufsforschung (Hrsg.): IAB Kurzbericht. Aktuelle Analysen aus dem Institut für Arbeitsmarkt- und Berufsforschung der Bundesagentur für Arbeit, Nr. 9, 2005, http://doku.iab.de/kurzber/2005/kb0905.pdf, [Stand: 10.8.2005]

Kelle, Udo/ Erzberger, Christian: Integration qualitativer und quantitativer Methoden. Methodologische Modelle und ihre Bedeutung für die Forschungspraxis, in: Kölner Zeitschrift für Soziologie und Sozialpsychologie, 51, 1999, S. 509-531

Keupp, Heiner et al.: Identitätskonstruktionen. Das Patchwork der Identitäten in der Spätmoderne, Reinbek bei Hamburg: Rowohlt, 2002, 2.Aufl.

Killus, Dagmar: Risikogruppen fördern – Schulen entwickeln. Bilanz eines Modellversuchs, Die Deutsche Schule. Zeitschrift für Erziehungswissenschaft, Bildungspolitik und pädagogische Praxis, 96. Jahrgang/ Heft 4, 2004, S. 396-413

Klauer, Karl. J.: Teaching for learning-to-learn: A critical appraisal with some proposals. Instructional Science, 17, 1988, p. 351-367

Klieme, Eckhard/ Artelt, Cordula/ Stanat, Petra: Fächerübergreifende Kompetenzen: Konzepte und Indikatoren, in: Weinert, Franz E. (Hrsg.): Leistungsmessungen in Schulen, Weinheim: Beltz, 2001, 203-218

Knoll, Joachim A.: „Lebenslanges Lernen" und internationale Bildungspolitik – Zur Genese eines Begriffs und dessen nationale Operationalisierungen, in: Brödel, Rainer (Hrsg.): Lebenslanges Lernen – lebenbegleitende Bildung, Neuwied; Kriftel: Luchterhand, 1998, S. 35-50

Kohli, Marin: Erwartungen an eine Soziologie des Lebenslaufs, in: Kohli, Martin (Hrsg.): Soziologie des Lebenslaufs, Darmstadt; Neuwied: Luchterhand, 1978, S. 9-31

Kokemohr, Rainer/ Koller, Christoph: Die rhetorische Artikulation von Bildungsprozessen. Zur Methodologie erziehungswissenschaftlicher Biographieforschung, in: Krüger, Heinz-Herrmann/ Marotzki, Winfried (Hrsg.): Erziehungswissenschaftliche Biographieforschung, Opladen: Leske und Budrich, 1996, 2. Aufl., S. 90-102

Koller, Hans-Christoph: „Ich war nicht dabei". Zur rhetorischen Struktur einer autobiographischen Lern- und Bildungsgeschichte, in: Koller, Hans-Christoph/ Kokemohr, Rainer (Hrsg.): Lebensgeschichte als Text. Zur biographischen Artikulation problematischer Bildungsprozesse, Weinheim: Deutscher Studien Verlag, 1994, S. 90-108

Koller, Hans-Christoph: Bildung und Biographie. Zur Bedeutung der bildungstheoretisch fundierten Biographieforschung für die Bildungsgangforschung, in: Schenk, Barbara (Hrsg.): Bausteine einer Bildungsgangtheorie, Wiesbaden: Verlag für Sozialwissenschaften, 2005, S. 47-66

Konrad, Klaus/ Traub, Silke: Selbstgesteuertes Lernen in Theorie und Praxis, München: Oldenbourg, 1999

Körber, Klaus: Zur Antinomie von politisch-kultureller und arbeitsbezogener Bildung in der Erwachsenenbildung, in: Bildung in der Arbeitsgesellschaft. Zum Spannungsverhältnis von Arbeit und Bildung heute. Dokumentation des 10. Bremer Wissenschaftsforums vom 11. bis 13. Oktober 1988, Bremen: Unversität Bremen, 1989, S. 126-151

Kordes, Hagen: Entwicklungsaufgabe und Bildungsgang. Beantwortung der Fragen: Was ist ein Bildungsgang? Was ist eine Entwicklungsaufgabe? Was ist Bildungsdidaktik? Was bedeutet Bildungsdidaktik in der Praxis? In welchem Verhältnis steht Bildungsdidaktik zu momentan gelehrten didaktischen Modellen und zu augenblicklich hochgewerteten Unterrichtskonzepten? Münster: Lit-Verlag, 1996

Kossen, Wilfried: Lernen in Lebenswelten – für eine Reorganisation der Bildungsgangtheorie, in: Trautmann, Matthias (Hrsg.): Entwicklungsaufgaben im Bildungsgang, Verlag für Sozialwissenschaften: Wiesbaden, 2004, S. 152-166

Krapp, Andreas: Lernstrategien: Konzepte, Methoden und Befunde, in: Unterrichtswissenschaft. Zeitschrift für Lernforschung, 21.Jahrgang/ Heft 4, 1993, S. 291-311

Krüger, Heinz-Herrmann: Bilanz und Zukunft der erziehungswissenschaftlichen Biographieforschung, in: Krüger, Heinz-Herrmann/ Marotzki, Winfried (Hrsg.): Erziehungswissenschaftliche Biographieforschung, Opladen: Leske und Budrich, 1996, 2. Aufl., S. 32-54

Krüger, Heinz-Herrmann/ Pfaff, Nicolle: Triangulation quantitativer und qualitativer Zugänge in der Schulforschung, in: Helsper, Werner/ Böhme, Jeanette (Hrsg.): Handbuch der Schulforschung, Wiesbaden: Verlag für Sozialwissenschaften, 2004, S. 159-182

Kuckartz Udo: SPSS-Einführung, 9. Veranstaltung – 18.06.01, Reliabilitätsanalyse – Faktorenanalyse: unveröffentlichtes Dokument, 2001

Lechte, Mari-Annukka/ Trautmann, Matthias: Entwicklungsaufgaben in der Bildungsgangtheorie, in: Trautmann, Matthias (Hrsg.): Entwicklungsaufgaben im Bildungsgang, Verlag für Sozialwissenschaften: Wiesbaden, 2004, S. 64-88

Lehmann, Rainer H./ Peeck Rainer: Aspekte der Lernausgangslage und der Lernentwicklung. Glossar. Bericht über die Erhebung im September 1996, 1999, http://www.hamburger-bildungsserver.de/lau/lau5/glossar.htm [Stand: 03.12.1999]

Lehmann, Rainer H./ Peek, Rainer/ Gänsfuß, Rüdiger/ Husfeldt, Vera: Aspekte der Lernausgangslage und der Lernentwicklung – Klassenstufe 9., Hamburg: Behörde für Bildung und Sport, 2002

Leopold, Claudia/ Leutner, Detlev: Der Einsatz von Lernstrategien in einer konkreten Lernsituation bei Schülern unterschiedlicher Jahrgangsstufen, in: Prenzel, Manfred/ Doll, Jörg (Hrsg.): Bildungsqualität von Schule: Schulische und außerschulische Bedingungen mathematischer, naturwissenschaftlicher und überfachlicher Kompetenzen, Zeitschrift für Pädagogik, 45. Beiheft, 2002, S. 240-258

Leutner, Detlev/ Leopold, Claudia: Selbstreguliertes Lernen als Selbstregulation von Lernstrategien – Ein Trainingsexperiment mit Berufstätigen zum Lernen aus Sachtexten, in: Unterrichtswissenschaft. Zeitschrift für Lernforschung, 31. Jahrgang/ Heft 1, 2003a, S. 38-56

Leutner, Detlev/ Leopold, Claudia: Selbstreguliertes Lernen: Lehr-/lerntheoretische Grundlagen, in: Witthaus, Udo/ Wittwer, Wolfgang/ Espe, Clemens: Selbst gesteuertes Lernen. Theoretische und praktische Zugänge, W. Bertelsmann Verlag: Bielefeld, 2003b, S. 43-67

Loch, Werner (1998): Entwicklungsstufen der Lernfähigkeit im Lebenslauf, in: Brödel, Rainer (Hrsg.): Lebenslanges Lernen – lebenbegleitende Bildung, Luchterhand: Neuwied/ Kriftel, 1998, S. 91-109

Lumpe, Alfred: Gestaltungswille, Selbstständigkeit und Eigeninitiative als wichtige Zielperspektiven schulischer Berufsorientierung, in: Schudy, Jörg (Hrsg.): Berufsorientierung in der Schule. Grundlagen und Praxisbeispiele, Bad Heilbrunn: Verlag Julius Klinkhardt, 2002, S.107-124

Lumpe, Alfred/Müller, Holger: Schulversuch „Arbeiten und Lernen in Schule und Betrieb". Entscheidungsvorlage. Langfassung, Hamburg (unveröffentlichtes Manuskript), 2000

Maaßen, Boje: Das Subjekt des Biographischen Lernens, in: Schulz, Wolfgang (Hrsg.): Lebengeschichten und Lernwege. Anregungen und Reflexionen zu biographischen Lernprozessen, Hohengehren: Schneider Verlag, 1996, S.23-36

Maritzen, Norbert: Schulen forschend begleiten – Ist das schon Schulbegleitforschung? In: Breidenstein, Georg/ Combe, Arno/ Helsper, Werner/ Stelmaszyk, Bernhard (Hrsg.): Forum Qualitative Schulforschung 2. Interpretative Unterrichts- und Schulbegleitforschung, Opladen: Leske und Budrich, 2002, S. 159-170

Marotzki, Winfried: Forschungsmethoden der erziehungswissenschaftlichen Biographieforschung, in: Krüger, Heinz-Herrmann/ Marotzki, Winfried (Hrsg.): Erziehungswissenschaftliche Biographieforschung, Opladen: Leske und Budrich, 1996, 2. Aufl., S. 55-89

Mead, George Herbert: Geist, Identität, Gesellschaft. Frankfurt: Suhrkamp, 1975

Meyer, Meinert A./ Reinartz, Andrea (Hrsg.): Bildungsgangdidaktik. Denkanstöße für pädagogische Forschung und schulische Praxis, Opladen: Leske und Budrich, 1998

Ministerium für Schule und Weiterbildung des Landes Nordrhein-Westfalen: BUS – Betrieb und Schule. Neue Perspektiven für Ausbildung und Beschäftigung, 2005, http://www.bildungsportal.nrw.de/BP/Schule/System/Projekte/BUS/ [Stand: 10.8.2005]

Molzberger, Gabriele: Informelles Lernen und die betriebliche Gestaltung von Lernorganisationsformen – ein Blick auf kleine und mittelständische IT-Betriebe, in: Dehnbostel, Peter/ Pätzold, Günter (Hrsg.): Innovationen und Tendenzen der betrieblichen Berufsbildung, Zeitschrift für Berufs- und Wirtschaftspädagogik (ZBW), Beiheft 18, 2004, S. 86-96

Molzberger, Gabriele/ Overwien, Bernd: Studien und empirische Untersuchungen zum informellen Lernen, in: Hungerland, Beatrice/ Overwien, Bernd (Hrsg): Kompetenzentwicklung im Wandel. Auf dem Weg zu einer informellen Lernkultur? Wiesbaden: Verlag für Sozialwissenschaften, 2004, S.69-85

Münch, Joachim: Personalentwicklung als Mittel und Aufgabe moderner Unternehmensführung. Bielefeld: Bertelsmann, 1995

OECD (Organisation for Economic Cooperation and Development): Lifelong learning for all, Paris: OECD Publishing,1996

Oerter, Rolf/ Montada, Leo (Hrsg.): Entwicklungspsychologie, Weinheim; Basel; Berlin: Beltz Verlag, 2002, 5. Aufl.

Oevermann, Ulrich: Die Methode der Fallrekonstruktion in der Grundlagenforschung sowie der klinischen und pädagogischen Praxis. In: Kraimer, Klaus (Hrsg.): Die Fallrekonstruktion, Frankfurt: Suhrkamp, 2000, S. 58-156

Osterland, Martin: „Normalbiografie" und „Normalarbeitsverhältnis", in: Berger, Peter A./ Hradil, Stefan (Hrsg.): Lebenslagen, Lebensläufe, Lebensstile, Sonderband der Sozialen Welt, Göttingen: Schwartz, 1990, S. 351-362

Otto, Gunter: Projektunterricht als besondere Unterrichtsform, in: Bastian, Johannes/ Gudjons, Herbert/ Schnack, Jochen/ Speth, Martin (Hrsg.): Theorie des Projektunterrichts. Hamburg: Bergmann und Helbig 1997, S. 187-201

Overwien, Bernd: Informelles Lernen und Erfahrungslernen in der internationalen Diskussion: Begriffsbestimmungen, Debatten und Forschungsansätze. In: Rohs, Matthias (Hrsg.): Arbeitsprozessintegriertes Lernen. Neue Ansätze für die berufliche Bildung, Münster: Waxmann, 2002

Overwien, Bernd: Internationale Sichtweisen auf „informelles Lernen" am Übergang zum 21.Jahrhundert, in: Otto, Hansuwe/ Coelen, Thomas (Hrsg.): Grundbegriffe der Ganztagsbildung. Zur Integration von formeller und informeller Bildung. Wiesbaden: Verlag für Sozialwissenschaften, 2004, S. 51-73

Pintrich, Paul R.: The role of goal orientation in self-regulated learning, in: Boekaerts, Monique/ Pintrich, Paul R./ Zeidner, Moshe (eds.): Handbook of self-regulation, San Diego; London: Academic Press, 2000, p. 451-502

PISA-Konsortium: Fähigkeiten zum selbstregulierten Lernen als fächerübergreifende Kompetenz, Berlin: MPIB, ohne Jahr, http://www.mpib-berlin.mpg.de/pisa/CCCdt.pdf [Stand: 20.11.2004]

Rabenstein, Kerstin: In der gymnasialen Oberstufe fächerübergreifend lehren und lernen. Eine Fallstudie über die Verlaufslogik fächerübergreifenden Projektunterrichts und die Erfahrungen der Schüler, Wiesbaden: Verlag für Sozialwissenschaften, 2003

Rademacker, Herrmann: Schule vor neuen Herausforderungen. Orientierung für Übergänge in eine sich wandelnde Arbeitswelt, in: Schudy, Jörg (Hrsg.): Berufsorientierung in der Schule. Grundlagen und Praxisbeispiele, Bad Heilbrunn: Verlag Julius Klinkhardt, 2002, S. 51-68

Reinmann-Rothmeier, Gabi: Vom selbstgesteuerten zum selbstbestimmten Lernen. Sieben Denkanstöße und ein Plädoyer für eine konstruktivistische Haltung, in: PÄDAGOGIK, 55. Jahrgang/ Heft 5, 2003, S. 10-13

Schenk, Barbara: Bildungsgangdidaktik als Arbeit mit den Akteuren des Bildungsprozesses, in: Meyer, Meinert A./ Reinartz, Andrea (Hrsg.): Bildungsgangdidaktik. Denkanstöße für pädagogische Forschung und schulische Praxis, Opladen: Leske und Budrich, 1998, S. 261-270

Schenk, Barbara: Perspektiven für Bildungsgangdidaktik und Bildungsgangforschung, in: Hericks, Uwe/ Keuffer, Josef/ Kräft, Hans Christof/ Kunze, Ingrid (Hrsg.): Bildungsgangdidaktik. Perspektiven für Fachunterricht und Lehrerbildung, Opladen: Leske und Budrich, 2001, S. 263-268

Schenk, Barbara: Der Bildungsgang, in: Trautmann, Matthias (Hrsg.): Entwicklungsaufgaben im Bildungsgang, Wiesbaden: Verlag für Sozialwissenschaften, 2004, S. 41-47

Schenk, Barbara (Hrsg.): Bausteine einer Bildungsgangtheorie, Wiesbaden: Verlag für Sozialwissenschaften, 2005

Schiefele, Ulrich/ Pekrun, Reinhard: Psychologische Modelle des fremdgesteuerten und selbstgesteuerten Lernens, in: Enzyklopädie der Psychologie: Themenbereich D, Praxisgebiete: Ser. 1, Pädagogische Psychologie; Bd. 2: Weinert, Franz E. (Hrsg.): Psychologie des Lernens und der Instruktion, Hogrefe: Göttingen; Bern; Toronto; Seattle, 1996, S. 279-317

Schmitdt, Hermann W.: Kooperation in der Berufsbildung – ein deutsches Spezifikum? in: Euler, Dieter (Hrsg.): Handbuch der Lernortkooperation. Band 1: theoretische Fundierungen, Bielefeld: W. Bertelsmann Verlag, 2004, S. 41-59

Schmitdt, Mareike (Hrsg.): Innovative Schulmodelle für eine verbesserte Vorbereitung von Jugendlichen auf Erwerbsarbeit. Praxismodelle Band 12, Materialien aus dem Forschungsschwerpunkt Übergänge in Arbeit, München: Deutsches Jugendinstitut e.V., 2002

Schreiber, Beate: Selbstreguliertes Lernen, Münster; New York; München; Berlin: Waxmann, 1998

Schudy, Jörg: Berufsorientierung als schulstufen- und fächerübergreifende Aufgabe, in: Schudy, Jörg (Hrsg.): Berufsorientierung in der Schule. Grundlagen und Praxisbeispiele, Bad Heilbrunn: Verlag Julius Klinkhardt, 2002a, S. 9-16

Schudy, Jörg: Das Betriebspraktikum. Notwendige Optimierung eines Elements schulischer Berufsorientierung, in: Schudy, Jörg (Hrsg.): Berufsorientierung in der Schule. Grundlagen und Praxisbeispiele, Bad Heilbrunn: Verlag Julius Klinkhardt, 2002b, S. 191-206

Schudy, Jörg: Thesenpapier zum Expertengespräch, Hamburg (unveröffentlichtes Manuskript), 2004

Schulz, Wolfgang: Einführung in das Themenfeld „Biographisches Lernen", in: Schulz, Wolfgang (Hrsg.): Lebengeschichten und Lernwege. Anregungen und Reflexionen zu biographischen Lernprozessen, Hohengehren: Schneider Verlag, 1996a, S.1-11

Schulz, Wolfgang: Sich erinnern. Ein Baustein zur Entwicklung biographischer Kompetenz, in: Schulz, Wolfgang (Hrsg.): Lebensgeschichten und Lernwege. Anregungen und Reflexionen zu biographischen Lernprozessen, Hohengehren: Schneider Verlag, 1996b, S. 57-70

Schulze, Theodor: Erziehungswissenschaftliche Biographieforschung. Anfänge, Fortschritte, Ausblicke, in: Krüger, Heinz-Herrmann/ Marotzki, Winfried (Hrsg.): Erziehungswissenschaftliche Biographieforschung, Opladen: Leske und Budrich, 1996, 2. Aufl., S. 10-31

Schütze, Fritz: Biographieforschung und narratives Interview, in: Neue Praxis, Jg. 13, 1983, S. 283–293.

Schütze, Fritz: Das Paradoxe in Felix' Leben als Ausdruck eines „wilden" Wandlungsprozesses, in: Koller, Hans-Christoph/ Kokemohr, Rainer (Hrsg.): Lebensgeschichte als Text. Zur biographischen Artikulation problematischer Bildungsprozesse, Weinheim: Deutscher Studien Verlag, 1994, S. 13-60

Simons, Robert-Jan: Lernen, selbständig zu lernen – ein Rahmenmodell, in: Mandl, Heinz/ Friedrich, Helmut F. (Hrsg.): Lern- und Denkstrategien. Analyse und Intervention, Göttingen: Hogrefe, 1992, S. 251-264

Speth, Martin: John Dewey und der Projektgedanke, in: Bastian, Johannes/ Gudjons, Herbert/ Schnack, Jochen/ Speth, Martin (Hrsg.): Theorie des Projektunterrichts. Hamburg: Bergmann und Helbig, 1997, 2. Aufl. 2004, S. 19-37

Spörlein, Eva: „Das mit dem Chemischen finde ich nicht so wichtig...". Chemielernen in der Sekundarstufe I aus der Perspektive der Bildungsgangdidaktik, Opladen: Leske und Budrich, 2003

Statistisches Bundesamt: Leben und Arbeiten in Deutschland. Ergebnisse des Mikrozensus 2003, Wiesbaden 2004

Statistisches Bundesamt: Leben und Arbeiten in Deutschland. Ergebnisse des Mikrozensus 2004, Wiesbaden, 2005

Steinke, Ines.: Gütekriterien qualitativer Forschung. In: Flick, Uwe/ Kardorff, Ernst von/ Steinke, Ines (Hrsg.): Qualitative Forschung. Ein Handbuch. Reinbek 2003, 2. Aufl. S. 319-331

Tramm, Tade: Lernortkooperation in kaufmännischen Berufen. Schwachstellenanalyse, Perspektiven, Handlungsempfehlungen, Vortrag auf der Fachtagung Lernortekooperation II der Behörde für, Schule, Jugend und Berufsbildung der Freien und Hansestadt Hamburg, 1997, http://www.ibw.uni-hamburg.de/personen/mitarbeiter/tramm/Hh-lok-publ.pdf [Stand: 18.10.2005]

Tramm, Tade: Kaufmännische Berufsbildung zwischen Prozess- und Systemorientierung, in: Tramm, Tade (Hrsg.): Perspektiven der kaufmännischen Berufsbildung. Entwicklungen im Spannungsfeld globalen Denkens und lokalen Handelns, Bielefeld: W. Bertelsmann Verlag, 2002, S. 21-36

Tramm, Tade: Lernfeldorientierung in der beruflichen Bildung, in: Kipp, Martin/ Struve, Klaus/ Tramm, Tade/ Thomas Vollmer (Hrsg.): Tradition und Innovation. Impulse zur Reflexion und zur Gestaltung beruflicher Bildung, Münster: LIT Verlag, 2004, S. 95-130

Trautmann, Matthias (Hrsg.): Entwicklungsaufgaben im Bildungsgang, Wiesbaden: Verlag für Sozialwissenschaften, 2004a

Trautmann, Matthias: Die Entstehung und Entwicklung der Bildungsgangtheorie, in: Trautmann, Matthias (Hrsg.): Entwicklungsaufgaben im Bildungsgang, Wiesbaden: Verlag für Sozialwissenschaften, 2004b, S. 7-15

Trautmann, Matthias: Entwicklungsaufgaben bei Havighurst, in: Trautmann, Matthias (Hrsg.): Entwicklungsaufgaben im Bildungsgang, Wiesbaden: Verlag für Sozialwissenschaften, 2004c, S. 19-40

Vogt, Annette: Das Leben in die eigene Hand nehmen – Biographisches Lernen als gezielte Arbeit am eigenen Lebenslauf, in: Schulz, Wolfgang (Hrsg.): Lebensgeschichten und Lernwege. Anregungen und Reflexionen zu biographischen Lernprozessen, Hohengehren: Schneider Verlag, 1996, S. 37-56

Weinert, Franz. E.: Lehren und Lernen für die Zukunft - Ansprüche an das Lernen in der Schule, Bad Kreuznach: Vortragsmanuskript, 2000a, http://pz.bildung-rp.de/pn/pn2_00/weinert.htm [Stand 22.10.2005]

Weinert, Franz E.: Lehr-Lernforschung an einer kalendarischen Zeitenwende: Im alten Trott weiter ohne Aufbruch zu neuen wissenschaftlichen Horizonten? In: Unterrichtswissenschaft. 28. Jahrgang/ Heft 1, 2000b, S. 44-49

Weinstein, Claire E./ Husman, Jenefer/ Dierking, Douglas R.: Self-regulation interventions with a focus on learning strategies, in: Boekaerts, Monique/ Pintrich, Paul R./ Zeidner, Moshe (eds.): Handbook of self-regulation, San Diego; London: Academic Press, 2000, p. 727-747

Weinstein, Claire E./ Mayer, R. E.: The teaching of learning strategies, in: Wittrock, M. C. (ed.): Handbook of research in teaching, New York: Macmillan, 1986 3rd edition, p. 315-327

Wernet, Andreas: Einführung in die Interpretationstechnik der Objektiven Hermeneutik, Opladen: Leske und Budrich, 2000

Wiesner, Gisela/ Wolter, Andrä (Hrsg.): Die lernende Gesellschaft. Lernkulturen und Kompetenzentwicklung in der Wissensgesellschaft, Weinheim; München: Juventa Verlag, 2005

Wild, Elke: Lernen lernen: Wege einer Förderung der Bereitschaft und Fähigkeit zu selbstreguliertem Lernen, in: Unterrichtswissenschaft. Zeitschrift für Lernforschung, 31. Jahrgang/ Heft 1, 2003, S. 2-5

Wild, Klaus-Peter: Lernstrategien und Lernstile, in: Rost, Detlef H. (Hrsg.): Handwörterbuch Pädagogische Psychologie, Weinheim; Basel: Beltz-Verlag, 1998, S. 309-312

Wuttke, Eveline: Lernstrategien im Lernprozess. Analysemethode, Strategieeinsatz und Auswirkungen auf den Lernerfolg, in: Zeitschrift für Erziehungswissenschaft, Heft 1, 2000, S. 97-110

Zeidner, Moshe/ Boekaerts, Monique/ Pintrich, Paul R.: Directions an challenges for future research, in: Boekaerts, Monique/ Pintrich, Paul R./ Zeidner, Moshe (eds.): Handbook of self-regulation, San Diego; London: Academic Press, 2000, p. 749-768

Zinnecker, Jürgen/ Stecher Ludwig: Zwischen Lernarbeit und Erwerbsarbeit. Wandel und soziale Differenzierung im Bildungsmoratorium, in: Silbereisen, Rainer K./ Vaskovics, Laszlo A./ Zinnecker, Jürgen (Hrsg.): Jungsein in Deutschland. Jugendliche und junge Erwachsene 1991 und 1996, Opladen: Leske und Budrich, 1996, S. 165-184

Anhang

Anhang 1: Fragebogen zum Lernverhalten

Anhang 2: Deskriptive Statistik zu den Skalen und dazugehörige Items des Fragebogens

Anhang 3: Fragebogen Lernverhalten: Schwierigkeitsindizes

Anhang

Anhang 1: Fragebogen zum Lernverhalten

Dieser Fragebogen fragt Dich zu Deinem Lernen und zum Lernen in der Schule. Bitte lies Dir die Fragen und Aussagen in Ruhe durch und entscheide Dich in jeder Zeile, was für Dich zutrifft.

Welche Sprache sprecht ihr zu Hause?
Wir sprechen zu Hause: _____
(Bei mehreren Sprachen bitte alle eintragen!)

1. Wie gut kannst du diese Sachen?

	kann ich sehr gut	kann ich eher gut	kann ich nicht so gut	kann ich gar nicht gut
einen Arbeitsplan erstellen	○	○	○	○
Tabellen oder Schaubilder erstellen	○	○	○	○
Sachen auswendig lernen	○	○	○	○
in einem Text wichtige Stellen markieren	○	○	○	○
unbekannte Wörter nachschlagen	○	○	○	○
ein Plakat oder eine Wandzeitung erstellen	○	○	○	○
mit einem Partner zusammen arbeiten	○	○	○	○
etwas vor der ganzen Klasse vortragen	○	○	○	○
mit anderen in einer Gruppe zusammen arbeiten	○	○	○	○
in einer Gruppe die Arbeit sinnvoll aufteilen	○	○	○	○
Texte schnell lesen	○	○	○	○
meine Meinung begründet vertreten	○	○	○	○
eine Befragung durchführen	○	○	○	○
jemandem kritische Rückmeldung geben	○	○	○	○
ein Protokoll oder einen Bericht schreiben	○	○	○	○
aus einem Text wichtige Informationen ziehen	○	○	○	○
eine Gesprächsrunde leiten	○	○	○	○
nach Informationen recherchieren	○	○	○	○
eine Präsentation erstellen	○	○	○	○
ein Referat halten	○	○	○	○

2. Es gibt viele verschieden Unterrichtsformen. Wir möchten gerne wissen, welche Unterrichtsformen wie oft bei dir in der Klasse genutzt werden.

	sehr oft	eher häufig	eher selten	(fast) nie
Der Lehrer redet und stellt Fragen, einzelne Schüler antworten.	O	O	O	O
Der Lehrer und die Klasse diskutieren gemeinsam.	O	O	O	O
Die Schüler bearbeiten Aufgaben in Gruppen.	O	O	O	O
Die Schüler arbeiten selbstständig an selbstgewählten Aufgaben.	O	O	O	O

3. Was passiert bei dir im Unterricht, wenn Gruppen- oder Partnerarbeit angesagt ist? Kreuz bitte an, wie gut die Beschreibungen zutreffen.

Wenn wir eine Gruppen- oder Partnerarbeit machen, ...	stimmt genau	stimmt eher	stimmt eher nicht	stimmt gar nicht
... wissen wir sofort, wer mit wem zusammenarbeitet.	O	O	O	O
... einigen wir uns schnell, wer welche Aufgabe übernimmt.	O	O	O	O
... quatschen viele von uns erst ein bisschen, bevor sie mit der Arbeit anfangen.	O	O	O	O
... diskutieren wir am Anfang oft so lange, dass wir am Ende nicht fertig werden.	O	O	O	O
... bekommen wir am Ende oft tolle Ergebnisse.	O	O	O	O
... tun sich meist die Schüler(innen) zusammen, die besonders gut befreundet sind.	O	O	O	O
... haben wir als Gruppe oft bessere Ideen als alleine.	O	O	O	O
... klappt das auch, wenn die Gruppenmitglieder nicht miteinander befreundet sind.	O	O	O	O

4. Wie siehst du dich selbst?

	stimmt genau	stimmt eher	stimmt eher nicht	stimmt gar nicht
Ich kann mich in der Schule gut anstrengen.	○	○	○	○
Es fällt mir leicht, Neues zu lernen.	○	○	○	○
Ich bin ziemlich klug.	○	○	○	○
Ich komme im Unterricht gut mit.	○	○	○	○
In der Schule fallen mir die meisten Aufgaben leicht.	○	○	○	○
Ich bin ein guter Schüler/ eine gute Schülerin.	○	○	○	○
Wenn ich frei vor der Klasse sprechen soll, fühle ich mich oft unsicher.	○	○	○	○
Mir fällt es leicht, andere zu kritisieren.	○	○	○	○
Wenn in der Klasse diskutiert wird, melde ich mich meist zu Wort.	○	○	○	○
Mir fällt es schwer, Ergebnisse einer Gruppenarbeit vorzustellen.	○	○	○	○

5. Als nächstes wollen wir wissen, wie du vorgehst, wenn du etwas lernst oder Aufgaben bearbeitest. Bitte kreuz an, wie oft du die folgenden Sachen tust.

	stimmt genau	stimmt eher	stimmt eher nicht	stimmt gar nicht
Ich versuche beim Lernen herauszufinden, was ich noch nicht verstanden habe.	○	○	○	○
Ich übe so lange, bis ich die Aufgaben fehlerfrei kann.	○	○	○	○
Ich kontrolliere, ob ich die wichtigsten Dinge behalten habe.	○	○	○	○
Ich versuche, möglichst viel auswendig zu lernen.	○	○	○	○
Ich denke mir Beispiele aus zu den Sachen, die ich lernen muss.	○	○	○	○
Ich spreche mir die wichtigen Sachen mehrmals laut vor oder schreibe sie mehrmals ab.	○	○	○	○
Wenn ich etwas nicht verstehe, suche ich nach zusätzlichen Informationen.	○	○	○	○
Ich versuche mir Sachen zu merken, indem ich mir eine Geschichte oder ein Bild dazu vorstelle.	○	○	○	○
Ich überlege, wie der neue Stoff mit dem zusammenhängt, was ich schon weiß.	○	○	○	○

6. In manchen Schulen können die Schülerinnen und Schüler bei einigen Sachen selber entscheiden, wie sie sie machen möchten. Wir möchten gerne wissen, wie oft du in der Schule selbst über solche Dinge entscheidest.

Ich entscheide selbst ...	sehr oft	eher oft	eher selten	(fast) nie
... wann ich mit meinen Aufgaben anfange.	○	○	○	○
... in welcher Reihenfolge ich meine Aufgaben erledige.	○	○	○	○
... wie genau und ausführlich ich meine Aufgaben mache.	○	○	○	○
... wie ich vorgehe, wenn ich etwas lernen soll.	○	○	○	○
... welche Hilfsmittel ich benutze, wenn ich mal nicht weiterkomme.	○	○	○	○

7. Bitte kreuz an, wie gut die einzelnen Aussagen dich selbst beschreiben.

	stimmt genau	stimmt eher	stimmt eher nicht	stimmt gar nicht
Meine Stärken und meine Schwächen kenne ich ganz genau.	O	O	O	O
Ich weiß selbst, wie ich etwas am besten lernen kann.	O	O	O	O
Ich merke selbst, ob ich eine Aufgabe gut oder schlecht gelöst habe.	O	O	O	O
Ich kann gut einschätzen, ob eine Aufgabe für mich schwer oder leicht ist.	O	O	O	O
Ich weiß, wie sehr ich mich bei verschiedenen Aufgaben anstrengen muss, um sie gut zu bearbeiten.	O	O	O	O
Ich kann mir selbst einen Plan machen, nach dem ich lerne oder arbeite.	O	O	O	O
Ich bitte Lehrer oder Mitschüler erst dann um Hilfe, wenn ich alleine wirklich nicht mehr weiterkomme	O	O	O	O
Ich kann meine Arbeitsergebnisse selbst kontrollieren.	O	O	O	O
Ich kann mir selbstständig Informationen beschaffen.	O	O	O	O
Ich weiß ganz gut, welche Lerntechniken ich wann am besten einsetze	O	O	O	O

VIELEN DANK FÜR DEINE MITARBEIT!

Anhang 2: Deskriptive Statistik zu den Skalen und dazugehörigen Items des Fragebogens zum Lernverhalten

Skala 1
Methodenkompetenzen

Wie gut kannst du diese Sachen?	N	Min	Max	AM	s	Alpha ohne Item
Items						
1. Einen Arbeitsplan erstellen	266	1	4	2,98	0,71	0,85
2. Tabellen oder Schaubilder erstellen	263	1	4	3,11	0,77	0,85
3. Sachen auswendig lernen	261	1	4	3,06	0,81	0,86
4. In einem Text wichtige Stellen markieren	266	1	4	3,06	0,76	0,85
5. Unbekannte Wörter nachschlagen	265	1	4	3,42	0,67	0,86
6. Ein Plakat oder eine Wandzeitung erstellen	265	1	4	3,02	0,86	0,85
7. Etwas vor der ganzen Klasse vortragen	266	1	4	2,69	0,93	0,85
8. In einer Gruppe die Arbeit sinnvoll aufteilen	264	1	4	3,20	0,72	0,85
9. Texte schnell lesen	265	1	4	2,94	0,79	0,85
10. Meine Meinung begründet vertreten	265	1	4	3,16	0,73	0,85
11. Eine Befragung durchführen	264	1	4	2,96	0,83	0,84
12. Jemandem kritische Rückmeldung geben	264	1	4	3,00	0,83	0,85
13. ein Protokoll oder einen Bericht schreiben	265	1	4	2,82	0,77	0,85
14. Aus einem Text wichtige Informationen zichen	266	1	4	3,05	0,72	0,85
15. Eine Gesprächsrunde leiten	266	1	4	2,69	0,94	0,84
16. Nach Informationen recherchieren	265	1	4	3,02	0,74	0,85
17. Eine Präsentation erstellen	265	1	4	2,94	0,87	0,85
18. Ein Referat halten	265	1	4	2,92	0,91	0,84
Methodenkompetenzen	266	1,67	4	3,00	0,43	

Cronbachs Alpha = 0,86   Standardized Item Alpha = 0,86

Skala 2
Routine in der Anwendung von Sozialformen

Was passiert bei dir im Unterricht, wenn Gruppen- oder Partnerarbeit angesagt ist?	N	Min	Max	AM	s	Alpha ohne Item
Items						
1. ...wissen wir sofort, wer mit wem zusammen arbeitet	265	1	4	3,25	0,75	0,58
2. ...einigen wir uns schnell, wer welche Aufgabe übernimmt	265	1	4	2,92	0,71	0,50
3. ...diskutieren wir am Anfang so lange, dass wir am Ende nicht fertig werden	264	1	4	2,63	0,93	0,59
4. ...bekommen wir am Ende oft tolle Ergebnisse	265	1	4	3,09	0,70	0,54
5. ...haben wir als Gruppe oft bessere Ideen als alleine	265	1	4	3,37	0,75	0,58
6. ...klappt das auch, wenn die Gruppenmitglieder nicht miteinander befreundet sind	264	1	4	2,66	0,92	0,56
Routine in der Anwendung von Sozialformen	265	1,50	3,83	2,95	0,46	

Cronbachs Alpha = 0,60   Standardized Item Alpha = 0,62

Skala 3
Fähigkeitsselbstkonzept

Wie siehst du dich selbst?	N	Min	Max	AM	s	Alpha ohne Item
Items						
1. Ich kann mich in der Schule gut anstrengen	264	1	4	3,05	0,68	0,80
2. Es fällt mir leicht, Neues zu lernen	264	1	4	2,98	0,66	0,77
3. Ich bin ziemlich klug	260	1	4	2,95	0,78	0,80
4. Ich komme im Unterricht gut mit	261	1	4	3,11	0,69	0,79
5. In der Schule fallen mir die meisten Aufgaben leicht	261	1	4	2,91	0,67	0,81
6. Ich bin ein guter Schüler/ eine gute Schülerin	262	1	4	2,98	0,78	0,78
Fähigkeitsselbstkonzept	264	1,5	4	3,00	0,52	

Cronbachs Alpha = 0,82   Standardized Item Alpha = 0,82

Skala 4
Selbstsicherheit

Wie siehst du dich selbst?	N	Min	Max	AM	s	Alpha ohne Item
Items						
1. Wenn ich frei vor der Klasse sprechen soll, fühle ich mich oft unsicher	262	1	4	2,74	1,12	0,43
2. Mir fällt es leicht, andere zu kritisieren	264	1	4	2,89	0,91	0,59
3. Wenn in der Klasse diskutiert wird, melde ich mich meist zu Wort	263	1	4	2,89	0,99	0,44
4. Mir fällt es schwer, Ergebnisse einer Gruppenarbeit vorzustellen	265	1	4	2,27	0,95	0,49
Selbstsicherheit	265	1	4	2,69	0,66	

Cronbachs Alpha = 0,57   Standardized Item Alpha = 0,56

Skala 5
Anwendung grundlegender Lernstrategien

Wie gehst du vor, wenn du etwas lernst oder Aufgaben bearbeitest?	N	Min	Max	AM	s	Alpha ohne Item
Items						
1. Ich versuche beim Lernen herauszufinden, was ich noch nicht verstanden habe	264	1	4	3,31	0,75	0,75
2. Ich übe so lange, bis ich die Aufgaben fehlerfrei kann	264	1	4	2,77	0,87	0,73
3. Ich kontrolliere, ob ich die wichtigsten Dinge behalten habe	265	1	4	2,97	0,83	0,73
4. Ich versuche, möglichst viel auswendig zu lernen	265	1	4	2,78	0,88	0,75
5. Ich denke mir Beispiele aus zu den Sachen, die ich lernen muss	264	1	4	2,63	0,96	0,75
6. Ich spreche mir die wichtigsten Sachen mehrmals laut vor oder schreibe sie mehrmals ab	265	1	4	2,56	1,05	0,74
7. Wenn ich etwas nicht verstehe, suche ich nach zusätzlichen Informationen	265	1	4	2,76	0,94	0,74
8. Ich versuche mir Sachen zu merken, indem ich mir eine Geschichte oder ein Bild dazu vorstelle	265	1	4	2,45	1,03	0,76
9. Ich überlege, wie der neue Stoff mit dem zusammenhängt, was ich schon weiss	262	1	4	2,70	0,83	0,76
Anwendung grundlegender Lernstrategien	265	1,22	4	2,77	0,54	

Cronbachs Alpha = 0,77   Standardized Item Alpha = 0,77

Skala 6
Entscheidungsfreiheit im Lernprozess

In manchen Schulen können die Schülerinnen und Schüler bei einigen Sachen selber entscheiden, wie sie sie machen möchten. Wir möchten gerne wissen, wie oft du in der Schule selbst über solche Dinge entscheidest.

Items	N	Min	Max	AM	s	Alpha ohne Item
1. ...wann ich mit meinen Aufgaben anfange	266	1	4	2,66	1,05	0,63
2. ...in welcher Reihenfolge ich meine Aufgaben erledige	265	1	4	3,26	0,84	0,58
3. ...wie genau und ausführlich ich meine Aufgaben mache	265	1	4	3,05	0,89	0,57
4. ...wie ich vorgehe, wenn ich etwas lernen soll	265	1	4	3,40	0,78	0,62
5. ...welche Hilfsmittel ich benutze, wenn ich mal nicht weiterkomme	265	1	4	3,27	0,79	0,67
Entscheidungsfreiheit im Lernprozess	266	1,4	4	3,13	0,57	

Cronbachs Alpha = 0,67 Standardized Item Alpha = 0,67

Skala 7
Selbstreflexion

Bitte kreuz an, wie gut die einzelnen Aussagen dich selbst beschreiben

Items	N	Min	Max	AM	s	Alpha ohne Item
1. Meine Stärken und Schwächen kenne ich ganz genau	266	1	4	3,49	0,63	0,64
2. Ich weiss selbst, wie ich etwas selbst am besten lernen kann	266	1	4	3,39	0,69	0,59
3. Ich merke selbst, ob ich eine Aufgabe gut oder schlecht gelöst habe	266	1	4	3,32	0,71	0,58
4. Ich kann gut einschätzen, ob eine Aufgabe für mich schwer oder leicht ist	265	1	4	3,47	0,65	0,61
5. Ich weiss, wie sehr ich mich bei verschiedenen Aufgaben anstrengen muss, um sie gut zu bearbeiten	265	1	4	3,30	0,68	0,58
Selbstreflexion	266	2,2	4	3,40	0,44	

Cronbachs Alpha = 0,65 Standardized Item Alpha = 0,65

Skala 8
Selbstständigkeit im Lernprozess

Bitte kreuz an, wie gut die einzelnen Aussagen dich selbst beschreiben	N	Min	Max	AM	s	Alpha ohne Item
Items						
1. Ich kann mir selbst einen Plan machen, nach dem ich lerne oder arbeite	266	1	4	2,97	0,90	0,59
2. Ich bitte Lehrer oder Mitschüler erst dann um Hilfe, wenn ich alleine wirklich nicht mehr weiterkomme	264	1	4	3,45	0,79	0,62
3. Ich kann meine Arbeitsergebnisse selbst kontrollieren	266	1	4	2,69	0,83	0,54
4. Ich kann mir selbständig Informationen beschaffen	265	1	4	3,24	0,75	0,57
5. Ich weiss ganz gut, welche Lerntechniken ich wann am besten einsetze	266	1	4	3,07	0,77	0,52
Selbstständigkeit im Lernprozess	266	1	4	3,08	0,51	

Cronbachs Alpha = 0,62   Standardized Item Alpha = 0,63

Anhang 3: Fragebogen Lernverhalten: Schwierigkeitsindizes

teil_1
ab_plan	0,59
tabellen	0,64
auswendi	0,63
text_mar	0,62
woerter	0,76
plakat	0,62
partner	0,82
vortrag	0,51
gruppe	0,77
ab_teile	0,67
text_sch	0,58
meinung	0,66
befragun	0,59
kritik	0,60
protokol	0,53
text_inf	0,61
gespraec	0,51
recherch	0,60
praesent	0,59
referat	0,58

teil_2
frontal	0,24
geminsam	0,65
gruppen	0,42
selbst	0,44

teil_3
sof_zus	0,70	
verteilu	0,57	
quatsche	0,75	
diskutie	0,40	
toll_erg	0,63	
freunde	0,14	von weiteren Analysen (wie Faktorenanalyse) ausgeschlossen
ideen	0,75	
unbefreu	0,50	

teil_4
anstreng	0,61
neues	0,58
klug	0,58
gut_mit	0,64
leicht	0,56
schueler	0,59
frei_red	0,40
kritisie	0,57
wort_dis	0,58
erg_vors	0,52

teil_5
herausfi	0,72
ueben	0,52
kontroll	0,59
vie_ausw	0,53
beispiel	0,49
laut_spr	0,48
zus_info	0,53
gesc_bil	0,44
zus_hang	0,50

teil_6
beginn	0,51
reihenfo	0,71
ausfuehr	0,63
vorgehen	0,76
hilfsmit	0,71

teil_7
star_scw	0,79
wie_lern	0,75
selbstei	0,72
lei_schw	0,78
sehr_ans	0,71
plan	0,60
hilfe	0,78
selb_kon	0,50
selb_inf	0,69
lerntech	0,63

Handbücher Erziehungswissenschaft

Rolf Arnold / Antonius Lipsmeier (Hrsg.)
Handbuch der Berufsbildung
2., überarb. und akt. Aufl. 2006.
ca. 580 S. Br. ca. EUR 49,90
ISBN 3-531-15162-2

Das aktualisierte Handbuch der Berufsbildung umfasst die gesamte Breite des pädagogischen Handlungsfeldes und gibt einen Überblick zu Didaktik, Adressatinnen, Vermittlungs- und Aneignungsprozessen und Rahmenbedingungen der Berufsbildung. Alle Beiträge des Handbuchs sind von ausgewiesenen Fachexpertinnen geschrieben.

Heinz-Herrmann Krüger / Winfried Marotzki (Hrsg.)
Handbuch erziehungswissenschaftliche Biographieforschung
2., überarb. und akt. Aufl. 2006.
529 S. Br. EUR 49,90
ISBN 3-531-14839-7

In diesem Handbuch wird ein systematischer Überblick über die theoretischen Diskurse, Forschungsmethoden und -schwerpunkte der erziehungswissenschaftlichen Biographieforschung gegeben: Die Bedeutung der Biographieforschung für die Erziehungswissenschaft wird reflektiert, historische Entwicklungen werden nachgezeichnet und theoretische Grundlagen werden vorgestellt. Zudem werden methodologische Fragen erörtert und das Verhältnis von Biographieforschung und Ethnographie diskutiert. Ein dritter Schwerpunkt des Handbuchs liegt in der Bestimmung des Zusammenhangs zwischen der Pädagogik der Lebensalter und der Biographieforschung.

Werner Helsper / Jeanette Böhme (Hrsg.)
Handbuch der Schulforschung
2004. 994 S. Geb. EUR 69,90
ISBN 3-8100-3659-5

Das Handbuch fasst den aktuellen Stand der interdisziplinären Schulforschung im deutschsprachigen Raum zusammen und ergänzt diesen um internationale Perspektiven. Im Auftakt wird die Entstehung und Etablierung der Schulforschung von ihren Anfängen bis in die Gegenwart aufgezeigt und die damit verbundene Entwicklung von Forschungsansätzen dargestellt. Vor dem Hintergrund der historischen Differenzierung des Schulsystems und damit auch des Lehrerberufs wird das aktuelle Spektrum der Forschungsfelder systematisiert.

Erhältlich im Buchhandel oder beim Verlag.
Änderungen vorbehalten. Stand: Juli 2006.

www.vs-verlag.de

VS VERLAG FÜR SOZIALWISSENSCHAFTEN

Abraham-Lincoln-Straße 46
65189 Wiesbaden
Tel. 0611.7878-722
Fax 0611.7878-400

Erziehung

Barbara Friebertshäuser / Markus Rieger-Ladich / Lothar Wigger (Hrsg.)
Reflexive Erziehungswissenschaft
Forschungsperspektiven im Anschluss an Pierre Bourdieu
2006. ca. 250 S. Br. ca. EUR 26,90
ISBN 3-531-14813-3

Die deutschsprachige Erziehungswissenschaft verdankt den Arbeiten des französischen Soziologen Pierre Bourdieu zahlreiche Impulse und wichtige Anregungen. Der Sammelband spürt diesen Resonanzen nach, indem nicht nur eine erste Bilanzierung der erziehungswissenschaftlichen Bourdieu-Rezeption vorgenommen wird, sondern auch künftige Forschungsperspektiven einer reflexiven Erziehungswissenschaft entwickelt werden.

Susanne Weber / Susanne Maurer (Hrsg.)
Gouvernementalität und Erziehungswissenschaft
Wissen – Macht – Transformation
2006. 326 S. Br. EUR 32,90
ISBN 3-531-14861-3

Yvonne Ehrenspeck / Dieter Lenzen (Hrsg.)
Beobachtungen des Erziehungssystems
Systemtheoretische Perspektiven
2006. 250 S. Br. EUR 29,90
ISBN 3-531-14992-X

Der Band behandelt unter systemtheoretischer Perspektive die Frage, inwieweit das Erziehungssystem eine sich wandelnde Sonderstellung im Club der funktional differenzierten Systeme einnimmt. Was sind Besonderheiten der Struktur, des Mediums und der Codierung des Erziehungssystems im Vergleich mit anderen Funktionssystemen der Gesellschaft?

Norbert Ricken / Markus Rieger-Ladich (Hrsg.)
Michel Foucault: Pädagogische Lektüren
2004. 316 S. Br. EUR 39,90
ISBN 3-8100-4137-8

Erhältlich im Buchhandel oder beim Verlag.
Änderungen vorbehalten. Stand: Juli 2006.

www.vs-verlag.de

VS VERLAG FÜR SOZIALWISSENSCHAFTEN

Abraham-Lincoln-Straße 46
65189 Wiesbaden
Tel. 0611.7878-722
Fax 0611.7878-400

PGMO 08/24/2018